KB123160

닥터 셰퍼드,
죽은 자들의 의사

헉거포드 대학살에서 다이애나 비 사망사건과 9·11까지,
영국 최고의 법의학자가 말하는 삶과 죽음

리처드 셰퍼드 지음
한진영 옮김

닥터 셰퍼드 ─
죽은 자들의 의사

갈라파고스

교양과 판단력과 학식으로는 부족하나니
그대가 하는 모든 말에서 진실과 솔직함이 빛나게 하라
진실과 솔직함이 함께 할 때 모두의 신뢰를 얻고
그와 더불어 우정도 얻으리라

진실이 무엇인지 분명치 않거든 침묵을 지키라
분명하다 생각되더라도 삼가는 태도로 말하라
잘못된 말을 고집하고 돌아보지 않는 이도 있지만
그대는 지난 허물에서 배우고 하루하루 나아지라

그대의 언어가 진실이라도 아직은 부족하리니
무뚝뚝한 진실보다 다정한 거짓이 낫기 때문이다
허물을 알려줄 때는 스스로 깨치게 하고
무지를 알려줄 때는 기억에서 떠오르게 하라
예의를 잃은 진실은 전해지지 않으며
지혜롭지 않은 이는 그 진실을 보지 못하리라

어떠한 경우에도 충언을 아끼지 말라
가장 멀리해야 할 욕심은 지혜의 욕심이므로
아무리 어려워도 진실을 말하는 것을 두려워 말라
불의에 눈감는 것은 예의가 아니므로
현명한 자의 화를 북돋는 것은 두려워 말라
질책을 참는 자야말로 우러름을 받을 현자이므로

알렉산더 포프의 「비평론An Essay on Criticism」 중

차례

저자의 말

이 책에서 가명을 사용하고 세세한 부분을 바꿔서 설명하는 것이 내게는 무척 어려운 작업이었다. 나는 평생 정확함을 가장 우선시하는 분야에서 일해왔기 때문이다. 하지만 유족들의 슬픔을 덜어주는 일도 나의 일이었다. 이 책에서 가족의 이름을 발견하고 삶의 가장 고통스러웠던 시기를 떠올리는 건 누구에게도 도움이 되지 않을 것이다. 그래서 중요한 사실은 유지하되, 너무 유명해서 가명을 쓸 수 없는 경우를 제외하고는 세세한 정보는 고쳐 썼다.

01 아찔한 비행

앞에 구름이 보였다. 그중 일부는 나를 덮칠 듯 다가오는 눈 덮인 산맥이었고, 다른 일부는 하늘을 배경으로 길게 드러누운 거인들이었다. 나는 조종간을 아주 천천히 움직였다. 비행기가 고개를 숙여 내려갔다가 왼쪽으로 방향을 틀 때 조종이 아니라 본능에 의해 움직이는 것처럼. 그러자 눈앞에 지평선이 좍 펼쳐졌다. 지평선은 이상한 친구다. 항상 하늘과 땅 사이에 어렴풋이 존재하지만, 다가갈 수도 없고 만질 수도 없다.

노스다운스가 내려다보였다. 그곳의 완만한 곡선은 왠지 인체의 굴곡을 닮았지만, 지금은 자동차 도로에 의해 완전히 절단된 상태였다. 그 깊은 상처를 따라 수많은 차들이 꼬리에 꼬리를 물고 달렸다. 차들은 작은 생선처럼 반짝였다. 그러다 M4*가 사라지고 지면이 강 쪽으로 경사를 이룬다. 지류가 복잡하게 얽힌 강이다.

그리고 한 소도시가 시야에 들어온다. 적갈색 가로수가 죽 늘어서 있는 중심가는 활기가 넘친다. 방사형으로 뻗어나간 도로를 따라 다소 현대적인 회색 건물들이 줄지어 서 있다.

나는 침을 삼켰다.

그 소도시가 조각나서 흩어지고 있었던 것이다.

눈을 깜빡였다.

---

*   Motorway4. 런던-웨일즈 간 고속도로

지진인가?

도시의 온갖 색이 물결쳤다. 건물들이 강바닥의 조약돌처럼 보였다. 흐르는 강물이라는 왜곡된 렌즈를 통해 들여다보이는 조약돌.

이상 기류에 휘말린 건가?

아니었다. 그 소도시의 물결은 내 안에 있는 뭔가와 리듬이 맞았다. 메슥거림 같은 거였지만 그보다 더 불길했다.

아까보다 더 세게 눈을 깜빡이고 조종간을 잡은 손에 힘을 줬다. 고도나 방향을 정확히 맞추면 이런 느낌에서 벗어날 수 있다는 듯이. 하지만 내 몸 깊은 곳에서 난폭하게 치받치는 어떤 힘 때문에 숨을 쉬기도 힘들었다.

나는 현실적이고 이성적인 사람이다. 그래서 현실적이고 이성적인 이유를 찾으려 했다. 오늘 아침에 뭘 먹었더라? 토스트? 전혀 이상할 것 없고, 이렇게 격렬한 메스꺼움을 일으킬 음식도 아니었다. 이것이 정확히 메스꺼움이 아니라면, 그럼 뭘까? 이 느낌의 가장 큰 특징은 뭐라 설명할 수 없는 슬픔의 감정이었다. 그리고… 맞다, 두려움이었다. 뭔가 끔찍한 일이 벌어질 것 같다는 예감……. 심지어 끔찍한 일을 일으키고 싶은 충동.

어처구니없는 생각이 뇌리를 스쳤다. 비행기 밖으로 뛰어내릴까?

나는 자리에 그대로 앉아 있기 위해, 계속 호흡을 하기 위해, 비행기를 조종하기 위해, 눈을 깜빡이기 위해 나 자신과 싸웠다. 다시 정상으로 돌아가야 했다.

그러다 위치확인시스템GPS을 봤다. 헝거포드였다.

중심부에 붉은 색의 오래된 집들이 모여 있는 헝거포드. 주변부는 회색 도로와 운동장들이 있는 헝거포드.

그러다 헝거포드가 사라지고 그 자리에 세이버네이크 숲이 들어왔다. 초목으로 이루어진 광활한 녹색 지대다. 드넓은 숲을 보니 점차 마음이 안정됐다. 마치 녹색 그늘을 즐기는 도보여행자가 된 것 같았다. 내 심장이 아직도 빠르게 뛰고 있다면 그것은 과거의 무서운 사건 때문이었다. 그 옛날 거기에서 무슨 일이 있었던 걸까?

나는 60대다. 법의병리학자forensic pathologist*로서 그동안 2만 구가 넘는 시신을 부검했다. 하지만 이런 경험은 평생 처음이었다. 그래서 질병이나 범죄, 대량살육, 폭발로 죽은 시신, 매장됐던 시신, 그리고 대형참사로 인해 거의 가루가 되어버린 시신을 다뤄야 하는 내 직업이 정서적인 후유증을 남길지도 모른다는 생각이 들었다.

그걸 공황발작이라 하고 싶지는 않다. 하지만 그날 심한 충격을 받은 후 이런 의문이 들었다. 심리상담을 받아봐야 하나? 아니 정신과 치료를 받아야 할지도 몰라. 설마 내가 이 일을 그만둬야 하는 건 아니겠지?

---

* 법의학forensic medicine에는 시신을 검사하는 법의병리학, 인체에서 얻은 시료로 독극물을 검출하는 법의독물학, 범죄수사에서 증거를 확보하는 감식학 등 여러 분야가 참여한다. 예전에는 이 모두를 법의학의 분야로 포함했으나 최근에는 부검과 직접 관련된 법의병리학만을 법의학이라 한다. 이 책에서는 이후 법의병리학자를 법의관으로 옮겼다.

02 헝거포드 학살 사건

훗날 헝거포드 참극으로 알려진 그 사건은 법의관으로서 내가 처음 맡은 대형사건이었는데, 일을 시작한 지 얼마 되지 않았을 때였다. 오랫동안 공부해서 정식 법의관이 된 나는 젊고 의욕이 넘쳤다. 법의관이 되려면 일반적인 해부학이나 병리학 공부를 훨씬 뛰어넘는 고도의 훈련을 받아야 했다. 솔직히 말해 세포의 미세한 변화를 현미경으로 들여다보던 기간이 너무나 지겨워서 몇 번이나 포기하고 싶었다.

드디어 전문의가 된 뒤에는 바로 가이스 병원 법의학과에 배정되었다. 영국 최고의 법의관 이언 웨스트 박사가 지휘하는 과였다.

1980년대 후반 당시 법의관이라고 하면 고위직 경찰들과 함께 술을 많이 마시고 거친 대화를 나누는 상남자로 인식되었다. 두렵고 불쾌하게 인식되지만 누군가는 꼭 해야 할 일을 수행하는 그들은 자신들의 직업에 대해 잘난 척할 자격이 있다고 생각했고, 이언도 바로 그런 사람이었다. 그는 카리스마 있는 탁월한 법의관이었으며, 법정 증언대에서 변호사와 싸우는 걸 두려워하지 않는 싸움꾼이었다. 또한 술이 셌고 여성들의 마음을 끄는 법을 알았으며, 흥미로운 이야기로 술집 손님들을 매혹시킬 줄도 알았다. 가끔 낯을 가리기는 했지만 스스로를 사회성이 좋은 사람으로 생각했던 나는 어느새 이언의 못난 동생 역할을 하고 있었다. 런던의 어느 술집을 가든 그는 빛이 났고 나는 그를 우러러보는 사람들 사이에 섞여 한 마디도 끼어들지 못했다. 적어도 한 시간 동안은 말이다.

이언은 법의학과 과장이었고 그가 대장이라는 건 분명한 사실이었다. 헝거포드 참극은 국가적인 비극이었고 그 마을 사람들, 특히 직접 피해를 입은 가족들에게는 잊지 못할 비극이었다. 평소대로라면 그런 대형사건은 대장인 이언이 맡았을 것이다. 하지만 당시는 8월 중순이었고 그는 휴가 중이었다. 그래서 전화가 왔을 때 그것을 받은 사람은 나였다.

퇴근해서 차를 몰고 집으로 가고 있는데 호출기가 울렸다. 지금은 휴대전화 없는 삶을 상상하기 힘들지만, 1987년에는 아무리 급한 상황이어도 그것을 알릴 수단은 호출기밖에 없었다. 나는 라디오를 켰다. 혹시 뉴스 속보와 연관된 일인가 싶어서였다. 예상대로였다.

총을 든 남자가 버크셔의 어느 마을을 돌아다니고 있었는데, 내가 가본 적도 없고 들어본 기억도 없는 작은 마을이었다. 그는 세이버네이크 숲에서 헝거포드 시내로 이동하는 동안 연달아 살인을 저질렀으며, 뉴스를 들을 당시에는 어느 학교 건물로 피신해서 경찰에 포위된 상황이었다. 경찰은 그에게 자수하라고 설득하고 있었다. 기자는 그가 10명 이상을 죽였을 것으로 추측되지만 마을이 봉쇄된 상태라 정확한 숫자는 알 수 없다고 했다.

나는 집에 도착했다. 당시엔 서리 주에서 좋은 집에 속했다. 행복한 결혼생활, 베이비시터, 마당에서 놀고 있는 어린 아이들. 내가 가게 될, 살인이 벌어진 집들과 극명하게 대비되는 풍경이었을 것이다. 그날은 아내 젠이 집에 없을 터였다. 한창 공부하고 있을 시간이었기 때문이다.

현관문으로 들어간 나는 전화기를 향해 걸으며, 퇴근하는 베이비시터에게 잘 가라고 인사했다. 전화를 통해 현재 상황에 대해 들은 다음, 경찰과 검시관에게 내가 그날 저녁에 헝거포드에 가야 하느냐고 물었다. 그들은 꼭 가야 한다고 했다. 그래서 아내가 퇴근하는 대로 출발하겠다고 했다.

아이들에게 차를 타주고, 목욕을 시키고, 이야기책을 읽어주고, 잠을 재울 때까지 나는 틈틈이 라디오 뉴스를 들으며 헝거포드의 상황을 예의주시했다.

그리고 언제나처럼 아이들을 재우며 말했다. "잘 자라."

나는 아이들을 잘 돌보는 애정 깊은 아버지였다. 하지만 한편으로는 법의학 역사상 가장 큰 사건이 벌어지고 있는 현장으로 당장 달려가고 싶은 전문가이기도 했다. 젠이 현관문을 들어서자 법의학 전문가의 욕구가 솟구쳤다. 그녀에게 키스를 한 뒤 나는 총알처럼 튀어나갔다.

경찰청 범죄수사과에서 알려준대로 M4를 달리다 14번 출구로 빠져나간 뒤 호위해줄 경찰을 기다렸다. 몇 분 후 경찰차가 옆으로 미끄러져왔고 무거운 표정의 두 사람이 내게 고개를 돌렸다.

그들은 인사도 생략했다.

"셰퍼드 박사님?"

고개를 끄덕였다.

"따라오시죠."

오는 동안 계속 라디오를 들었기 때문에 그 대량학살이 총잡이의 죽음으로 끝났다는 것은 이미 알고 있었다. 범인은 27살의 마이클 라이언이었다. 그는 반자동소총 2정과 베레타 권총 1정으로 무장하고 헝거포

14

드를 어슬렁거리다 그런 일을 저질렀다고 했다. 그가 자신에게 총을 쏘았는지 저격수가 그런 수고를 덜어줬는지는 모르지만 이젠 죽은 사람이었다. 기자들은 접근이 금지됐고 부상자들은 병원으로 이송됐으므로 마을에는 경찰들과 죽은 사람들밖에 없었다.

바리케이드를 통과한 다음 나는 경찰차를 따라 괴이한 분위기의 텅 빈 거리를 아주 천천히 운전해 갔다. 여름 저녁의 막바지 긴 햇살이 그 유령 마을을 온화하고 따뜻하게 비추고 있었다. 살아남은 사람들은 모두 집에 있었겠지만 창문을 보면 모두 빈집처럼 괴괴했다. 우리 외에는 돌아다니는 차가 한 대도 없었다. 개 짖는 소리도 안 들렸다. 화단을 돌아다니는 고양이 한 마리도 눈에 띄지 않았다. 새들마저 조용했다.

중심가를 벗어나 교외 지역을 구불구불 지나다 길가에 비스듬하게 세워진 빨간색 르노를 지나쳤다. 한 여성의 시신이 운전대 위로 쓰러져 있었다. 사우스사이드로 방향을 틀자 왼쪽에 라이언의 불탄 집이 연기를 내뿜고 있었다. 길은 막혀 있었다. 총알구멍으로 벌집이 된 순찰차 안에서 경찰관 한 명이 앉은 자세로 죽어 있었다. 파란색 도요타가 경찰차와 충돌한 채 서 있었고 그 운전자도 죽어 있었다.

어느 집 정원 옆에는 한 노인이 주변을 온통 피로 물들인 채 죽어 있었고, 길가에는 한 노파가 얼굴을 땅에 박은 채 죽어 있었다. 뉴스에 의하면 그 노파는 라이언의 어머니였다. 자신의 불타는 집 밖에 쓰러져 있었던 것이다. 계속 나아가자 한 남자가 개줄을 손에 쥔 채 죽어 있었다. 8월의 어스름에 싸인 평범한 도로와 거기서 벌어진 광적인 살인 행위는 너무 대조적이라 솔직히 비현실적인 느낌이었다. 그때까지 영국에서 그런 일이 일어난 적은 한 번도 없었다.

경찰서에 도착해 차에서 내렸다. 내 차의 문이 쾅 닫히고, 이어서 경찰차 문도 쾅 닫혔다. 그리고 다시 무거운 침묵이 헝거포드를 감쌌다. 아니, 질식시켰다. 그런 침묵, 공포에 이은 침묵을 내가 다시 경험한 것은 몇 년이 지난 후였다. 보통 살인사건이 일어나면 그 현장은 살아 있는 사람들의 소란스러움으로 채워진다. 제복 차림의 경찰관들, 수사관들, 범죄 현장 조사관들, 서류를 작성하고 사진을 찍고 전화를 하고 입구를 통제하는 사람들이 그들이다. 하지만 그날의 극악한 범죄 사건은 헝거포드를 얼어붙게 만든 것 같았다. 그야말로 죽은 사람의 사후 경직에나 비길 만한 상태였다. 경찰서는 수선스러웠다. 내부 수리를 하고 있어서 바닥에는 석회더미가, 천장에는 전선이 늘어져 있었다. 나는 인사를 받았을 것이다. 악수도 했을 것이다. 하지만 지금 돌이켜보면 그런 행동들이 완전한 침묵 속에서 이루어졌던 것 같다.

어느새 밖이 캄캄해졌다. 나는 다른 경찰차에 타고 마이클 라이언이 바리케이드를 친 후 총으로 자살한 학교로 향했다.

우리는 고요한 거리를 아주 느린 속도로 움직였다. 우리 차의 헤드라이트 불빛에 부서진 차량이 들어왔다. 움직임이 없는 운전자도 또렷이 보였다. 다시 한 번 상황을 보기 위해 밖으로 나갔다. 내 손전등에서 나온 빛이 발과 몸통, 그리고 머리를 훑으며 올라갔다. 사망원인은 생각하고 말 것도 없었다. 얼굴의 총상이 말해줬던 것이다.

다음 차에서도 멈춰 살펴봤다. 그리고 몇 대의 차를 더 살펴봤다. 총상들은 매번 위치가 달랐다. 한 발만 맞은 사람도 있었고 여러 발을 맞은 사람도 있었다. 견인차들은 경찰이 서류 작업을 마치고 시신을 끌어낼 때까지 조용히 기다렸다가 부서진 차들을 끌고 갔다. 나는 운전하고 있는 경찰에게 고개를 돌렸다. 유리가 깨지듯 내 목소리가 침묵을 깼다.

"제가 시신들을 이 상태로 두고 계속 볼 필요는 없을 것 같군요. 이 사람들이 어떻게 죽었는지는 분명하니까 모두 부검 때 조사하면 됩니다."

"그래도 라이언은 봐주셔야 합니다." 그가 말했다.

나는 고개를 끄덕였다.

존오곤트 학교에는 경찰들이 더 많이 있었다.

나는 1층에서 상황 설명을 들었다.

"그자가 자기한테 폭탄이 있다고 했었습니다. 시신을 움직이다가 그게 터질지도 몰라서 아직 살펴보진 않았습니다. 박사님께서 지금 사망을 공식적으로 확인해주셨으면 합니다. 저희가 보다가 폭발하면 안 되니까요."

"그래야죠." 맞는 말이었다.

"손은 안 대시는 게 좋을 겁니다, 박사님."

맞다.

"방탄조끼 갖다 드릴까요?"

나는 사양했다. 방탄조끼는 총알을 막으려고 설계된 것이라 그렇게 가까운 폭탄을 다룰 때는 쓸모가 없을 터였다. 그리고 나는 라이언의 몸을 움직일 생각이 없었다.

우리는 위층으로 올라갔다. 교실 특유의 지우개 냄새가 났다. 한 경찰관이 교실 문을 열자 책상들이 보였다. 일부는 흐트러져 있었지만 대부분은 가지런히 놓여 있었다. 벽에는 과학과 관련된 다이어그램과 그림들이 핀으로 고정되어 있었다. 더할 나위 없이 평범한 풍경이었다. 칠판 근처 벽에 기대어 앉은 시신만 빼면 말이다.

그 살인범은 녹색 조끼를 입고 있었다. 머리에 총상만 없었다면 사냥하러 나온 사람처럼 보였을 것이다. 그의 오른손이 무릎에 놓여 있었고 그 손에 베레타 권총이 들려 있었다.

내가 그에게 다가가기 시작했다. 그러자 경찰들이 모두 조용히 자리에서 물러났고 곧이어 뒤에서 문이 닫혔다. 문 너머에서는 무전기로 보고하는 소리가 들렸다. "작업 시작."

이제 영국 역사상 가장 극악한 살인범과 나만 교실에 남았다. 어쩌면 폭탄까지도. 내가 이 직업에 매력을 느낀 건 법의학의 대가 키스 심슨 Keith Simpson 교수의 책을 읽고 나서였다. 하지만 그가 쓴 어떤 책에서도 이런 사건은 언급되지 않았던 것 같다.

나는 주변의 모든 것들을 예리하게 포착하고 있었다. 문 바깥의 조심스러운 소리들. 천장에 짙은 그림자를 겹겹이 드리우고 있는, 바깥에 설치된 아크등. 내 손전등에서 나오는 흐린 불빛. 피비린내와 묘하게 섞인 교실의 분필과 땀 냄새. 나는 구석에 있는 시신을 바라보며 교실을 가로질렀다. 죽은 살인범 앞에 이르자 무릎을 꿇고 그를 들여다봤다. 그날 수많은 사람을 죽인 그 총은 나를 향하고 있었다.

마이클 라이언은 자신의 오른쪽 관자놀이를 쐈다. 그 총알은 머리를 관통해서 반대쪽 관자놀이로 나왔다. 나중에 교실을 나갈 때에야 그 총알이 교실의 알림판에 박혀 있는 것을 봤다.

밖으로 나와 경찰들로부터 현황보고를 들었다. 숨겨진 폭탄은 없었다. 대부분의 자살이 그렇듯 라이언의 사인은 머리 오른쪽에 난 총상이었다.

이윽고 나는 비극의 현장을 벗어난다는 데 안도하며 차에 올라타 속도를 높였다. 하지만 헝거포드의 침묵이 내 차에 스며들어 육중한 불청객처럼 옆자리에 앉아 있는 듯했다. 문득 그날 본 것들이 나를 짓눌렀다. 그 엄청난 비극이. 그 공포가. 나는 갓길에 차를 세우고 어두운 차 안에 그대로 앉아 있었다. 다른 차들의 불빛이 무심하게 지나쳐갔다.

뒤에서 경찰차가 멈춰서고 경찰관이 내 창을 두드릴 때에야 정신이 들었다.

"실례하겠습니다. 혹시 무슨 일 있습니까?"

나는 내가 누구인지, 그리고 어디를 다녀오는 길인지 설명했다. 경찰관은 고개를 끄덕였지만, 내 말을 믿어야 할지 확신이 서지 않는 듯 나를 의심스럽게 살펴봤다.

"조금만 쉬면 괜찮아질 겁니다." 내가 말했다.

그는 다시 고개를 끄덕이더니 경찰차로 돌아갔다. 분명 내가 한 말을 확인하기 위해서였을 것이다. 경찰은 내 직장에서 집까지 가는 경로를 알고 있다. 조용히 몇 분이 흐른 뒤에야 나는 방금 내 직장이 아니라 헝거포드를 출발해서 집에 가는 길이었음을 깨달았다. 상황을 설명한 나는 내가 갈 방향을 알려주고 수고하시라고 손을 흔든 다음, 기나긴 자동차의 물결에 합류했다. 경찰차는 잠시 나를 보호하려는 듯 따라오다가 뒤처지더니 방향을 돌려서 멀어져갔다.

집에 도착하니 아이들은 자고 있었고 젠은 아래층에서 텔레비전을 보고 있었다.

"당신이 어디에서 오는지 알아." 그녀가 말했다. "끔찍했어?"

끔찍했다. 하지만 나는 그저 어깨만 으쓱 하고 말았다. 그리고 젠에게 얼굴을 보이지 않으려고 그녀를 등지고 섰다. 흥분하고 다급한 목소리로 헝거포드 소식을 전하고 있는 기자를 보자 텔레비전을 끄고 싶었다. 헝거포드의 피해자들은 이제 그렇게 흥분할 일도 다급할 일도 없었다. 그들은 각자 해야 할 일을 하다가 그렇게 허망하게 죽었다. 그때는 중요하고 급한 일이라고 생각했겠지만 그 모든 일상은 돌연 멈춰버렸다. 이제는 그들에게 중요한 일은 아무것도 없었다. 급한 일도 전혀 없었다.

나는 다음날 진행해야 할 여러 건의 부검 때문에 밤늦게까지 통화에 매달렸다. 경찰이 목격자들의 도움을 받아 라이언이 피해자 한 명 한 명을 어떻게 죽였는지 밝혀내는 일을 돕고 싶었다. 범행의 재구성은 중요한 작업이다. 관련 인물들에게도 상당히 중요하지만 넓게 보면 세상 사람들에게도 중요하다. 인간으로서 우리는 알아야 하기 때문이다. 구체적인 죽음들에 대해. 죽음 전반에 대해.

다음날 아침, 나는 늘 하던 대로 부검을 했다. 취객, 마약중독자, 심장마비 환자 모두 부검은 웨스트민스터 안치소에서 진행했다. 궁금해서 이것저것 묻는 동료들에게 헝거포드 사건에 대해 얘기해주는 동안 경찰들은 레딩의 왕립 버크셔 병원 안치소로 마지막 시신들을 옮기고 있었다. 오후 2시에 도착하자 안치소 직원들이 나를 맞아줬다. 그리고 오랜 전통대로 차를 마시며 서로 소개를 했다. 부검 전에 차 마시는 시간을 갖는 것은 권리이자 의무로서 안치소에서 아주 중요한 일이다.

그때 문이 획 열리더니 팸 더비가 들이닥쳤다. 방이 분주해졌다. 팸은 몸집은 작아도 굉장히 중요한 역할을 하는 사무국장이었다.

"아, 오셨군요!" 그녀가 말했다.

항상 지시를 내리는 위치에 있는 그녀는 이번에도 무슨 일이든 다 해치우겠다는 표정으로 들이닥쳤다. 뒤에서는 안치소의 두 직원이 불만스러운 표정으로 그녀의 컴퓨터를 낑낑대며 들고 있었다.

"전원 플러그 어딨어요?"

그것은 질문이 아니라 명령이었다. 1987년에는 업무용 컴퓨터가 걸음마 수준이었고 그래서 크기가 거인만 했다. 사실 팸이 가이스 병원에 있는 그 컴퓨터를 밴에 싣고 왔을 때 우리 것은 공룡알에서 부화한 것처럼 원시적으로 보였다. 나는 그때 검안檢案*과 엑스레이를 준비시키기 위해 막 나가려는 참이어서 녹색 앞치마와 흰색 웰링턴 장화 차림이었다. 그것을 보자 그녀가 말했다.

"아, 아, 지금 시작하시면 안 돼요. 컴퓨터 부팅하려면 10분은 걸릴 텐데 먼저 시작하시면 저보다 너무 앞서게 되잖아요. 저도 차 한 잔 부탁해요." 그녀가 이렇게 지시했다. 이언 웨스트는 자신이 우리 과를 지휘한다고 생각하지만 그건 착각인 것 같았다.

컴퓨터가 부팅되는 소리와 주전자에서 물 끓는 소리가 나는 동안 팸은 키보드 앞에 앉았다. "사건은 어처구니없는데 어려운 문제는 별로 없네요. 그 사람들은 총에 맞은 거잖아요. 누구나 알 수 있는 거구요." 그녀가 재빨리 말했다. 팸은 실제 살인사건이 초래하는 예기치 못한 혼란과 감정적 문제에 익숙했다. 그래서인지 그녀나 다른 직원들은 긴장 해소용으로 구성이 깔끔한 범죄소설을 자주 읽었다. 그런 소설에서는 범인들이 또렷한 단서를 남기고 결국엔 퍼즐조각처럼 앞뒤가 딱 들어맞는다. 그런데 다양한 진실의 시각으로 보면, 그리고 서로 상충하는 정보들

---

* 변사체의 사인을 판단하기 위해 시신의 외부를 눈으로만 관찰하는 것.

과 그에 대한 다양한 해석들을 감안하면 결과는 달라질 수도 있다. 이것이 현실의 복잡한 사정이다.

이번 사건에서는 풀어야 할 미스터리가 없다는 그녀의 말은 옳았다. 하지만 각 사건의 당사자는 한 인간이고, 부모고, 자식이고, 연인이었다. 한 명 한 명이 그들의 가족과 친구들에게는 특별한 존재였고, 나에게는 고유의 퍼즐을 제시하는 존재였다.

부검실에는 부검대 여섯 개가 벽까지 죽 놓여 있었고, 그 위에는 하나 건너 하나씩 시신이 누워 있었다. 사이사이에 있는 빈 부검대는 수백 가지 증거물들을 봉투에 넣고 서류를 작성하는 데 이용했다.

맨 먼저 봐야 할 시신은 마이클 라이언이었다. 유족들이 알았다면 자신의 죽은 가족과 같은 부검실은 말할 것도 없고 같은 안치소에 있는 것도 용납하지 못했을 인물이었다. 사실 모두가 그를 빨리 내보내고 싶어 했다. 아직까지도 언론은 의기양양한 어조로 라이언이 특수부대에 의해 '끌려나온 것'처럼 보도하고 있었다. 내가 다녀간 후 경찰이 보도자료를 통해 그가 자살했음을 밝혔는데도 말이다. 이제 우리는 부검을 통해 그가 자살했음을 다시 한 번 확인해줘야 했다. 부검은 검시라고도 하는데, 두 가지 상황에서 실행된다. 첫 번째는 자연사의 경우로서 이때는 주로 병원에서 한다. 사인이 밝혀지긴 했어도 그 환자에 대한 병원의 진단을 확인하기 위해, 또는 그 치료법의 효과를 검토하기 위해 행하는 것이다. 유족은 부검에 동의해달라는 요청을 받는데, 당연히 거절할 수 있다. 고맙게도 많은 가족이 동의를 해주는 덕분에 의료진들은 더 배우고 더 발전함으로써 향후 다른 환자들의 생명을 구하는 데 기여할 수 있다.

두 번째 경우는 사인이 밝혀지지 않았거나 자연사가 아닐 가능성이 있을 때다. 이런 경우의 사망은 검시관*에게 보고된다. 사인이 의심스럽거나 자연사가 아니거나 범죄로 인한 죽음이거나 이유를 알 수 없는 죽음은 일반적인 부검이 아니라 법의학적 부검을 받는다. 후자는 법의관이 시신의 외부와 내부를 철저하고 치밀하게 검사한 뒤 그 결과를 부검 감정서에 기록한다.

그 감정서에는 사망자의 공식 신분을 적시해야 하는데, 이 항목만으로도 아주 길고 복잡한 작업이 되기도 한다. 어떤 경우에는 끝까지 완성하지 못할 수도 있다. 경찰이나 검시관이 그 부검을 요청한 이유와 부검을 참관한 사람들의 이름도 명시해야 하며, 부검 후 이어진 실험들도 모두 상세히 기록한다.

두툼한 보고서에는 법의관이 찾아낸 정보들이 정확히 묘사되어 있다. 보통은 그 정보에 대한 해석도 함께 제출해서 결국 '사망원인'을 알려준다. 만약 죽은 이유를 알아내지 못한다면 '사인 불상'이라고 적는다. 추측 가능한 원인들도 함께 덧붙이기는 하지만 말이다.

수천 가지 질병을 현미경으로 검사하는 법을 오랫동안 배우긴 했지만, 눈앞의 시신을 육안으로 면밀히 보는 것도 부검에서 무척 중요하다. 검안을 행하는 동안 우리는 총알구멍이나 찔린 상처뿐 아니라 긁히거나 멍든 자국의 크기, 위치, 형태를 꼼꼼하게 측정해서 기록한다. 이런 작업들은 시신의 내부를 살피는 의학적 분석에 비해 단순해 보일지 모르지만, 많은 경우 살인을 재구성하는 가장 중요한 과정이다. 육안으로 하는 검사를 그저 형식적으로 대충 하는 경우도 많지만, 그러다가는 시

---

* 영국에서 검시관은 독립적인 사법기관이며, 자연사(병사)가 아닌 죽음은 검시관에게 보고해야 한다. 검시관은 범죄의 의심이 있으면 의과대학의 법의학 교수나 내무부 소속 법의관에게, 범죄의 의심이 없으면 보건부 산하 병원의 병리사에게 부검을 의뢰한다.

신을 화장하고 한참 지난 후에 크게 후회할 수도 있다.

마이클 라이언은 대량살인을 자행했다. 그의 손에 16명이 죽었고 그 만큼의 수가 부상을 당했다. 그때까지 내가 부검한 대상은 대부분 사고 나 범죄 또는 불운에 의한 피해자였다. 가해자를 마주한 적은 거의 없었고, 그렇게 많은 사람을 죽이거나 다치게 한 사람은 한 번도 본 적이 없었다. 그렇다면 나는 그때까지 피해자들에게 보였던 것과 똑같은 존중을 라이언에게 보일 수 있을까? 아니 보여야 할까?

당연했다. 감정은 부검실에 들어올 자리가 없다. 내가 배운 가장 훌륭한 기술 중 하나는 다른 사람들이라면 정당화할 뿐 아니라 응당 필요하다고 주장할지도 모를 도덕적 반감을 느끼지 않는 것이다. 그래서 이 젊은이와 그의 행동에 대해 어떤 느낌이 들든 나는 그것을 내 머리와 가슴에서 지워버렸다. 그를 검사할 때는 다른 피해자들과 똑같이, 아니 어쩌면 더 면밀하게, 더 집중해서 진행해야 했다. 철두철미하게 검사해야 검시관에게 필요한 정보를 제공해서 그가 사인심문*에서 정확한 판정을 내릴 수 있기 때문이다. 추후의 이의제기나 음모론의 여지를 없애기 위해서도 증거는 필수적이었다.

부검대에 나체로 누워 있는 호리호리한 젊은이가 바로 전날 벌어진 총기 난사의 장본인이라는 사실이 믿어지지 않았다. 그 자리에 온 사람들(경찰들, 안치소 직원들, 심지어 팸까지) 모두 이해가 안 된다는 표정으로 그를 내려다봤다. 그는 다른 범죄의 피해자들과 다를 바 없이, 심지어 그가 죽인 피해자들과도 다를 바 없이 연약해 보였다.

---

*　돌연사했거나 사망 원인이 불분명한 경우에 검시관이 그 사인을 조사(검시)하기 위한 심문 수속.

나는 작업에 착수했다. 그를 철저히, 특히 총알이 들어간 구멍과 나간 구멍을 면밀히 검사해야 했다. 다음에는 그의 몸을 열어 내부를 검사하고, 독물검사를 위해 조직을 떼어내야 했다. 마지막으로 두뇌를 관통한 총알의 궤적을 알아내야 했다.

검사를 시작하자 주변이 돌연 쥐죽은 듯 고요해졌다. 누군가를 부르는 소리도, 재잘거리는 소리도, 뭔가가 부딪치는 소리도 나지 않았다. 주전자에서 물 끓는 소리도, 찻잔 달그락거리는 소리도 들리지 않았다. 적막만 남았다. 온도마저 뚝 떨어진 듯했다. 검사를 마치자마자 직원들이 그가 누워 있는 부검대를 밀고 나갔다. 그를 곁에 두고 싶어 하는 사람은 아무도 없었다. 총기에 대한 집착을 숨기고 어머니와 조용히 사는 동안 아무도 속내를 몰랐던 이 수상한 젊은이를 말이다.

이어서 라이언의 총에 죽은 피해자들을 부검하기 시작했다. 그날은 고단하고 스트레스 많은 긴 하루가 될 터였다. 부검이 끝날 때마다 냉장고가 땡 하며 열렸고 이어서 다른 시신의 부검이 시작됐다. 부검실에서 나는 소리라고는 냉장고 문을 여닫는 소리와 팸에게 지시를 내리는 내 목소리뿐이었다. 병리학 전공의 지넷 맥팔레인이 나를 도왔다. 팸은 내가 불러준 대로 타이핑을 했고, 부검대에서 부검대로 자리를 옮길 때마다 담당 사진사와 경찰관들이 내 뒤를 따랐다. 선임 경찰관이 메모를 하고 나머지는 내가 준 증거물을 챙겼다.

내 뒤에서는 안치소 직원이 시신을 닦은 다음 열린 몸을 꿰매고 유족에게 인도할 수 있게 준비했다.

피해자들의 사인은 모두 총상이 확실했다. 총기로 무장한 라이언을 보고 놀라서 심장마비로 죽은 사람은 없었다는 말이다. 하지만 죽음을 초래하거나 앞당겼을 자연적 질병이 있었는지를 찾는 것이 내 임무였다. 앞에서 말했듯이 나는 각 상처를 면밀히 기록하고, 묘사하고, 분석하고, 총알의 궤적을 알아내야 했다. 그래서 각 시신을 돌아다니며 사진사에게 촬영할 부위를 알려주고, 상처 크기를 측정하고, 특이한 점을 기록하고, 이 과정에서 늘 하는 지시사항을 팸에게 읊어줬다. 라이언이 일으킨 광란의 그날이 점차 윤곽을 드러냈다.

총상이 하나만 있는 피해자들은 먼 거리에서 총을 맞았다는 것이 드러났다. 마이클 라이언은 피해자와 가까워지면 총을 여러 발 쏘려는 충동을 느낀 것 같았다.

학교에서 급식 일을 하던 그의 어머니는 친구로부터 상황을 듣고 아들을 타이르려 급히 집으로 갔다. 그 친구가 사우스사이드에서 내려주자 그녀는 집을 향해 걸어갔다. 그리고 부상자들과 죽은 사람들을 지나쳐 무작정 아들에게 다가갔다.

"마이클, 그만둬!"

그 소리에 돌아선 마이클은 반자동소총으로 어머니의 다리를 한 발 쐈다. 그녀가 땅으로 고꾸라졌다. 라이언은 어머니의 입을 다물게 하려고 쏘았던 것 같다. 하지만 가까운 거리에서 어머니를 내려다보던 그는 등에 두 발을 더 쏘아 어머니의 목숨을 끊어버렸다.

가까운 거리, 대략 15cm 내에서 쏘면 총상 주변에 그을음과 화상 자국이 나는데, 이 마지막 두 발에서 그런 흔적이 보였다. 어쩌면 그는 어머니를 쏠 때 차마 얼굴을 볼 용기가 없었는지도 모른다. 어머니가 도착할 때까지 그는 집 주변의 좁은 구역만 돌아다녔다. 나의 추측이지만, 어머니가 죽고 나자 그는 긴장이 풀려 광기를 발산하게 된 것 같다. 해방감에 젖어 평소에 느끼지 못했던 특별한 힘을 맘껏 과시한 것이다. 무방비 상태의 주민들을 총으로 제압할 수 있는 힘 말이다.

며칠 동안 나는 시신에서 시신으로 천천히 움직이며 그 이상한 작업을 계속했다. 평화롭고 어쩌면 무료하기까지 했던 이들 희생자들의 삶은 한 사람의 광기로 난폭하게 파괴됐다. 안치소에 있는 사람들은 모두 이 사건에 충격을 받았지만, 그렇다고 해서 공포심에 굴복해서도, 심지어 분노를 느껴서도 안 됐다. 법의관은 특히 그런 충격에 흔들려서는 안 된다. 우리는 냉철한 자세로 진실을 찾아야 한다. 사회에 기여하기 위해 때로는 어떤 인간성의 표현을 유예해야 하는 것이다. 그렇게 유예된 인간성이 30년 후 헝거포드 상공을 지날 때 강력하게 자기주장을 했던 것 같다.

사실 그때는 나 자신이 충격을 받았거나 슬픔을 느꼈다는 사실을 도저히 받아들이지 못했다. 내가 그 총기 난사 사건에서 심리적 타격을 입었음을 인정하는 데는 수십 년의 세월이 필요했다. 상남자 또는 상남자가 되고 싶어 하던 나의 동료들은 내 롤모델이었다. 그들이 헝거포드에 갔더라도 그들은 절대 약한 감정을 보이거나 표현하지 않았을 것이고 그럴 생각도 없었을 것이다. 이런 일을 하기 위해서는 법의관 키스 심슨 교수의 전문적 완결성을 명심해야 했다. 10대였던 나에게 깊은 인상을 남겨 이 분야에 뛰어들게 했던 그 완결성 말이다. 그분이 쓴 내용이 충격이나 공포였던가? 아니었다.

이언이 휴가를 마치고 복귀했을 때 그는 내게 헝거포드에 대해 아무것도 묻지 않았고, 조언도 해주지 않았으며, 거기서 일어난 일들에 대해 아예 언급하지 않았다. 자신의 부재중에 일어난 어마어마한 사건을 내

27

가 맡았다는 데 격분한 것이 분명했다. 그의 휴가 기간에 그를 대리하는 건 내 일이었음에도 말이다. 휴가 중인 그를 찾아내 호출을 할 수 있었을까? 아마 그랬을 것이다. 이런 사건이라면 그는 분명 왔을 것이다. 그렇게 엄청난 사건은 그가 맡아야 했다는 걸 우리 둘 다 알고 있었다. 그는 수많은 아일랜드공화국군IRA 폭발 사건과 총기 사건을 다뤘고, 실제로 탄도학은 그의 전문분야였다.

그의 '냉담함'은 격분의 표현이었다. 동료들 사이에서 흘러나온 말이 있었는데, 이언은 하필 자신이 휴가를 떠났을 때 라이언이 그런 난동을 벌인 것을 가장 원통해 한다는 것이었다. 또한 라이언이 자살로 사건을 마무리한 것에도 분개했을 거라고 우리끼리 수군거렸다. 이언 웨스트 박사가 법정에 멋지게 등장할 기회가 사라졌기 때문이다.

오랫동안 우리 둘 사이에는 헝거포드가 가로놓여 있었다. 분명한 사실은 그곳에서의 내 활약으로 인해 가이스 병원, 아니 어쩌면 영국 전체에서 내 위상이 변했다는 것이다. 그때부터 나는 이언을 멍하니 우러러보는 동생이자 맹목적인 추종자가 아니었다. 내 능력으로 정당하게 이름을 얻은 유명 법의관이었다.

03 파리 테러가 불러일으킨 공포

1987년에 일어난 헝거포드 사건의 그 기묘한 감정 플래시백은 관제탑과 교신하여 비행기를 안전하게 착륙시킨 후 금세 잊혔다. 그 비행기는 리버풀에서 20여 명이 공유하는 세스나 172기다. 영국의 다른 도시나 아일랜드에서 회의를 해야 할 때, 또는 부검을 해야 할 때면 되도록 비행기로 이동하는 것이 나의 즐거움이었다. 출발지에서 도착지까지 거의 항상 기차가 더 빠르다는 것을 생각하면 미친 짓이기도 했다.

세스나는 풀밭으로 둘러싸인 햇빛 가득한 소형 비행장 활주로를 따라 통통 튀며 착륙했다. 비행기에서 내리자 나를 기다리고 있는 동료가 보였다. 안도감이 들었다. 차가 출발하자 아까 하늘에서 겪은 일이 혹시 나의 상상은 아니었을까 하는 생각이 들었다. 아니면 조종실에 산소가 부족했을까? 3천 피트 상공에서 그럴 리가. 여하튼 지상에 내리고 보니 상공에서의 내 증상이 그리 격렬하지 않았던 것 같기도 했다.

비행기를 타고 돌아올 때는 기후가 좀 불안해서 온 신경을 집중해야 했고 그래서 헝거포드에 대해 생각할 겨를이 없었다. 생각해서도 안 됐다. 그때서야 처음으로, 비행기를 조종할 때는 생존이라는 목표에 몰입하게 된다는 것이 내가 비행하는 이유인지도 모른다는 생각이 들었다.

마침내 집에 도착하자 하늘의 구름이 벗겨지면서 부드러운 여름 저녁을 만들어냈다. 나는 위스키소다를 들고 테라스에 앉아 석양을 감상

29

했다.

그런데 느닷없이 진줏빛의 여름 어스름과 숨죽인 듯한 고요함이… 헝거포드를 떠오르게 만들었다. 또 다시 말이다. 심장박동이 빨라졌다. 술은 한 모금도 안 마셨는데 이상하게 어지러웠다. 다시 나는 어느 소도시의 도로를 천천히 지나가고 있었다. 길가에는 잔디 깎는 기계가 세워져 있고 그 옆에는 시신들이 피웅덩이에 잠겨 있거나 자동차 안에, 또는 보도에 널브러져 있었다. 공포감이 가슴을 세게 쥐어짜기 시작했다.

나는 진정하기 위해 심호흡을 했다. 그리고 지금이 어떤 상황인지를 상기했다. 내 머리가 속임수를 쓴다는 것은 이미 알고 있었다. 그건 분명했다. 죽을힘을 다해 그것을 다스려야 했다. 당연히 그래야 했다.

심호흡을 계속한다. 눈을 감는다. 나는 이것을 깨뜨려야 한다. 손에 움켜쥔 얼음처럼 그것을 깨뜨려야 한다.

점차 몸이 풀렸다. 꽉 쥐었던 주먹이 느슨해지고 호흡도 느려졌다. 나는 불안하게 술잔을 들어 입술로 가져갔다. 좋아. 모든 게 정상이야.

잔을 다 비울 때쯤, 나는 그날 오전 비행기에서 자문했던 두 가지 질문에 자신 있게 답할 수 있었다. 당연히 심리치료사는 만날 필요가 없고, 정신과 의사도 필요없다는 것이다. 그런 생각은 얼토당토 않은 것 같았다. 그러니 법의관으로서 내 일을 그만둘 이유도 없었다. 오늘 내게 일어난 일은 금방 지나갈 것이고 모든 게 괜찮아질 것이다. 분명히 그럴 것이다.

몇 달이 지난 2015년의 어느 가을날, 파리의 여러 술집과 레스토랑, 경기장, 음악 공연장에서 테러 공격이 있었다. 그 사고로 130명이 사망하고 수백 명이 부상을 당했다. 나는 그때 호출을 받고 나가는 길에 라디오로 그 뉴스를 들었다. 기자의 말소리 뒤로 비상사태의 상징인 사이렌 소리가 울렸고, 충격에 빠진 사람들이 다급하게 외치는 소리도 들렸다. 소리로 그린 공포의 풍경이었다. 나는 차를 세웠다.

집 근처 고속도로 대피소에 앉아 눈을 감았다. 하지만 여전히 어떤 소리와 광경이 떠올랐다. 구급차의 파란 불빛. 경찰의 바리케이드. 안치소의 눈부신 빛 아래 나란히 놓인 부검대, 그리고 그 위에 누운 시신들. 고함치는 소리. 경찰의 무전기 소리. 다친 사람들의 비명 소리. 내 앞에 놓인 시신들. 죽음의 냄새. 다리 한 짝, 손 하나. 어린아이. 나이트클럽에서 춤추던 젊은 여성, 그리고 밖으로 흘러나오는 내장. 정장에 넥타이를 맸지만 다리는 떨어져나가고 없던 남자들. 사무직 노동자들, 찻집 여성들, 학생들, 연금생활자들. 모두들 처참하게 죽었다.

내 눈에 보이는 참사들이 언제 적 사건인지는 알 수 없었다. 발리 폭탄 테러, 7·7 런던 지하철 폭탄 테러, 클래펌 열차 충돌 사고, 마쉬오네스호 침몰 사고, 뉴욕 9·11 테러, 화이트헤이븐 총기 난사 사건……. 어쩌면 그 사건들이 모두 혼재해 있었는지도 모른다.

나를 덮친 그 물결이 가라앉을 때까지 나는 길가에서 기다렸다. 증상이 어느 정도 진정되자 비참한 심정과 공포감이 남았다. 시신 썩는 냄새가 몇 분 동안 내 차에 남아 있는 것 같았다. 나는 숨을 깊이 들이마셨다. 이제 가셨다.

나는 차를 출발시켰다. 충격은 받았지만 차분하게 차를 몰았다.

이 일을 전문가들과 상담을 해야 했다. 신부님을 만나봐야 할까? 어떤 식으로든 인간의 나약함을 받아들이고 우리에게 힘을 주는 이들 말이다.

나도 모르게 고개를 저었다. 절대 그럴 필요가 없었다. 파리에서 일어난 테러는 끔찍했지만 나는 도움을 요청하는 연락을 받지 않았고 그 사건과도 관련이 없다. 나는 죽음에 대해 누구보다 잘 알고 있고 죽음에 대한 두려움도 전혀 없다. 파리의 테러 때문에 느닷없이 기억의 솔기가 벌어졌지만 그 벌어진 틈은 다시 봉해졌다. 그들 앞에 길고 고통스러운 밤이 펼쳐질 것을 알기에 나는 프랑스의 법의관들에게 안쓰러움을 느꼈다.

그렇게 나는 가던 길을 갔다. 그리고 평소대로 안치소로 가서 내 일을 계속했다. 분명 나는 괜찮을 것 같았다.

04 친근하면서 소원한 죽음

어릴 때부터 나는 죽음과 친근하면서도 소원한 관계였다. 내가 태어난 곳은 런던 근교의 안락한 가정이었다. 회계공무원이었던 아버지는 잉글랜드 북부에 살다 큰돈을 벌기 위해 어머니와 함께 남부로 이사를 왔다. 큰돈은 못 벌었지만 우리는 부족함 없이 행복했다. 분류하기 좋아하는 사람들이라면 우리를 중산층 하류에 속한다고 했을 것이다. 누나는 나보다 10살이 많았고 형은 5살이 많았으며, 나는 가족의 사랑을 독차지한 막내였다. 우리 가족은 한 가지 점에서 특이했다. 어머니가 심장질환이 있었고 그로 인해 점점 쇠약해지고 있었다는 것이다.

어머니는 어릴 때 류머티스열에 걸렸는데, 그 합병증 중 하나가 승모판*이 계속 손상된다는 것이었다. 지금은 그 병에 대해 알고 있지만, 당시에 내가 아는 거라곤 엄마가 조금만 움직여도 숨이 찼고 다른 엄마들과 달리 오래 서 있지 못했다는 것이다.

헬렌 누나는 우리 엄마도 예전에는 무뚝뚝한 아버지를 틈만 나면 무도회장에 끌고 갈 정도로 발랄하고 웃음이 많았다고 했다. 항상 활기찬 모습으로 파티의 분위기를 주도했으며, 세계대전이 일어나기 직전에는 2인용 자전거를 타고 유럽 여행도 했다고 한다.

---

* 좌심방과 좌심실 사이에 존재하는 판막으로 좌심방에서 좌심실로 전달되는 혈액이 좌심방으로 다시 되돌아 오는 것을 막는다.

나는 거실에 앉아 누나에게서 엄마 이야기를 듣는 게 좋았다. 당시의 휑한 벽을 상쇄하기라도 하듯 카펫은 무늬가 현란했다. 구석에 있던 조그만 흑백텔레비전은 끌 때마다 까만 화면 한가운데에 흰색 점이 남아서 몇 분 동안 눈을 어지럽혔다. 녹음기와 라디오가 결합된, 앞면이 천으로 싸인 커다란 전축도 있었는데, 거기에서는 주로 가벼운 클래식 음악이 나왔다. 중산층을 갈망하던 집에서는 클래식 음악이 교양의 상징으로 여겨지던 때였다.

전기히터는 온기를 발산했다. 열보다는 빛을 더 많이 발산했던 것 같지만 말이다. 안락의자들은 낡았겠지만 요령 있게 커버가 씌워져 있었다. 무늬가 요란한 거실 카펫 위에서 예전의 건강했던 엄마 이야기를 듣는 것은 즐거웠다. 하지만 점점 쇠약해져 자주 침대에 누워 지내던, 혹은 병원에 입원해 있던 엄마와 누나가 이야기하던 여성은 공통점이 전혀 없는 것 같았다.

어머니는 병원에 가는 일이 잦았고, 가면 오래 입원해 있었다. 어린 내 눈에는 그렇게 보였다. 가족들은 자주 짐을 싸서 나를 리덤세인트앤스의 할머니 댁으로 보냈고, 나는 그곳 바닷가에서 즐거운 시간을 보냈다. 스톡포트의 이모 집으로 갈 때도 있었다. 몇 년이 지난 후에야 나는 내가 할머니나 사촌들에게 보내진 건 나를 위해서가 아니라 어머니가 수술을 받고 회복할 시간을 주기 위해서였음을 알게 됐다.

집에서 나랑 함께 있을 때면 어머니는 건강한 엄마들처럼 해주려고 노력했다. 일찍 일어나서 다정하게 책가방을 싸주시기도 했다(당시에는 아주 어린 학생들도 학교까지 혼자 걸어서 갔다). 어느 날 나는 바이올린을 깜빡 놓고 가서 집으로 돌아갔는데, 엄마가 침대에 누워 있었다. 그때서야 내가 아침에 학교에 가자마자 엄마는 지쳐서 침대에 누워 지낸다는 것을 알게 됐다. 나한테 자신의 상태를 들키자 엄마도 나만큼이나 깜짝 놀랐다. 나는 너무 두렵고 놀라서 가여운 어머니에게 투덜대기까지 했다. 엄마가 건강을 회복해서 다른 사람들이 얘기해준 과거의 모습을 찾았으면 얼마나 좋았을까. 하지만 내가 보기에도 어머니는 점점 허약해지고 있었다.

12월의 어느 날 학교에서 돌아와 보니 엄마의 모습이 보이지 않았다. 병원에 가신 거였는데, 그 병원이 왕립 브롬톤 병원이라는 건 나중에야 알았다. 당시 47살이었던 엄마는 다시 검사를 받고 더 입원해 있어야 했다.

크리스마스 날 아버지가 나를 데리고 병원으로 갔다. 그날의 병문안에 대한 기억은 내가 여러 병원에서 일하는 동안 축적된 수많은 기억에 거의 묻혀버렸다. 수많은 세월의 지층을 파내려가 1961년의 크리스마스에 이를 수는 있지만, 그날을 유심히 바라볼 때 나타나는 것은 여러 조각의 파편으로 잠시 머물렀다 사라지는 풍경뿐이다.

병실에서 9살짜리 아이를 별로 반기지 않는다는 것은 나도 알고 있었다. 그리고 얌전히 굴어야 한다는 당부도 들었다. 이것을 명심하면서 나는 천장이 높고 소리가 울리는 복도를 걸어갔다. 단정하고 빳빳한 유니폼을 입은 간호사들이 분주한 걸음으로 우리를 지나쳐갔다. 양쪽으로 널따란 병실이 줄지어 이어졌다. 소독약 냄새. 멀리 보이는 창문 밖으로 노란 햇빛이 무심한 런던을 비추고 있었다. 아버지를 따라가는데 갑자기 방향이 바뀌며 넓은 병실이 나왔다. 마룻바닥. 길게 줄 맞춰진 침대들은 모두 흰색이고 다음 환자를 받을 수 있도록 비어 있었다. 내 기억

속의 그 침대들은 모두 비어 있었지만 단 하나만 예외였다. 그 안에 엄마가 누워 있었던 것이다. 지금 생각해보니 크리스마스 날 병실에 남은 환자는 엄마 혼자뿐이었다.

안타깝지만 어머니가 나를 어떻게 맞이했고 나를 어떻게 바라봤는지 기억이 나지 않는다. 나를 안아주고 내 손을 잡아줬겠지. 그랬으리라 생각한다. 나는 침대에 올라가 선물로 받은 장난감을 어머니에게 보여줬을 것이다. 어쩌면 어머니와 함께 선물을 열어봤을지도 모른다. 그랬을 거라 생각한다. 나의 바람이다.

몇 주 후 1월의 추운 아침이었다. 나는 평소처럼 일찍 일어나 형 로버트와 함께 쓰는 방을 나와서 부모님 침대로 올라가 아빠 옆으로 미끄러져 들어갔다. 하지만 그날은 뭔가 이상했다. 침대가 차갑고 이불도 단정하게 정돈되어 있었다. 아무도 거기서 자지 않은 것이다.

계단 꼭대기까지 올라가봤다. 그날 아침에는 햇빛이 집 안을 비추고 있었다. 말소리가 들렸다. 그런데 평소와 달리 소리를 죽여 이야기하고 있었다. 뭔가 낯설고 놀란 듯한 어조였지만 내용은 알아들을 수가 없었다. 나는 슬그머니 내 침대로 돌아와 누웠다. 그리고 기다렸다. 무슨 일이 생긴 것 같아 걱정이 됐다. 어쨌든 곧 누군가가 나한테 얘기해줄 터였다.

마침내, 아버지가 들어왔다.

너무 당황스럽게도 아버지가 울고 있었다. 우리는 아버지를 쳐다봤다. 방금 잠에서 깬 로버트 형은 눈만 끔뻑였다.

아버지가 말했다. "너희 엄마는 훌륭한 분이셨단다."

9살이었던 나는 그 말뜻을 이해하지 못했다. 형이 과거형이 의미하는 바를 설명해주며 우리 어머니가 이제 과거형이 되었음을 알려줬다. 돌아가신 것이다.

나는 그제야 어젯밤에 아버지와 누나가 왕립 브롬톤 병원에 다녀왔다는 것을 알았다. 어머니는 상태가 좋지 않았지만 그렇다고 해서 더 나빠진 것 같지도 않았다고 한다. 그래서 두 사람은 평소처럼 어머니에게 잘 자라고 인사하고 병실을 나왔다. 그런데 간호사가 그들을 한쪽으로 데려갔다. "혹시 환자분이 어떤 상태인지 알고 계세요? 아무래도 셰퍼드 부인이 오늘밤을 넘기기 힘들 것 같은데요."

두 사람은 소스라치게 놀랐다. 어머니가 돌아가실지도 모른다는 생각을 아무도 안 해봤기 때문이다. 혹시 아버지에게 그런 가능성이 떠올랐거나 의료진이 귀띔을 해줬다 해도 아버지는 그럴 리가 없다며 안 믿었을 것이다. 어머니는 입원해 있다가 회복되곤 했다. 가족들은 어머니를 보러 병원에 찾아갔다. 우리는 늘 그런 식으로 지냈기 때문에 그런 생활이 끝나리라고는 아무도 예상하지 못했다.

사실 어머니는 심장병 말기였다. 심부전증은 기관지폐렴으로 발전했다. 기관지폐렴은 흔히 '노인들의 친구'라고 불렸는데 환자들이 비교적 짧은 고통만 겪고 죽음을 맞이하기 때문이다. 지금은 그 병을 치료하는 항생제가 있지만 어머니는 폐렴을 이겨내지 못했다. 어머니가 어릴 때 류머티스열에 걸리지 않도록 페니실린이 더 일찍 발견됐더라면 얼마나 좋았을까.

몇 년 후, 내가 의대생이 되었을 때 아버지는 무거운 표정으로 비밀 서랍에서 어머니의 부검감정서를 꺼내 보여주며 설명을 좀 해달라고 했다. 어머니는 어린 시절의 류머티스열 때문에 혈액에 어떤 물질이 만들어졌다. 그것은 박테리아를 죽였지만 몸의 다른 세포까지 공격하는 게 문제였다. 어머니는 아주 전형적인 경우로, 승모판이 공격을 받았다. 심장 왼쪽의 혈류를 통제하는 이 판막은 손상을 입으면서 딱딱하게 뭉쳐서 제대로 작동하지 않았다. 어머니가 입원해서 개심술을 받을 때마다, 의사들은 말 그대로 손가락을 넣어 뭉쳐있는 판막을 풀어줬다. 그러면 판막은 다시 정상적으로 펄럭였고 좌심방과 좌심실 사이의 혈류가 회복됐다. 정확히 말하면 한동안은 나아졌다.

그래서 어머니는 기진맥진해진 채 그렇게 자주 병원으로 사라졌고 다시 활기를 찾아 돌아왔던 것이다. 하지만 횟수가 거듭될수록 호전의 정도는 약해졌다.

당시에는 개심술이 의료계에서 획기적인 수술이었지만, 심장판막은 끈질기게 환자의 몸을 파괴했고 그 전쟁에서 이길 방법은 없었다. 사실 10년 후 내가 의대에 갔을 무렵에 그 치료법은 이미 쓰이지 않았다. 그때까지 어머니가 살아 계셨더라면 인공판막을 이식해서 건강하게 여러 해를 더 살 수 있었을 것이다.

어머니가 돌아가실 당시에는 이 병에 대해 아는 게 없었다. 내가 어떤 기분을 느껴야 하는지도 몰랐다. 모든 사람이 눈물을 글썽거리며 뭔가를 기다리는 눈으로 나를 쳐다봤다. 나보고 어쩌라는 건지 알 수가 없었다. 그래서 옆집 사는 친구 존의 집에 놀러갔다. 토요일이었고 그 집 식구들이 모두 모여 있었다. 존의 엄마는 나를 따뜻하게 맞아주며 눈물지었고, 존과 나는 텔레비전에서 만화영화를 봤다. 하지만 그들이 재밌게 놀 때도 나는 왠지 웃으면 안 될 것 같았다.

얼마 후에 다시 이런 경험을 했다. 어느 날 학교에서 돌아와 보니 집이 친척들과 꽃으로 가득 차 있었다. 그날이 장례식 날이었던 것이다. 나도 당연히 참석해야 했지만 다들 정신이 없어 미처 그 생각을 하지 못한 것 같았다. 내가 걸어 들어가자 사람들이 나를 가엾다는 듯이 쳐다봤다. 그들은 나한테서 뭘 기대했을까? 또 무슨 말을 하길 바랐을까? 나는 아무 감정이 없었다. 어쩌면 마음 깊은 곳에서 죽음의 의미를 파악하지 못했는지도 모른다. 전에도 어머니는 자주 사라졌고 항상 돌아왔으니까 그때도 다시 돌아오리라 믿고 있었는지도 모른다.

어린 시절을 돌아보면 나는 어머니에 대해 기억나는 게 거의 없고 별 감정도 느껴지지 않는다. 어머니가 자주 입원했고, 집에 있을 때에도 이상한 부재감을 느껴서일까? 당시를 생각하면 할머니와 외할머니, 형, 누나, 아버지, 이모에 대해서는 기억나는 게 많은데, 어머니만은 빈 공간으로 남아 있다. 왜 그런 걸까? 그 공간은 앞으로도 쉽게 메워지지 않을 것 같다.

어머니가 돌아가신 후 놀라운 일이 벌어졌다. 아버지가 변한 것이다. 아버지는 자신이 잃은 게 무엇인지를 인식하고 스스로 어머니 역할까지 하려고 노력한 것 같다. 그리하여 근엄하고 과묵했던 성격을 버리고 애정을 쏟는 부모가 되었다. 누나는 어머니가 돌아가셨을 때 19살이었고 이미 집을 떠나 사범대학을 다니고 있었지만 아버지를 많이 도와드렸다. 아버지는 누나가 집안 남자들을 돌봐주러 집으로 돌아올지도 모른다고 기대했지만 누나는 그러지 않았다. 하지만 몇 년 후 결혼한 후에도 무척 다정하고 도움을 많이 주는 누나로 남았다.

아버지는 직장에 다니면서 집안일과 장보기, 요리까지 모두 해냈다.

당시에는 혼자 자식을 키우는 아버지가 드물었고 소비문화가 발달하지 않아서 퇴근길 무렵에는 문을 연 가게가 거의 없었는데도 말이다. 아버지는 마음만 먹으면 무슨 일이든 해낼 수 있다고 굳게 믿었다. 그래서 집안의 전기배선도 다시 하고, 주방 페인트칠도 하고, 자동차를 점검하고, 요리법까지 배웠다(매번 맛이 다르긴 했다). 게다가 우리에게 필요한 일을 해주기 위해 자신의 일정을 조정했다. 이 과정에서 아버지는 자신이 깊은 애정을 주고받는 능력이 있음을 발견했다.

아버지가 무릎 사이에 통통하고 다리가 긴 아이(나일 것이다)를 끼고 있는 작은 흑백사진이 있다. 우리 둘 다 잠들어 있다. 당시로서는 아주 특이한 광경이었다. 전쟁을 치른 아버지 세대는 대체로 빅토리아 시대의 아버지들에게 양육되었기 때문에 자식들에게 그런 애정과 자상함을 표현하는 경우가 드물었기 때문이다.

아버지는 내가 모범생이었다고 했다. 나는 학교생활이 즐거웠고, 일레븐플러스* 시험에 합격했다. 수영을 좋아했고, 지역 청소년클럽에 다녔고, 성가대 단원이었고, 친구도 많았다. 13살 때의 일이다. 어느 날 한 친구가 우리를 놀라게 하기 위해 자기 집 책장에서 아버지의 의학책을 '빌려와' 학교에 갖고 왔다. 키스 심슨 교수가 쓴 『심슨 법의학Simpson's Forensic Medicine』(제3판)이었다. 작고 낡아빠진 그 빨간 책은 표지에 아무 설명도 없었지만 안에는 온통 죽은 사람들의 사진이 있었다. 사실 대부분은 살해된 사람들이었다. 목 졸리고, 감전사하고, 교수형에 처해지고, 칼에 찔리고, 총에 맞고, 질식사한 사람들……. 무서운 운명에 처한 사람들은 누구도 심슨 교수를 벗어나지 못한 것 같았다. 그는 모든 죽음을

---

* 11+. 인문계 중등학교인 그래머스쿨 입학시험

다 봤다. 벼락을 맞고 생긴, 양치류 형태의 흉터 사진도 있었고, 벽돌로 머리를 맞은 소년의 두개골 사진도 있었으며, 총알이 들어가고 나간 구멍을 찍은 사진들도 있었다. 심지어 시신이 부패해가는 여러 단계의 사진도 있었다.

물론 그때쯤에는 나도 죽음의 개념에 익숙했다. 개인적으로 죽음이 남긴 영향도 충분히 겪었다. 하지만 죽음을 그렇게 구체적 형태로 본 건 처음이었다. 어머니는 먼 병원에서 돌아가셨고 내가 어머니 시신을 보는 건 누구든 반대했을 테니 말이다. 그러니 초보 심리학자라도 『심슨 법의학』에 대한 나의 별난 관심은 죽음의 형태를 탐색하고 싶은 욕구 때문이라고 추측했을 것이다. 그것은 관심이라기보다 매혹이었다. 외설도 아니었고, 다른 아이들처럼 공포감을 느끼고 싶은 욕구도 아니었다.

나는 그 책을 빌려와 몇 시간이고 들여다봤다. 내용을 읽고 또 읽으며 함께 실려 있는 사진도 유심히 봤다. 사진은 상세했다. 특히 당시엔 유족에 대한 배려가 없어서 피해자들의 얼굴도 모자이크 처리를 하지 않았다.

어쩌면 나는 그토록 무섭고 참혹한 죽음을 심슨이라는 훌륭한 학자의 초연하고 객관적이고 분석적인 눈을 통해 보고 싶었는지도 모른다. 어쩌면 심슨 교수는 감당할 수 없는 일을 감당하도록 나를 도와줬는지도 모른다. 혹은 그냥 의사와 수사관의 일이 모두 연관된 그 사진이 나를 흥분시켰는지도 모르겠다.

그전부터 나는 의학을 공부해볼까 생각했었다. 병리학도 재밌었지만 법의병리학은 의학이면서 그 이상이었다. 다른 병리학자들과 달리, 법의관들은 자기 환자가 있는 것이다. 하지만 보통 의사들과 달리 그들의 환자는 모두 죽은 사람들이다. 그래서 매일 코를 훌쩍거리는 사람들을 만나야 하는 일반의들의 삶보다 훨씬 나을 수도 있었다.

법의관들은 의심스러운 죽음이 생기면 밤이든 낮이든 언제든 불려간다고 했다. 이 말은 진짜 살인사건 현장에 가야 할 수도 있다는 뜻이었다. 그들(당시에는 법의관들이 예외 없이 남자였다)의 임무는 경찰이 범죄사건을 해결하도록 시신을 의학적으로 철저히 검사하는 것이다. 심슨에 의하면, 총을 맞고 죽은 사람이 있다면 법의관들은 그 현장과 부상부위를 검사할 뿐 아니라 근처에서 발견된 무기를 보여달라고 요구해야 한다. 그리고 다음의 4가지를 자문해봐야 한다고 했다.

1. 부상이 그 무기에 의한 것일 수 있는가?
2. 어느 정도의 거리에서 발사되었는가?
3. 어느 방향에서 발사되었는가?
4. 그 부상이 자해로 인한 것일 수 있는가?

그리고 키스 심슨에게 그것은 모두 당일 끝내야 할 일이었다. 더 많은 지식에 목말랐던 나는 심슨 교수에 대한 내용은 무조건 찾아 읽었다. 그리고 (주로 증기기관차를 타고) 범죄 현장으로 달려가서 수사관들을 돕는 그의 삶에 매료됐다. 자신의 의학 지식으로 살인사건을 재구성하고, 풀리지 않던 문제를 풀도록 도와주고, 무고한 사람을 구원해주고, 법정 증언으로 가해자를 처벌하는 데 기여하는 삶 말이다.

나의 미래는 분명해졌다. 바로 제2의 키스 심슨이 되는 것이었다.

05 해부학 수업

내가 있는 곳은 블룸즈버리의 거대하고 살풍경한, 흰색 타일로 된 건물 지하였다. 천장에는 불이 환하게 켜져 있었고, 내 앞에는 시트 아래 굴곡만 드러난 형체가 있었다. 내가 생전 처음 대면하게 될 시신이었다.

유니버시티칼리지 런던(UCL)의 모든 의과대 학생들은 해부학 수업을 받았다. 70명 정도 되는 우리 1학년은 해부학이 무엇을 의미하는지 알고 있었다. 학교에서 곱상어를 해부해본 적은 있었다. 쥐도. 그런데 이제 인간의 시신을 해부해야 한다.

계단을 내려가면서 포르말린 냄새가 나는 순간 나는 그것이 생물 실습 시간에 맡던 냄새임을 알아차렸다. 우리는 실습실로 죽 걸어 들어갔다. 도중에 선배들의 해부 수업을 위한 40개 정도의 도재陶材 부검대를 지나갔다. 그 시트 아래마다 시신이 있다는 것을 알기에 우리는 조심스럽게 걸음을 옮겼다. 그러다 내 몸에 닿은 시트 한쪽이 들춰지며 고릴라 같은 커다란 털투성이 발이 드러났다. 하하. 비교해부학 중이군. 내가 불안하게 웃자 다들 불안한 얼굴로 웃었다. 모두가 불안해했다.

많은 사람들이 해부를 무섭고 소름끼치는 과정이라 생각하지만 내가 불안한 이유는 달랐다. 나는 여전히 키스 심슨 같은 법의관이 되고 싶었다. 그런데 그때까지는 죽은 사람들을 모두 사진으로만 봤다. 처음으로 진짜 시신을 보면 나는 어떤 반응을 보이게 될까? 만일 토하거나 기절하거나 창백해지거나 몸이 굳어버리면(해부를 막 시작할 때 그런 사람도 있었다), 굳게 결심한 나의 진로는 시작도 하기 전에 끝났다고 봐야 했다.

부검대 하나에 네 명이 섰다. 흰색의 가슬가슬한 새 가운을 입은 우리는 각자 맡은 시신을 둘러쌌다. 이 시신들은 18개월 동안 해부학 수업이 끝날 때까지 우리와 함께할 터였다. 그때는 고인이 자기 몸에 대해 안 것보다 우리가 더 많이 알 테지만, 우연히 버스를 함께 타서 그의 표정이나 목소리를 직접 보고 들은 사람보다는 개인적으로 아는 것이 적을 것이다.

교수를 기다리는 동안 우리는 모두 각자의 방식으로 감정을 몰아내려 노력했다. 시트 아래 생명 없이 누워 있는 인체의 익숙한 굴곡은 우리의 태도를 바꿔놓았다. 다들 허세를 부렸다. 농담을 하는 친구도 있었고, 억지로 웃으려 하는 친구도 있었다. 그러다 시선이 만나면 서로 붙들고 놓아주지 않았다. 몇 사람은 느닷없이 데이트 신청을 했다. 낯설고도 진기한 압박감에 우리 사이에는 얼마나 강력한 연대감이 맥박처럼 고동쳤던가.

이윽고 교수가 수업을 시작하자 우리는 정색을 하고 시신 앞에 섰다. 교수가 하는 설명에 우리는 깊고 깊은 침묵을 유지했다. 차가운 빛이 타일에 반사되고, 우리의 가운에 반사되고, 해부용 메스에 반사되고, 이제는 긴장하고 기진맥진한 얼굴들에 반사됐다.

시트를 걷으니 거기에 그들이 있었다. 죽은 이들. 미동도 없이 조용한, 의식이 없는 회색의 인간들. 몇 명은 교수에게 시선을 고정시켰다. 앞에 있는 나체를 빤히 쳐다보는 학생도 있었고, 무표정하게 내려다보는 학생도 있었다.

우리 부검대에는 나이든 남자가 누워 있었다. 눈을 감고 입을 다문 그는 광대뼈가 불거졌으며, 턱 아래 살은 단단해 보였다. 양손은 옆구리 옆에 놓여 있었고, 배는 통통했으며, 관절염이 있는 무릎은 벌어진 채였다. 약하면서도 약해 보이지 않는, 인간이면서 인간이 아닌 존재였다.

교수가 각 시신의 사망 날짜를 알려줬다. 우리 조가 맡은 시신은 1년 전이었다. 이 남자는 감사하게도 자신의 몸을 의학 발전을 위해 기증했고, 우리 같은 애송이 의대생들이 의학의 이름으로 그 수혜를 받고 있었다. 사망 후 곧바로 방부 처리가 된 남자는 이 부검대에 놓이기까지 포르말린에 담겨 있었다. 이상하게 회색으로 보였던 것은 포르말린 때문이지 죽음 때문이 아니라는 것은 조금 후에야 알게 됐다.

우리는 죽은 사람의 이름이나 개인적인 정보는 듣지 못했다. 아마 인간적인 감정을 차단하기 위해서였으리라. 당시 나는 『심슨 법의학』 내용을 거의 다 외우고 있었기 때문에 은근히 거기에 작은 총상이라도 있기를 바랐는지도 모른다. 하지만 듣기로는 죽은 이들은 모두 자연사였고 우리가 사인을 찾을 필요는 없었다. 짐작은 할 수 있었겠지만 말이다. 이 수업은 그냥 인체와 그것의 기능에 관한 기본적인 소개에 불과했다. 근육이 뼈에 어떻게 붙어 있는지 직접 보고, 신경섬유를 찾아내고, 콩팥과 요관과 심장 주변의 혈관들을 살펴보는 것이 목적이었다.

우리는 교재를 펼쳤다. 에이킨, 코지, 조셉 그리고 영 공저의 『해부학 개론 1권 1장: 흉부와 팔』. 교수가 설명하기를 우리는 가슴 중앙에서 시작해서 아래 방향으로 직선으로 절개할 거라고 했다. 그리고 각 조에서 누가 메스를 들 것인지를 물었다. 그러자 부검실이 갑자기 조용해졌다.

누가 최초로 인간의 살을 절개할 것인가?

그건 나였다. 내게는 중요한 시험이었다. 내가 과연 그 일을 해낼 수 있을지 알아야 했다.

죽은 사람의 얼굴을 빤히 내려다봤다. 주인의 영혼이 오래 전에 떠났음을 무표정으로 보여주는 얼굴이었다. 그는 무엇을 봤을까? 무엇을 알고 있었을까? 그는 우리와 같은 세상에 살고 있었지만, 그가 죽은 후 1년 동안 세상은 변했고 그는 변하지 않았다. 그의 가슴을 내려다봤다. 내 피부와 다를 바 없이 견고하고 탄력 있어 보였다.

나는 메스를 집어 들었다. 학교에서 메스를 다뤄본 적이 있지만 이번에는 무게가 느껴졌다. 메스에 어느 정도의 힘을 가해야 인간의 살을 절개할 수 있을까? 다른 세 명의 눈이 모두 나를 향했다. 아무도 입을 열지 않았다.

손 하나가 메스를 시신의 가슴 위에 놓았다. 나는 그 손을 쳐다봤다. 그건 내 손이었다. 조원들이 앞으로 몸을 기울였다. 내가 메스를 지그시 눌렀다. 아무 일도 일어나지 않았다. 조금 더 세게 누르자 피부 속으로 칼날이 들어가는 게 느껴졌다. 절개를 한 것이다. 이어서 칼날을 천천히 당겼다. 흔들리지 않게 아래쪽으로. 최대한 직선으로 메스를 당기자 목 정맥패임에서 칼돌기까지 살이 깨끗이 갈라졌다. 이제는 절개해서 벌어진 피부를 책처럼 펼치고 그 안에 있는 인체를 읽어야 했다! 나는 곧장 더 깊이 파고 들어가 그 안에 무엇이 있는지 보고 싶었다.

너무 몰입하는 바람에 나는 교수와 다른 학생들의 존재도 잊고 포르말린 냄새도 의식하지 못했다. 교수의 목소리를 듣고 나서야 나는 정신을 차리고 눈을 껌뻑거렸다. 우리 주변에서 뭔가 소동이 일었다. 다른

46

부검대에서 한 여학생이 기절해서 다른 학생들이 둘러싸고 있었던 것이다. 넓은 부검실 저쪽에서 누군가가 급히 나가면서 스윙도어가 요란한 소리를 내며 닫혔다. 그 뒤로도 몇 명이 더 달려 나갔다. 한 명은 그 뒤로 돌아오지 않았다. 해부학 수업뿐 아니라 의대를 그만둔 것이다. 하지만 남은 우리들끼리는 부쩍 가까워진 기분이 들었다. 죽은 몸을 절개함으로써 함께 전문가가 되어가는 것 같기도 했고, 한편으로는 독특한 무리나 종파, 부족의 일원이 된 것 같기도 했다. 나로서는 메스로 시작한 최초의 모험이 나의 원대한 희망을 굳혀주었다. 내가 있을 곳은 여기였다.

해부학 수업도 좋았지만, 또 한 가지 반가웠던 것은 유니버시티칼리지 병원에서는 그곳에서 죽은 환자들을 일상적으로 부검한다는 것이었다. 부검은 점심시간에 매일 진행되었고 의대생들도 참관할 수가 있었다. 학과 친구들과 즐기곤 하던 맥주나 파이가 별로 당기지 않을 때면 나도 자주 가서 참관을 했다. 그런 공개 부검은 우리가 피부를 한 겹씩, 근육과 신경을 한 가닥씩 신중하고 조심스럽게 분석하던 해부학 시간과 격이 달랐다. 과연 전문가들이 일하는 현장은 달랐다. 그들은 정중선을 죽 긋는 것으로 시작했다. 나도 해부학 시간에 그렇게 했지만 그들처럼 대담하게는 못했다. 그들은 사인을 알아내기 위해 노련하게 피부를 젖혀 장기를 드러냈다. 커다란 암 덩어리, 병든 췌장, 뇌출혈, 막힌 동맥들. 나는 그 모든 것들을 보고 싶었다.

대학은 온갖 기회가 널려 있었다. 관심 있는 일을 할 수도 있었고, 사람들을 만나고 공부하고 신나게 놀 수도 있었다. 집을 떠나 이 세계로 들어온 게 얼마나 다행이었던가. 우리 집은 변하고 있었다. 그곳은 긴장이 느껴지는 곳, 때로는 불편한 곳이 되어버렸다.

아버지는 우리를 사랑하고 아껴주셨지만 어머니가 돌아가신 후 성격이 성마르게 바뀌었다. 심하게 성마른 성격으로. 나는 그 이유가 무엇인지 잘 알고 있었다. 깊이 사랑하던 아내가 죽은 후 둘이서 나누어 지던 짐이 모두 자신에게 떨어졌기 때문이었다. 막내아들은 사랑으로 돌봐야 하는 어린 나이였고, 큰아들은 어머니의 부재를 예민하게 느끼는 반항적인 10대였다. 게다가 아버지는 옆에 여성이 있어주기를 간절히 바라고 있었다.

깊은 슬픔에도 불구하고, 어머니가 돌아가시고 얼마 후에 아버지는 여자들을 만나기 시작했다. 로버트 형과 나는 반대하지 않았다. 아버지의 첫 여자친구이자 과부였던 릴리언은 행복하지 않았던 아버지를(사실은 우리 모두를) 훨씬 기분 좋게 만들어줬기 때문이다. 그녀는 따뜻했고 어머니 같았다. 그리고 소리 내어 잘 웃었다. 평소에 우리 집은 그늘과 추억과 공허함이 느껴지는 조용한 곳이었지만, 릴리언이 오면 맛있는 음식과 친한 손님들이 있는 재밌고 활기 넘치는 곳으로 변했다. 그리고 릴리언은 파티를 자주 열었다. 파티 말이다! 어느 크리스마스 때는 손님들이 턱에서 턱으로 오렌지를 전달하는 게임을 했는데 우리는 그 광경을 보면서 킥킥거리기도 하고 우리끼리 장난도 치면서 놀았다.

하지만 쓸쓸하게도 릴리언은 과거가 되었다. 누군가가(유력한 용의자는 릴리언 본인이었지만) 아버지와 그녀가 결혼할 거라는 소문을 냈던 것이다. 아버지는 뒤돌아 도망쳤다. 그때까지 아버지는 어머니를 성녀 같은 아내로 만들어놔서 다른 여성과 그렇게 일찍 재혼하면 주위의 축복을 받지 못하리라 생각했던 것이다.

어느 여름날 우리 가족은 모두 데번으로 도보여행을 갔다. 그때 아버지는 옛날 친구를 찾아본다며 어디론가 사라졌다. 우리는 아버지가 멋지게 차려입은 것은 그 옛날 친구를 만나기 위해서라는 것을 눈치 챘다.

다음날 아버지는 그 친구를 데려와 우리에게 인사시켰다. 조이스라는 그 여성은 그전에 아버지와 같은 사무실에서 근무한 것 같았지만, 그때는 무슨 이유에선지 런던을 떠나서 남서부에 있는 고향에서 살고 있었다.

조이스는 쾌활한 모습을 보이려 노력했다. 중년의 나이였던 그녀는 별 특징이 없었고 오글거릴 정도로 우리에게 과하게 친절했다. 하지만 나는 왠지 주눅이 든 것 같은 그녀가 가여워서 봐주기로 했다. 나중에 알게 된 거지만 그녀는 병든 아버지와 폭압적인 어머니와 살고 있었다. 가까이에는 결혼한 여자조카가 살고 있었는데 둘이서 친한 것 같았다. 그 조카와 무력한 아버지와 무서운 어머니를 빼면 조이스는 이 세상에서 외톨이였다. 그녀와 아버지의 관계는 휴가 때 잠깐 재회하는 것으로 끝나지 않았다. 주말이면 그녀가 우리집에 찾아오기 시작한 것이다. 그녀는 어머니 노릇을 하려고 노력했지만 10대 남자아이들을 어떻게 돌봐야 하는지는 몰랐다. 요리도 해줬는데 아버지가 해준 것보다 나을 게 없었다. 한번은 파에야를 만들기까지 했는데, 그것은 1960년대로서는 다소 엉뚱한 시도였다. 그녀는 집안을 정리하는 등 남자들만 사는 집에 전반적으로 여성의 손길을 가미했다.

"우린 여자 손길은 필요 없어요." 형이 대놓고 말했다. 그는 비굴할 정도로 친절한 조이스를 싫어했고 틈을 메우려는 서툰 시도도 못마땅해 했다. 엄마의 빈 틈, 포옹과 웃음소리로 채워져야 할 틈, 대화에서 보이는 틈.

나는 그녀에게 반기를 들진 않았지만, 어쩌다보니 그녀가 오는 날이면 친구네 집으로 피신하게 되었다. 사실 그녀는 뭐랄까, 아버지를 행복하게 해주진 못했을지 몰라도 아버지의 폭발하는 성향은 확실히 누그러뜨렸다. 자상하고 사랑이 많은 아버지였지만 내부 어딘가에는 화산이 숨어 있었고 그것은 느닷없이, 생각지도 못할 때 폭발하곤 했던 것이다.

화가 나면 고함을 치고 물건을 던지는 아버지 때문에 나는 두려움에 떨었다. 자주 일어나는 일은 아니었지만, 나는 그 화산의 존재를 늘 염두에 두고 있었고 그것이 언제 터져 나올지 늘 조마조마했다. 한번은 두려운 나머지 오줌을 지린 적도 있었다.

우리는 가끔 가정적이고 깔끔한 외할머니 댁에 놀러가서 며칠을 지냈다. 내가 열세 살 때였다. 외할머니 댁에서의 어느 날 아침, 나는 평소처럼 아버지 침대로 올라가 이런저런 얘기를 주고받았다. 따뜻한 찻잔을 들고 사각거리는 린넨 시트에 들어가 느긋하게 기대 있는데, 아버지가 불쑥 이렇게 말했다. "조이스랑 결혼할까 한다."

나는 "안 돼요!"라고 외치고 싶었다.

하지만 이렇게 말했다. "그러세요."

조이스랑 결혼하면 아버지가 행복해질지도 모르니까. 나는 아버지가 정말 행복해지기를 바랐다. 그러면 격분하는 횟수가 줄어들지도 몰랐다. 그것도 내가 바라는 바였다.

결혼식에는 아무도 초대하지 않았다. 어느 날 아버지가 데번까지 차를 몰고 갔다가 결혼식을 올리고 둘이서 돌아온 게 끝이었다. 조이스에게 결혼은 무서운 어머니한테서 탈출하는 것이었고 그것이야말로 그녀가 꿈꾸던 바였다. 하지만 어떻게 보면 그녀에게 결혼은 또 다른 감옥이었는지도 모른다. 우리 집안일이 모두 그녀의 책임이 되었기 때문이다. 사실 아버지는 한순간에 가정적으로 변했던 것처럼 한순간에 집안일에서 벗어난 것 같았다. 어떻게 보면 그들의 관계는 교제라기보다는 계약에 가까웠다. 주부 일을 맡기기 위한 계약.

내가 보기에 조이스는 분명 좋은 아내가 되기 위해 노력했다. 우리 집은 깃털먼지털이로 상징되는 그런 집으로 변모했다. 하지만 조이스가 항상 집에 있었기 때문에 나로서는 탈출구가 없어졌다. 친구들도 초대할 수가 없었다. 그녀는 부족함 없이 친절했지만 손님들을 어떻게 맞아야 하는지를 몰랐기 때문이다. 고맙게도 그녀는 서툰 어머니 노릇을 포기했다. 아마 내가 그녀를 어머니로 대하려는 노력을 전혀 하지 않았기 때문이리라.

아버지, 조이스, 형, 그리고 나는 우연히 한 집에 살게 된 사람들처럼 지냈다. 아버지조차 조이스와 거리를 두었다. 그것을 행복한 결혼이라고 할 수는 없었다. 말다툼과 차가운 분노가 집안 공기를 얼어붙게 하기도 했다. 한번은 내심 형과 내가 남몰래 기뻐한 일이 있었는데, 그것은 아버지가 조이스를 데번의 그녀 어머니 집에 버리다시피 하고 온 것이었다. 하지만 그녀는 돌아왔다. 그리고 낮에는 둘이서 싸우더니, 지금에야 깨닫는 거지만 밤중의 화해가 이어졌던 것 같다. 그리고 아침까지도 이가 갈리도록 사랑이 넘치는 모습을 과시했다. 당연히 오래 가지는 않았다. 솔직히 말하면 도저히 이해가 안 가는 상황이었다.

대학에 입학한 로버트 형은 아버지가 적극 권장하던 법학을 전공했다. 나는 형이 그리웠지만 좋은 점은 있었다. 형의 부재로 인해 집안에서 언쟁이 줄어들었고 아버지의 폭발도 약간 줄어들었다는 것이다.

하지만 1년 후 형은 몇 과목에서 낙제를 하고 집으로 돌아왔다. 그리고 절대 법학은 공부하지 않겠다고 했다. 그가 공부하고 싶은 과목은 심리학과 사회학이었다. 그 선언에 아버지는 격분했다.

"사회학? 그 따위가 뭐 하는 과목이냐!" 아버지가 흥분해서 소리쳤다.

하지만 형은 정말 사회학으로 전공을 바꿨고 졸업 후 프랑스의 대학에서 학생들을 가르치며 성공적인 경력을 쌓아나갔다. 그리고 프랑스에 남아 계속 교단에 섰다.

헬렌 누나는 집에 올 때마다 집에서 뭔가가 없어진다고 했다. 나는 굳이 신경도 쓰지 않았다. 하지만 시간이 흐르면서 누나 말대로 어머니의 흔적이 점차 사라지고 있음을 깨달았다. 해마다 어머니와 관련된 물건들이 조금씩 없어지더니 나중에는 장식품, 그림, 사진, 짜깁기하는 천, 바느질 바구니, 책, 도자기, 심지어 먼지털이 하나도 남지 않았다. 딱하게도 조이스는 그런 물건들을 자기 물건으로 대체하려고 했던 것 같다. 하지만 그녀가 구입하거나 만든 것은 어느 하나도 어머니가 우리 집에 남긴 빈자리를 채워주지 못했다.

내가 런던을 떠날 때쯤에는 조이스가 어느 정도 어머니의 흔적을 지우고 아버지를 빼앗아간 기분이 들었다. 그러다 내가 의대에 들어간 지 몇 년이 지나면서 모든 게 변했다. 아버지가 공직에서 은퇴하여 런던 중심가에서 회계사 자리를 얻은 것이다. 그전에는 내가 집에 들를 때만 조이스가 지켜보는 가운데 아버지와 만났지만 그때부터는 상황이 달라졌다. 이제 나 혼자 아버지와 만날 수 있게 된 것이다. 실제로 우리는 시내에서 자주 만나 점심을 먹었다.

우리가 늘 가는 곳은 그리크 가에 있는 한 식당이었다. 너무 작아서 가정집의 응접실 같은 느낌을 주는 곳이었다. 음식은 싸고 맛있었지만 주방은 분명 지저분했을 것이다. 하지만 그건 중요하지 않았다. 따뜻하고 친근한, 부자지간의 점심을 즐길 수 있었기 때문이다. 예전으로, 그러니까 조이스가 오기 전으로 돌아간 것 같았다. 아버지는 느긋하면서 애정이 넘쳤고 나도 마음이 편안했다. 그것은 아마 공공장소라서 아버지가 버럭 화를 낼 위험이 없었기 때문일 수도 있다. 아버지는 나를 의사이자 성인으로 보기 시작했는지 내게 솔직해졌다. 나에게 조이스의 '조카'가 실은 조이스의 딸이며 그 딸의 아버지는 전쟁 중에 캐나다의 항공병으로 복무하던 남자였다는 사실도 털어놓았다. 그 딸은 조이스의 어머니가 키웠고 조이스는 가끔 보는 이모 역할을 맡을 수밖에 없었다. 1940년대에는 드물지 않은 경우였다. 이런 치욕적인 비밀을 쥐고 있었기 때문에 조이스의 어머니가 조이스를 멋대로 휘둘렀던 것이다. 그래서 아버지가 나타났을 때 중년의 조이스는 아버지가 탈출구로 보였을 것이다.

그때서야 그녀가 10대였던 형과 나에게 모성애 비슷한 것도 보이지 않았던 것이 이해됐다. 자기 자식한테마저 어머니 노릇을 못했으니 당연한 일이었다.

아버지는 그녀와 결혼할 때 얼마나 비참한 심정이었는지도 고백했다. 데번까지 차를 몰고 가면서 어디든 차를 박아버릴까 심각하게 고민했을 정도로 말이다. 자살까지는 아니고 그냥 그 결혼을 피하고 싶었다고 한다. 하지만 아버지답게 그 일을 감수하기로 했다. 혹시 조이스가 (아니 그녀의 어머니가) 아버지를 계약 위반으로 고소할까 봐 두려웠던 것이다.

아버지가 과거의 잘못을 바로잡으려 애쓰는 모습을 보니 슬그머니 웃음이 나왔다. 그리고 문득 16살 때 아버지가 사주신 사전이 떠올랐다. 아버지는 속표지에 만년필로 반듯하게 사각형을 그린 뒤 그 안에 완벽한 동판인쇄체로 알렉산더 포프의 시구를 공들여 적어놓았다. 그 내용이 뭐였더라? 10대 때는 그걸 외웠지만 지금은 일부만 겨우 기억난다.

그대가 하는 모든 말에서 진실과 솔직함이 빛나게 하라

나는 아파트에 돌아가면 그 시를 다시 암기하리라 결심했다. 내 기억 속의 그 시는 도덕적 삶과 올바른 행동에 대한 조언들이었던 것 같다. 아버지는 그 조언들이 맞다고 믿었고 나도 거기에 따르기를 바랐다.

그렇게 함께 만나 점심을 먹던 어느 날, 아버지는 어머니가 돌아가신 후 여러 차례 자살 충동을 느꼈음을 고백했다. 하지만 형과 나를 두고 떠날 수 없다는 생각으로 그 충동에 저항했다. 계속 버텨내기 위해 아버지는 신경안정제인 발륨을 처방받았다. 그러다 불면증과 불안감에서 벗어나기 위해 발륨 대신 매일 술을 마시기 시작했다. 아버지가 취한 모습은 한 번도 보지 못했다. 데번 사과주 한두 잔밖에 마시지 않았기 때문이다. 하지만 그것만으로도 상실감과 뒤늦게 한 재혼의 불행함을 어느 정도 견딜 수 있었다고 한다.

아버지는 자신의 삶(그의 실수와 후회스러운 일들)에 대해 터놓고 이야기했을 뿐 아니라 우리 세 형제들에 대한 자랑스러움도 감추지 않았다. 누나 헬렌은 교사였고, 형 로버트는 대학교수였으며, 나는 의사였으니 말이다. 어머니가 살아계셨으면 정말 뿌듯해했을 거라고도 했다. 나는 그런 말이 어머니와 아버지가 내려주는 축복처럼 느껴져 가슴이 뭉클했다. 두 분은 오래 전에 돌아가셨지만 소호가의 작고 소박한 식당에서 들은 그 말을 생각하면 지금도 가슴이 따뜻해진다. 애정이 많은 아버지와 그런 성숙하고 솔직한 대화를 나눌 수 있었다니, 나에게는 큰 복이었다.

1년 후에는 그런 만남도 막을 내렸다. 아버지가 러프버러 대학교 경영학과에서 강의를 하게 되었던 것이다. 그것은 14살에 학교를 그만둔 사람에게는 기적 같은 성취였다. 아버지와 조이스는 우리가 자랐던 집을 팔고 다른 도시로 이사를 가야 했다. 그 일이 두 사람 관계에 어떤 영향을 미칠지 무척 궁금했는데 결국 상당히 좋아지는 계기가 됐다. 러프버러의 집에는 가슴 아프게 죽은 첫 아내의 못 잊을 추억이 없었기 때문일 것이다.

방학이 되면 대부분의 학생들은 고향으로 돌아갔지만 나는 처음부터 집으로 가지 않았다. 여름방학을 공부하고 여행하며 보내기 위해서였다. 1974년에는 친구들과 포드 앵글리아를 몰고 이탈리아의 해변을 따라 베니스까지 올라갔다. 천만다행으로 우리는 여행이 끝날 때까지 그리스의 정치적 격변에 대해 아무것도 몰랐다.* 테이프에는 마이크 올

---

* 1967년 요르요스 파파도풀로스가 쿠데타로 그리스 사회주의 정부를 무너뜨리고 군사 정권을 수립했다. 하지만 무자비한 독재 정치로 정권의 기반이 흔들리기 시작했으며, 그의 심복이었던 디미트리오스 요안니디스가 1973년 쿠데타를 일으켜 새로운 군사 독재 정권이 수립

드필드의 '튜불러 벨스Tubular Bells'를 틀어놓고 말이다. 어쨌든 아버지와 조이스가 이사를 가버려서 런던에 내가 갈 집이 없었지만 별로 서운하지 않았다. 내 삶의 곧은뿌리는 다른 뿌리들이 생기면서 곧바로 자리를 잡았기 때문이다. 내게는 새로 사귄 여자친구가 더 나의 미래 같았다.

되었다. 1974년 7월 군사정권은 키프로스와 그리스 병합 운동인 에노시스 운동을 조종하여 키프로스에서 군사 쿠데타를 유발했다. 이로 인해 터키가 군사 개입을 하여 키프로스가 분단되자 그 여파로 요안디니스는 퇴진하고 민정이 복귀되었다.

06 첫 번째 부검

내가 처음으로 부검을 실시한 것은 서른 살이 거의 다 되었을 때였다. 외과, 부인과, 피부과, 정신과까지 모든 과를 돌며 수련을 끝낸 때가 1980년 말이었고, 그때부터 내 목표에 집중할 수 있었던 것이다. 의대 공부를 시작한 지 10년도 넘었을 때였지만 나는 법의학자가 되기 위한 사다리의 맨 아래 발판에도 오르지 못한 상태였다. 그 발판은 조직병리학 학위를 취득하는 것이었다.

일반적으로 병리학은 현미경으로 세포를 관찰하며 질병을 연구하는 과학이다. 질병을 찾아내고, 그 원인이 무엇인지를 알아내고, 그것이 어떻게 진행되는지를 공부하는 것이다. 의식하지는 못하지만 누구나 일종의 병리학 연구실과 관련을 맺는다. 소변이나 혈액 샘플이 그곳으로 보내지기 때문이다. 물론 수많은 샘플을 자세히 들여다보는 것은 지루한 일이고, 병리학 연구실도 항상 병원의 뒤쪽, 환자들과 멀리 떨어진 곳에 있었다.

조직병리학 학위를 따기 위해서는 엄청나게 긴 시간을 현미경 슬라이드를 들여다보며 정상 세포와 병든 세포를 모두 연구해야 한다. 나도 수많은 시간을 암세포를 들여다보는 데 보냈다.

실제로 법의관이 되고 나면 그런 슬라이드는 일반 병리학자들에게 의뢰하기 때문에 내가 볼 일이 거의 없다는 것을 알고 있었기에 나는 그 모든 과정이 따분해 미칠 지경이었다. 그런데도 그 과정을 거쳐야 했다. 자연사의 원인을 규명하지 못하면 수상하거나 원인을 알 수 없는 죽음을 법의학적으로 판단할 수 없기 때문이다.

그래서 내가 처음 실행한 부검은 범죄와는 아무 상관이 없었다. 그 환자는 투팅 소재 세인트조지 대학병원에서 사망했는데, 사인이 분명했기 때문에 특별히 나에게 배정된 것이다.

나는 선배들과 안치소 직원들이 옆에서 도와주리라는 것을 알고 있었지만, 작업을 하러 들어갈 때는 속이 울렁거리는 느낌이 들면서 학교에 처음 가는 학생처럼 긴장됐다. 빗방울이 간간이 버스 창문을 때렸다가 흘러내리며 바깥 풍경을 흐릿하게 만들었다. 보송보송하고 편안한 신발에 포근한 코트를 입을 수 있는 날이었으면 얼마나 좋았을까. 버스 2층에 웅크리고 앉아서 보니 버스는 딜컹거리며 투팅 브로드웨이로 꺾어지고 있었다. 나는 다른 데로 정신을 돌리려고 오늘 부검할 시신의 의학 기록을 다시 읽었다. 전날 받은 그 자료를 보며 이미 선배 전공의들과 의견을 나눈 데다 그때는 내용을 거의 다 외운 상태였다.

그동안 나는 안치소에서 수많은 부검을 지켜봤고 내가 메스를 잡을 차례가 되면 반은 기대감으로, 반은 두려움으로 임했다. 첫 번째 해부학 수업과 마찬가지로 부검은 시험이었다. 기절해서도 안 되고 주눅이 들어서도 안 되며 토해서도 안 됐다. 그것으로 내 의사 경력이 끝나서가 아니었다. 동료들이 죽을 때까지 그 일을 상기시킬 것이기 때문이다. 실수도 마찬가지였다. 선배들은 내가 실수할 것을 대비해 부검실에 오지만 실수가 나오면 그 일을 가지고 죽을 때까지 놀려먹을 것이다. 그래서 정말 제대로 잘 해내고 싶었다. 내 손을 베면 안 되고, 시신의 주요 기관에 구멍을 내서도 안 되고, 실수로 장을 베서도 안 됐다. 깔끔하게 절개해서 중요한 장기를 과감하게 드러내고, 빈틈없이 기록하고, 정확한 진단을 내려야 했다. 거기에는 약간의 운이 필요했다. 아, 그리고 배짱도.

대부분의 사람들은 안치소에서 나는 냄새를 맡으면 흠칫 한다. 나는 이제 익숙해져서인지 안치소 냄새를 전혀 의식하지 못한다. 물론 그 당시에는 포르말린 냄새가 확 끼치면 코가 습격을 받는 느낌이었다. 나뭇가지를 꺾을 때 나는 냄새와 비슷했다. 겨울의 호랑가시나무나 여름의 딱총나무 같은 가지. 하지만 그보다 훨씬 더 찌르는 듯한 냄새였다.

안치소에 들어가자마자 들리는 소리는 거의 항상 높아졌다 낮아졌다 하는 다정한 목소리다. 믿어질지 모르겠지만 그런 목소리들은 대체로 여느 사무실이나 일터에서 나는 소리와 다르지 않다. 사실 장의사들이 오고가면서 나누는 대화는 농담 같았다. 하지만 망인을 희롱하는 농담은 한 번도 들은 적이 없고 그들은 항상 최고의 예우를 갖췄다.

죽은 사람이 들어오는 입구는 일반인들에게는 보이지 않았다. 입구 옆에는 보통 깔끔하고 밝은 사무실이 자리 잡고 있는데, 도착한 시신의 정보가 그 사무실에서 꼼꼼하게 기록된다. 그 다음에 시신은 조명이 잘되어 있는 복도를 지나 냉동고 10~15대가 나란히 놓여 있는 곳으로 이동한다.

2미터 남짓 되는 냉동고는 한 대당 약 6구의 시신을 보관할 수 있다. 시신은 이동침대의 금속 받침대에서 냉동고 선반으로 옮겨진다. 쨍그랑. 문이 닫힌다. 쾅. 이동침대가 원래의 자리에 보관된다. 철컥. 그것이 안치소의 소리들이다. 쨍그랑. 쾅. 철컥.

나는 이 소리들과 냄새가 친근했고, 사실 그때쯤에는 안치소가 집처

럼 편안한 곳이 돼가고 있었다. 하지만 첫 부검을 앞둔 그날은 그 편안
함이 전혀 위안이 되지 않았다.

"차 한 잔 해야죠, 딕?"* 안치소의 친절한 직원이 제안했다. 나는 차
를 마시기는커녕 대답도 하지 못했다.

다른 직원은 나의 통과의례를 농담거리로 삼으려고 작심한 모양이
었다.

"어이, 딕, 오늘 부검할 시신 제대로 가져왔는지 확인해야 돼요. 알았
죠?"

그런 농담이 이어졌다. 나는 웃으려 했지만 경련미소risus sardonicus(스
크리크닌중독으로 인해 무섭고 경직된 미소만 지어지는) 증상만 나타나는
것 같았다.

탈의실로 가서 수술복으로 갈아입고 부검용 장화를 찾았다. 장화는
죽음을 상징하듯 흰색이었고, 적어도 그날은 내 안색과 딱 어울렸다. 연
노란 색의 매리골드 장갑을 끼고 앞치마도 둘렀다. 그 복장은 세월이 흐
르면서 바뀌었지만 당시 그 앞치마는 도축장이나 정육점에서 쓰는 앞
치마와 별 차이가 없었다. 장갑은 분명 값싸고 설거지할 때는 좋았겠지
만, 세균 감염을 막아줄 뿐 칼날은 막아주지 못했다.

"아, 딕, 그리고 손가락 위치가 헷갈리면 그 장갑을 봐요…" 이것이
내가 냉동고를 지나 부검실로 들어갈 때 들은 마지막 농담이었다.

사망자는 중년의 여성이었다. 격심한 흉부 통증으로 입원했다가 며
칠 후 심장동맥 집중 치료실에서 숨을 거뒀다. 안치소에서 준비해준 대
로 도재 부검대에 누운 그녀는 여전히 침대보에 싸인 채였다. 시신을 침

---

* Dick. 리처드(Richard)의 애칭.

대보로 꼭꼭 여며 깔끔하게 싸는 일은 병원식 침대 정돈법과 마찬가지로 간호사들만의 대단한 기술이었다. 그것은 망자를 존중하는 의식이었지만 간호사들에게는 힘들고 성가신 작업이어서 지금은 거의 보기가 힘들다. 사실 시신을 잘 싸는 데는 한 시간이나 걸리지만 안치소에서 그것을 푸는 건 순식간이다. 병동의 바쁜 의료인들이 린넨으로 하는 종이접기를 포기하고 편리하게 종이 시트를 쓰게 된 건 어찌 보면 당연한 일이다.

안치소 직원이 침대보를 풀자 시신이 드러났다.

나는 그녀를 내려다봤다. 해부할 때는 오랫동안 보존액에 담긴 시신이 회색이기 때문에 그들이 한때 살아 있는 인간이었음을 잊을 수가 있었다. 하지만 이번에는 전혀 달랐다. 이 사람은 바로 얼마 전에 죽은 것이다. 24시간 전에는 살아 있었고 호흡을 했고 가족과 의사와 이야기를 나누던 사람이었다. 기록에 의하면, 그녀는 얼른 나아서 한 달 뒤에 있을 손녀 결혼식에도 가려고 했다.

실제로 그녀는 무척 건강해 보였고 전혀 죽은 사람 같지 않았다. 당장이라도 깨어날 것 같은 기괴한 느낌도 들었다. 그렇지만 나는 그 분홍색 피부를 절개해야 했다. 그녀의 몸통 아래쪽으로 칼날을 죽 그어서 몸을 열어야 했다. 물론 외과의사들도 그렇게 하지만 그들은 명목상이라도 뚜렷한 목적이 있다. 생명을 구하거나 삶의 질을 개선한다는 것이다. 나는 그런 변명거리가 없었다. 그 순간 내가 의사보다는 살인광에 더 가까운 것 아닌가 하는 생각이 들었다.

내가 육안으로 시신의 외부를 살피며 사인과 연관된 어떤 표시나 흔적을 찾기 시작하자 선배들도 농담을 멈추고 나를 유심히 지켜봤다.

나는 오래 전부터 이 일을 하고 싶었다. 이 순간을 위해 열심히 공부해왔다. 하지만 문득 제2의 키스 심슨이 되려는 야망, 법의관이 되어 범죄 사건을 해결하는 데 기여하겠다는 야망이 어린 학생의 치기처럼 느껴졌다. 내 앞의 부검대에 미동도 없이 누워 있는 여성은 현실이었다. 내가 뭐에 홀렸던 걸까? 이런 일을 하고 싶었다니 그땐 내가 미쳤었나 보다.

"괜찮아?" 누군가 물었다. 농담이 우려로 바뀌었다.

나는 숨을 깊이 들이마셨다. 마음을 단단히 먹고 양쪽 쇄골이 만나는 목 아래쪽 중심에 메스를 댔다. 힘을 주자 칼날이 피부 속으로 묻혔다. 정중선을 따라 칼날을 죽 당겼다. 손이 떨리지 않도록 힘을 주면서 몸 아래로, 아래로, 치골까지 그었다.

다시 똑같은 선을 따라 그으며 연노란색 지방층을 절개했다. 환자는 과체중이었다. 굳은 지방은 피부에 고착되고, 죽은 후 몸이 식으면 피부에서 쉽게 분리된다. 그 아래에는 근육층이 있고 또 그 아래에는 통통한 몸 안에 항상 존재했던(하지만 숨어 있던) 빼빼한 사람의 흉곽이 있다.

다음에 절개한 근육층도 어렵지 않았다. 믿기 어렵겠지만 뼈까지 드러나게 절개된 인간의 몸은 정육점에 걸려 있는 육류와 너무도 비슷해서 근육이 스테이크처럼 보인다.

이제 정중선을 중심으로 책을 펴듯이 피부를 양옆으로 펼쳐놓았다. 양쪽에 유방이 있는데도 이것은 어렵지 않다. 가장 중요한 건 칼날이 목 주변의 얇은 피부를 다치지 않게 하는 일이다. 그녀의 가족들이 장례식에서 마지막 작별인사를 할 때 목의 상처를 본다면 누군가에게 찔린 것처럼 섬뜩해 보일 것이다. 사실 안치소 직원들은 초보 의사들의 실수를 감쪽같이 고치는 기술이 무척 뛰어나다. 하지만 그런 실수를 하고 나면 위스키 한 병을 사내야 할 것이고 그것은 내가 감당하기 벅찬 돈이다.

일단 피부와 지방, 근육을 옆으로 젖히자 앞쪽 갈빗대를 잘라 제거하기가 용이해졌다. 이제는 이 여성의 내부 장기를 검사해야 할 차례였다.

그녀의 폐는 자줏빛으로 부어오른 데다 그을음으로 얼룩덜룩했다.

"흠, 담배를 피운 모양이군." 선배들이 못마땅하다는 듯이 고개를 저으며 말했다. 그러면서 니코틴에 물든 자신들의 손가락은 감췄다.

"하지만 자주색을 보면 부종인 것 같기도 한데." 누군가가 덧붙였다.

"폐부종……." 그들의 의견에 따라 내가 긴장한 목소리로 말했다. 그 말은 폐가 체액으로 퉁퉁 부었다는 뜻이다. 폐가 붓는 것은 심장에 질병이 생겨 제 역할을 하지 못해서일 수도 있지만, 실제로 죽어가는 단계에서 심장이 제대로 뛰지 못해서일 수도 있다. 사망의 원인은 천 가지 중하나일 수 있기 때문에 일반적으로 부어오른 폐만으로는 사인을 진단하는 데 별 도움이 되지 않는다.

나는 심장이 자리 잡고 있는 흉부 왼쪽의 주머니를 열었다.

"혈액이나 과도한 체액은 없지만, 넓은 부위에 걸쳐 경색이 나타났습니다." 나는 누가 알려줄까 봐 재빨리 말했다. 심장 앞쪽 3분의 1 정도가 눈에 띄게 창백했는데, 그것은 혈액과 산소가 부족했다는 뜻이었다. 흔히 심장마비로 불리는 심근경색은 심장근육이 죽은 것이다. 만일 환자가 심근경색으로 근육이 손상된 후에도 살아남는다면 결국 그 근육에는 흉터가 남는다. 하지만 이 환자는 심장마비가 최근에 일어난 거라서 흉터를 볼 수는 없었다.

"최근에 잰 혈압은 얼마였죠?" 그들이 물었다.

"높았습니다. 180에 100이었습니다."

"고혈압이고… 아, 그리고 심장이 부어 있었군요." 다른 사람이 힌트를 줬다.

내가 보기에는 정상적인 심장 같았다.

"부풀어 있나요?"

"좌심실 벽이 약간 두꺼워 보이는데… 무게를 재 봐요."

심장 무게는 510그램이었다. 거대한 편이었다.

그들이 물었다. "어떻게 생각해요?"

"음… 폐가 체액으로 가득하고 고혈압이 있습니다. 좌심실이 두껍고 경화된 데다 관상동맥 하나는 혈전으로 막혀 있습니다."

"맞아요. 그런데 막혀 있는 곳이 어딘가요?"

심장을 해부하던 해부학 시간이 떠올랐다. 어머니의 병 때문에 나는 심장을 공부하는 데 특히 공을 들였다. 심장의 구조. 심장의 이상 증상. 관련 질환의 기제. 심장동맥. 판막. 특히 승모판. 맞다. 나는 심장에 대해 잘 알고 있었다.

"막힌 곳은… 어… 좌전하행 관상동맥인 것 같은데요?"

그들이 고개를 끄덕였다. "확인해 봐요!"

봤더니 정말 그랬다. 큼직하게 굳어버린 붉은색 혈전이 동맥의 혈류를 차단하고 있었다. 그 여성은 심장근육에 필요한 혈액과 산소가 공급되지 못하는 바람에 죽은 것이다.

그날 나는 인간이 정말 놀라운 메커니즘이라는 것을 실감했다. 두려움이 빠져나가자 나는 그 작업에 몰입하기 시작했다. 하지만 인체에 대해 놀랄 일은 더 남아 있었다. 복잡한 시스템과 색깔, 그리고 아름다움까지. 피는 그냥 붉은 게 아니다. 그것은 선홍색이다. 담낭은 그냥 초록색이 아니라 정글의 나뭇잎 같은 초록색이다. 뇌는 흰색과 회색이다. 그런데 11월 하늘의 회색이 아니라 날렵한 물고기의 은회색이다. 간은 교복의 칙칙한 갈색이 아니라 방금 쟁기질한 논의 산뜻한 적갈색이다.

각 장기를 검사하고 원래 위치로 되돌려놓자, 안치소 직원들이 들어와 묘기를 부리듯 시신을 원래의 모습으로 복원시켰다.

"잘했어요." 선배 수련의 한 명이 말했다. "별로 힘들지 않았죠?"

내 부검 속도는 느렸다. 끝나고 보니 점심시간이 훨씬 지나 있었던 것이다. 하지만 일은 제대로 끝냈다. 심장병으로 죽은 그 중년여성에 대한 감정은 잊고 수업시간에 배운 내용을 상기하며 냉철하게 부검을 진행했기 때문이다. 마무리하고 손을 씻고 나오는데 안도감이 밀려왔다. 나는 그때 한 마리의 경주마였다. 허들을 넘을 일에 불안해하며 몇 년 동안 트랙을 돌다가 마침내 그것을 깔끔하게 뛰어넘은 말.

알고 보니 그날 제일 힘든 일은 부검이 아니었다. 훨씬 더 힘겨운 일은 죽은 그 여성의 가족들을 만나는 일이었다. 선택권이 있었다면 나는 그들을 절대 만나지 않았을 것이다. 하지만 유족들은 그녀가 왜 죽었는지 담당 법의관의 설명을 듣고 싶다고 했다. 그것은 정당한 요청이었고 담당 법의관은 바로 나였다.

선배 한 명이 나서서 나를 구원했다. 그가 모든 설명을 대신해준 것이다. 나는 그 가족들의 충격과 슬픔을 도저히 감당할 수가 없었다. 사실 그들의 감정을 마주했을 때 나는 극심한 무력감에 사로잡혔다. 마치 그들과 내가 보이지 않는 선으로 연결되어 있는 것처럼 그들의 애통함이 내 마음에, 내 몸에 그대로 전해지는 듯했다. 그때 내가 뭐라고 말했는지 전혀 기억이 안 난다. 무슨 말이라도 했다면, 얼마나 애통하실지 뭐라 드릴 말씀이 없다는 말만 반복했을 것이다. 그리고 선배가 얘기하는 동안 고개만 끄덕이고 있었을 것이다.

그날의 만남이 나에게 가르쳐준 것은(어쩌면 가르칠 필요가 전혀 없었을지도 모르지만) 망자는 말이 없고 느끼지도 못하지만 그들이 살아남은 이들에게 일으키는 고통은 격렬하다는 것이었다.

나는 안도감을 느끼며 자리를 떴다. 그리고 무슨 일이 있어도 유족과의 대면은 피하고 죽은 자들이 차지한 안전한 세상에 머물러 있으리라 결심했다. 그곳은 객관적 사실과 수치, 확실함만 남아 있고 감정은 전혀 없기 때문이다. 그들의 불쾌한 자매인 고통은 말할 것도 없고 말이다.

07   지쳤는데도 잠 못 드는 밤

서른 살이 되어서도 나는 격한 감정을 느끼기보다는 그것을 억제하는데 능했다. 아마 병든 어머니를 보며 불안감을 억누르는 법을 힘들게 배워서 그랬는지도 모른다. 돌아가신 다음에는 사별의 슬픔을 계속 버티며 살아가는 것을 배웠다. 침묵과 공허함이 깃든 우리 집은 깊은 감정이 발전할 수 없는 일종의 사막이었다. 그것이 내게는 다행스러운 일이었다. 때때로 형의 반항이나 아버지의 성마른 성격을 통해 갑자기 감정이란 게 터져 나오면, 그것은 다른 행성에서 느닷없이 날아온 무서운 운석처럼 느껴졌다. 그런 감정이 우리 집 어딘가에 보이지 않게 숨어 있었다고는 도저히 믿을 수가 없었다.

나는 감정적 동요 없이 살아가는 게 좋았지만, 처음으로 부검을 한 후에는 그렇게 사는 게 불가능해졌다. 안치소에서 집으로 돌아와 현관에 들어서니 갓난아기였던 아들이 악을 쓰며 우는 소리가 들렸다. 그 녀석은 자신이 우리 품에서 몸부림칠 때 우리가 느끼는 격한 사랑의 감정도 당혹감도 전혀 몰랐다. 게다가 아내 젠은 내가 감정의 변화 없이 사는 게 불만이었다.

젠과 나는 내가 의대생일 때 병원에서 처음 만났다. 그녀는 졸업시험 때 내 이마를 닦아준 아름다운 간호사였다. 검은색 머리카락이 찰랑거리는 그녀가 내 삶으로 들어왔고 나는 그녀의 똑똑함이 존경스러웠다.

그녀는 매일《타임스》의 낱말퀴즈를 순식간에 대부분 완성했다. 그녀의 아버지 오스틴이《텔레그래프》의 낱말퀴즈를 푸는 것보다는 느렸지만 말이다. 그는 인도 기마경찰로 오랫동안 근무하다 우간다에서 식민지경찰로 뛰어난 업적을 남기고 퇴직했으며, 당시에는 맨섬Isle of Man에 살고 있었다.

젠의 부모님은 맨섬 사회의 명사였다. 젠을 따라 처음 그 집에 갔을 때 나는 그들의 현란하고, 부산스럽고, 내게는 사치스러운 세계에 위압감을 느꼈다. 젠의 아버지는 손님들로 가득 찬 거실에서 멋진 주인 역할을 했다. 위스키와 소다, 이야기 소리와 웃음소리가 가득하던 오래된 그 저택은 실제로는 따뜻하지 않았지만 환대하는 따뜻한 분위기 때문에 추위가 느껴지지 않았다. 커튼은 모두 길게 늘어뜨려져 있었고 가구는 뽐내듯 호화로웠다. 다소 구식이었던 널따란 주방에서는 맛있는 음식 냄새가 났다. 오븐 앞에는 늘 개 두 마리가 자고 있었다.

우리는 밤늦게 도착했지만 그들은 개의치 않았다. 젠의 어머니 매기가 한 손에는 진토닉을 위태롭게 들고 다른 한 손으로는 나무숟가락을 흔들며 격정적으로 우리를 맞이했고, 그 후로는 맛있는 음식을 계속 갖다 줬다. 어떤 파티든 그녀가 참석하느냐 마느냐에 따라 분위기가 달라졌다. 나는 상상하기 힘들지만 누나와 형이 말해준 내 어머니의 예전 모습이 바로 매기와 비슷했을 것이다. 젠 부모님의 시끌벅적한 집에 비하면, 내가 자란 집은 가족이 거의 없는 듯 적막했고 심지어 아무도 안 사는 곳 같기도 했다. 나는 어린 시절의 애정이 깃든 집, 벽에 붙여져 있던 발음기호표, 소파 커버, 소용돌이무늬의 카펫을 떠올려보려고 했다. 하지만 떠오르지가 않았다.

우리가 결혼할 때 젠의 부모님은 고맙게도 서리에 새 집을 사는 데 돈을 보태줬다. 나는 의사 자격증을 취득해 인턴 과정을 이수하여 이제 막 병리학자 수련을 시작한 상태였고, 젠은 건강가정방문사로 일하고 있던 때였다. 우리는 한동안 괜찮은 침대, 아니 어떤 가구도 살 형편이 안 됐지만 행복했다. 그리고 몇 년 후에는 아이를 가질 때가 됐다고 느꼈다.

그때까지 우리는 불운을 거의 모르고 지냈지만 그 세월에 대한 대가를 치르듯 불운이 찾아왔다. 젠이 유산을 한 것이다. 우리는 둘 다 넋이 나갔다. 나는 자식을 잃은 심정, 우리에게 왔을 수도 있는 아기에 대한 생각, 살았을지도 모를 그 생명에 대한 감정을 어떻게 다스려야 할지 혼란스러웠고 그 아이에게 쏟았어야 할 애정을 어떻게 처리해야 할지도 몰랐다. 나의 고통은 보이지는 않지만 어색하게 지고 다니는 무거운 짐이었다. 도대체 그것을 어디에 둬야 할지 알 수가 없었다. 그 짐에 짓눌린 나는 젠이 깊은 슬픔에 빠져 있는데도 그녀를 위로해줄 여력이 조금도 남아 있지 않았다. 무슨 말이라도 해줘야 했을까? 뭐라도 해줘야 했을까? 그렇다면 뭘 해줘야 했을까?

나는 아무 위로도 해주지 못했고, 위안이 될 만한 다른 일도 해주지 못했다. 또한 내 감정을 전혀 들여다보지 않았음을 인정하지도 못했다. 그래서 조금도 누그러지지 않는 듯한 젠의 슬픔에 점점 더 지쳐갔다. 그것은 표출하지 못한 내 절망감의 반영이었지만, 참회의 심정으로 고백하자면 그것을 직시하기보다는 그녀를 외면하는 길을 택했다. 나는 점점 더 소외됐고, 젠도 마찬가지였다.

내가 그녀를 얼마나 사랑하는지, 그리고 우리 아이가 태아의 시기를 넘기지 못해 얼마나 슬프고 혼란스러운지 나의 심경을 힘겹게 털어놓긴 했다. 그것으로 족했을까?

아니었다. 젠은 내게서 그 이상을 바라는 것 같았다. 그리고 그녀가 옳았다. 하지만 내가 뭘 어떻게 해줘야 했는지 나는 아직도 잘 모르겠다. 어릴 때 어머니가 돌아가시고 난 후 사람들이 내게서 뭘 원하는지 몰랐던 것처럼 말이다.

마침내 젠이 다시 아이를 갖게 되자 그녀는 임신 기간 거의 전부를 병원 침대에서 보냈다. 우리 둘 다 전보다 더 냉랭하게 지내던, 행복하지 못한 시기였다. 하지만 10개월이 다 돼서 어느 겨울날 크리스라는 귀여운 사내아이가 태어나면서 분위기가 달라졌다.

대부분의 부모들은 간절히 기다리던 첫 아이가 태어나던 날의 혼란스러움을 잊지 못할 것이다. 나는 그때까지 아이가 안 생겨서 힘겨웠지만, 그때부터는 아이가 생겨서 힘들었다. 젠은 어느 정도 경험이 쌓인 건강가정방문사였고, 나는 의무적으로 해야 하는 소아과 근무도 마친 터였지만 서툴기는 우리 둘이 똑같았다. 우리 어린왕자는 아무리 어르고 달래도 못마땅한 듯 빽빽 울어대서 우리 둘 다 쩔쩔맸다. 그래도 우리는 늘 아들에 대한 사랑이 넘쳤으며, 그 사랑이 너무 깊고 강렬해서 나를 뼛속까지 흔들어 놨다. 다만 우리의 노력을 아들이 알아주지 못하는 것 같아 둘 다 서운했던 것 같다.

내가 첫 부검을 무사히 끝내고 집으로 돌아왔을 때, 그리고 현관문을 열고 발악하는 듯한 크리스의 울음소리를 듣고 달콤한 베이비오일 냄새를 맡았을 때, 젠은 위층에 있었다. 쉬지 않고 발버둥치는 크리스를 달래고 씻기고 기저귀를 채우느라 분주할 터였다. 아래층 거실에는 그녀의 책이 세워진 채 펼쳐져 있었다. 그녀는 오픈유니버시티Open University에 입학하여 이제 막 공부를 시작했는데, 보아하니 크리스가 울어대는 통에 저녁 공부가 중단된 것 같았다.

젠은 숨 돌릴 틈 없이 바빴다. 그러니 그날이 내게는 무척 뜻 깊은 날이었음을 잊은 것도 이해할 만했다. 한편 이 경주마는 첫 번째 부검이라는 허들을 넘고 나니 그 허들이 정말 그렇게 높았던가 하는 허전함이 밀려들었다.

나는 아내와 아들을 보러 위층으로 올라갔다. 나를 올려다본 크리스의 얼굴이 주름지며 공처럼 뭉쳐졌다. 거기서 미소가 나올지 울음소리가 나올지는 알 수 없다. 예상대로 울음이 터져 나왔다. 젠한테서 크리스를 받아 안으니 더 크게 울어댔다. 나는 아들을 위아래로, 양옆으로 흔들어도 보고, 눈을 쳐다보며 우스꽝스러운 표정을 지어보이기도 했다. 아이의 조막만한 얼굴이 비죽비죽 하더니 우습게 찌그러졌다. 웃는 걸까? 물론 아니었다. 다시 한 번 엄청난 울음소리가 터졌다. 도대체 어떻게 해야 이 울음을 그칠 수 있단 말인가.

내가 저녁을 차리는 동안 젠은 아이를 침대에 눕혔다. 신통하게도 아래층에서 식사 준비가 끝나자 위층에서 크리스의 울음소리가 잦아들었다. 우리는 음식과 고요함을 만끽하며 저녁을 들었다. 그 다음에는 둘 다 공부를 했다. 나는 시험이 끝없이 이어지는 세계에 있었고, 젠은 그 세계에 막 들어와 학위 과정을 시작한 터였다.

이미 늦은 시각이었다. 나는 전날 밤 내내 불안한 마음으로 부검을 준비하느라 기진맥진한 상태였다. 하루가 끝나 내 머리가 베개에 닿았을 때 내가 원한 것은 단 한 가지, 달콤한 잠이었다. 드디어 잠이 나를 감싸는 것을 느낄 수 있었다. 몸이 노곤하게 풀어지면서 잠의 물결에 서서히 휩쓸려갔다. 그런데 갑자기 들리는 소리. 와아아아앙!

또 크리스였다. 아, 정말. 너무나 울어대서 우리는 모유수유를 하고 있음에도 크리스가 유당분해효소결핍증이 아닐까 하는 의심이 들었다. 하지만 온갖 이론이 무슨 소용이겠는가? 크리스는 우유 알레르기가 있을지는 모르지만 폐는 그 누구보다 건강했고, 한번 울어대면 우리 둘 중 하나가 뭔가를 해줘야 했다.

"당신 차례야." 젠이 중얼거리듯 말했다.

나는 일어났다. 집은 조용하고 추웠다.

아기침대로 손을 넣어, 화가 나서 뜨겁고 뻣뻣해진 작은 몸을 들어올렸다. 나는 크리스를 사랑했지만 다시 자고 싶은 마음뿐이었다. 어쨌든 크리스를 안고 집 안을 돌아다녔다. 수면 부족은 내게서 인간성을 앗아가고 있었다. 나는 발버둥치는 작은 덩어리를 안고 기약 없이 걸어 다녀야 하는 로봇이었다. 그 덩어리는 연약한 아기였지만 내게는 그 녀석이 흉악한 폭군 같았다. 내가 간절히 원하는 꿀잠을 빼앗는 것이 유일한 목표인 폭군.

오랫동안 조심스럽게 흔들어주자 점차 울음소리가 잦아들고 하품하는 횟수가 늘었다. 그러더니 눈이 감겼다. 나는 아이의 숨소리에 귀를 기울였다. 깊었다. 됐다. 잠들었다.

아주 조심스럽게, 살그머니, 미술품 도둑처럼 발을 질질 끌며 아기방까지 갔다. 그리고 숨죽이며 나의 작은 명품을 침대에 가만히 내려놓았다. 담요를 당겨 향긋한 아이의 몸을 덮어줬다. 잠이 들어서 이제는 몸이 나긋나긋했다. 잠시 아이를 지켜봤다. 아이가 얼굴을 찡그렸다. 저러다가… 나는 숨을 멈췄다. 하지만 그대로 조용했다. 꿈을 꾸는 모양이었다. 나는 침대로 들어가며 환희에 가까운 기쁨을 느꼈다. 나를 덮어주는 누비이불이 포옹 같았다. 눈을 감았다. 그런데 그때 다시 들려오는 … 와와아아아앙.

아기를 키우는 부모 중 인내심이 한계에 이르러 아이를 세게 흔들어 대거나 침대에 내팽개칠까 봐, 혹은 울음을 그치라고 찰싹 때릴까 봐 두려운 적 없는 사람이 있을까? 끝도 없는 칭얼거림과 귀를 뚫는 진저리 나는 울음소리 때문에 스트레스가 폭발할까 봐 두려움을 느끼지 않는 사람이 있을까?

크리스도 괴롭겠지만 그 아이가 안전하다는 건 분명했다. 그리고 내게는 고요한 순간이 간절히 필요했다. 나는 울고 있는 아들을 두고 침실 문을 닫은 후 아래층 주방으로 내려갔다. 그리고 귀를 막았다. 우는 소리가 안 들렸다. 그렇게 5분 동안 귀를 막고 평정심을 되찾으려 심호흡을 했다. 그런 다음 다시 아기침대로 갔다. 사랑이 넘칠 정도는 아니지만 그래도 자상한 손길로, 그리고 다시 찾아든 애정을 가지고 다시 아이를 팔에 안았다. 그리고 좌우로 흔들면서 잠을 재웠다.

그 후 우리는 신생아 우유알레르기에 대해 조사해봤고, 젠은 우유와 유제품을 완전히 끊었다. 그때부터 크리스는 완전히 다른 아기가 됐다. 잠을 잘 자게 된 것이다. 심지어 웃기까지 했다. 하지만 나는 울보 아기한테서 배운 모든 것에 감사한다. 고맙다, 크리스. 네 덕분에 이기기 힘든 스트레스를 받는 부모의 심정을 알게 됐구나.

08 광기 어린 습격

2년 후, 우리는 둘째 아이 애나를 낳았다. 애나는 우유알레르기가 없어서 키우기가 훨씬 수월했다. 아니면 우리가 부모로서 수완이 늘어서 수월하게 느낀 건지도 모르겠다.

애나가 태어날 무렵은 내가 첫 번째 부검을 하고서 한참 지나 그 후로도 여러 번 부검을 했을 때였다. 병리학 전문가로서 첫 번째 관문을 통과하자마자 나는 웸블리에서 핀칠리, 투팅 같은 런던의 여러 안치소를 돌며 경험을 쌓았고 그에 따라 일하는 속도와 이해력과 기술도 늘어갔다.

아침에 출근하면 나란히 놓인 부검대에서 시신들이 참을성 있게 나를 기다리고 있었다. 이들은 대부분 자연사한 것으로 판단된 경우였고, 그것을 확인해주는 것이 나의 임무였다.

자연사는 대부분 원인이 명확하게 밝혀진다. 뇌에 레드커런트 소스 같은 얼룩이 보이면? 그건 뇌졸중이다. 심각한 심장질환? 관상동맥을 절개해서 그 안쪽이 지방 침착물로 버석거린다면 바로 그것으로 확정이다. 아니면 심막을 열어봐야 할 수도 있다. 판막이 막혀 있거나 산소 부족으로 인해 심장근육이 칙칙한 색으로 변했다면 심장질환이 맞다. 신장이나 폐, 비장, 간, 담도계, 담낭, 췌장, 위장, 장은 보고 곧바로 판단할 수 있다. 심장은 좀 더 시간이 걸리고 식도나 목, 기관, 기관지도 비슷하다.

그 당시는 부검 관행이 크게 바뀌고 있던 시기였다. 나의 롤모델인 심슨 교수를 포함해서 우리 선배들이 자연사한 시신의 사인을 확정하는 데 걸린 평균 시간을 들으면 오늘날의 법의관들은 깜짝 놀랄 것이다. 15분밖에 안 걸리는 경우가 태반이었기 때문이다. 그것은 안치소 직원들이 시신을 미리 준비해서 법의관들이 도착하기 전에 불필요한 내장을 제거해두었기 때문이기도 하다. 그런 관행은 내가 일을 시작할 때도 규범으로 남아 있었다. 사인이 확정되고 나면 나머지 장기에 대한 간단한 기록만 하고 다음 환자로 넘어가는 것이다. 그런 관행이 남아 있는 곳이 지금도 드물지 않다. 예전 법의관들은 심장질환이 있다는 게 확실한 경우에는 신장의 무게를 재지 않았다. 검시관들이 직접 작성하는 일반적인 보고서(정부에서 발행한)가 한 페이지밖에 안 되는 경우는 그런 관례를 따랐을 것이다.

이런 관행으로 인해, 심장만 보고 거기에 사소한 질환이라도 있으면 사인을 심장병으로 확정하고 부검을 끝내는 법의관들도 있었다. 서양인들은 대부분 동맥 아테롬(동맥 내벽에 생기는 지방 침적)이 있고, 많은 이들이 그런 심장질환을 갖고 살아가는데도 그런 실상은 무시한 것이다. 얼마나 많은 법의관들이 그렇게 속사포로 부검을 진행했는지는 아무도 모르지만, 심장질환을 사인으로 규정하는 경우가 너무 많았기 때문에 정부의 사인 통계가 왜곡되어 있을 가능성은 매우 높다.

다행히 내가 전문가 과정을 마쳤을 때는 그런 관습이 거의 사라졌다. 우리 세대는 시신을 더 철저하게 검사하는 교육을 받았고 특히 나는 항상 법의관이 되겠다는 열망에 불타고 있었기 때문에, 어떤 죽음이든 의심스러운 점은 없는지 늘 예리하게 관찰했다. 또한 죽음의 1차 요인뿐 아니라 그와 연관된 요인까지 알아내려 했다.

하지만 젊은 박사로서 내가 배운 최신 방식을 오랜 관행을 따르는 안치소에 적용시키는 건 쉽지 않았다. 나는 안치소 직원들이 손대기 전에 그 시신을 검안하려고 했지만 그것부터 난관에 부딪쳤다. 각 장기의 무게를 재고 살펴보는 것, 약물중독 여부와 조직구조를 검사하기 위한 샘플을 채취하고 특이사항을 자세히 기록하는 것, 심지어 조명이 더 밝아야 한다는 것도 안치소 직원들에게 납득시키기가 힘들었다. 그들은 이런 요구들을 다 마뜩찮게 여겼다. 안치소는 주로 어두운 묘지 뒤쪽에 자리 잡고 있었는데, 거기서 오래 일한 나이 든 직원들은 옛날 방식으로 부검하는 데 익숙했던 것이다. 일부러 귀 기울이지 않아도 그들의 사무실에서 "새로 온 녀석"이나 "옛날이 좋았지" 같은 적대적인 불평불만이 들려왔다. 가끔 그들이 별것 없다고 생각하는 시신에 내가 특별한 관심을 보이며 작업이 길어지면 그들은 신경질이 나서 나에게 차도 대접하지 않았다. 그런 대접은 너무 가혹해서 오래지 않아 사라졌지만 말이다.

하지만 그들의 옛날 방식에서 배운 것도 있었다. 처음 눈에 띄는 이상증세를 곧바로 사인으로 확진해버린 돌팔이 의사들한테서 진실의 유연성을 배운 것이다. 진실은 지식에 따라 달라지며, 그래서 불완전한 지식에 의해 불완전해지기도 한다. 의사로서 나는 그때까지 객관적 사실을 통해 진실을 찾았다. 하지만 법의관이 되어 깨달은 것은 객관적 사실들 중 내가 어떤 것들을 선택했느냐에 따라 진실이 달라질 수도 있다는 것이었다. 그러한 인식은 평생에 걸쳐 진실의 본질을 탐구하기 위한 여정의 첫걸음이었다.

수많은 부검에 최대한 성실하게 임하면서, 그리고 항상 살인이 아닌지를 살피면서 나는 인체에 대해 그리고 인체의 허약함에 대해 지하철 노선도만큼이나, 어쩌면 더 자세히 알게 되었다. 부검을 하면서 내 공부도 하고 의대생들도 가르치느라 나는 항상 바빴다. 죽음은 삶의 일부가 되어갔고, 다음 단계의 공부를 위해서 나는 안치소를 벗어나 그 지겨운 현미경 슬라이드에 더 많은 시간을 바쳐야 했다. 인간의 질병을 연구해야 했기 때문이다.

지루함을 못 이길 때면 병원의 병리학 연구실에서 슬쩍 빠져나와 나의 절친한 친구이자 멘토인 법의관 루퍼스 크롬턴 박사의 연구실을 찾아갔다. 내가 법의관 생활을 시작할 때도 도움을 줬던 그는 경찰이 찍은 사진 파일과 보고서뿐 아니라 법의학에 관한 자료는 무엇이든 보여줬다. 현장 사진, 부상 부위 사진, 피고의 해명과 상황 설명, 목격자 진술 등 모든 것을 말이다. 질병 관련 슬라이드를 철저히 공부하고 나면 나를 기다리는 일이 무엇인지 일깨워주기 위해서였다. 그 단계를 무사히 마치고 드디어 나는 사인이 자연사가 아닌 시신들을 부검하게 되었다. 급사하거나 사인이 의심스러워 검시관이 사인심문을 결정하거나 경찰이 조사해야 하는 시신들이었다. 물론 아직은 상부의 감독 하에 진행해야 했다.

의대 공부를 시작한 지 16년이 지나서, 내 아들이 6살, 딸이 4살일 때 드디어 정식으로 법의관이 된 것이다. 10대 때 우연히 심슨 교수의 책을 접한 후 줄곧 나의 목표로 삼았던 일이었다. 물론 그것은 시작에 지나지 않았다.

나의 첫 직장은 가이스 병원이었고, 나의 상사는 법의학 분야 최고 권위자였던 이언 웨스트였다. 살인사건이나 재난 사고가 나면 경찰이나 검시관, 변호사들은 제일 먼저 그가 이끄는 부서로 달려갔다. 공교롭게도 그곳은 바로 키스 심슨 교수가 근무하던 부서이기도 했다.

가이스 병원 법의학과에는 법의관 4명이 소속돼 있었는데, 우리는 사실상 항상 '대기중'이었다. 그렇긴 해도 우리끼리 돌아가면서 일을 조정했다. 별로 흥미롭지 않은 사건, 즉 의학적으로나 법의학적으로 원인이 분명한 사건은 보통 서열에 따라 아래로 내려갔다. 그리고 갓 자격증을 따고 들어간 내가 최하위였다. 조사할 살인사건이 없으면 우리는 경찰이나 검시관 같은 법의학 관련자들, 또는 의대생에게 강의를 하러 갔다. 학생들은 대부분 4학년들이었는데, 나의 강의는 그들의 안락한 집에서는 경험하지 못한 새로운 세계였을 것이다. 강간, 살인, 폭행의 흔적에 관해 그들은 열심히 받아 적었고 강의실은 자리가 부족할 정도였다. 통로에 앉거나 맨 뒤에 서서 듣는 학생도 있었다. 그들은 삶에 대해서 뿐 아니라 어리석음과 비인간성이 생명을 앗아갈 수도 있음을 배웠다. 나는 그들이 사망자를 대할 때 최소한 사망원인을 언제 의심해야 하는지를 알려주려 노력했다.

경청하는 학생들 앞에서 강의하는 것은 즐거웠지만 강의보다는 살인사건을 조사하는 데 보내는 시간이 더 많았다. 런던에서는 살인사건이 부지기수로 일어났다. 다른 건 몰라도 급작스러운 죽음이나 의심스러운 죽음이 끊임없이 일어나는 것 같았다. 사건을 맡을 때마다 우리는 연구실에서 회의를 했다. 관련 사진을 면밀히 살펴보며 의견을 나눴고, 자리를 술집으로 옮겨가며 계속했다. 때로는 변호사나 경찰도 합세하면서 분위기가 후끈 달아올랐다.

내가 초기에 맡은 사건들은 단순해 보이더라도 이언과 다른 선배들의 지도를 받아가며, 온 신경을 집중해서 진지하게 다뤘다. 그러다 드디어 가이스 병원의 법의학과 교수로서 처음으로 살인사건 현장에 혼자 출동하는 날이 왔다. 다들 일이 많았기 때문에 나한테 기회가 빨리 온 것이다. 시신이 나를 기다리고 있던 크로이든의 평범한 연립주택가를 향해 가는 동안 얼마나 뿌듯했는지는 이루 형언할 수 없다. 이상하게도 뿌듯하기만 했을 뿐 전혀 긴장도 되지 않았다.

때는 평일 오전 10시 무렵이었다. 심장이 세차게 뛰고 있었다. 아마 경험 많은 법의관으로 보이기 위해 애를 쓰고 있었을 것이다.

테이프라는 물리적 경계와 경찰이라는 인적 장벽에 둘러싸여, 그 뒤로는 기자들과 동네 사람들에 둘러싸여 백인 청년이 길가 배수로에 누워 있었다. 분주히 움직이던 런던 경찰청 소속 사진사들이 내가 시신을 살펴보려 몸을 굽히자 옆으로 비켜섰다.

등을 대고 누운 청년은 얼굴에 벤 자국과 찰과상이 몇 군데 보일 뿐 심각한 부상은 없어 보였다. 하지만 다른 부위에 중상을 입었으리라는 것은 짐작하고 있었다. 그의 몸 아래로 피가 흥건했기 때문이다.

손을 뻗어 만져보니 아직 온기가 남아 있었다. 몸이 뻣뻣하진 않았지만 근육은 벌써 팽팽해지기 시작했고 특히 목과 턱, 손가락이 그랬다.

그의 몸을 뒤집었다. 등에 두꺼운 재킷을 뚫고 들어간 칼자국이 있었다. 그 많은 피가 흘러나온 곳이 거기였다. 다시 원래의 자세로 몸을 돌려놨다.

사진사가 사진을 찍는 동안 나는 부검감정서에 필요한 정보를 메모했다. 감정서에는 현장 묘사와 함께 피해자한테서 발견한 사실도 적어야 한다. 안치소에서 검시한 후에는 그에 관한 상세한 내용을 적고, 마지막으로 사인에 대한 결론을 적어야 한다. 그 젊은이의 등에서 여전히 피가 흘러나오는 걸로 보아 사망원인은 분명할 것 같았다. 하지만 최종 결론을 내리기까지는 할 일이 많았다.

그때까지 피해자의 신원이 밝혀지지 않아서 죽은 청년은 신원미상의 백인 남자로 기록됐다. 18살 정도로 보였고 호리호리했으며 잘생긴 얼굴이라 할 수 있었다. 내가 살펴본 것들을 다이어그램으로 그렸다. 특히 도로와 보도에 번진 피의 형태를 신경 써서 그렸다. 현장 풍경과 피해자의 옷, 시신의 위치도 간단히 적어놨다. 그 메모는 나중에 부검감정서에 이렇게 정리될 것이다.

목과 턱 부근에 경직이 시작되었지만 다른 부위에서는 뚜렷하지 않음. 따라서 사망한 지 3시간 정도가 지난 것으로 추정됨.

이 사건이 내가 처음 맡은 사건임을 들키지 않으려 조심하면서 나는 무게 있는 목소리로 검시관 보조관에게 시신을 안치소로 옮겨달라고 했다. 나도 그들을 따라 안치소로 갔고, 거기서 수사국장을 포함해서 여러 경찰관들과 만났다. 지금은 내가 쓴 이 보고서를 보고도 믿기지가 않는다. 오늘날에는 길거리에서 벌어진 흉기 살인사건에 '국장'까지 나오는 일은 없기 때문이다.

안치소에서 사진을 더 찍은 다음, 몸을 살펴보기 전에 옷에 관해 상세히 기록했다.

재킷: 등 왼쪽에 진한 핏자국. 길가의 모래도 묻어 있음. 세 군데가 찢어짐. 첫 번째 - 중심 솔기 왼쪽으로 8cm, 옷깃에서 21cm 내려온 지점에 가로 방향으로 대략 8mm. 두 번째 - 중심 솔기 오른쪽으로 약 12cm, 옷깃에서 21cm 내려온 지점에 수직 방향으로 16mm. 세 번째 - 두 번째 찢긴 지점에서 3.5cm 정도 아래, 오른쪽 팔 외측 중앙선 부근. 가로 18mm.

스포츠 셔츠: 등과 왼쪽 옆구리에 혈흔. 세 군데 구멍…

바지, 속바지와 팬티, 허리밴드 뒤쪽에 혈흔, 바지 양쪽 오금 아래에 피가 튄 흔적이 있음.

옷에 관해 몇 페이지를 메모하면서 우리는 옷을 하나씩 증거물 봉투에 넣었고, 경찰관은 그것을 가져가 라벨을 붙였다.

피해자가 알몸으로 부검대에 눕혀지자 부상이 어느 정도인지 드러났다. 등에 세 군데를 찔렸는데, 한 군데는 확실히 치명상이었고 복부와 얼굴에도 가볍지 않은 부상이 아홉 군데나 있었다. 내 노트에는 선으로 윤곽만 그려진 인체 지도가 있었는데 거기에 번호를 붙여 부상 형태를 상세히 그린 다음 아래와 같이 기록했다.

얼굴 왼쪽에 상처 다섯 군데.

(i) 왼쪽 눈썹 측면 끝 바로 위에 직경 3mm의 타박상

(ii) 왼쪽 쌍꺼풀 측면 끝에 멍을 동반한 10mm의 열상

(iii) 왼쪽 광대뼈 측면에 20×22mm의 찰과상. 표면은 말라 있음…

칼날에 깨끗하게 베인 절상과 달리, 열상은 불규칙하게 찢긴 상처로

둔탁한 무기에 의해 일어날 수도 있다. 보통 사람들은 도로나 연석緣石, 또는 건물을 '무기'로 여기지 않지만 사람이 거기에 부딪치면 무기로 공격받을 때와 비슷한 충격을 받는다. 이 피해자의 열상은 쓰러질 때 연석에 부딪치면서 생긴 것일 수도 있었다.

찰과상은 피부가 긁히거나 까진 상처인데 단단한 표피층 아래까지 손상되는 경우는 드물다. 그래서 피가 흘러나오지는 않지만 배어나올 수는 있다. 점점이 맺히는 이런 점상출혈은 교통사고에서 자주 볼 수 있다. 거친 도로 표면에 피부가 쓸려서 생기는 것이다. 물론 피가 맺히는 것은 일상생활에서 매우 흔한 일이다. 하지만 법의학적으로 점상출혈이 흥미로운 이유는 그것이 사후에 생길 수도 있기 때문이다. 그 젊은 남자의 몸이 도로를 따라 끌려갔다고 해보자. 그로 인해 찰과상이 생겼을지도 모르지만 찰과상만으로는 그것이 살해당하기 전인지 후인지 단언하기 힘들 수도 있다.

타박상은 멍을 말한다. 미세한 혈관과 동맥이 터져 내부 출혈로 이어진 것이다. 어린이들의 세포는 회복력이 뛰어나서 탄력을 잃은 노인들의 피부보다 멍이 덜 든다. 하지만 멍을 보고 판단을 잘못 내릴 수도 있다. 멍들게 하는 주요인은 피인데, 피는 액체이면서 분해도 되기 때문이다. 그 결과 시간이 지나면서, 그리고 중력의 영향으로 멍에도 변화가 일어난다. 가장 눈에 띄는 것은 색깔의 변화다. 혈액이 혈관 밖으로 나가면 우리 몸은 그것을 분해하려고 한다. 그래서 멍은 자주색에서 노란색으로, 그 다음에는 녹색에서 밤색으로 변한다. 멍의 색깔을 보고 시간을 알아낼 수 있는 체계가 만들어진다면 매우 유용하겠지만 오랜 연구에도 불구하고 아직까지는 믿을 만한 공식이 없다.

사후에 멍이 더 또렷해지거나 며칠 혹은 몇 주 후에 '새로운' 멍이 나타나는 당황스러운 경우도 있다. 이런 현상은 시신이 안치소에서 부딪쳐서가 아니라 훼손된 혈관에서 피가 계속 새나왔기 때문이다. 물론 혈압으로 밀려난 게 아니라 중력의 끌어당김 때문이다.

피해자의 외부 상처를 다 기록하는 데는 시간이 오래 걸렸다. 다 끝내고 눈을 깜박이며 고개를 들었더니 경찰관들도 눈을 껌뻑이며 나를 바라봤다. 다음에 뭘 해야 할지 생각하면서 잠시 가만히 있었다.

지금이야 뭔가를 생각할 때 잠시 멈추는 건 아무렇지도 않지만, 그때는 상황을 완벽하게 통제하는 전문가처럼 보이려고 뭔가를 적는 척하며 시간을 벌었다. 직원들이 틀어놓은 라디오1이 거슬렸지만, 소심해서 꺼달라는 말이 나오지 않았다.

크리스 디 버그가 빨간 옷을 입은 여인에 대해 열창하고 있었다.

나는 집중하려 애를 썼다. 아. 그렇지. 다음에는 면봉. 성폭력 여부를 판단해야 하니 생식기, 항문, 구강에 쓸 면봉이 있어야지.

"그 시끄러운 라디오 좀 끌 수 없겠소?" 국장이 말했다.

직원들은 못마땅한 표정이었지만 다행히 꺼줬다. 하지만 내가 시신의 손톱을 깎고 머리카락을 뽑아 샘플로 채취하는 동안 주위가 기이하게 조용해졌다. 손톱 샘플을 채취하는 것은 피부나 섬유소 또는 다른 잔해물이 끼어 있다면 범인이나 범행 장소에 관한 실마리를 줄 수 있기 때문이다. 마지막에는 조직검사를 위해 혈액과 소변, 세포 샘플, 그 외에 중요한 단서가 될 수 있는 증거물을 채취할 것이다.

증거물에는 모두 내 이름의 이니셜과 일련번호(RTS/1)가 표시되었다. 나는 라벨을 하나씩 적을 때마다 어린아이 같은 자랑스러움을 느꼈다. 나를 표시한 그 알파벳 세 글자는 내가 그 사건에 개입했음을 나타냈고, 그 후 30년 동안 변함이 없었지만 그것을 처음 쓴 그날은 학기 첫날에 입은 교복처럼 글자들이 생경해 보였다.

부검실에 있던 사람들은 모두(검시관 보조관과 경찰관들) 내가 부검을 시작하기를 기다렸다. 거의 알려지지 않았지만 부검을 참관하는 것은 경찰의 의무다. 국장은 그동안 여러 차례 봤겠지만 젊은 순경은 그날이 처음이었다. 그는 내가 시신의 외부를 검사하는 동안 눈에 띄게 두려워하더니, 메스를 집어 들자 곧 기절할 것처럼 창백해졌다.

"괜찮나?" 국장이 물었다.

순경은 찡그린 얼굴로 고개를 끄덕였다.

나는 그를 진정시킬 만한 말을 생각해봤지만 떠오르지가 않았다. 경험 많은 법의관처럼 보이려는 데 너무 신경을 썼기 때문이다.

"금방 적응할 겁니다." 나는 스스로의 불안함을 감추려고 가볍게 말했다.

순경은 침을 삼켰다. 나는 그를 안심시키려 미소를 지어 봤지만 나도 너무 긴장한 상태라 근육이 이상하게 경직되는 것 같았다. 그래서 오히려 찡그린 것처럼 보였을지도 모르겠다. 그 순경이 따라 웃지 않고 놀란 표정을 보인 걸 보면 말이다. 이어서 시신을 열 때도 그 젊은 순경은 나한테서 시선을 거두지 않았다. 그가 내 얼굴을 빤히 바라보는 게 신경쓰여 살을 가르는 메스의 선이 조금 흔들렸다. 눈을 들어 그를 보니 완전히 겁에 질린 표정이었다. 내 얼굴에 시선을 고정시킨 건 내 손이 하는 일을 안 보기 위해서인 것 같았다.

그의 긴장을 풀어주고 싶었지만 나도 떨리기는 마찬가지여서 방법이 생각나지 않았다. 산전수전 다 겪은 베테랑처럼 서로 인사를 했던 경험 많은 국장과 검시관 보조관도 입을 다물고 깊은 침묵 속에서 나만 지켜보고 있었다. 보통 안치소 직원은 재치 있는 농담이나 잡담으로 그런 분위기를 밝게 해주는 역할을 하지만, 이상하게 그날은 모두 조용했다. 왜 아무도 말을 안 하지? 무슨 말이라도 해주면 좋으련만. 차라리 라디오를 다시 켰으면 좋겠다는 생각이 들었다. 다른 채널로 말이다.

그들이 지켜보는 가운데 나는 칼날이 들어갔던 자리를 들여다봤다. 피해자의 얼굴 상처를 안쪽에서 살펴볼 때였다. 순경이 갑자기 몸을 떨더니 입을 막고 부검실을 뛰쳐나갔다.

국장은 "어-어"하며 쳐다보고 검시관 보조관은 허허 웃었다. 그러고 나서 우리는 다시 침묵으로 돌아갔다.

나는 피해자의 내부 기관과 장기를 규정대로 절개하고 늑골이나 다른 부위에 골절이 일어나지는 않았는지 점검했다. 자연사를 일으킬 만한 다른 요인이 없는지 확인하는 것은 필수였다. 그 젊은 남자는 건강에 전혀 이상이 없었다. 물론 칼에 찔린 것 말고는 말이다.

부검이 끝나고 마음이 가벼워진 나는 그동안 참석했던 다른 부검과 왜 그렇게 분위기가 달랐는지 생각해봤다. 일반적으로 부검이 즐거운 일은 아니지만, 진행되는 동안에는 동료의식을 공유하며 어느 정도 잡담이나 의논이 오가는데 오늘은 그런 게 전혀 없었던 것이다. 문제가 뭐였을까.

사무실로 돌아와서 나는 부검감정서를 쓰기 시작했다.

상처1은 등 중위선 왼쪽 6cm 위치에 있음. 위쪽은 끝이 날카롭고 아래쪽은 뭉툭함. 상처의 길이는 26mm. 칼날은 왼쪽 흉곽의 다섯 번째와 여섯 번째 늑골 사이로 들어가 폐 앞면의 좌상엽을 뚫고 살짝 아래 방향으로, 그리고 등 중위선 쪽으로 들어감. 좌상엽을 지나간 칼날은 왼쪽 폐동맥까지 찔렀음. 이는 길이 40mm의 불규칙한 절상을 남김. 부분적으로 굳은 피 1리터가 왼쪽 흉곽에 남아 있었음. 그 상처 부위에 타박상은 없었음.

그렇다면 몸 안쪽의 절상은 바깥쪽 절상의 거의 두 배에 이르는 셈이다. 나는 그 원인을 다음과 같이 분석했다.

등쪽 근육을 뚫고 들어간 칼날의 궤적이 그렇게 된 것은 부상을 입던 순간에 왼쪽 팔을 들고 있었기 때문인 것으로 보임. 상처 외부와 내부의 길이가 그렇게 차이가 나는 것은 칼날이 흉곽 안에 있을 때 몸이 움직였음을 시사함.

칼날의 이런 움직임은 중요한 의미가 있었다. 칼로 인한 많은 사건에서 보듯 그것은 분명 격한 상황이 벌어졌음을 암시한다. 피해자나 범인이 움직이고 있었거나, 아니면 둘 다 서 있는 상태에서 칼날이 몸 안에서 움직였을 수도 있다. 그런 움직임은 나중에 중요한 증거가 될 수도 있으므로 기록해놓아야 한다.

다른 두 군데의 칼자국과 그 궤적도 자세히 적어놓았다. 둘 다 등 근육만 뚫고 지나갔다. 그런 다음 얼굴 왼쪽에 난 '뭉툭한' 상처에도 번호를 매겼다.

이 시신에는 열상, 찰과상, 좌상挫傷*, 그리고 자상刺傷**도 있었다. 눈에 띄는 건 방어흔이 없었다는 것이다. 전형적인 방어흔은 쉽게 알아볼 수 있다. 칼로 하는 공격이라면 피해자가 방어본능에 의해 필사적으로 칼날을 잡다가 손바닥과 손가락을 베인다. 이 젊은 남자는 그런 방어흔이 없었다. 그렇다면 주공격이 뒤에서 일어났다는 뜻이 된다.

이제 결론을 내릴 때였다. 대부분의 사람들, 즉 경찰과 피해자 가족 등 비전문가는 나의 결론에 가장 먼저 의존하기 때문에 이해하기 쉬워야 한다.

양식을 작성하는 법은 알고 있었다. 먼저 피해자가 질병으로 사망했을 가능성을 배제하고, 실제로 죽음에 이르게 한 원인이 무엇이고 죽기까지 얼마나 시간이 걸렸는지를 진술한다. 다음에는 짐작이 가는 무기나, 부상으로 이어지게 된 사건과 동작에 대해 의견을 덧붙인다. 마지막으로 사망원인에 대한 의학적 소견을 적는다. 이것이 부검감정서의 공식적이고 법적인 내용이고 검시관이 이것을 받아들이면 사망확인서에 첨부된다.

나는 다음과 같이 썼다.

본 사망은 자연사가 아님. 자상1이 출혈을 일으켰고, 숨을 거둘 때까지는 몇 분밖에 걸리지 않았을 것으로 보인다. 자상의 외형으로 보아 살인 무기인 단도는 칼끝에서 15~17cm 지점의 폭이 18~20mm로 추정된다. 칼날

---

* 외부로부터 둔중한 충격을 받아서, 피부 표면에는 손상이 없으나 내부의 조직이나 내장이 다친 상처.
** 못, 창, 칼 등 끝이 예리한 물체에 피부가 찔린 상처.

의 전체 길이는 15cm 이상이고 칼끝이 뾰족한 형태일 것이다. 얼굴 오른쪽의 상처와 왼쪽 (i)에서 (iv)는 뭔가에 맞거나 평평한 표면에 부딪쳐서 생긴 것으로 보인다. 도로에 쓰러지면서 생겼을 가능성은 희박하지만 완전히 배제할 수는 없다. 이 부상들은 거친 표면과 접촉했을 얼굴 부상(v)보다 먼저 생겼을 것으로 보인다.

사인:

1a. 출혈

1b. 흉부 자상

이런 범행은 분명 피해자 가족들에게는 청천벽력이었겠지만, 법의관들에게는 사실 흔한 사건이었다. 이 보고서는 그동안 쓴 것들 중 가장 긴 것도 가장 상세한 것도 아니었다. 하지만 완성하고 나니 새벽이었다.

그 청년의 신원이 공식적으로 밝혀졌기 때문에 이제는 그의 이름을 적었다. 하지만 그런 확실한 정보 외에는 나의 추론뿐 아니라 객관적 사실 하나 하나에 모두 의구심이 들었다. 내가 지나친 추측을 한 건 아닌가? 얼굴의 부상이 도로에 쓰러질 때 난 게 아니라는 게 확실한가? 칼날이 흉곽 안에서 움직인 이유를 몇 가지로 설명해야 하나? 글에 자신감이 충분히 드러났나? 경찰이 용의자를 증인석에 앉혔을 때 피고 측 변호인한테서 이런 질문을 받고 싶진 않았기 때문이다. "셰퍼드 박사님, 이 사건을 맡기 전에 칼에 찔린 시신을 단독으로 부검한 적이 몇 번 정도 되나요? 네? 없다고요?"

법의관이 된 지 얼마 되지 않았지만, 법정 출두가 지뢰밭이 될 수 있다는 건 이미 알고 있었다. 사무실에서 부검감정서를 쓰는 것과 전쟁터

같은 법정에서 그 내용을 전달하는 것은 전혀 다른 문제였다. 나는 선배들로부터 법정에서 일어난 여러 가지 일화를 들었고, 그래서 형사법원의 증인석에 처음 출두하는 것이 기대가 되면서 한편으로는 두렵기도 했다.

경찰에서는 곧 용의자 신문을 시작했다. 30대로 보이는 그 남자는 피해자와 모르는 사이 같았다. 죽은 청년은 영업이 끝난 자동차 정비소 앞에서 용의자를 만났다. 값싼 카스테레오, 아마 어디선가 훔쳤을 카스테레오를 사기 위해서였다.

경찰은 내게 용의자의 진술을 점검해달라고 했다. 그래서 며칠 후 수사관과 수사반장뿐 아니라 수사국장까지 포함한 우리 일행은 다시 크로이든으로 향했다.

우리가 찾아간 곳은 정비소들이 줄지어 선 우중충한 거리였다. 문들은 페인트가 여기저기 벗겨져 있었다.

"용의자는 자기가 이 정비소에서 출발한 뒤 다른 사람이 그 청년을 찔렀을 거라고 하더군요. 우리가 피해자를 발견한 곳 근처에서요." 국장이 말했다.

"정비소 앞에는 피가 전혀 없었으니 그게 사실일 수도 있겠네요." 내가 말했다.

그들은 실망한 듯했다. 그 후에도 내가 수사관들을 실망시킨 적은 많았다.

"음, 저희는 용의자가 바로 여기서 피해자를 찔렀다고 보는데요. 그런 경우에도 정비소 앞에 핏자국이 없을 수는 있습니다. 이 근처나 인도에도요. 하지만 몸 안에서는 출혈이 일어나고 있었겠죠."

왠지 내가 심슨 박사급의 중요한 인물처럼 느껴졌다. 고위경찰관들을 이끌고 나는 그 경로(100걸음)를 걸어봤다. 폐를 찔려 죽어가는 사람처럼 느린 속도로 걸으며 그 시간을 쟀다(53초). 갈수록 걸음이 느려지다가 막바지에는 호흡이 가빠지며 어지럼증도 느꼈으리라.

내가 수사관들을 향해 돌아섰다.

"여러분 말이 맞을 수도 있겠군요. 피해자는 정비소 앞에서 찔려서 길을 따라 걷다가, 발견된 지점에서 쓰러졌을 가능성이 있습니다."

그들이 씩 웃었다.

나는 부검감정서에 이렇게 썼다.

부상1 같은 부상을 입고 쓰러지기까지 이만한 거리를 이동하는 것은 충분히 가능한 일이다. 이동 경로에 혈흔이 발견되지 않은 이유는 두 가지로 설명할 수 있다. 첫째, 부상1이 발생했을 때 직립한 상태였다면 흉곽 내부의 혈액이 피부에 있는 상처 부위까지 올라오기까지 외부로의 출혈이 거의 없었을 것이다. 둘째, 피해자가 입고 있던 특히 두꺼운 재킷이 상당량의 피를 흡수했을 것이다.

한편 내가 법정에 출두할 걱정은 하지 않아도 됐다. 증언을 하기도 전에 절차상의 문제로 배심원단이 해산되었기 때문이다. 그 사건의 재판이 재개될 무렵에는 나도 살인사건을 많이 다룬 베테랑이 되어 있어서 피고 측 변호사가 이 사건이 나의 첫 사건이라고는 생각하지 못했다.

나는 증언을 했고 반대신문도 별 문제 없이 술술 진행됐다.

내가 보기에는 어려울 것 없는 사건이었다. 피고에게 불리한 증거를 내가 발견했고, 그래서 반박할 수 없이 분명히 해결된 것 같았다. 뒤에서 찌른 깊은 자상을 포함한 세 군데의 칼자국 때문에 타블로이드 신문들은 기다렸다는 듯이 '광기 어린 습격'이라는 표현을 제목으로 뽑았다. 그것은 배심원들에게 혐오감을 불러일으키기 위해 검찰 측에서도 쓴 말이었다.

사건이 그렇게 마무리되었기 때문에 나는 그 피고가 무죄로 풀려났을 때 어안이 벙벙했다. 아무래도 배심원단이 합리적 의심을 넘어설 만큼 그의 범행을 확신하지 못한 것 같았다. 내가 처음 맡은 사건이었기 때문에 한동안 나는 뭐가 잘못됐는지, 내가 중요한 내용을 제출하지 않았는지 걱정이 됐다. 아니면 배심원단 앞에서 발언한 내 말투가 잘못되었던 걸까? 알 수 없는 일이었다.

몇 년 후 나는 우연히 버스에서 《이브닝 스탠더드》를 읽다가 법원 관련 기사에서 낯익은 이름을 발견했다. 호리호리하고 잘생긴 18살의 청년이 괴한의 칼에 세 번 찔렸다는 내용이었다. 왼쪽 폐를 뚫은 하나의 자상은 하마터면 목숨을 앗아갈 정도로 치명적이었다. 하지만 그 청년은 기적적으로 살아남아 자신을 공격한 사람을 신고했다. 그 범인이 자기는 곧 죽을 목숨이니 마지막으로 할 일은 섹스라고 말했다는 사실도 밝혔다.

순간 내가 맡았던 첫 사건이 떠올랐다. 동일 용의자에 똑같은 수법이었다. 다른 건 피해자(매우 닮았고 이번에는 운이 좋은)뿐이었다.

나는 이 사건 피고인의 이전 범행을 알고 있었지만, 그에게 살인미수라는 평결을 내린 이번 배심원단은 당연히 그 사실을 몰랐을 것이다.

09 사망 시각을 추정하는 몇 가지 방법

내가 맡은 두 번째 사건도 칼로 인한 사건이었다. 어느 날 밤 9시경에 나는 호출을 받고 붉은 벽돌로 된 평범한 연립주택으로 갔다. 그 거리의 다른 주택들과 다른 점은 그 앞에 경찰관들이 서 있다는 것뿐이었다.

집 내부의 인테리어가 의외로 화려했다. 난간에 피가 묻어 있는 계단을 따라 위층으로 올라가보니, 침실 문 바로 안쪽 30㎝ 정도 거리에 백발의 남성이 벌거벗은 채 넓게 퍼진 피웅덩이에 엎드려 있었다.

문을 밀고 들어갔다. 벽지 무늬가 우중충해서 방이 어두워 보였는데, 크고 무거운 목재가구 때문에 한층 더 어두침침하게 느껴졌다. 살인사건이 일어난 방이었지만 물건은 모두 제자리를 지키고 있었다. 자명종 시계. 라디오. 사진 액자. 침대를 바라보고 있는 마호가니 서랍장.

직장생활을 하며 정돈된 삶을 살던 한 남자의 방이었다. 하지만 그 삶은 막을 내렸고 남자는 피투성이가 되어 누워 있었다.

그의 몸 주변으로 걷기가 힘들 정도였다. 그의 등에는 피가 튀고 흘러내린 자국이 남아 있었다. 벽에도 핏자국이 튀어 있었다. 침대는 이불에 반쯤 덮여 있었지만 침대시트를 흥건하게 적신 넓은 핏자국은 감추지 못했다. 바닥 쪽의 콘센트 앞에는 목재 손잡이의 긴 부엌칼이 피에 떠 있는 것처럼 놓여 있었다.

최대한 조심히 시신을 뒤집었다. 가슴에 칼자국이 커다랗게 입을 벌리고 있었다. 피에 가려진 칼자국이 더 있을 것 같았다.

그런 다음 체온을 쟀다. 옷을 입지 않은 상태라 측정하기가 수월했다. 직장의 온도를 재는 것은, 특히 옷을 벗기고 재야 할 경우 법의학적으로 일이 복잡해지므로 대개는 시신을 바로 안치소로 옮겨서 거기서 잰다. 피해자의 체온은 26.6도였다.

나를 지켜보던 수사관이 물었다. "저기, 박사님, 사망 시각이 정확히 언제입니까?"

그 질문에 심장이 덜컥 내려앉았다. 특히 '정확히'라는 말에. 누구나 그걸 먼저 묻는다. 온도만 재면 사망 시각이 바로 나오는 줄 아는 것이다. 병리학에 대한 통념과 진실 사이의 커다란 간극을 보여주는 질문이기도 하다. 그놈의 텔레비전 수사극 때문이다. 진실을 말하자면, 사망사건이 일어났을 때 뭔가를 정확히 판단하는 것은 지극히 어려운 일이다.

수사관이 내 대답을 기다리고 있었다.

"글쎄요… 잘 모르겠습니다."

체온은 사망 시각을 추정할 때 가장 먼저 기댈 수 있는 법의학적 지표일 수도 있지만, 크게 신뢰할 만한 지표는 아니다. 기초물리학에 의하면 뜨거운 몸은 차가운 환경에 놓이면 열이 빠져나가면서 체온이 떨어진다. 물론 그렇게 간단한 건 아니다. 일반적으로 우리 몸은 사망 후 8시간이 지나기 전부터 차갑게 느껴지지만 경우에 따라서는 36시간이 지나도록 차갑게 느껴지지 않을 수도 있다. 아직 멈추지 않은 신진대사로 인해 체온이 주변 온도만큼 떨어지지 않을 수도 있기 때문이다. 심지어 부패가 진행되는 동안 더 올라갈 수도 있다.

사망 후 몸이 식는 속도에 영향을 주는 요인은 너무나 많다. 사망할 당시의 체온, 주위 온도, 날씨의 변화, 중앙난방, 열린 창문, 옷의 두께, 덮은 이불의 단열 정도, 몸의 자세(직감으로 알 수 있듯이 웅크린 자세가 열의 손실이 더 적다), 체중(지방은 열을 잘 보존한다), 근육량(근육량이 적을수록 더 빨리 식는다), 그리고 나이(어린이는 체중에 비해 표면적이 넓어서 열을 더 빨리 뺏긴다) 등이 모두 여기에 속한다. 그러므로 사망 시각을 추정하는 데 시신의 체온은 큰 의미가 없다.

이 모든 변수를 고려한다면 컴퓨터 프로그램이라도 사망 시각을 정확히 계산하지 못할 것이다. 대략적인 시간대는 나오겠지만 그 범위는 몇 시간에 걸쳐 있을 것이다. 아직도 90퍼센트 이상의 정확성으로 예측할 수 있는 사람은 없다.

현명하게도 수사관은 고개를 끄덕였다. 그리고 이렇게 말했다. "경직이 일어나면 알아내실 수 있겠지요."

음… 아니다. 그것도 오해다. 경직은 사망 후에 일어나는 뚜렷한 현상이지만, 체온보다 더 변수가 많다. 우선 경직이 시작되는 시점과 속도가 기온에 따라 달라진다. 추운 겨울에 외부에 노출된 시신은 일주일이 지난 후에도 경직이 일어나지 않을 수 있다. 그러다 온도가 높은 안치소로 옮겨져 몸이 따뜻해지면 곧바로 경직이 시작되기도 한다. 그 외에도 당황스러울 정도로 변수가 많다. 죽은 사람이 죽기 바로 전에 운동을 하고 있었는가? 그렇다면 젖산 분비로 인해 경직이 더 빨라질 것이다. 그 죽음이 고열과 연관이 있는가? 그런 경우에도 경직은 더 빨라진다. 감전사였는가? 이때도 경직 속도가 빨라지는데, 아마 근육세포를 자극하기 때문일 것이다. 따뜻한 불가에서 죽었는가? 경직이 빨라질 것이다. 뜨거운 욕조에서 죽었는가? 역시 경직이 빨라질 것이다.

죽은 후에 경직이 일어나는 이유는 심장이 멈추면서 근육세포가 신진대사에 필요한 산소를 공급받지 못하기 때문이다. 뒤늦게 인공호흡을 시도한 사람들은 느꼈을지 모르지만 경직은 얼굴부터 시작되는 것으로 알려져 있었다. 하지만 지금은 전신에서 동시에 진행된다는 것이 밝혀졌다. 다만 근육이 작은 부위에서 경직을 알아차리기가 쉬울 뿐이다. 근육이 작은 부위는 주로 턱과 눈 주변, 그리고 손가락이다. 일반적으로 사망 후 3시간쯤 후에는 이들 부위에서 경직을 감지할 수 있다. 그 다음엔 머리에서 다리 쪽으로 퍼지는데, 이것은 사실 근육군이 커질수록 경직을 알아보는 데 오래 걸리는 것뿐이다. 일반적으로 근육의 경직은 체온이 떨어지기 전부터 일어나기 때문에, 몸이 따뜻하면서 경직되어 있는 시간이 어느 정도 있다. 하지만 그 상태가 계속되지는 않고 하루 정도 지나면 근육이 풀려서 말랑말랑해진다.

영국 같은 온대기후에서 몸의 모든 근육이 경직되기까지는 12시간이 채 걸리지 않을 것이다. 뜨거운 적도 부근에서는 불과 한 시간 안에 완전한 경직이 일어났다가 풀리기도 한다. 때로는 아주 어리거나 고령의 노인, 혹은 여윈 사람들의 경우 근육량이 너무 적어서 경직이 전혀 일어나지 않을 수도 있다.

경직의 힘은 굉장하다. 완전히 경직된 시신이 두 개의 의자에 머리와 발만 걸쳐진 유명한 사진이 있다. 그 사이는 아무것도 받치지 않았는데 뻣뻣하게 누워있는 것이다. 그래서 두 팔을 옆구리에 나란히 붙이고 반듯이 누워서 죽었다면 모를까 경직된 시신을 부검하는 것은 그 자체가 난관이다.

가장 쉬운 방법은 경직이 풀릴 때까지 기다리는 것이다. 하지만 살인

사건 수사는 속도전이기 때문에 그것은 좋은 방법이 아니다.

그날 밤 나는 피로 범벅이 된 침실을 나와 곧장 안치소로 향했다. 시신은 부검을 위해 내가 도착한 직후에 바로 도착했다. 사망자의 목과 팔, 턱, 무릎에는 경직이 일어난 상태였다. 사실 그는 한쪽 팔은 뒤에, 다른 한쪽은 앞쪽에 접힌 자세로 죽었다. 게다가 오른쪽 다리는 올라가 있었다.

그를 부검대에 평평하게 눕히려면 경직을 풀어야 했다. 팔이 굽어 있는 경우 관절을 세게 눌러 액틴과 미요신* 분자의 화학결합을 풀어야 하기 때문에 힘이 좀 필요하다. 하지만 무거운 것을 많이 드는 일을 하거나 몸이 근육질인 젊은이인 경우 경직이 특히 강할 수 있다. 그럴 때는 안치소 직원들의 도움을 받아 근육을 부드럽게 만들어야 한다. 관절 부위를 상당한 힘으로 누르면 뼈가 뚝 부러지듯 갑자기 풀리는 게 아니라 조금씩 풀린다.

이 사건의 사망자는 62세의 노인이어서 팔을 앞뒤로 활발하게 움직이는 것만으로도 경직이 꽤 쉽게 풀렸다.

경찰이 여러 번 요청하기에 나는 미덥지 않은 두 가지 근거인 체온과 경직 정도를 이용하여 사망 시간대를 추정해봤다. 물론 수많은 변수도 고려했다. 그 결과 발견되기 4시간에서 6시간 전에 죽은 것 같았다.

"훌륭하십니다, 박사님." 방금 전화를 받고 부검실로 온 선임 수사관이 말했다. "범인이 오늘 오후 4시 반에서 5시 사이라고 했거든요."

"벌써 잡았단 말입니까?"

"자수했어요. 둘이 동성애 관계였는데 격분해서 저지른 일이라고 합

---

* 액틴과 미요신은 근육을 구성하는 기본적인 단백질이다.

96

니다."

정말 광기에 가까운 격분이었다. 여덟 번을 찔렀는데, 그중 하나는 한눈에 봐도 상처가 크게 벌어져 있었고 심장까지 꿰뚫었다. 칼날의 궤적이나 손잡이의 멍 자국도 너무나 선명해서 나는 살인 무기로 쓰인 흉기를 자세히 그려봤다. 부상 부위를 보고 칼을 스케치한 것은 그때가 처음이었다. 그런데 현장에서 경찰이 찾아온 부엌칼의 형태와 그 스케치가 정확히 일치하는 것을 알고 깜짝 놀랐다. '이제부터 셰퍼드 박사는 칼 박사다'라고 외치고 싶을 정도였다.

그뿐 아니라, 되돌아보면 과잉 열정이긴 하지만, 나는 찔린 부위와 그 방에 남은 핏자국만으로도 범행 당시의 상황을 알 것 같아서 그것을 다이어그램으로 그렸다. 아마 심슨 교수도 나와 의견이 같았을 것이다.

벽에 튄 선명한 핏자국은 처음에 찔린 치명적인 부상으로 인한 것이었다. 부상 부위는 왼쪽 가슴 위였고 방향은 약간 왼쪽에서 오른쪽을 향해 있었다. 전형적인 형태였다. 그것으로 판단할 때 범인은 오른손잡이고, 범인과 피해자는 둘 다 서 있었으며, 범인이 팔을 치켜들었다가 내리찍었을 것이다.

피해자는 침대 왼쪽으로 주저앉았다. 시트에 묻은 핏자국의 위치를 보면 분명했다. 그리고 천장에 튄 가느다란 핏줄기도 그것을 뒷받침해줬다. 그런 형태는 범인이 다시 찌르기 위해 칼을 뺄 때 칼끝에서 피가 날아가서 생긴다. 범인은 피해자 옆에 서서 세 번을 더 찔렀음을 쉽게 유추할 수 있었다.

피해자는 침대에서 굴러 떨어진 후 방문을 향해 기어갔다. 이것은 그가 남긴 핏자국의 궤적이 보여줬다. 마지막 네 번의 자상은 분명 방문 옆에서 찔린 것이었고, 피해자는 그 자리에서 죽었다. 하지만 범인은 힘을 쓸 필요가 없었는지도 모른다. 처음 찌른 칼날이 심장을 뚫은 후 피해자가 몇 분밖에 버티지 못했을 테니 말이다. 이 네 군데의 자상이 가까이 붙어 있고 형태도 각도도 똑같다는 것은 이 시점에서는 피해자가 움직이지 않았다는 뜻이고 아마 숨이 끊어져서 그랬을 것이다. 그렇다면 내가 봤던 계단 난간의 핏자국은 뭘까? 분명 여기저기 피가 묻은 범인이 현장을 떠나면서 남긴 자국일 것이다.

범인은 이미 고백했지만, 그래도 나는 부검 후에 내가 추정한 내용이 뿌듯해서 수사관에게 굳이 얘기해주고 싶었다.

하지만 그는 "아, 네네." 하면서 별 관심을 보이지 않았다.

"여기 보시면…" 내가 그린 다이어그램을 보면 도움이 될 것 같아 내밀었지만, 그는 그걸 받지도 않았다.

나는 더 조바심이 나서 사건을 재구성한 진술서를 써주겠다고 제안했다.

그는 눈을 껌뻑거리더니 시선을 피했다.

"아닙니다, 박사님. 그렇게까지 안 하셔도 돼요. 아무도 안 읽을 겁니다. 범인이 다 실토했으니까요."

나는 실망이 컸다. 경찰이 내가 셜록 홈즈처럼 나서는 걸 거북해한다는 것을 눈치 챘기 때문이다. 아니, 키스 심슨 흉내도 싫어했는지 모른다. 내가 흠모하던 그는 20세기 전반 50년을 범죄 해결에서 독보적인 활약을 했고, 수많은 살인사건 수사에 기여했다. 고위 경찰들이나 변호사들과 갑론을박하면서, 그리고 현장에서 단서를 찾아 수사관들과 의견을 나누면서 말이다. 나도 그렇게 하고 싶었다. 그래서 나의 기술과 지식으로 열심히 증거를 찾아 사건이 정확히 어떤 식으로 일어났는지를 경찰들에게 말해줬다. 하지만 이제는 경찰 수사방식이 달라졌다. 살인 '현장'에서 각 분야의 전문가들이 자기 영역의 사실들을 찾아내면 경찰에서는 그 사실들을 취합하여 나름의 결론을 이끌어내는 것이다. 그것이 효과적일 수도 있다. 수사관들이 교육이 되어 있고 경험이 풍부하다면 말이다.

다음으로, 기소 여부는 검찰청 변호사*들이 결정한다. 좋다. 그 변호사들이 복잡한 의료문제에 맞닥뜨렸을 때 당황하지 않는다면 말이다.

범죄 수사 시스템이 최대한 효율적이기 위해서는 어렵고 복잡한 사건이 일어났을 때 경찰과 검찰이 병리학자, 법의관, 혈흔 전문가, 독물학자, 탄도학 전문가와 한자리에 앉아 함께 의논해야 한다. 하지만 이제는 그런 식으로 일하지 않는다.

---

*   영국 검찰청은 기소만 담당하며, 법정에서도 검찰이 고용한 법정변호사가 변론을 한다.

10   경찰들이 초조해한 이유

범죄 현장과 부검실은 점차 나의 주 업무 현장이 됐다. 처음에는 쉬운 사건을 배정받았다. 사인은 제각기 달랐지만 모두 원인이 확실한 것들이었고, 그래서 절차대로 하면 되는 일이었다. 하지만 범죄 현장은 정말 똑같은 곳이 하나도 없었고, 그냥 일상적인 업무처럼 하려고 노력하는 것 뿐이었다. 때로는 섬뜩하게 훼손된 시신이 누워 있기도 했다. 시신은 수사연결망의 중심이 되고, 두려움 없이 초연해 보이는 전문가들이 당면한 사건에 몰입한 채 심각한 얼굴로 부산스럽게 움직인다.

그리고 그 연결망의 바깥쪽 안전한 거리에는 충격에 빠진 유족들이 비통해하고 있다. 법의관들은 흔하디 흔한 사건들도 누군가에게는 극심한 트라우마를 초래할 수 있음을 알고 있다. 나는 그런 트라우마에 말려들지 않으려고 기를 쓰긴 했지만, 살아남은 사람들과는 어떻게든 만나야 했다.

집에는 어린 아이들과 바쁜 아내가 있었다. 나는 육아에 적극 참여했는데 당시에 흔한 일은 아니었다. 하지만 나 자신이 아버지 손에 자랐기 때문에, 시간 내서 아이들을 돌봐주는 것을 내 또래의 다른 아빠들보다 훨씬 중요하게 생각했다.

퇴근해서 집 현관을 들어서는 순간 안치소의 일은 잊어버려야 했다. 그곳의 풍경과 냄새를 잊어야 했고, 내가 바로 전에 검사했던 살인 피해자를 잊어야 했고, 냉철한 의사의 가면은 단숨에 벗어버려야 했다. 그래야 평범한 세계, 낮과 어린이의 세상에 들어갈 수 있었으니까. 물론 쉽지 않았다. 나의 가면은 얼굴에 단단하게 고정되어 있었기 때문이다. 그래서 항상 변신에 성공하지는 못했을 것이고, 당연히 아내는 그 점이 불만이었다. 젠은 내가 냉철해야 하는 이유를 알고 있었지만, 내가 늘 그 냉철함으로 무장하고 있다고 했다. 집에서. 그리고 우리 부부생활에서. 그때 우리 두 사람은 갈등 관계에 있었다.

간호사로서 건강가정방문사 일을 사랑했던 젠은 몇 년 전에 쑥스럽게 고백했다. 자기는 원래 의사가 되고 싶었다고 말이다. 의대에 진학하지 못한 건 그녀 아버지가 여자들에게 '적합한' 직업과 교육에 대해 극도로 보수적인, 사실상 식민지 시대의 관점을 고집했기 때문이었다. 게다가 그녀는 난독증이 있어서 초반에 학교 성적이 별로 좋지 않았다.

나는 젠의 역량이나 지적인 능력에 대해 추호의 의심도 없었다. 그래서 그녀의 꿈이 무엇인지 알게 되자 오랫동안 힘든 공부를 해야 하는 그 과정을 지원해주겠다고 약속했다. 그리고 그녀가 나의 모교인 런던 유니버시티 칼리지의 오픈유니버시티에 들어갔을 때 무척 자랑스러웠다. 이제 그녀는 의사 자격증을 따기 위해 공부하는 중이었다.

당연하지만 이런 상황은 시간과 경제적인 측면에서 우리에게 큰 부담이 됐다. 내 월급은 상당히 많았지만 아이 돌보는 사람은 급료가 높았다. 젠도 언젠가는 돈을 벌겠지만 아직은 아니었다. 내 일과 그녀의 실습이 겹치는 경우가 많았고 그러면 둘 중 하나는 양보를 해야 했다. 우리 각자의 생활이 몹시 바쁘고 복잡해지면서 우리 관계도 무거운 짐 아래서 짓눌리고 있었다. 우리 결혼생활을 객관적으로 관찰해보면, 한 사람이 급히 들어오고 한 사람은 급히 나가면서 용건만 간단히 나누는 게 전부였다. 그 용건도 대부분 각자의 일정, 학부모 모임, 학교 운동회, 살림에 관한 것이었다. 병원에서 주고받는 대화와 다를 바 없었다.

어느 여름날의 아름다운 일요일 아침. 내가 뒷문을 열자마자 아이들이 쏜살같이 정원으로 달려 나갔다. 이제 막 법의관이 된 나는 언제든 범죄 현장으로 달려 나갈 준비가 되어 있었다. 내가 당직일 때 전화가 울리면 아드레날린이 솟구치는 느낌이었다. 곧 의사가 될 젠도 항상 공부 중이었다.

내가 아침을 준비하려는데 밖에 있던 아이들이 비명을 질렀다. "아악, 안 돼!"

전화기가 울리고 있었던 것이다. 아침 이 시간에 전화할 곳은 한 군데밖에 없었다.

무슨 일일지 생각해봤다. 그날은 일요일이었기 때문에 분명 토요일 밤에 싸움이 일어나 누군가 죽었을 것이다. 위층에서는 젠이 한숨을 쉬고 있을 것이다. 그녀가 책상에 팔꿈치를 짚은 채 두 손으로 머리를 감싸쥐고 있을 모습이 눈에 선했다.

정말 미안한 마음이었다. 젠은 새벽부터 공부를 하고 있었고, 나는 오늘 아이들을 돌보겠다고 약속한 터였다. 전화가 오지 않으면 말이다. 하지만 전화가 왔으니 취객들의 싸움으로 인한 불똥이 젠에게까지 튄 셈이었다.

전화한 사람은 피해자가 젊은 백인 남자라고 알려줬다. 그렇다면 분명 술집에서 벌어진 싸움의 희생자일 것이다. 그런데 한 가지가 걸렸다. 전화한 사람은 자신이 경감이라고 밝힌 것이다. 그리고 전화를 끊으면서 총경과 함께 안치소에서 나를 기다리겠다는 것이었다. 이 주말에 고관들이? 보통 사건이 아닌 모양이었다.

"어느 안치소야?" 책을 두고 일어나며 젠이 물었다. "웨스트민스터?"

"스윈던." 그녀가 놀라서 다시 물었다.

"스윈던? 윌트셔에 있는?" 내가 고개를 끄덕였다.

그녀는 한숨을 쉬었다. "그럼, 저녁에 봐."

스윈던에 도착해보니 경찰관 몇 명, 검시관 보조관과 함께 경감과 총경이 나를 기다리고 있었다. 안치소 직원이 차 한 잔을 건네자 총경이 사건을 설명했다.

"젊은 남자입니다. 음주운전 허용치를 넘어 시골길을 달리다 모퉁이에서 사고가 났답니다. 여자친구가 옆자리에 타고 있었는데, 사실상… 그냥 그 여자친구 진술을 들어보시죠. 존, 말씀드려."

경감이 고개를 끄덕이더니 파일을 열었다. 그리고 타이핑한 내용을 몇 페이지 넘겼다.

"그러니까… 그 청년은 금요일에 밤새 일하고 다음날까지 계속 깨어 있었던 것 같습니다. 피로가 쌓인 상태에서 술에 취했는데 그때가 저녁 6시였죠. 충분히 밝은 시간이었지만 도로가 약간 축축했습니다. 피해자는 여자친구를 태우고 오붓한 토요일 저녁을 보내려고 자기 집으로 가고 있었겠죠. 굽은 길을 돌고 있을 때 맞은편에서 밴이 다가오고 있었다는데, 그 여자친구가 한 말은…"

그가 손가락으로 그 페이지의 아래쪽을 짚었다.

"'제가 소리쳤어요. "오, 맙소사, 마이클, 조심해!" 마이클이 운전대를 왼쪽으로 휙 꺾었지만 마이클의 차가 밴 운전석 옆구리를 쳤어요. 그 순간에 저는 눈을 감았고요. 눈을 떠보니 차 두 대가 멈춰서 있더군요. 차 안에서는 유리파편이 떨어지고 있었고요. 마이클을 봤더니 머리가 뒤로 젖혀져 있고 눈은 감고 있었어요. 의식을 잃은 줄 알고 몸을 흔들었더니 즉시 똑바로 앉았어요. 제가 흔들어서 잠에서 깨어난 것처럼요. 밴 운전자가 밖으로 나오는 게 보였는데 갑자기 어디선가 다른 사람이 한 명 나타났어요. 그 남자는 웃통을 벗고 바지만 입고 있었는데, 피부가 완전 갈색인 걸 보니 육체노동자 같았어요.'"

"사실 그 남자는 근처 정원에서 일하다가 차가 충돌하는 소리를 들은 겁니다." 총경이 말했다.

경감이 고개를 끄덕이고 나서 계속 읽어나갔다.

"'그 사람이 저 보고 괜찮냐고 묻더군요. 마이클이 창문을 통해 나가서 우리 차 앞으로 걸어갔어요. 그리고 앞부분에서 무슨 조각을 빼내더니 마구 화를 내며 차를 발로 찼어요. 저도 미친 듯이 화를 냈죠. 마이클도 격분해서 계속 발로 찼고요. 그래서 제가 나가서 담배에 불을 붙여 마이클에게 건넸어요. 그러자 웃통 벗은 남자가 거기서 담뱃불을 붙이지 말라고 했어요. 휘발유가 새어나온 거 안 보이느냐면서요. 마이클이 남의 일에 신경 끄라고 하자 그 남자가 마이클한테 뭐라고 하더군요. 뭐라고 했는지는 못 들었지만 그 말에 마이클이 폭발해서 싸움이 터진 거예요.'"

경감이 읽다가 나를 쳐다봤다. 두 사람은 내가 무슨 말이라도 해주기를 기다리는 듯했다.

"그 싸움에서 실제로 무슨 일이 있었는데요?" 내가 물었다.

"마이클이 웃통 벗은 남자에게 주먹을 날렸지만 빗나갔어요. 그 남자도 주먹을 날렸고요. 그게 끝입니다."

그럴 리가 없었다. 이 사람들은 왜 더 자세히 말해주지 않고 뜸을 들이는 거지? "그 여자친구는 뭐라고 하던가요?" 내가 물었다.

경감이 읽어나갔다. "'웃통 벗은 남자가 오른쪽 주먹으로 마이클을 쳤는데 코나 입에 맞았을 거예요. 그때쯤에는 밴 운전자가, 머리를 길게 몇 가닥만 염색한 사람이었는데, 마이클을 말리려고 뒤에서 감싸 안았어요. 그러자 마이클의 안색이 붉은 자주색으로 변하더니 기절했어요. 그런데도 그 남자는 마이클이 쓰러지게 내버려두다시피 하더군요.'"

경감이 읽다가 또 멈췄다. 하지만 거기서 끝났을 리가 없었다.

"더 자세한 설명은 없습니까?" 내가 재촉했다.

"'그때쯤에 비가 쏟아졌어요. 웃통 벗은 남자가 마이클을 거칠게 흔들기 시작했어요. "이봐, 일어나!" 하면서요. 하지만 마이클은 꼼짝도 하지 않았고 제가 보기엔 정말 심각한 것 같았어요. 붉은 자줏빛도 옅어졌고요. 그 사람들은 결국 마이클을 살려내지 못했어요. 시에라를 몰고 가던 나이든 분이 차를 세우더군요. 그리고 재킷을 벗어서 마이클을 덮어줬어요. 구급차가 올 때까지 체온을 유지해야 한다면서요. 제가 구급차에 타고 떠날 때까지 마이클이 탄 구급차는 아직 그 자리에 있었어요.'"

이어서 총경이 그 보고를 마무리했다. "끝내 의식을 회복하지 못했죠. 옥스퍼드까지 가서 CT 촬영을 한 다음 스윈던으로 데리고 돌아왔는데, 오늘 아침에 사망했습니다."

그가 옥스퍼드에서 보내준 의료 기록을 내밀었다. 나는 그것을 보고 고개를 끄덕였다.

"그래서 두 분은 이게 교통사고인지 살인인지 알고 싶으신 거죠?"

살인이라는 말에 그들이 움찔했다. 나는 왜 고위경찰들이 그 자리까지 나왔는지 다시 궁금해졌다. 죽은 사람이 유명인인가? 특히 인맥이 좋은?

총경이 말했다. "그 여자친구는 당연히 웃통 벗은 남자가 마이클을 죽였다고 난리를 치고 있어요. 이제는 남자 가족들까지 나섰고요."

내가 자리에서 일어났다. "자, 그럼 한번 가서 보죠."

우리가 부검실로 들어가자 순경이 안내했다. "이 사람이 마이클 로스입니다."

내가 모르는 이름이었다. 하지만 얼굴은 알아볼 수 있지 않을까 조금 기대를 했다. 얼굴에 베인 상처와 멍이 있었지만, 잘생긴 록스타로 볼 수도 있는 얼굴이었다. 곱슬거리는 진갈색 머리카락이 이마 언저리를 덮고 있었다. 하지만 낯익은 얼굴은 아니었다.

"몇 살인가요?"

"24살입니다."

내가 메모를 시작했다. 고개를 들었을 때는 사진사가 도착해서 어떤 사진을 찍을지 지시를 기다리고 있었다.

"앞쪽 전신사진 먼저 찍고 그 다음에는 얼굴과 목을 클로즈업으로 찍어주세요. 그리고 무릎에 있는 저 멍자국들도요. 아, 그리고 그가 한 싸움은…"

"싸움을 했다는 건 여자친구의 주장입니다." 총경이 재빨리 말했다.

"…손도 찍어주세요. 손가락 관절이 보이도록."

나는 흘려 쓰며 메모를 했다.

최근에 생긴 피부의 찰과상, 대부분 이마와 콧날, 턱 왼쪽에 수직 방향으로 남. 생긴 지 얼마 안 된 얼룩덜룩한 멍(8×2cm)이 목 오른쪽 아래 비스듬하게 나 있음.

나는 보고서에 인쇄되어 있는 인체 지도에 마이클이 입은 상처를 표시한 다음 그의 치아를 찬찬히 들여다봤다.

"입이 맞은 흔적은 없는데요." 내 말에 주위가 술렁거리는 것 같았는데, 고개를 들자 모두들 조용해졌다.

마이클의 문신도 자세히 기록했고, 그 외에 오래된 멍과 상처도 여러 군데 있어서 모두 적어놨다. 등에는 별 상처가 없었지만 그래도 사진은 찍어뒀다. 나는 몸을 원래대로 반듯이 눕힌 뒤 부검을 시작했다. 경찰관들은 굳은 얼굴로 지켜봤다. 보통 한 명 정도는 안색이 파래지는데, 이번에는 놀랍게도 총경이 그런 사람이었다.

"다시 적응하겠지만, 오랫동안 부검 참관을 안 했거든요. 순찰팀에 있다가 막 복귀했습니다." 그가 미안하다는 듯이 말했다.

내가 처음 혼자 부검을 한 날, 그 자리에 있던 젊은 순경이 토하는 모습을 본 후 나는 부검 혐오증에 대해 생각이 많아졌다.

왜 나는 단 한 번도 그런 혐오증을 느끼지 못했을까. 그건 우선 내가 인간의 몸을 검사하는 그 일에 매료됐었고, 특히 직접 뭔가를 찾아내는 데 열정적이기 때문이었다. 그렇다면 다른 사람들도 나처럼 그 일에 매력을 느끼게 된다면 두려움을 극복할 수 있지 않을까 하는 생각이 들었다. 내가 참관자들에게 부검에 관련된 정보를 알려주면서 그 과정을 죽 따라오게 만들면 그들이 공포심과 무력감에 빠진 구경꾼 역할에서 벗어날 수 있을 것 같았다.

내가 처음 부검을 한 날 그곳의 불안한 침묵과 순경의 구토는 우연만은 아니었을 수도 있다. 그래서 나는 부검실 참관자 중 힘들어하는 사람이 있으면 부검에 대해 설명함으로써 분위기를 편안하게 만들어보리라 결심했었다. 총경의 얼굴이 푸르스름한 빛을 띠면서 불안해 보이자, 나는 예의바르게, 하지만 약간 우물거리듯 물었다. "어… 괜찮으세요?"

조금이라도 위안이 되기를 바라며 나는 이렇게 말했다. "아시는 분도 있겠지만, 저는 몸 안의 장기를 확인해야 합니다. 차사고로 생긴 부상이나 그 후의 몸싸움에서 생긴 부상뿐 아니라, 이 죽음에 영향을 줬을 다른 요인이 있는지 알아보기 위해서입니다. 자연사의 가능성이 있는지 확인하는 거죠. 그래서 좀 자세히 들여다봐야 합니다."

총경이 천천히 고개를 끄덕였다. 부검실은 거대한 담요가 감싼 것처럼 숨막히게 조용했다.

"음악 좀 틀어주시겠습니까?" 내가 안치소 직원에게 물었다. "클래식 음악이면 좋겠네요."

그들이 라디오1을 틀었다. 나는 총경을 슬쩍 보며 라디오에서 나오는 나직한 목소리가 그의 곤두선 신경을 누그러뜨리기를 바랐다. 그리고 소리를 조금 줄여달라고 부탁했다.

시신의 피부를 베는 건 닭고기 관절을 자르는 것과 비슷해서 예리한 칼을 쓰면 어렵지 않다. 쉽게 잘라지지 않는다면 피부가 강해서가 아니라 탄력이 있기 때문이다. 마이클은 건강한 젊은이였기 때문에 피부에 탄력이 있었다. 피부 아래 있는 지방층을(누구에게나 있으며 마이클처럼 마른 사람에게도 있다) 가르면서 나는 고개를 들어 총경의 상태를 살폈다. 라디오1은 도움이 되지 않았다. 어떤 내용이든 정보를 주는 것이 진정효과가 있을 거라는 나의 이론을 시험할 시간이었다.

"지금 저는 거의 흉곽까지 들어가고 있습니다. 이 단계부터는 마이클의 존엄성은 인정하되 인간의 몸을 가르고 있다는 사실은 잊는 것이 좋습니다. 고기는 많이 잘라보셨겠지요. 색깔이나 단단한 정도는 다를 게 없습니다. 간은 세인즈베리 슈퍼마켓 육류 코너에서 파는 간과 비슷하고 콩팥도 마찬가지입니다. 지금 제가 자르고 있는 근육은, 항상 생각하는 거지만 질 좋은 스테이크와 크게 다르지 않습니다."

"감자칩 드실 분?" 경감이 장난스럽게 말했다.

아무도 대답하지 않았지만, 총경은 이번에도 내 말에 천천히 고개를 끄덕였다. 마치 점잖은 자리에서 대화를 나눌 때처럼. 하지만 내 눈은 바라보지 않고 시신에 눈을 고정시킨 채였다.

나는 하던 일을 계속했다. 순경은 자기 상사의 불안한 표정을 못 본 체했지만, 검시관 보조관은 그것을 좀 재밌어하는 것 같았다.

"괜찮아요. 저 사람은 아무것도 못 느끼잖아요." 그가 총경에게 싱글거리며 말했다. "기막히게 효과 좋은 마취제죠. 죽음이란 게."

나는 총경을 흘긋 봤다. 흠… 내가 나서야겠군.

"마이클의 뇌와 목을 자세히 들여다봐야 할 것 같습니다. 의료 기록에 의하면 교통사고와 싸움, 아, 싸움은 한쪽의 주장이라고 했죠, 어쨌든 그때 발생한 손상 부위를 목과 머리에서 찾아야 하든요. 하지만 의료 기록은 참고용일 뿐입니다. 의사들이 놓친 게 있을지도 모르니 모든 장기를 세밀하게 검사해야 합니다."

마이클의 뇌를 검사하겠다고 했는데도 아무도, 심지어 검시관 보조관도 별 흥미를 보이지 않았다. 그래서 그 작업이 얼마나 매혹적인지 설명하려다 바로 포기했다.

마이클은 젊은 나이에 과음을 자주 해서인지 벌써 몸에 그 영향이 나타나긴 했지만 상당히 건강한 편이었다. 심장이 약간 부어 있었고 간에는 지방이 끼어 있었는데, 둘 다 과음이 원인일 가능성이 높다. 뇌에서 가장 흥미로운 게 나올 것 같았는데 꺼내보니 예상대로 피가 가득 고여 있었다. 문이 쾅 닫히는 소리가 났다. 누가 뛰쳐나갔는지는 돌아볼 필요도 없었다.

나는 사진사에게 뇌 전체를 찍어 두라고 지시했다. 조직검사를 위해 절단해야 할 것 같았기 때문이다. 뇌병리학 전문가에게도 세포검사를 의뢰해야 할 터였다. 또한 마이클의 목을 상세하게, 이 부검보다 훨씬 더 상세하게 검사해야 했다. 그래서 그것을 보내기 위해 고정액을 준비했다. 시신을 뒤집을 때 강한 포르말린 냄새가 나자 경찰관들이 뒤로 물러났다. 나는 여러 동맥과 함께 조심스럽게 목뼈를 떼어냈고, 경추의 움직임을 최소화하기 위해 그것을 안치소 양동이에 담았다.

"차를 가지고 와서 다행이네요. 트렁크에 넣어 가면 되니까." 안치소 직원들이 그 양동이를 봉하려고 가져갈 때 내가 말했다.

"기차를 타실 때는요? 설마 그걸 갖고 타시는 건 아니죠?" 순경이 화들짝 놀라서 물었다.

"가끔 그렇게 하기도 하는데요." 내가 대답했다. "좀 이상하게 보이겠지만 다른 승객들이 그걸 시골에서 잡은 올챙이라고 생각하길 바랄

뿐이죠." 그 안에 뭐가 들었는지는 아무도 짐작하지 못할 것이다. 냄새를 맡는다면 모를까.

"자, 그럼 모두 차 한 잔 하시죠." 안치소 직원이 홀가분한 얼굴로 말했다.

나는 옷을 갈아입기 위해 라커룸으로 들어갔고, 경찰관들은 비어 있는 유족 대기실로 갔다. 씻고 가보니 다들 둥글게 모여 앉아 차를 마시고 있었다. 차분한 색조로 꾸며진 조용한 공간이었다. 한쪽 벽을 따라서 커다란 수조가 있었고, 그 안에서 물고기 두 마리가 소리 없이 위아래로 헤엄치고 있었다. 유족 대기실에는 왜 항상 어항이 놓여 있는 걸까.

총경의 안색이 너무 창백했다. 그가 의자에 앉아 있는 게 아니라 의자가 그를 받쳐주고 있는 것 같았다. 그는 입을 열기 싫은 눈치였고 경감만 슬쩍 슬쩍 보고 있었다.

경감이 물었다. "그래, 어떤 거 같습니까, 박사님?"

"머리랑 목에 대해 검사할 게 많기 때문에 결과를 확인해서 감정서를 완성하려면 시간이 꽤 걸릴 겁니다. 하지만 원하신다면 비공식적으로 말씀드릴 수는 있습니다."

"네, 말씀해주십시오." 그가 총경과 시선을 교환하며 재빨리 말했다. 대체 이 사건이 뭐기에 고위 간부들이 저렇게 안절부절못하는 걸까.

"음, 제가 보기에 주먹질은, 물론 일방적인 주장이지만, 어쨌든 그 주먹질은 마이클의 죽음과 관련이 없습니다. 그 친구가 죽은 건 자동차 사고의 충격 때문입니다."

경감은 애써 참으려고 했지만 웃음을 감추지 못했다. 해쓱한 얼굴에 차도 못 마실 정도로 기진맥진하던 총경마저 미소 비슷하게 입이 벌어

111

졌다.

"정말입니까?" 경감이 천만다행이라는 듯이 물었다. "왜 그렇게 확신하십니까?"

"마이클이 갑자기 브레이크를 밟았다는 건 금방 알 수 있습니다. 목 오른쪽에 안전벨트 때문에 생긴 부상이 있거든요. 제가 보기에는 그 급정거가 척추에 심각한 충격을 준 것 같습니다. 여자친구 말에 의하면 그는 급정거한 순간 운전대를 휙 꺾었는데 그게 척추뼈를 회전시켜 틀어지게 했을 겁니다. 척추가 틀어지니까 척추뼈와 나란히 달리는 여러 동맥 중 하나 이상이 파열된 거죠. 파열된 동맥에서 나온 피는 뇌와 두개골 사이로 들어가 지주막하출혈을 일으켰고, 그것 때문에 사망에 이른 겁니다."

"목뼈 손상. 그거였네요. 목뼈 손상!" 경감이 총경을 보며 환하게 웃었다.

"충격 때문에…" 총경이 들릴락 말락 중얼거렸다.

"뇌출혈이 생긴 거죠!" 경감이 이어서 말을 마쳤다.

"지주막하출혈은 유전적 요인으로 일어날 수도 있어서 선천적 문제인 경우를 완전히 배제할 순 없습니다. 하지만 이 사건의 경우는 사고 때문에 일어난 게 거의 확실합니다." 내가 말했다.

순경은 그의 상사들보다 더 심각한 표정이었다. 그는 아까부터 수조 안에서 위아래로 헤엄쳐 다니는 물고기만 바라보고 있었다.

"박사님… 그 출혈이 주먹다툼, 그게 진짜 있었는지는 모르지만, 주먹다툼에서 일어난 게 아니라는 걸 어떻게 아십니까?"

"만일 그 주먹다툼에서 출혈이 생겼다면 연조직 손상이 훨씬 더 많

112

이 발견됐을 겁니다. 얼굴에 멍이 딱 한 군데 있는데 이건 주먹으로 생긴 거겠죠. 하지만 제가 보기에 그만한 출혈을 일으키기에는 너무 약합니다. 그렇긴 해도 목을 검사할 때 좀 더 자세히 볼 겁니다. 얼굴에 난 다른 상처들은 사실상 모두 창유리 파편으로 생긴 걸로 보입니다."

경감이 말했다. "마이클 가족들은 마이클이 뇌출혈이 있었다면 어떻게 차에서 나와 걸어 다니고 담배를 피우고 이야기하고 언쟁하고 몸싸움까지 했겠느냐고 따집니다. 웃통 벗은 남자한테 맞을 때까지는 정상이었다는 거죠. 물론 여자친구 주장이지만요."

"어느 정도 시간이 지나서 사망하는 건 이런 유형의 출혈에서 상당히 흔한 일입니다. 손상된 동맥에서 나온 피가 뇌와 두개골 사이까지 퍼지는 데는 몇 분에서 몇 시간이 걸리기도 하니까요. 마이클이 한 행동들은 모두 머리에 피가 고이기 전, 정신이 명료한 시간에 가능했던 겁니다."

그들은 모두 서로를 쳐다봤다.

"그럼… 박사님은 이 사망이 그 싸움과 아무 관련이 없다고 확신하시는 건가요?"

"네. 하지만 이런 출혈은 술집에서 싸우거나 교통사고가 났을 때도 일어나기 때문에 여러 가지 실험을 해봐야 확신할 수 있습니다. 실험을 해봐도 결과는 달라지지 않을 것 같습니다만."

그것이 내 추측이었다. 문제가 복잡해진 건 그 남자가 주먹을 날린 순간 마이클이 쓰러졌기 때문이었다. 나는 내 주장을 입증하기 위해 면밀하게 검사를 해야 했고, 나의 판단이 바뀔 수도 있음을 염두에 두어야 했다. 분명히 두 번째 부검이 있을 터였기 때문이다.

경찰관들은 의자에 기대 앉아 서로를 바라봤다.

"만일 경관님들이 웃통 벗은 남자를 과실치사로 기소하겠다면 저는 말리고 싶군요. 그 죄목이 성립되지 않으니까요. 폭행죄로 기소할 수는 있을지 모르지만요." 내가 말했다.

그들은 아무 말도 하지 않았다.

"마이클은 외모나 간 상태가 록스타 같던데요. 유명한 사람입니까?" 내가 물었다.

그들은 고개를 저었다.

"그럼… 왜 일요일 아침에 총경님과 경감님까지 이 자리에 나오셨습니까?"

총경이 나를 쳐다봤다. 경감도 내게 시선을 돌렸다. 그리고 잠시 후에 이렇게 말했다. "박사님, 이건 비밀입니다. 저희가 여기 온건 약간 골치 아픈 일에 휘말린 것 같았기 때문입니다."

나는 다음 말을 기다렸다. 그들은 불안해 보였다. 마침내 총경이 입을 열었다.

"웃통 벗은 남자 말입니다. 마이클 로스를 주먹으로 친 사람이요. 그 사람은 비번인 경찰이었습니다."

아, 그래서였군.

"저희가 미리 말씀드리지 않은 건 박사님께 부담을 주고 싶지 않아서였습니다."

나는 완고한 표정으로 말했다. "저한테 부담을 주시다뇨. 병리학이 스스로 밝혀줄 텐데요." 아니다. 그건 현실과 거리가 먼 장담 같았다. 진실에는 수많은 얼굴이 있음을 자각하기 시작하면서 때때로 두려움을 느끼는 사람이 할 만한 허풍스럽고 과한 표현이었다. "설령 제가 불편한 진실을 외면하고 싶다 해도, 보통 2차 부검이 있기 때문에 그렇게 할 수도 없습니다." 나는 그렇게 덧붙였다.

하지만 총경은 내 말을 듣고 있지 않았다. 그의 얼굴은 여전히 핏기가 없었고 목소리도 낮았다. "박사님은 이 일로 제가 얼마나 애를 태웠는지 모르실 겁니다. 경찰서 전체에서도 안 좋게 볼 것이고, 사실 내부에서도 그 경찰관에 대해 말이 좀 있었습니다. 그 친구는 다혈질이고⋯ 그렇다고 해서 사람까지 죽였다고 믿진 않지만, 그의 전력이⋯ 뭐 어쨌든, 박사님 말씀을 들으니 정말 안심입니다."

웃통 벗은 남자와 잘 아는 순경이 말했다. "사실, 저는 어쩌다 이 사건이 일어났는지 압니다. 그 운전자, 그러니까 마이클 로스가 멍청한 짓을 한 겁니다. 길바닥에 휘발유를 흘려놓고 그 앞에서 담배를 피우다뇨. 미치가 그걸 말리니까 그 자가 말싸움을 시작한 겁니다. 그러니 미치는 그 자를 저지해야 했고요. 그건 분명합니다."

"교통사고 피해자를 안전하게 행동하도록 설득해야지 싸움까지 하면 되겠나." 경감이 말했다.

그들은 마이클이 죽은 게 동료 경찰 때문이 아니라는 말을 듣자 그제야 사건에 대해 왈가왈부할 여유를 찾은 것 같았다. 총경도 몇 마디 의견을 보탰다.

"괜찮으시겠어요?" 내가 자리를 뜨면서 그에게 물었다.

그는 고개를 끄덕였지만 안색은 여전히 창백했고 찡그린 채였다. 그 모습을 보며 나는 부검에 참관하는 것이 실제로 트라우마를 남길 수 있는지 궁금해졌다. 나는 그렇지 않다는 것을 어떻게든 확실히 증명하고 싶었다. 나는 오늘 최선을 다했다. 더 이상 뭘 할 수 있겠는가?

복도를 걸어올 때 그 경찰관들이 여전히 의견을 주고받는 소리가 들렸다. 나는 양동이에 든 그 특이한 짐을 트렁크에 싣고 집으로 갔다.

"으윽… 아빠, 냄새 진짜 지독해요." 딸 애나가 말했다. 뭐든 노골적으로 표현하는 애였다. 젠은 고마워하며 곧바로 공부에 돌입했고 나는 저녁을 만들었다. 그런 다음 더 이상 호출전화가 없자 아이들이 원하는 대로 개를 데리고 공원에 가기로 했다.

나는 셋을 모두 차에 태웠다.

"애나, 안전벨트." 내가 말했다.

"싫어요."

"안전벨트."

"안전벨트 하기 싫어요."

"벨트 안 매도 불법 아니에요." 크리스가 따지듯이 말했다. "우린 뒷좌석에 타잖아요." 당시에는 그 말이 맞았다.

"이 차에서는 불법이야." 내가 엄하게 말했다. "안전벨트 매! 당장! 안 그러면 출발 안 할 거야."

마이클 로스는 안전벨트를 맸어도 목숨을 잃었지만, 나는 안전벨트만 맸다면 막을 수 있었던 죽음을 수없이 봤다. 그러므로 안전벨트를 안매고 차를 타는 건 절대 용납할 수 없었다.

"안전벨트 안 맬 거예요!" 애나가 선언하듯 말했다. "불공평해요. 딜리는 안전벨트 안 매잖아요."

딜리가 꼬리를 흔들었다.

"마음대로 해. 그럼 안 갈 테니까." 나는 애나가 벨트를 맬 때까지 얼마든지 차에서 기다릴 수 있다는 듯이 담배를 꺼내 불을 붙인 다음 연기를 내뿜었다. 결국 딸은 내 건강과 안전 수칙에 굴복했다. 그런 다음에야 우리는 공원으로 갔다. 아, 담배 문제는 나도 안다. 그래도 창문은 열었다.

이 일에서 짐작하겠지만 위험 감수에 대한 (나 자신과 아이들을 위한) 나의 단호한 태도는 누구 못지않다. 죽음과 관련한 일을 하는 동안 내가 확실히 깨달은 것은 죽음은 전혀 생각지도 않을 때 닥칠 수 있다는 것이다. 그래서 나는 삶이 주는 좋은 것들을 음미하려 노력한다. 그날 저녁에는 공원에서 즐겁게 놀았고, 목욕을 시켜주면서 아이들의 웃음소리를 즐겼고, 침대에서 아이들에게 이야기책을 읽어준 다음 잘 자라고 키스해주며 행복을 느꼈다.

나중에 젠이 머리를 식히는 동안에는 정원에 둘이 나란히 앉았다. 일요일이면 항상 그랬듯이 우리는 여러 가지 일을 차질 없이 처리하기 위해 일정표를 맞춰봤다. 베이비시터를 저녁까지 쓸 여력이 안 됐기 때문에 매주 서로의 시간을 조정해야 했다.

다 끝내고 나서 우리는 등을 기대고 앉아 담배를 피워 물었다. 그날 저녁은 대기가 안정돼서 담배 연기가 곧장 직선으로 올라갔다. 해질녘에 편히 쉬니 기분이 좋았다. 담배 없이 휴식을 취하는 건 우리로서는 상상할 수 없는 일이었다. 우리 둘 다 담배의 해악을 충분히 알고 있었다. 오랜 흡연으로 검은 잉크를 뿌린 듯한 폐, 묘하게 아름다우면서 죽음을 상징하는 듯한 그런 폐를 보면 나도 모르게 시선이 고정됐다. 하지만 빈틈없이 빽빽한 삶을 사는 우리에게는 담배가 필수품이었다.

다음날 지주막하출혈에 대해 조사하다가, 피해자들이 회복기로 보이는 시간(사고가 나서 사망하기까지, 즉 마이클 로스가 싸움을 하던 시간)에 흔히 공격성을 보인다는 것을 알게 됐다. 그리고 이런 출혈을 일으키는 데 자주 원인을 제공하는 알코올은 상황을 악화시킬 수 있다. 알코올 때문에 혈압이 높아지면 훼손된 동맥이 더 쉽게 파열되기 때문이다.

마이클은 전형적인 경우로 보였지만 그래도 해야 할 일이 많았다. 경추의 손상 부위를 엑스레이로 찍어야 할 뿐 아니라 척추동맥의 단면 사진들을 보면서 파열 부위를 찾아 그것이 어떤 식으로 출혈을 일으켰는지 보여줘야 했다.

총경한테서 전화가 왔다.

"마이클 로스의 가족들이 다른 법의관을 원합니다. 그 사람들은 우리가 제 식구 감싸기를 하고 있다고 생각해요. 비번이었던 그 경찰을 우리가 과실치사로 기소하지 않으면 자기네들이 민사소송으로 걸겠다고 합니다."

"제가 설명해드린 걸 그분들에게…"

"제 말은 들으려고도 하지 않습니다. 자기들이 벌써 다른 법의관을 구했습니다."

"드문 일은 아니죠."

그가 마이클 가족이 의뢰한 법의관 이름을 알려줬다.

"아, 그분 압니다. 실력이 아주 좋죠." 다행이었다.

총경은 마음이 놓이지 않는 모양이었다. "그리고 모레 부검을 하겠답니다."

"저도 가보겠습니다."

2차 부검은 살인사건의 피고 측 변호사들이 요구하는 경우가 많다. 의무 사항은 아니지만 보통은 1차 부검한 법의관도 참관한다. 나도 자신감 있는 동료가 하는 부검을 지켜보는 게 도움도 되고 흥미도 있을 것 같아 가보기로 했다.

2차 부검이 있기 전에 나는 뇌에 관해 더 검사해보고 마이클의 출혈이 선천성동맥류 때문이 아님을 확인했다. 척추동맥을 조심히 절개하면서 각 단계마다 사진을 찍어 출혈을 일으킨 파열 부위도 찾아냈다. 그런 다음 표본과 사진을 마이클 가족의 법의관에게 보내고 2차 부검을 참관할 뇌법의관에게도 보냈다.

그 후, 마이클 가족이 의뢰한 법의관은 뇌법의관과 의논하여 내가 내린 결론을 확정하는 상세한 보고서를 썼다. 그 법의관은 급정거와 급회전으로 인한 충격이 마이클에게 척추골절을 일으켰다고 설명했다. 이 골절은 혈액을 뇌로 보내는 동맥을 파열시켰고 이로 인해 출혈이 일어난 것이다.

그는 이렇게 말했다. "걸어 다니고 담배를 피우고 이야기하고 언쟁하고 몸싸움을 한 것이 출혈을 가속화했을지 모르지만, 치명적인 결과는 피할 수 없었으리라고 확신한다. 로스 씨는 몇 분 후 출혈과다로 의식을 잃었고, 그로 인한 사망은 불가피했다."

나의 부검 결과에 경찰들은 기뻐했고, 2차 부검으로 논란의 여지가 없어지자 그제야 마음을 푹 놓았다. 하지만 법의학적 증거가 그렇게 명쾌하지 않고 경찰들이 내게 자기 동료의 무죄를 입증하라는 압력을 가했다면 어땠을까? 보고서 끝에 약간의 말투를 조정하기만 해도("···할 가능성이 있다"라든가 "···할 가능성은 희박하다" 같은) 검찰에서 기소를 할 수도 있고 포기할 수도 있다. 런던 경찰청에서 그런 압력을 가했다면 거기에 저항하기가 얼마나 어려웠을까. 내가 현장에서 늘 마주치고 친하게 지내는 사람들의 희망과 두려움이 담긴 압력일 테니 말이다.

나는 내가 진실을 찾는 사람이 되기 위해 법의관이 됐음을 상기했다. 그 말은 진실을 왜곡하라는 압력을 받을 때마다 진실의 편에 서야 한다는 뜻이었다. 지금은 그런 결심이 경험이 일천한 예민한 젊은이가 품은 고상한 포부에 지나지 않음을 안다. 당시에는 사건을 많이 다루지 않았기 때문에, 진실이라는 개념이 때에 따라 얼마나 다른 얼굴로 나타날 수 있는지를 몰랐다. 객관적 사실로 보이는 진실도 해석과 직감과 성향에 따라 달라진다는 것도 몰랐다. 진실의 유연성에 대한 힌트는 이미 있었다. 예를 들면 법정에서도 그렇지 않은가. 그럼에도 그때의 나는 명명백백한 도덕의 길을 찾을 수 있을 거라고 여전히 착각하고 있었다.

11 죽음이라는 과정

우리는 교대로 경찰청 범죄수사과에서 강연을 했는데, 기쁘게도 이번은 내 차례였다. 경찰이 교육받을 과목은 많았고 경찰관들은 의무적으로 참석해야 했지만, 어떤 사람들은 강의에 빠지고 일하러 나가거나 골프를 치러 간다는 걸 뻔히 알 수 있었다.

하지만 오늘 나는 그들의 관심을 끌 자신이 있었다. 내가 맡은 주제는 사망 후 일어나는 인체의 변화였기 때문이다. 사람이 죽는 순간 그 자리에 경찰관들이 있는 경우는 드물다. 그들은 항상 사망사건이 일어난 후에, 때로는 한참 후에 도착한다. 사망 현장에서 무엇을 알아내야 하는지를 알려주기 위해 준비된 것이 이 강연이었다.

나는 먼저 죽음은 하나의 과정임을 설명한다. 죽음이라는 과정이 끝나면 또 다른 과정이 시작되고 마침내 우리는 흙으로 돌아가 삶의 주기를 완성한다.

내 머리 위쪽으로 스크린이 켜지면 경찰관들은 다리를 뻗는다. 몇 명은 아내와 함께 데이비드 애튼버러*가 해설하는 야생 다큐멘터리라도 보려는 듯 커피를 홀짝거리며 편한 자세를 취한다.

나는 복잡한 과학적 내용은 생략하고, 간단히 산소는 거의 모든 세포에 필수적인 요소라고만 설명한다. 세포는 생명을 유지하기 위해 산소

---

* 1926~. 영국의 동물학자이자 방송인. 50여 년 동안 여러 다큐멘터리의 해설을 맡았다.

의 도움을 받아 여러 가지 화학반응을 하는데 이것이 신진대사다. 숨이 끊어져서 산소가 사라지면 근육은 급속하게 흐늘흐늘해진다. 그래도 몇 시간 동안은 반응을 할 수도 있다. 접촉에 대해 또는 죽어가는 운동신경 세포에 대해. 혹은 다른 형태의 자극에 반응할 수도 있다. 그럴 때는 기이하게도 죽은 사람의 팔이나 다리가 움찔거리기도 한다.

눈꺼풀은 감겨 있을 수도 있지만 반만 감겨 있을 때가 더 많다. 눈꺼풀의 근육이 너무 연약해서 끝까지 감기지 않기 때문이다. 빛에 대한 반응은 사라진다. 하지만 어떤 나라에서는, 주로 아시아지만 서양 일부 지역에서도, 죽어가면서 마지막에 본 장면은 눈에 담겨 있으며, 그래서 살인자의 얼굴을 폭로할 수 있다고 믿는다. 이런 믿음은 1870년대에 유럽 과학계에서 옵토그래피optography라는 이름으로 가능성 있는 이론으로 다뤄졌었다. 하지만 사형선고를 받은 사람들을 대상으로 사망 전후를 비교하는 실험을 한 결과 이 이론은 사실이 아님이 밝혀졌다. 이 미신은 과학적 근거가 없는데도 단편소설에 이 개념을 써먹은 러디어드 키플링이나 쥘 베른 같은 작가 때문에 대중들의 뇌리에 깊이 뿌리를 내렸다. 심지어 1970년대에 드라마 〈닥터 후〉에서 이 개념이 에피소드에 등장하기도 했다. 일반 대중의 머리에 각인되면 그것을 지우기란 굉장히 힘들다. 할머니들이 좋아하는 또 다른 이야기는 죽은 후에도 머리카락이 자란다는 믿음이다. 그것도 사실이 아니다. 다른 피부와 함께 모낭세포도 죽기 때문이다. 백인의 경우 숨이 끊어지면 피가 돌지 않기 때문에 혈압도 사라지면서 피부가 창백해진다.

소화기관을 따라 음식과 체액의 이동을 관장하는 근육들도 활동을 그친다. 이것은 몸의 자세와 내부 장기의 각도에 따라 소변이 새어나올 수도 있다는 뜻이다. 대변도 마찬가지긴 하지만, 직장의 구조상 대변이 나오는 경우는 드물다.

그 외에 흔히 새어나오는 것이 정액이다. 그러므로 체외에서 정액을 발견했다고 해서 죽기 직전에 성관계를 가졌다고 판단하는 건 위험하다. 물론 그랬을 수도 있지만 말이다. 그리고 위장 내용물이 입에서 발견되었다는 이유로 구토가 사인이라고 짐작해도 안 된다. 부검을 해보면 25% 정도에서 역류가 관찰되기 때문이다.

경찰관들에게는 사망 후의 광경이 지저분하다는 것을 알려줄 필요가 전혀 없었다. 죽으면 흔히 몸의 구멍에서 체액이 새어나온다. 죽은 이가 그걸 알았다면 정말 수치스러웠을 것이다. 사실 죽음의 공포에 대해 이야기를 나누다보면 많은 이들이 품위 없이 새어나오는 체내물질 때문에 죽음을 두려워했다. 하지만 불안해할 필요가 없다. 죽음과 관련된 일을 하는 사람들은 그런 현상을 자연스럽게 받아들이고 죽은 이를 소중하게 대하기 때문이다. 또한 생명이 실제로 꺼져가는 당사자는 그런 일에 신경도 쓰지 않을 것이다. 그들의 관심은 오로지 자신의 몸을 버리고 삶을 떠나는 과정에 있으며, 때로는 안도감을 느끼면서 세상을 떠난다. 창피한 모습을 남긴다는 건 속세의 걱정일 뿐이다.

사람이 죽으면 먼저 몸이 식어간다. 이 주제로 강의 시간 전체를 채울 수도 있지만, 나는 가장 일반적인 법칙을 가르쳐준다. 수사 드라마에서 체온으로 사망 시각을 정확히 판단하는 것이 얼마나 비현실적인지를 경찰관들에게 알려주고 싶어서다. 그 다음 단계는 근육이 굳어지는 경직이다. 경찰관들은 경직에 대해서는 잘 알고 있다. 그런 다음 나는 시반屍斑 사진을 보여준다.

목숨이 끊어지면 피가 즉시 순환을 멈추고, 피의 성분인 세포와 단백질은 일반적인 중력의 영향을 받는다. 그 말은 적혈구가 몸에서 가장 낮은 쪽으로 가라앉는다는 뜻이다. 그러면 아래쪽 피부의 미세혈관은 피가 모여들어 팽창하고, 분홍색으로 보이던 피부는 5~6시간 안에 우락부락한 색, 즉 푸른색이 감도는 선명한 분홍색이 된다. 그러다 부위에 따라 그리고 시간이 지남에 따라 다양한 색으로 변한다.

백인의 경우 침대나 바닥처럼 단단한 표면에 눌린 부분은 의외로 하얗게 된다. 표면이 딱딱하면 혈관이 평평하게 눌려서 그 안에 피가 차지 못하기 때문이다. 그래서 침대에 누워서 죽은 백인은 시반이 등에서 발견되고, 그 외에 목 뒤쪽, 허벅지, 종아리에서도 발견된다. 그리고 어깨 일부는 흰색으로 변하기도 하고 엉덩이도 아주 하얀색으로 변한다. 물론 피부가 백인보다 어두운 사람들한테서도 시반이 나타나지만 색깔의 변화는 훨씬 약하다.

죽음 후에 일어나는 변화에 의해 피가 사라지면 결국 시반도 사라진다. 이 과정이 부패다. 많은 사람들이 부패를 혐오스럽게 생각하지만, 부패가 인체의 생명주기를 완성하는 자연스러운 단계이자 인간의 몸을 지구라는 화학물질 저장고로 돌려주는 중요한 단계라 생각한다면 혐오감이 좀 줄어들지도 모르겠다. 살아 있는 사람들에게는 부패가 악취를 동반한 끔찍한 현상으로 보일지 모르지만 부패라는 궁극적인 청소 과정이 없다면 이 세상이 어떻게 되겠는가.

몸이 분해되는 데는 세 가지 방식이 있다. 부패, 미라화, 그리고 시랍화屍蠟化인데, 부패가 가장 흔한 방식이다.

경찰관들은 그때까지 내가 보여준 사진들에는 별 반응을 보이지 않다가 이 사진들을 보고는 자세를 똑바로 고쳐 앉는다. 추측하건대, 그들은 그렇게 부패한 시신을 만나지 않기를 바라고 있을 것이다. 하지만 부패는 그저 연한 조직이 아주 천천히 액체로 변하는 과정일 뿐이다. 그리고 이 변화 과정의 속도는 온도에 달려 있다. 영국이라면 사망 후 3~4일 정도부터 부패가 시작되고 이것은 육안으로 쉽게 알 수 있다. 나는 사진에서 아랫배 오른쪽에 푸르스름하게 변색된 작은 부분을 포인터로 가리키며 경찰관들의 관심을 집중시킨다.

"보통은 처음 부패를 확인하게 되는 곳이 이 부위입니다."

우리 장은 소화에 꼭 필요한 박테리아로 가득 차 있다. 그런데 우리가 죽고 나면 그 박테리아가 장에서 복강으로 그 다음에는 혈관으로 들어간다. 그 과정은 복부의 한 지점, 맹장 근처에서 시작되는데, 복벽이 그 지점에서 장에 가장 가깝기 때문이다. 적절한 환경이 되면 다른 부위에서도 부패가 시작된다. 예를 들어 난방 배관을 가로질러 누워 있었다거나 몸의 일부가 직사광선을 쐬고 있었다거나 할 때 그렇다. 어디에서 시작되었든, 피부에 푸른색 얼룩이 육안으로 관찰될 무렵에는 박테리아가 몸 안에 이미 다 퍼져 있는 것이다. 혈관은 박테리아가 퍼지기에 좋은 통로이며 그로 인해 혈관에 있는 헤모글로빈도 분해된다. 그 결과 피부 가까이 있는 혈관들은 양치식물 형태의 특이하고 아름다운 무늬를 이루어 갈색 문신처럼 보인다. 보통은 팔과 허벅지에서 선명하게 나타난다.

경찰관들은 그때서야 그 수업이 데이비드 애튼버러의 다큐멘터리가 아님을 깨닫게 되는 것 같다. 어느 죽음이든 이 단계는 아름답고 일시적이다. 그러다 무늬가 차차 사라지고 피부에 물집이 생긴다. 그 물집은 붉은색이나 갈색으로 변해가다 결국 피부가 벗겨진다.

이 모든 박테리아 활동의 노폐물 중 하나가 가스다. 그래서 이제 시신은 부풀기 시작한다. 먼저 생식기가 팽창하고 이어서 얼굴과 복부, 가슴도 팽창한다. 그 다음에는 혈액이 섞인 체액이 폐에서 코와 입으로 밀려나오면서 눈과 혀가 돌출된다. 그러면 얼굴은 깜짝 놀란 표정으로 보인다.

화면을 볼 배짱이 있는 경찰관들(대다수가 안 보려고 한다)은 그런 시신의 모습을 보고 놀라서 비슷한 표정이 된다. 이 단계의 시신들은 시커멓고 부풀어 있기 때문에 그것을 발견한 사람들은 죽은 사람이 과체중인 흑인일 거라 착각한다. 실제로는 마른 백인일 때도 말이다.

시신을 포식하고 거기에 알을 낳는 파리도 부패 과정에 일조하는데, 그 알이 먹성 좋은 구더기로 변하기 때문이다. 집에서 살든 야생에서 살든, 동물들도 인간의 죽은 몸을 해체하는 데 중요한 역할을 할 수 있다(집 밖에서는 쥐와 여우가 있고 안에서는, 맞다, 굶주린 개가 있다. 주인이 죽고 개가 갇혀 있었다면 그 개는 살아남기 위해 죽은 주인을 먹을 수도 있는 것이다).

날씨와 환경에 따라 달라지지만, 보통 사망 후 1주일 안에는 몸의 빈 공간이 터지고 조직이 액체로 변하기 시작한다. 연조직은 한 달 안에 모두 액체가 되어 땅속으로 스며든다. 부패의 일반적인 순서는 제일 먼저 장, 위, 간, 혈액, 그리고 심장이다. 그 다음에 폐와 기도, 이어서 뇌, 그 다음에는 신장과 방광, 마지막이 근육이다. 전립선, 자궁, 힘줄, 인대는 상대적으로 쉽게 부패하지 않고 뼈 주위의 다른 조직이 다 사라질 때까지 몇 달 동안 버티기도 한다. 나는 이 마지막 단계의 사진은 보여주지 않는다. 경찰관들이 더 이상 못 보겠다는 표정이 되기 때문이다.

미라화는 영국에서 좀처럼 보기 힘든 현상이다. 미라화된 시신은 갈색으로 바짝 말라 있는데, 주름진 피부가 뼈대를 꽉 조이듯 감싸서 가죽처럼 질겨 보인다. 조직을 건조하고 단단하게 만들어 부패를 막는 이 방식은 뜨겁고 건조한 사막 같은 환경이 필요하다. 그래서 이집트의 사막에 묻힌 시신은 저절로 미라가 되기도 한다.

영국의 경우, 마른 사람(마른 사람들은 몸이 빨리 식고 빨리 건조된다)이 극도로 건조하고 통풍이 잘되는 장소, 예를 들면 다락방이나 굴뚝같은 곳에서 죽는다면 미라화가 일어날 수도 있다. 하지만 예전에 비해 지금은 미라가 발견되는 경우가 극히 드물다.

"영국박물관 말고 다른 곳에서 미라를 보신 분 있습니까?" 내가 강의를 하다 물었다. 나이 지긋한 몇 사람이 손을 들었고, 그중 한 명이 말했다. "다락방에 숨겨둔 아기였습니다. 최근은 아니고 아주 오래 전에요. 전쟁 중에 그렇게 됐을 거라고들 하더군요. 당시에는 그런 일이 자주 있었으니까요."

"갓난아기였습니까?" 내가 물었다.

그가 고개를 끄덕였다. 사실 나도 갓난아기가 미라로 변한 경우를 봤고 그 환경도 똑같았다. 갓난아기들은 상대적으로 장내세균이 적은데, 그 때문에 부패가 일어나기가 어려워 미라 상태가 될 가능성이 높다. 그런 아기들은 보통 미혼모한테서 비밀리에 태어난 경우고 예전에는 그것이 정말 수치스러운 일이었다. 그래서 그런 아기들은 산모가 혼자서 해결해보려고 하는 중에 사산되거나, 태어나자마자 죽거나, 아니면 실제로 죽임을 당하기도 했다. 하지만 여건상 매장은 힘든 일이었을 것이

127

고, 그래서 그 시신은 마룻바닥 아래나 다락방에 숨겨졌을 것이다. 혼외자에 대한 사회적 태도가 바뀌면서 이런 비극은 줄어들었지만, 1980년 대에도 그런 일은 종종 일어났다. 예를 들면 젊은 커플이 노부인이 남긴 집을 사서 수리를 하다가 아이의 시신을 발견하게 되는 것이다. 다락에 오랫동안 숨겨둔 처참한 미라들이다.

미라를 발견함으로써 오래 전의 성인 살인사건이 밝혀지기도 한다. 가장 유명한 사건은 웨일즈에서 일어난 사건으로, 목 졸려 죽은 여성의 시신이 벽장에서 발견되었다. 그동안 가족들은 그녀의 연금을 계속 받아서 쓰고 있었다. 완전히 마르기만 하면 미라는 오랫동안 보존될 수 있다. 하지만 결국은 곰팡이가 생기고 마른 조직이 점차 가루로 분해된다. 미라에는 설치류, 바퀴벌레, 나방 등이 꼬일 가능성이 아주 높다. 하지만 늦기 전에 복원되면 멍이나 찰과상 또는 사망의 원인이 된 다른 부상을 상당히 정확하게 찾아낼 수 있다.

분해의 세 번째 형태는 시랍화로서, 이것은 시신에 포함된 지방이 일으키는 특이한 화학작용이다. 이 지방은 가수분해를 통해 시신을 굳히고 부풀게 하여 비누 같은 왁스 성분으로 만든다. 이렇게 만들어진 성분을 '시체 왁스(시랍)' 또는 '묘지의 왁스'라고 한다. 밀랍인형으로 보이긴 하지만 사실상 그 시신은 보존된다. 전체는 아니더라도 그 일부는 보존된다.

영국의 기후에서 시랍화 과정은 약 6개월이 필요하다. 하지만 사망 후 고작 3주 만에 시랍화가 된 경우도 있다고 들었다. 그것은 아마 구더기의 활발한 활동과 태양열로 인해 그 과정이 가속화되었기 때문일 것이다.

시랍화에는 축축한 환경이 필요하다. 지방이 끈적한 반액체 상태로 가수분해되는 초기 단계에서는 참기 힘들 정도로 냄새가 고약하지만, 그 과정이 진행됨에 따라 지방은 창백한 색의 깨지기 쉬운 고체상태로 변한다. 그리고 시랍화가 완전히 끝나면 회색으로 견고해진다.

시랍화 현상은 오래 전부터 기록에 남아 있었고, 시랍화된 시신은 수백 년을 버틸 수 있다. '얼음인간'으로 알려진 신석기시대 사냥꾼 외치는 몸의 일부가 시랍화된 채 이탈리아 돌로미티의 볼차노에 보존되어 있다. 18세기에 파리의 '죄 없는 자들의 무덤'을 발굴할 때는 시랍 여러 톤이 나왔는데, 그것을 파리의 비누 제조업자나 양초 제조업자들이 그대로 사용했다는 주장이 있다. 1970년대에 오스트레일리아에서는 내장을 제외한 부분이 완벽하게 보존된 다이버들이 발견됐다. 그 다이버들은 몇 년 전 깊은 담수호를 탐험하다가 장비 고장으로 익사했던 것이다.

때때로 시랍화는 총알구멍 같은 부상을 뚜렷이 보여주거나 특정 장기에 있는 지방을 보존하는 방식으로 사망의 원인을 드러내기도 한다.

일반적으로 영양 섭취가 좋고 비만한 여성들한테서 발견되는 경우가 많은데, 그래도 조건이 맞아야 한다. 시신이 공기에 노출되지 않고 물속에 푹 잠겨 있을 때, 아니면 축축한 무덤 속에, 특히 관에 담기지 않은 채 천연 소재의 옷을 입고 있을 때 시랍화가 더 잘 일어난다. 계절, 무덤의 깊이, 관의 소재, 토양, 그리고 그 지역 곤충들의 활동에 따라 시랍화의 정도는 달라질 수 있다.

분해의 이 세 가지 형태인 부패, 미라화, 시랍화는 한 번에 한 가지만 일어나는 게 아니다. 이론적으로는 한 시신에서 부위에 따라 이 세 가지가 다 일어날 수도 있다. 하지만 세 가지는 필요한 조건이 모두 다르므로 그런 경우는 아주 드물 것이다. 다만 그 중 두 가지는 함께 발견된 경우가 있고, 부패는 항상 그 두 가지 중 하나에 속한다.

요즘은 화장을 통해 자연적인 부패 과정을 단축시키는 일이 흔하지만, 영국에서 시신을 위한 전통적인 공간은 묘지다. 매장을 하면 시신이 분해되는 시간이 길어진다. 좀 더 정확히 말하면 지상에 놓인 시신은 매장된 시신에 비해 부패가 4배나 빠르다. 지하에서는 연조직이 완전히 사라지는 데 2년 정도 걸리고 힘줄, 인대, 머리카락, 손발톱은 그 후에도 형태가 남아 있다. 5년쯤 지나면 뼈만 남고 관절이 해체되지만 연골 조각이 남아 있는 경우도 있다. 그리고 5년이 지나 발굴된 시신의 뼈를 전기톱으로 잘라보면 골수에 남아 있던 단백질이 타면서 연기가 한 줄기 나고 유기물 타는 냄새가 난다. 최근에 죽은 시신의 뼈도 비슷한 현상을 보일 것이다.

인간의 뼈는 흙으로 돌아가는 마지막 부위고, 물론 그렇게 될 때까지는 아주 오랜 시간이 필요하다. 200만 년 이상 된 사람과hominid*의 뼈가 지구상의 건조한 지역에서 발견되기도 한다. 공기가 없는 습지에서 보존되지 않는 한, 영국의 습한 기후에서는 뼈가 그렇게 오래 남아 있을 수 없다. 그리고 어차피 모든 뼈는 결국 분해된다. 물기를 머금은 습한 토양은 칼슘을 비롯한 여러 가지 미네랄을 씻어 보냄으로써 이 과정을 가속화한다. 뼈에 구멍이 점점 많아지면서 박테리아와 곰팡이가 분해에 가세한다. 동물이 뼈를 갉아먹기도 하지만 식물들도 뼈 사이에 난 공간으로 뿌리를 뻗음으로써 뼈가 더 잘 부서지게 만든다.

---

* 사람, 고릴라, 침팬지, 오랑우탄 등의 대형 유인원을 포함하는 영장류의 한 과. 대형 유인원류라고도 한다.

법의관들은 경찰들로부터 가끔 뼈를 조사해달라는 의뢰를 받는다. 강연을 하다가 법의관에게 뼈를 제출해본 적이 있느냐 물었더니 두 사람이 손을 들었다. 보통은 하나만 발견되고 어쩌다 여러 개가 발견되는데 거의 항상 동물의 뼈다. 하지만 항상 그런 건 아니다. 법의관들은 보통 '오래된 뼈'로 분류한 파일을 갖고 있고, 뼈를 새로 발견할 때마다 기록에 추가한다. 골반이나 두개골 같은 뼈들은 한눈에 여성인지 남성인지 알 수 있다. 다른 뼈들, 특히 치아는 죽은 이가 아주 어리다거나 아주 고령이라는 것은 알려줄 수 있지만, 골격을 통해 정확한 나이를 알아내는 것은 부정확하다.

'오래된 뼈' 파일은 대부분 수수께끼로 남는다. 우리의 임무는 뼈를 통해 사망 날짜를 알아내서 타살일 수도 있는 그 죽음이 60년이나 70년 이내에 일어난 건지를 밝혀내는 것이다. 그렇다면 범인이 아직 살아 있을 수 있기 때문이다. 연대측정은 특수한 기술이 필요하다. 방사성탄소 연대측정법은 아주 오랜 시간대를 측정하는 데 유효하다. 하지만 1940년대에 원자폭탄이 터지면서 스트론튬-90이 배출되었고, 그로 인해 어떤 뼈가 그 폭발 이전의 것인지 이후의 것인지를 알아내는 게 상대적으로 쉬워졌다. 만일 누군가가 원자폭탄이 터지기 전에 죽었다면, 고고학자라면 모를까 경찰은 별 관심을 갖지 않을 것이다.

강연이 끝나면 경찰관들은 모두 술집으로 우르르 몰려간다. 강의실 밖에서는 여럿이 담배를 피우느라 라이터 불빛의 향연이 벌어진다. 그런데 누군가가 내게 다가왔다. 미라가 된 갓난아기를 봤다는 나이든 경찰관이었다.

"박사님, 그 얘기를 해주셔서 감사합니다." 그가 말했다. "아직도 그 아기가 계속 생각나거든요. 어떤 남자는 거의 1년 동안이나 안락의자에 앉아 있다 발견됐는데 그 사람도 잊히지가 않습니다. 그래서인지 가끔 그 아기랑 남자가 꿈에 나옵니다. 그런데 박사님이 그런 거에 관해 과학적으로 설명해주시니까… 왠지 마음이 좀 가벼워졌습니다. 오늘 보여주신 사진도 다 봤습니다."

그 시대에는 경찰관이 자신의 나약함을 인정하는 것이 정말 드문 일이었다. 그래서 그가 한 말이 머릿속에 오래 남았고, 부검을 진행하는 동안 참관인들에게 설명을 해야겠다는 결심도 한층 더 굳어졌다. 앞으로도 부검을 하는 동안 머릿속에 떠도는 내용만 말할 것이 아니라, 냉철하고 객관적인 방식으로 지식을 전달하여 그들이 느낄지도 모를 비합리적인 감정을 떨쳐내도록 도와주기로 했다.

12 진실은 항상 명료하다

이 강연을 한 직후에 나는 처음으로 피고인 측 증거조사를 맡게 됐다.

그 전까지는 항상 경찰이나 검시관으로부터 호출을 받았다. 그 말은 기소와 재판이 이어질 경우 나는 자동적으로 검찰 측 전문가 증인으로 등록된다는 뜻이었다. 부검감정서만 법정에 제출하고 끝날 수도 있지만, 질문에 답변하기 위해 직접 출두해야 할 때도 있다. 물론 가장 집요하게 질문하는 사람은 피고 측 변호사다.

보통은 피고 측도 법의관을 선임한다. 그들은 아마 2차 부검을 의뢰할 것이다. 한 집단의 구성원 전부가 범죄에 가담했다는 혐의가 있을 경우 3차, 4차, 심지어 그보다 더 많은 부검을 의뢰하는 경우도 있다. 이런 드문 경우에 피고 측의 법의관들은 차례로 부검을 행할 수도 있지만, 보통은 한 사람이 작업을 할 때마다 불빛 주위로 몰려드는 나방처럼 시신 주위로 모여 함께 관찰한다. 그리고 그 후에는 술집으로 가서 거기서 일종의 병리학 토론을 벌인다. 그런 다음 각 법의관들은 검찰 측, 또는 피고 측을 위한 보고서를 쓴다. 각 보고서는 증거로 사용되고 법의관은 전문가 증인으로 지명된다.

일반인들은 한 시신에 대한 부검감정서는 누가 쓰든 똑같은 내용일 거라 생각하겠지만 병리학은 그렇게 치밀한 학문이 아니다. 상처와 부상은 똑같이 기록되겠지만 그런 객관적 사실을 각자 다르게 해석할 수 있는 것이다. 해석은 다양한 요소의 영향을 받는데, 특히 사건과 관련된 정보에 많은 영향을 받는다. 당연히 정보가 많을수록 잘못된 결론이 나올 가능성은 낮아진다.

어느 날 밤 경찰의 호출을 받고 범죄 현장으로 불려간다고 하자. 그러면 나는 입수한 모든 증거를 기반으로 냉철하고 객관적인 보고서를 쓴다. 그리고 그것은 검찰이 살인 용의자의 기소 여부를 결정할 때 참고 자료가 된다. 그런 다음 나는 검찰 측을 위해 법정에서 증언을 할 것이다. 하지만 경찰에서 전화를 했을 때 내가 비번이어서 나의 동료가 그 현장에 대신 나갔다고 해보자. 그런 경우에도 몇 주 후 나는 같은 사건에 개입하고 있을 수도 있다. 다른 당사자, 즉 피고 측 변호사의 전화를 받고 가서 그 일을 하는 경우다.

피고 측 변호사는 일단 검찰 측 법의관이 찾은 내용과 보고서에 대한 보강증거를 요청할 것이다. 검찰 측 보고서에서 오류를 찾아내기를 바라기도 하지만 그런 경우는 드물다. 어쨌든 그들은 의뢰인의 무죄를 입증하는 데 도움이 될 정보를 원한다. 그게 아니라면 적어도 발견된 사실들을 달리 설명하거나 달리 해석해주기를 기대한다.

피고 측을 위해 보고서를 쓰는 것은 법의관들이 일상적으로 하는 업무다. 하지만 피고 측 변호사들이 신입 법의관의 이름을 알기까지는 시간이 좀 걸리기 때문에, 그때까지는 나한테 피고 측의 의뢰가 오지 않았다. 다행스러운 일이었다. 다른 법의관이 이미 검사한 시신을 다시 부검하는 것이 얼마나 어려운지를, 즉 기술적으로 얼마나 까다로운지를 익히 알고 있었기 때문이다. 그동안 시신을 냉동시켰든, 그냥 냉장고에 보관했든 상태가 어느 정도 변하는 것은 불가피할 것이다. 멍자국이 더 커질 수도 있고, 상처 부위에 변화가 있을 수도 있다. 때로는 다른 전문가에게 보내느라 어떤 장기는 없을 수도 있고, 조직을 떼어내 분석을 보냈을 수도 있다. 그렇긴 하지만 나중에 검사하는 법의관이 필요로 하는 정보는 모두 제공되어야 한다. 그 정보가 동료의 기록에 있든, 범죄 현장의 사진에 있든, 조직 샘플에 관한 보고서에 있든 말이다.

피고 측 부검이 신입들에게 힘든 또 다른, 그리고 더 사적인 이유가 있다. 그것은 경험 많은 법의관들과 반대되는 소견을 갖는 데 대한 두려움이다. 우리의 사법제도는 이러한 관점 차이를 통해 발전하긴 하지만, 그런 차이는 인간관계에 아무 도움이 되지 않는다. 상대편 법의관이 병리학의 거장이고 자신은 그냥 신입에 불과할 때는 말할 것도 없다.

최초로 피고 측 증거조사를 받게 되었을 때, 나는 두려운 마음으로 누가 검찰 측 법의관인지 알아봤다. 상대편이 저명하고 경험 많은 분이 아니길, 그리고 그분과 내가 다른 의견을 갖는 일이 없기를 진심으로 바라면서. 다행히, 검찰 측 법의관은 나와 경력이 비슷한 사람이었다.

시신을 검사하기 위해 안치소로 갔다. 17살의 아들이 살해했다고 자백한 아버지의 시신이었다. 상처는 총 27군데였는데 모두 얼굴과 머리에 나 있었다. 두개골 골절 외에도 두부에 수많은 부상이 있었다. 소년의 변호사 팀은 의뢰인이 정신적인 문제가 있음을 주장할 계획이었다. 하지만 뜻대로 되지 않았고, 중앙형사재판소에서 살인사건 재판을 앞두고 있는 상황이었다.

소년의 진술은 첫 번째 법의관이 찾아낸 사실과 맞지 않았다. 그는 아버지가 침대에서 자고 있을 때 4번을 내리쳤다고 했는데, 법의관은 부상 부위가 20군데 이상이라고 주장한 것이다.

나는 2차 부검을 했지만 검찰 측 법의관이 보고서에서 아버지의 부상 부위를 정확히 설명했기 때문에 수정할 부분이 없었다. 하지만 부상의 정도가 달라서 이유가 뭘까 하는 의문이 들었다.

젊은 법의관이었던 나는 진실을 찾으려는 열정으로 그 소년이 사용했던 쇠지렛대를 만들어봤다. 다만 소재는 스티로폼이었다. 그 소년의 키와 범행 현장의 사진을 참고하여 그가 아버지를 향했을 때의 적당한 높이와 각도로 섰다. 그런 다음 지렛대로 베개를 여러 번 세게 쳐봤다. 베개는 그 아버지의 머리 대신이었다.

오랜 연구 끝에 나는 지렛대를 빗겨 치면 베개에 닿는 순간 회전하면서 튄다는 것을 알아냈다. 그래서 이렇게 기록했다.

부상이 여러 군데인 것은 지렛대 끝이 여러 번 튀면서 생긴 것으로 설명할 수 있음. 따라서 2차 부검에 나타난 부상은 아버지를 4~5번 쳤다는 귀하 의뢰인의 진술과 완전히 일치함.

하지만 심슨 박사급의 이 추론은 빛을 보지 못했다. 그 소년이 몇 년 전에 당한 차 사고에서 심각한 뇌손상을 입었음이 사진으로 입증됐기 때문이다. 검찰이 한정책임능력에 의한 과실치사라는 유죄 인정을 받아들임에 따라 이 사건은 중앙형사재판소 목록에서 빠졌다.

그 사건의 경우 검찰 측 법의관이 찾은 사실에 반박하는 데는 굳이 용기가 필요 없었다. 하지만 소심함과 출세제일주의와 무관하게, 피고 측과 검찰 측 법의관 모두에게 더 근본적인 문제가 있다. 어느 쪽도 자신이 틀렸음을 인정할 수 없고 인정해서도 안 된다는 것이다. 다른 결론이 나올 수 있는 가능성은 인정할 수 있지만, 새로운 증거가 나오지 않는다면 법의관은 자신이 내린 결론을 고수해야 한다.

처음 이 일을 시작할 때부터 나는 법의관은 항상 옳다고 전제해야 한다는 원칙을 쉽게 받아들일 수가 없었다. 그렇게 보면 내가 정식으로 법의관이 된 날은 아직 배움이 부족한 자신 없는 전공의에서 오류가 없는 전문가로 다시 태어난 날이었다. 다들 그것을 당연시했다. 하지만 별볼 일 없는 클라크 켄트가 무적의 슈퍼맨으로 변모했을 때, 보는 사람은 스릴을 느꼈겠지만 켄트 자신은 얼마나 당황스러웠을지 생각해보라. 나는 분명 내 어깨를 두른 무적의 망토가 무거운 짐으로 느껴졌다.

왜 나는 이제부터 항상 옳아야 한단 말인가? 가끔 틀릴 수도 있는 게 인간인데 말이다. 그건 상대방과 싸워 이겨야 하는 우리 사법제도의 성격상 '아마'나 '어쩌면'이나 '가능할 수도'가 끼어들 여지가 없기 때문일 것이다.

나는 10대 때 아버지한테서 받은, '분명하다 생각되더라도 삼가는 태도로 말하라'는 알렉산더 포프의 시구를 따르려 노력했지만, 내 직업이 요구한 건 '틀림없이 옳다고 확신한 것은 당당하게 말하라'였다. 조금이라도 흔들리는 모습을 보인다면 피고인은 저지르지 않은 일로 유죄 판결을 받거나 유죄인데도 자유의 몸이 될 수 있기 때문이다.

확신의 가장 큰 시험장은 법정 증언대다. 재판, 특히 중대한 사건만 다룰 것 같은 중앙형사재판소에 참석하는 것은 굉장히 두려운 일이다. 나는 직접 경험하기 오래 전부터 그 엄중함을 알고 있었다. 어느 유명한 사건이 검찰 측 법의관의 사소한 실수로 기각되었는데, 그 사건은 내가 정식 법의관이 되기 바로 직전에 전국적인 뉴스가 됐던 것이다. 한 번의 실수로 인해 그 법의관이 오랜 세월 쌓아온 눈부신 경력은 굴욕으로 막을 내렸다. 그런데 그 사소한 오류는 재판과 관련이 있는 것도 아니고, 피고 측이 무고해서도 아니었다. 냉혹한 피고 측 변호사가 그 법의관이 못 보고 놓친 것을 과장함으로써 배심원들 앞에서 그의 실력을 깎아내렸기 때문이었다.

나중에 이언 웨스트는 술집에서 교활한 변호사와 그 딱한 법의관 두 사람 역할을 하며 자신의 방식대로 반대신문을 진행했다. 그 모습을 보며 그 재판이 얼마나 황당한지를 다시 실감했다.

법정에서 첫 전투를 치르는 동안 떠올린 게 이 사건의 교훈이었다. 나는 경찰의 요구로 살인사건에 불려갔고, 따라서 검찰 측 증인이 되었다. 그런데 피고 측이 2차 부검을 의뢰한 법의관이 하필 나를 가르친 교수님이었다. 게다가 그는 사인을 다르게 봤다. 피고 측 변호사는 애송이 같은 내 얼굴을 힐끗 보고는, 덕망 있는 그 교수님과 비교할 때 가장 만만한 공격지점을 찾아냈다(다음 내용은 기록이 아니라 내 기억에 의한 것이다).

변호사　셰퍼드 박사님, 꼭 여쭙고 싶은 게 있습니다. 이것이 배심원 여러분의 판단에 큰 도움이 되는 중요한 사안이라고 보거든요. 박사님이 법의관으로서 실제로 활동하신 지 얼마나 되셨는지 말씀해 주시겠습니까?

나　어… 제가 처음 맡은 사건은…

변호사	제가 '활동'이라고 한 건, 물론 전공의를 마친 이후를 말씀드린 겁니다.
나	2년입니다.
변호사	2년이요. 그렇군요. 이 재판에서 증언하실 법의관 교수님을 잘 아십니까?
나	네.
변호사	그래요? 어떻게 아시는데요?
나	제 교수님이었습니다.
변호사	아. 알겠습니다. 그분한테 배우셨군요. 음, 셰퍼드 박사님, 그럼 그분은 이 분야의 현장 경험이 40년이라는 것을 알고 계시겠군요.
나	아마… 그 정도 되셨을 겁니다.
변호사	분명히 말씀드리지만 그분은 40년 동안 현장 경험을 해오셨습니다. 박사님도 가르치셨고요. 2년 전까지 말입니다. 그리고 그분은 박사님이 주장하신 사인이 틀렸다고 생각하십니다. 그분의 의견에 반박할 정도로 박사님의 지식과 경험이 충분하다고 생각하십니까?
나	(침을 꿀꺽 삼킨 후) 저는 이 사건을 빈틈없이 검사했고… 어… 제 의견을… 수정할 생각은… 없습니다.
변호사	정말이십니까? 박사님이 배운 저명한 교수님보다 더 많이 알고 있다고 절대적으로 확신하십니까?

나	음… 어… 당연히 저는 같은 법의관으로서… 그분의 의견을 존중합니다. 하지만… 제 의견은 다릅니다. 어, 제 견해를… 정립하는 법을… 가르치신 분도 그 교수님입니다.
변호사	그런데도 박사님은 본인이 그렇게 존중한다는 교수님과 의견 차이가 나는데 불안하지 않습니까?
나	음… 네.
변호사	아, 셰퍼드 박사님, 그 오만함을 존경합니다. (한탄스럽다는 듯 머리를 젓더니 배심원석으로 몸을 돌리며) 배심원 여러분, 여러분은 물론 셰퍼드 박사님의 지식과 경험에 대해 나름의 결론을 내리셨을 줄 압니다. 아니면 그것의 부족함에 대해서요.

어이쿠. 하지만 나의 교수님도 증언을 하는 동안 펀치만은 않았을 것이다. 사실 그분은 내가 옳았다는 것을 받아들일 수밖에 없었다. 물론, 판사가 배심원들에게 상기시켰듯이 그 사건에서는 병리학적 증거 외에도 훨씬 많은 증거가 있었고 배심원들은 모든 정보를 참고하여 피고를 유죄로 평결했다.

그 사건에서 증언을 하는 동안 나는 굉장한 압박감을 느꼈다. 그건 진실이 무엇인지에 대한 내 관점을 포기하라는 압박이었다. 하지만 나중에 내가 찾아낸 사항들과 결론을 다시 검토하고 나니 그때 내 판단을 견지했다는 것이 뿌듯했다. 연달아 모욕을 당했지만 지금도 나는 내 해석이 정확했다고 확신한다. 그 재판이 끝난 후 나는 진실은 항상 명료하다는 것, 그리고 나를 흔들어대는 힘이 있더라도 진실은 지킬 수 있다고 자신했다. 하지만 갈 길이 멀었다.

13 영아살해냐, 살인이냐

크리스와 애나는 이제 학교에 들어갈 정도로 자랐다. 하지만 나는 퇴근 후 술집에 있다가도 항상 일찍 일어나 아이들을 돌보러 가는 것으로 유명했다. 때로는 주위의 관심을 독차지하는 이언의 독무대를 구경하다가 빠져나오기도 했다. 베이비시터는 퇴근해야 했고 젠은 공부하느라 바빴기 때문이다. 어린아이가 관련된 사건이 들어오면 동료들은 습관처럼 말했다. "딕은 아이들을 사랑하니까, 그건 딕한테 맡겨." 마치 다른 사람의 죽은 아이를 검사하는 게 내 아이들의 숙제를 도와주는 것과 같다는 듯이 말이다. 사실 어린아이와 연관된 사건은 다들 피하려 했다.

그 이유를 알아내는 데는 오래 걸리지 않았다. 개인적으로는 자기 아이가 태어나는 것만큼 벅찬 기쁨은 없지만, 법의관으로서 아기의 사망사건만큼 골치 아픈 건 없기 때문이다. 우선 증거를 남기지 않고 아기를 죽이는 건, 특히 갓 태어난 아기를 죽이는 건 식은 죽 먹기다. 반대로 아기가 자연사했을 때도 누군가가 죽인 것처럼 보이기도 한다.

어느 날 영아 사망사건이 들어왔고 모두가 나를 쳐다봤다. 얼마 후 나는 런던 변두리에 있는 안치소에 도착해 있었다. 갓 태어난 여자아기는 관광지의 호숫가에 밀려 올라온 검은색 쓰레기봉투에서 발견됐다. 그때까지도 탯줄과 태반이 붙어 있었다.

검사를 해보니 개월 수를 다 채우고 태어난 아기였다. 신체가 온전히 발달했고 신생아 기름막으로 덮여 있었으며 체중은 3.2킬로그램이었다. 해부학적 이상이나 질병도 없이 아주 건강했던 것 같았다.

경찰은 아기 어머니를 쉽게 찾았다고 했다. 그녀는 아기가 죽은 채 태어났다고 했지만 경찰은 그 말을 믿지 않았다. 그리고 그녀를 기소하려고 했다. 그것도 영아살해가 아니라 살인으로 기소하고 싶어 했다. 그러니 우리는 법적인 면과 법의학적인 면 양쪽에서 정말 난해한 영역에 뛰어든 것이었다. 경찰에서 이 사건을 내게 넘기고 그렇게 다행스러워한 것도 이해할 만했다.

영아살해는 과실치사에 속하기 때문에 살인보다 형이 훨씬 가볍다. 1922년에 생긴 법에 의하면, 생후 35일 전에 갓난아기를 죽이면 영아살해에 해당한다. 당시에는 아기를 죽이는 것이 성인을 죽이는 것만큼 끔찍한 범행은 아니라고 생각했기 때문이다. 아기는 성인처럼 고통을 느끼지 않고, 성인만큼 슬픔을 주지 않는다고 여겼던 것이다. 그리고 혼외 임신에 대한 수치심이 살해 동기일 수도 있음을 너그럽게 이해한 점도 있었다.

오늘날에는 이런 식으로 생각하지 않지만, 1922년 법령에 담긴 중요한 전제 한 가지는 아직도 남아 있다. '출산으로 인해 산모의 정신이 혼미'해질 수 있음을 법으로 인정한 것이다. 오늘날 우리가 산후우울증이라고 부르는, 혹은 더 심각한 산욕기 정신병으로 부르는 증상이다. 이런 시각은 1938년에 새로 제정된 영아살해 조항에 남아 있다. 그때부터 지금까지 12개월 이하의 아기를 죽인 산모 중 '출산이나 수유로 인해 정신의 균형을 잃었음'을 입증할 수 있다면 기소를 살인이 아닌 영아살해로 할 수 있다.

이 법을 개정해야 한다는 주장은 여러 번 제기됐다. 영국왕립정신과 협회에서는 최근 출산은 엄청난 스트레스를 초래할 수 있음을 인정하여 영아살해의 범위를 넓히자고 제안했다. 예를 들어 빈곤층에서 식구가 늘어나면서 가족들이 느끼는 스트레스 같은 것도 여기에 해당된다. 영아살해 혐의를 아버지에게도 공정하게 적용하자는 주장도 있고, 1년이 아니라 2년 미만의 아기에게 적용하자는 주장도 있다. 하지만 수유가 산모의 정신에 혼란을 준다는 의학적 증거는 없다는 상반된 주장도 있다.

이 모든 제안들을 검토한 후에 수정된 내용은 극히 일부였다. 법이 사고방식의 변화(영아와 어린이도 권리가 있다는 것을 포함하여)를 제대로 반영하지 못했던 것이다.

호수에서 발견된 그 아기를 검사하면서 내가 가장 궁금했던 것은 살인이냐 과실치사냐가 아니라 그 아기가 태어났을 때 정말 살아 있었느냐는 것이었다. 잠시라도 살아본 적이 없는 아기는 죽을 수도 없기 때문이다. 따라서 죽임을 당할 수도 없다. 그리고 법적으로 뱃속의 태아는 살아 있는 인간으로 보지 않는다. 낙태반대론자들은 동의하지 않겠지만, 현재로서는 법이 그렇게 적용된다. 이런 상황에서 법의관들이 품는 질문은 이것이다. '인간은 언제 인간이 아닌 것일까?' 이 질문이 중요한 이유는 인간은 권리가 있고, 법적 상속권이 있고, 인권이 있기 때문이다. 인간을 죽이면 살인이나 과실치사로 기소된다. 하지만 실제 인간으로 산 적이 없다면 그런 기소는 불가능하다.

영국 법률상 죽은 신생아는 사산아로 치부된다. 만일 살인이나 과실치사로 의심되면, 검찰 측이 그 아기가 한 인간으로 인정받을 만큼 생존했음을 법의관의 검사 결과로 입증해야 한다.

이 모든 것을 결정하는 것이 단 한 번의 호흡이다. 아니면 한 번의 동작. 아니면 심장박동이 있었음을 의미하는 탯줄의 맥박. 그리고 아기가 모체에서 완전히 밖으로 나와야 한다. 대부분의 경우처럼 머리가 먼저 나온 아기라면 이론상 숨을 쉬었겠지만 나머지 부분이 모체 밖으로 다 나오지 못하고 죽었을 수도 있다. 그런 경우에는 독립적인 존재로 인정받지 못하기 때문에 살인이 성립되지 않는다.

임신 기간의 마지막 며칠 내에 태내에서 죽은 아기는 초기 부패증상이 나타날 것이고, 이런 신호들은 알아보기 쉽다(예를 들어, 백인 아기라면 피부가 분홍색이 감도는 갈색이 된다). 더 오래 전에 죽었다면 진단이 더 쉽다. 두개골이 일그러졌거나 두개골이 겹쳐 있을 수도 있다. 하지만 출생 전 24시간 이내에 사망했다면, 혹은 훨씬 더 흔하게 출생 중에 사망했다면 부패의 흔적은 거의 없거나 전혀 없다. 인공호흡이나 흉부압박 같은 소생술이 시도됐다면 그 작은 몸에 흔적이 남을 수 있고, 그로 인해 문제가 더 어려워질 수도 있다. 마지막 문제는 살해되거나 죽은 채 태어난 신생아가 복잡한 심리적 원인으로 은닉될 때가 많다는 것이다. 그래서 죽은 아기가 발견되었을 때는 애초에 아기가 산모의 몸에서 완전히 분리되어 독립된 인간으로 존재했었는지는 고사하고 사인을 밝히는 것도 불가능할 수 있다.

쓰레기봉투에 담겨 있던 이 여아는 부패가 진행되기 전에 발견됐다. 하지만 인공호흡을 하기에는 너무 늦었고, 그래서 몸에 아무 흔적이 남지 않았다. 그렇다면 그 아기가 태어나 스스로 호흡을 했는지를 밝혀내야 했다.

나는 수백 년 동안 써온 부상 실험flotation test을 해봤다. 비과학적이라는 건 알고 있었지만 그걸 하지 않으면 비난을 받게 될 것 같았다. 폐가 물에 뜨면 그 아기는 호흡을 한 번이라도 한 것이므로 독립된 존재로 봐야 한다는 믿음은 이미 틀렸음이 입증됐다. 폐가 가라앉았다면 폐가 충분히 확장될 때까지 아기가 호흡을 하지 않았다는 뜻이므로 사산된 거라는 주장도 당연히 틀린 것이다. 지금은 사산아의 폐도 물에 뜰 수 있다는 것, 특히 출생 전에 사망하여 하루 이상 된 태아는 부패 때문에 가스가 차서 확실히 물에 뜬다는 것이 알려져 있다.

나는 아기의 너무나 작은 허파꽈리를 현미경으로 살펴봤다. 큰 의미는 없겠지만, 아기의 폐를 물에 띄워 보았더니 물에 떴다. 육안으로 보건 현미경으로 보건 그 아기가 독립된 존재로 생존했을 가능성이 높았다.

다음에 할 작업은 경찰에서 건네준 진술서에서 아기와 관련된 내용을 읽어보는 것이었다. 핵심 증언은 그 아기의 21살 된 엄마와 같은 호텔에 거주하며 근무했던 바텐더한테서 나왔다.

맨디가 보조 매니저로 이 호텔에 들어왔을 때 특별한 건 없었는데, 다만 처음 봤을 때 임신한 것 같았어요. 아기를 키우는 누나가 둘 있어서 아는데 제 눈에는 분명히 그렇게 보였어요. 호텔 바의 다른 직원들도 다들 그렇게 짐작하고 있었는데 맨디는 절대 아니라고 하더군요.

직원들은 모두 호텔의 한 구역에서 거주했는데, 그 바텐더 방은 후문 비상구 옆에 있었다. 그는 어느 날 새벽, 밖에서 아기가 우는 소리에 잠

145

에서 깼다. 그리고 창밖을 내다봤다.

… 그런데 맨디의 뒷모습이 보였어요. 약 50미터 정도의 거리에서 봤는데 맨디가 출입구를 지나 숲속으로 가고 있더군요. 분명히 맨디였어요. 그때어떤 옷을 입었는지는 잘 기억이 안 나고 뭘 들고 있었는지도 확실치 않아요. 그냥 어딜 가는 건지 궁금했죠. 생각을 좀 해보다가 무슨 문제가 생겼나싶어 맨디에게 가보기로 했어요. 이런 일을 하는 사람들은 분통 터지는 일이 심심치 않게 있기 때문에 푸념이라도 들어줄 참이었어요. 몇 분 동안 옷을 입고 후문을 통해 숲으로 갔죠. 호수를 향해 걸어가고 있는데 맨디가 그쪽에서 돌아오고 있었어요.

맨디가 묻더군요. '밖에서 뭐해요?' 제가 살펴본 바에 의하면 이상한 점은 없었어요. 옷을 다 갖춰 입긴 했지만 무엇을 입고 있었는지 도무지 기억이 안 나네요. 맨디는 모든 일에 대해 그리고 모든 사람에 대해 분통이 터진다고 하더군요. 뭐라고 구체적으로 말하진 않았어요. 우리는 호수를 바라보며 이런저런 얘기를 나눴어요. 제 여자친구와 제가 속해 있는 밴드나 호수에서 피어오르는 안개에 대해서도 얘기했고요. 특별히 뭔가가 잘못됐다는생각은 전혀 들지 않았어요. 평소의 맨디 모습이었거든요. 맨디가 한 말 중유일하게 특이했던 것은 그날 밤에 생리가 시작됐는데 생리혈이 좀 덩어리로 나왔다는 거예요. 그게 무슨 뜻인지 깊이 생각하진 않았지만, 그런 말을왜 했는지 좀 이상하긴 했어요. 45분쯤 이야기를 나누는 동안 수상해 보이는 건 전혀 없었어요. 아까 들렸던 아기 울음소리에 대해서도 더 생각하지않았고요.

맨디는 담배를 피우러 제 방에 들어왔다가 갔는데, 수상한 건 전혀 없었어요. 맨디가 간 후에 저는 다시 침대로 들어가 잤고요.

그날 오후에 직원들 사이에서 맨디가 더 날씬해졌다는 얘기가 돌았다. 그리고 다음날 그 사태가 벌어진 것이다.

바에서 일하고 있었는데, 어떤 여자분이 전화 좀 쓰겠다고 들어왔어요. 개를 데리고요. 얼마 후에 다른 직원인 로저가 들어와서 이렇게 말하더군요. '호수에 경찰이 왔대. 갓난아기가 발견됐다나 봐.' 그 말을 듣자 갑자기 속이 메슥거렸어요. 그 전날 아기 울음소리를 들은 것과 맨디가 호수에 다녀온 것이 퍼뜩 떠올랐거든요. 그때서야 모든 게 맞아떨어진다는 생각이 들더군요. 안절부절못하다가 로저에게 말했죠. '누구 애인지 알아.' 그랬더니 로저가 그러더군요.
'맨디?'
저는 맞다고 대답했죠.

위 진술은 아기가 살아서 태어났고 어쩌면 몇 분은 충분히 생존했음을 알려주는 분명한 증거였다. 만일 산모가 호텔 화장실에서 출산을 했고(이것은 사실임이 금방 밝혀졌다) 옷을 갈아입은 다음 우는 아이를 호텔 밖으로 데리고 나갔다면 말이다. 그리고 아기가 출생 후에 살아 있었음을 폐를 통해 알아본 병리학적 증거와도 일치했다.
하지만 그녀가 확실하게 아기를 죽였다고 말할 수 있을까? 만일 그랬다면 어떤 방법으로 죽였단 말인가?
아무리 봐도 섬뜩한 사건이었다. 산모가 아기를 차분하게 낳아 처리

147

한 것도 그렇지만(사산이든 아니든) 그런 다음 직장으로 돌아와 아무 일도 없었던 듯이 행동한 것은 상상하기 힘든 일이었다. 당시 그 사건을 접한 사람들은 그녀를 영아살해를 꾀한 수상한 사람으로 봤지만, 30년이 지난 지금 그녀는 비련의 주인공 행세를 하며 살아가고 있을지도 모른다. 아기가 죽은 채 태어났다고 주장한 그녀는 후회의 기미를 보이지 않았고 슬픈 기색도 전혀 없었다. 경찰과 검찰은 그것이 살인사건이라고 강력히 주장했다.

모든 증거로 판단할 때 그 아기는 분명 살아 있었다. 하지만, 어떻게 죽었을까? 아기 몸에는 폭행이나 외상의 흔적 또는 질식했음을 보여주는 증거가 없었다. 위장을 정밀 분석한 바에 의하면 아기는 호수의 물을 마셨지만 익사를 증명할 만큼 충분한 양은 아니었다. 고의적인 수단이 아닌, 수동적인 방식으로 물이 들어갔을 수도 있으니 말이다.

나는 사인을 이렇게 적었다. "1a: 돌봄의 부족."

검찰에서는 그녀를 살인죄로 기소하려고 벼르고 있다가 내가 보낸 검사 결과를 보고 당황했다. 그들은 산모가 아기를 죽이기 위해 더 적극적인 행동을 했다고 말해주길 바랐던 것이다.

반면, 피고 측 변호사들은 몹시 기뻐했다. 그리고 검찰에 이런 서한을 보냈다.

저희 의뢰인이 영아를 사망으로 이끌기 위한 고의적인 행위가 없었다는 근거가 나왔으니 검찰 측에서는 살인기소 취하를 고려해보실 것을 제안합니다… 검찰 측 법의관에 의하면 문제의 영아는 저희 의뢰인의 태만으로 인해 출생 직후에 사망했습니다. 따라서 살인기소는 적절하지 않고… 영아의

148

사망이 고의적인 태만의 결과라는 것을 입증할 수 없을 터이므로… (사실상) 과실치사(즉 영아살해)로 기소하시는 것도 불가할 것으로 보입니다. 단순한 돌봄의 부족은… (이 사건의 경우) 기소하기에 충분치 않습니다. 저희 의뢰인은 경찰에게 아기를 낳고 나서 흔들었고 그러다 아기가 죽은 것 같다고 진술했습니다.

살인사건의 경우 고의적인 태만이 있었음을 검찰이 입증해야 하는 건 사실이다. 즉, 탯줄을 자르고 아기를 따뜻하게 해주고 젖을 먹이는 것 같은, 출산 후에 일반적으로 해줘야 하는 보살핌을 고의로 하지 않았음을 증명해야 한다. 겁에 질려 있고, 경험도 없는 10대 소녀가 그런 일을 일부러 하지 않았음을 입증하는 건 너무도 어려운 일이다. 나중에 안 사실이지만 처음 진술과 달리 맨디는 10대가 아니었고, 임신 경험이 없는 것도 아니었다. 하지만 한동안 검찰 측 변호사는 난처한 처지가 됐다. 그녀가 내게 보낸 편지는 이렇게 이어졌다.

"박사님의 보고서가 애매하여 특히 우려되는 부분이 있습니다. 제가 의대를 다닌 건 아니지만 의학사전이 있어서 살펴봤는데 아래와 같은 점을 지적하고 싶습니다…"

그 변호사는 아기의 죽음에 관해 여섯 가지 문제를 짚었다.

지금은 인터넷에 밀려났지만 의학사전은 당시 의사들의 골칫거리였다. 가끔 나는 의학사전을 찾아보거나 '구글'에서 검색만 하면 되는데 뭐하려고 16년 동안이나 의학 교육을 받았던가 하는 생각이 든다. 하지만 그 변호사가 사전에 기대 내 일에 끼어들겠다면 말릴 생각은 없었다. 나는 내가 알아낸 내용을 자세히 기술하기만 하면 되고, 그 사건을 원하는 방향으로 결론짓기 위해 고민할 필요가 없다는 데 만족할 뿐이었다.

나는 검찰에서 받은 서면질문에 답장을 보냈다. 변호사가 지적한 사항에 일일이 답변해주면서, 태변 같이 내가 발견한 사항들은 대부분 신생아한테서도 나타나고 그 어떤 것도 아기가 타인에 의해 질식사했음을 보여주지 않는다는 것을 상술한 것이다. 그래서 아기의 사인은 돌봄의 부족이라는 원래의 견해를 고수했다. 산모가 적극적으로 아기를 죽였을 가능성도 있지만, 우리는, 아니 나는 그것을 증명할 수 없었기 때문이다.

당연히 검찰은 불만이었다. 사건검토회의에서 나는 법의관에게 허용된 범위를 넘어 검찰 측 주장을 뒷받침하라는 엄청난 압박 아래 놓였지만 물러서지 않았다. 그리고 얼마 후에 그들이 제기한 문제들에 더 자세한 답변을 보냈다.

기도를 막아 질식을 일으키는 데 필요한 시간을 정확히 말할 순 없지만, 신생아의 경우 15~30초 이상은 되지 않을 겁니다. 입이나 코에 압박이 가했을 만한 부상은 발견되지 않았지만, 그런 부상이 질식사에서 항상 나타나는 건 아닙니다. 부상의 흔적이 없으므로 질식했음을 입증할 수는 없지만 그렇다고 해서 질식의 가능성을 완전히 배제할 수는 없습니다.

저는 생존 시간을 15분 이내라고 보고했는데, 생존 시간이 1~2분 정도로 짧았다고 볼 수 없는 이유는 폐가 완전히 확장되었다는 점 때문입니다. 단 한 번의 호흡으로 폐가 그렇게 확장됐을 가능성은 거의 없습니다. 신생아들은 대부분 출생 후에 울음을 터트리지만, 항상 그렇듯이 그것이 절대적인 것은 아니고 개인차가 있습니다. 하지만 울음이 폐의 확장을 도와주는 건 거의 확실한 사실입니다.

산모의 건강과 관련해 구체적인 사항을 찾아낸 것은 없지만 아기를 통해 봤을 때 분만 중 특별한 난산이나 외상을 보여주는 흔적은 없었습니다.

돌봄의 부족을 정의하는 것은 굉장히 까다롭습니다. 제 생각에 출생 직후 아기를 보살피는 최소한의 조치는 아기를 뭔가로 감싸서 몸이 식는 것을 방지하는 것입니다. 다른 형태의 보살핌에는 전문적인 교육보다 이전의 경험이 필요할 수도 있을 겁니다. 대표적으로, 수건에 아기를 눕히는 것만으로도 저체온증의 위험이 줄어듭니다. 저체온증은 신생아를 15분 내에 죽음에 이르게 할 수도 있습니다. 갓난아기는 표면적의 비율이 높은데 표면적을 통해 열을 뺏길 뿐 아니라, 분만 후에는 체액에 젖어있을 터이므로 열의 손실이 더 빨리 진행됩니다. 그리고 주변 온도가 낮을수록 더 많은 열을 뺏깁니다.

병리학적으로 볼 때 저체온증, 익사, 질식을 포함한 영아의 사망원인은 대부분 성인과 달리 흔적이 남지 않습니다. 따라서 이 원인 중 하나도 배제할 수 없지만 그 중 하나라고 단언할 수도 없습니다.

실망한 검찰은 마지못해 형량이 훨씬 낮은 영아살해로라도 기소를 강행하려 했다. 또한 이제는 거의 유명무실해진 영아유기죄라는 수도 던져봤다.

드디어 맨디가 중앙형사재판소에서 재판을 받았다. 신문 보도에 의하면 검찰 측 변호사는 배심원단에게 다음과 같이 말했다.

피고는 주위에 임신 사실을 숨겼고, 아기가 태어난 후에는 아기의 존재를 숨기기로 했습니다. 그래서 계획한 대로 호텔 밖으로 나가 아기가 죽게 내버려뒀거나 죽였고, 그 다음에는 그 아기를 검은색 쓰레기봉투에 넣어서 버렸습니다. 아기를 낳은 후에도 계속 거짓말을 했고, 아기가 발견됐을 때는 다른 사람들과 함께 그런 짓을 한 사람을 비난했습니다.

맨디가 처음에는 강간에 의해 임신한 거라고 주장했다가 나중에 말을 바꿨다는 사실도 법원에서 밝혀졌다. 사실 그녀는 전에 출산 경험이 있었다. 2년 전 그녀 어머니 집 화장실에서 낳은 그 아기는 입양을 보냈다. 그리고 얼마 지나지 않아 다시 원치 않은 임신을 했지만 유산으로 끝났다.

배심원단은 그녀가 영아살해를 했다고 판결했다. 판사는 준엄하게 꾸짖었다. "그 아기에 대한 책임은 다른 사람이 아닌 바로 피고에게 있었지만 피고는 그 아이를 죽게 했습니다…" 하지만 이렇게 덧붙였다. "아기가 당한 일에 대해 피고에게 완전한 책임을 묻지 못한다는 것은 분명합니다."

결국 그녀는 집행유예 2년과 정신과 치료 1년을 선고받았다. 검찰은 실망스러운 분위기였다. 그녀가 살인죄로 유죄판결을 받았다면 형량이 훨씬 더 높아졌을 것이기 때문이다. 하지만 나로서는 후회가 없었다. 검찰의 압박 아래서 양심에 어긋나는 증거를 제시하여 그녀가 살인죄로 재판을 받았다면 그것이 더 견디기 힘들었을 것이다.

14 남자친구 교살 사건

그 일이 있고 얼마 되지 않아서 나는 진실이라는 개념에 대해 더 많은 걸 깨닫게 되었다. 이번에는 검찰과의 관계가 전혀 달랐지만 말이다. 이 사건을 조사하는 동안 검찰 팀과 나는 손발이 척척 맞았고, 진실을 찾아냈다는 확신에 차서 법정에 나갔다.

일요일 아침에 또 호출이 왔다. 내가 나가면 젠은 공부는 제쳐놓고 아이들을 봐야 하고, 그러면 밤샘 공부를 해야 할 터이므로 나는 죄책감이 더 했다. 젠의 입장에서는 우리 집에서는 왜 죽은 사람들이 살아 있는 사람들보다 훨씬 더 중요한지 화가 났을 것이다. 지금 생각해보면 그럴 만도 했다. 그때쯤에는 아이들이 좀 커서 예전보다 손이 덜 갔지만, 젠과 나는 서로 해야 할 일들이 많아 자주 충돌을 일으켰다. 하지만 내 입장에서 보면 당시 우리가 일을 분담해야 한다는 것은 너무 당연했고, 가장으로서 내가 할 일이 더 중요하다는 것도 당연했다. 지금에 와서야 젠에게 그런 태도가 얼마나 답답했을지 그리고 얼마나 분통 터지는 일이었을지 이해가 간다. 그녀가 의대 공부를 하는 건 자신만을 위한 게 아니라 언젠가는 의사가 돼서 가정경제를 함께 이끌어가려고 하는 거였으니 말이다. 나는 그것을 전혀 인정하지 못했다. 내 일에 파묻혀 살았고, 정신없이 바쁜 우리 네 식구 생활에 차질이 생기면 안 된다는 생각뿐 그녀의 불만을 이해할 수가 없었다. 아니, 이해할 의지가 없었다.

그 일요일 아침, 런던 시내로 가면서도 가족들에게 미안한 마음보다는 사건에 대한 기대감이 더 컸다. 나는 우리 아이들을 너무 사랑했기에 일요일에 그들을 돌보는 것도 내게는 중요한 일이었다. 재밌으면서도 힘들고, 지치면서도 뿌듯했을 것이다. 하지만 (지금은 이런 이기적인 생각을 했다는 게 어이가 없지만) 특이한 사건을 만나 부검을 하며 지적인 몰입을 하게 될 수도 있다는 기대감은 그것과 비교도 할 수 없을 만큼 컸다. 맞다. 그 일을 한 지 벌써 몇 년째였지만, 새로운 사건을 맡을 때마다 흥분을 억누를 수가 없었다. 키스 심슨의 책을 보며 황홀함을 느낀 건 오래 전이었지만 그 황홀함은 아직도 그대로였던 것이다. 웨스트민스터 안치소의 다른 심장들은 멈췄겠지만, 나를 기다리고 있는 상황과 사연과 시신이 품고 있을 비밀을 생각하면 내 심장 박동은 빨라졌다. 일요일 아침의 호출은 십중팔구 토요일 밤 술집에서 벌어진 사고일 텐데도 흥분은 덜하지 않았다.

웨스트민스터 안치소는 런던 시내 호스페리가에 있는 검시관법원 뒤쪽에 있지만 이들 건물들은 잘 알려지지 않았다. 테이트모던으로 향하는 관광객들은 모퉁이에 붉은 벽돌로 된 아름답고 오래된 법원이 있음을 거의 눈치 채지 못하고 그 뒤에 안치소가 있다는 것도 까맣게 모른다. 죽음과 관련된 다른 기관들처럼 그것은 인간의 유한함을 떠올리고 싶어 하지 않는 이들을 배려하여 눈에 띄지 않는 곳에 숨어 있는 것이다.

사실 그 안치소는 다시 지어진 지 얼마 되지 않아서 영국에서도 가장 현대적인 건물이었다. 일반인이 드나드는 출입구는 유리로 되어 있었고 조명은 밝았으며 사무실은 산뜻했다. 유족들을 위한 공간은 파스텔 톤으로 기품 있게 페인트칠 되어 있었다. 하지만 그 세련된 인테리어에도 불구하고, 주말에 거기에 도착한다는 것은 가족과의 삶을 떠나 모두가 터부시하는 어두운 세계로 진입했다는 것을 의미한다. 그곳은 유쾌한 직원들도 있고 따뜻한 방도 있지만 어쨌든 죽음이 삶의 일부인 곳이다.

나는 죽음의 향수인 안치소 냄새를 맡으며 들어섰고, 기다리고 있던 사람들과 인사를 나눴다. 안치소 직원과 범죄 현장 조사관, 젊은 순경, 그리고 두 명의 수사관이었다. 현장에서 자주 봤던 경찰서 소속 사진사도 와 있었다. 우리는 찻물을 데우고 있는 아담한 직원 휴게실로 갔다. 일요일에는 비어 있는 곳이었다. 수사반장인 폭스 경위가 먼저 입을 열었다.

"피해자는 젊은 녀석입니다. 토요일 밤에, 술을 많이 마셨고, 마리화나도 좀 했고…"

그럼 흔히 보는 술집 싸움이겠구먼. 실망스러웠다. 집에서 애들하고 놀걸.

"싸움도 벌어졌는데…"

허구한 날 벌어지는 게 싸움이었다. 칼도 등장하고, 술병이랑 주먹도 등장하겠군.

"여자친구가…"

그 다음에는 분명 칼이 나오겠지. 반장이 망설였다.

"그 여자친구가 이 피해자를 목 졸라 죽였습니다."

나는 그를 빤히 쳐다봤다. 그건 예상치 못한 반전이었다. 여성이 누군가를 목 졸라 죽이는 경우는 극히 드문 일이고, 거의 없다고 봐도 무

155

방할 것이다. 지금 돌이켜봐도 그 후로 수만 건의 부검을 해봤지만, 여성의 손에 목 졸려 죽은 피해자는 없었던 것 같다.

"여자가 자백했습니까?" 내가 물었다.

"경찰서를 찾아왔습니다. 한밤중에 셔츠는 찢어지고 눈은 통통 부은 채 왔는데 피도 나고 긁힌 자국도 많았습니다. 그래서 저희가 구급차를 불렀죠. 그 여자가 말하길 남자친구랑 싸웠는데 자기 때문에 남자친구가 어떻게 된 거 같다고 했거든요."

"얼마나 전에요?"

"몇 분밖에 안 된 것 같았어요. 우리가 급히 가봤는데, 맥박이 없었어요. 할 수 있는 조치를 다 해본 다음 구급차에 태웠고, 그 안에서도 계속 애를 써봤지만 소용이 없었죠. 죽었다고 하자 그 여자는… 정말, 지켜보기 힘들었죠."

그는 침통해 보였다. 런던 경찰청에서 일한 지 꽤 오래됐을 텐데, 왜 유독 이 사건이 그에게 심적인 괴로움을 주는지 이상했다.

"제가 몇 시간 동안 그 여자와 이야기를 나눠봤는데, 계속 같은 이야기예요. 정당방위였다고요… 착하고 어린 여자더라고요."

다른 수사관도 동의했다. "맞습니다. 이름이 테레사 라젠비인데, 얼굴만 봐도 착하다는 걸 알겠더군요. 계속 눈물만 흘리고."

반장이 고개를 주억거렸다. "그렇게 괜찮은 어린 여자가 그런 짓을 했다니… 그래도 그 놈한테 죽을 것 같으니 자기 몸은 지켜야 했겠죠."

살아 있는 존재는 본능적으로 타인에게 호소하는 신호를 보내게 되어 있다. 그리고 이런 신호를 나는 특히 쉽게 알아차린다. 그 여자친구의 후회는 분명 경찰관들에게 통했고, 끔찍한 범행을 고백하긴 했지만 그녀는 어쨌든 연민을 얻어내는 데 성공했다. 죽은 자들은 감정에 호소하는 미묘한 신호를 보낼 수 없다는 걸 상기하며 나는 안도감을 느꼈다.

안치소 직원이 건네준 차를 마시고 빈 잔을 돌려준 뒤 탈의실로 갔다. 수술복과 앞치마와 장화를 착용하고 급히 부검실로 이동하는 동안 쨍그랑거리는 소리와 철컥 하는 이동침대 소리가 커지고 포르말린 냄새도 진해졌다. 함께 이동하고 있는 사람들을 흘긋 쳐다봤다. 범죄 현장 조사관에게는 이것이 일상적인 일이었다. 수사관들도 부검을 참관한 적이 있기 때문에 태연했다. 적어도 태연해 보였다. 하지만 냉장고가 모여 있고 그 옆에 이동침대가 줄지어 기다리고 있는 곳을 지나쳐갈 때 나는 젊은 노던 순경이 긴장하고 있음을 눈치 챘다. 그는 직원이 차와 함께 내온 비스킷도 먹지 않더니 지금은 낯빛이 창백하고 멍해 보였다. 그러던 그가 부검실 앞에 놓인 소독 발판을 통과하기 직전에 갑자기 외쳤다. "저는 부검실이 처음입니다!"

그때쯤에는 나도 부검 참관인들을 다루는 기술이 늘어 있었다. 내가 부검을 처음 하던 날 경찰관의 괴로움을 누그러뜨리지 못한 일이 내내 마음에 걸렸다. 그는 아마 나의 긴장감에 전염되어 더 힘들었는지도 모른다. 그 후로 나는 긴장감을 들키지 않게 굉장히 노력했고, 총경이 신입 경관들 앞에서 나약한 모습을 들켰던 마이클 로스 부검 이후에는 결심한 게 있었다. 부검을 참관한 사람들 누구에게도 부검 트라우마를 안기지 않겠다는 것이었다.

나의 유일한 무기는 대화였다.

그래서 노던 순경에게 이렇게 말을 걸었다. "시신을 대할 때는 그들이 얼마 전에는 인간이었음을 잊지 말아야 합니다. 죽은 사람과 슬픔에

157

빠진 유족들, 친인척에게 예를 갖춰야 한다는 것도요. 오늘 우리가 할 일은 정확히 무슨 일이 벌어졌는지를 알아내서 그분들을 돕는 겁니다. 우리는 증거를 찾아낼 것이고, 죽은 사람은 자신의 이야기를 들려줌으로써 우리를 도와줄 겁니다. 슬픔에 빠진 사람들을 위해 우리는 우리의 감정은 잊고 그들에게 필요한 일을 해야 합니다. 그러니 오늘 우리가 검사할 이 시신은 말은 없지만 목격자이자 우리의 교사인 겁니다."

노던 순경이 슬픈 얼굴로 고개를 끄덕였다.

나는 최대한 다정하고 마음을 편하게 해주는 어조로 말했다. "걱정마세요. 계속 제가 설명을 해줄 테니까요. 설명을 듣다 보면 생각만큼 무섭지 않을 겁니다."

경험이 많은 수사관이 말했다. "금방 익숙해질 거야."

반장은 상남자가 되고 싶은 모양이었다. "이거 봐. 여기 냉장고에 누워 있는 사람들은 죽었어. 여기 없다고. 그러니 겁먹을 거 하나도 없어."

우리는 조명이 환하게 밝혀진 부검실로 들어섰다. 금속 부검대에는 비닐시트에 싸인 시신이 나체로 누워 있었다.

"신원이 밝혀졌습니다." 내가 비닐시트를 벗기는 동안 범죄 현장 조사관이 말했다.

"이름이 뭔가요?"

그는 대답을 하려다, 노던 순경이 시신을 보지 않으려고 노트를 급히 뒤적거리자 그에게 대답할 기회를 줬다.

"어, 앤서니 피어슨입니다. 나이는 어, 22살이고요."

앤서니 피어슨은 검은색 더벅머리에 이목구비가 뚜렷했다. 눈은 감겨 있었다. 죽은 사람은 보통 얼굴에 별 표정이 없이 평온해 보인다. 그런데 그에게 분노의 기미가 남아 있었던 걸까? 꼭 싸우다 죽어서 그런 게 아니라, 습관이나 불운 때문에 화가 난 것처럼 보였다.

그때 내 기준에는 그가 약간 비만한 편이었다. 하지만 시대에 따라 기준도 달라졌으니 지금 기준으로는 그냥 건장하다고 해도 될 것 같다. 양쪽 팔에는 멍자국과 커다란 문신이 여러 군데 있었고, 손목을 가로지른 오래된 흉터로 보아 삶이 평탄치 않았음을 짐작할 수 있었다. 칼에 벤 지 얼마 안 된 자국들(아래쪽 팔뚝에 흐르는 핏자국으로 알 수 있었다)이 그 짐작이 옳다는 것을 뒷받침해주었다. 가슴에 난 심장 충격기 자국은 아까 경찰이 말했던 심폐소생 시도의 증거였다.

가장 눈에 띄는 흔적은 목에 있었다. 목 아래쪽을 덮은 병원 시트가 핏자국으로 엉망이었다. 목을 가로질러 두껍고 울퉁불퉁한 핏자국이 남아 있었고, 입가에도 흐르다 말라붙은 피가 있었다.

나는 망자들의 파파라치인 경찰서 사진사에게 고개를 살짝 끄덕여 사진을 찍으라는 신호를 줬다. 그는 카메라를 기울여 커다란 플래시건 두 개를 정확한 자리에 끼워 넣었다. 영화 시사회장에서나 봤음직한 섬광장치였다. 찰칵, 번쩍.

"전신사진 찍었습니다."

"이제 목 클로즈업이요." 내가 말했다. 목 졸림 자국은 핵심적인 증거이고, 사용된 무기의 재질도 알려줄 수 있다.

나는 간이 양식서에 메모를 했다. 목을 조른 도구가 철사나 전깃줄, 또는 노끈 같은 거라면 흔적이 선명하고 깊을 것이다. 하지만 이번 흔적은 깊이와 폭이 들쑥날쑥했다. 여자는 분명 부드러운 뭔가를 사용했을 것이다. 천으로 된 것, 아마 스카프 같은 것.

사진사가 다음 부위를 찍도록 얼른 앤서니의 목에 자를 갖다 놓았다. 그래야 내 기록에 적은 수치를 사진으로 확인할 수 있기 때문이다. 찰 칵, 번쩍.

나는 이렇게 기록했다.

목 앞쪽에 불규칙한 목 졸림 자국이 있고 그로 인한 타박상과 찰과상 있 음. 졸린 자국은 턱 오른쪽에서 왼쪽으로 비스듬하게 뻗어 있고 양쪽의 높 이 차이는 2cm. 후골과 비슷한 높이. 후골 양쪽의 멍이 가장 심함…

나는 다른 흔적을 찾기 위해 목 근처의 상처들을 꼼꼼히 확인했다. 교살하는 데 사용한 끈 근처에는 긁힌 자국이나 멍이 생기기도 한다. 긁 힌 자국은 피해자가 목 조른 끈을 잡아당기려다 생기는 것이고, 끈 자국 과 함께 겹친 멍자국은 범인이 끈을 쓰기 전에 손으로 목을 조르다 생기 는 것이다. 하지만 이번 사건에서는 그런 게 전혀 없었다.

"여자는 남자 넥타이를 썼다고 했습니다." 수사관이 말했다.

반장이 안타깝다는 듯 고개를 저었다. 그러더니 아까 한 말을 또 했 다. "진짜 작고 가냘픈 여자예요."

"작고 가냘프죠." 수사관이 맞장구쳤다. "자기 목숨이 위험해지면 어 떻게든 그런 힘이 나나 봅니다."

나는 손목의 흉터, 왼쪽 팔 뒤쪽의 찰과상, 그리고 심장 충격기 자국 등을 크기와 위치까지 자세히 적었다. 그리고 사진사에게 문신이랑 손 목도 찍으라고 지시했다.

그는 화려하게 그려진 문신을 클로즈업으로 찍었다. 오른팔 상완에

만화영화 캐릭터 '탑캣(Top Cat)' 그림과 '사랑(LOVE)', 그 아래에는 큼지막하게 '증오(HATE)'가 새겨져 있었다.

가족들이 이미 앤서니임을 확인했기 때문에 문신을 이용해서 신원을 파악할 필요는 없었다. 그냥 습관적으로 사진으로 남겨놓은 것뿐이었다. DNA 증거가 사용되기 전에는, 특히 부패가 진행되기 시작해서 다른 방법을 쓸 수 없을 때는 문신으로 신원을 파악하는 경우가 많았다.

끈의 흔적이 무척 중요하긴 했지만, 앤서니가 질식사했음을 확실하게 뒷받침해줄 다른 증거를 찾아봤다. 가장 명확한 첫 번째 표시는 얼굴 피부가 붉은 것이었다. 목정맥은 가늘고 쉽게 눌려지기 때문에 피가 통하지 않은 것이다. 동맥은 훨씬 두껍고 압박을 받더라도 탄력이 강해서 혈액이 머리까지 쉽게 갈 수는 있다. 하지만 정맥이 막히면 심장으로 돌아가지 못한다. 그런데 질식의 가장 확실한 증거는 (목이 막혔든, 숨을 막았든, 목을 졸랐든, 아니면 다른 방법을 썼든) 눈이나 눈 주위에 나타난다. 질식사했을 경우 대부분은 눈꺼풀 안쪽의 결막에 바늘자국처럼 작은 핏자국들이 나타난다. 점상출혈이라고 하는 이 현상은, 드물지만 기침이나 재채기를 격하게 했을 때 나타나는 충혈과도 유사하다. 입과 코를 막아 질식사시킨 경우에는 드물지만, 교살로 죽은 사람은 거의 모두 앤서니처럼 점상출혈이 나타난다. 나는 사진사가 사진을 찍도록 앤서니의 눈을 겸자로 벌려주었다. 찰칵, 번쩍.

앤서니의 키를 잰 다음(180cm)에는 몸을 돌려 엎드린 자세로 눕혔다. 등을 찍기 위해서였다. 노던 순경이 숨을 들이마시는 소리가 들렸다. 그러고 보니 그를 부검 과정에 동참시키려는 계획을 잊고 있었다. 하지만 그때는 아직 메스를 들기도 전이었다. 고개를 들어보니 그가 공포에 질린 표정으로 앤서니를 바라보고 있었다.

"아니, 여자가 얼마나 때렸으면 등이 저렇게 퍼렇고 꺼멓게 멍들었을까요!"

내가 고개를 저었다.

"아니, 아니에요. 죽으면 다 그렇게 색이 변해요. 정상적인 현상이에요."

그가 믿기지 않는다는 듯이 나를 빤히 쳐다봤다.

"시반이라는 거예요. 혈액침강이라 하기도 하고요. 멍든 것처럼 보이죠? 처음 보면 무섭겠지만 저건 지극히 정상이에요."

나는 숨이 끊어지면 적혈구가 중력에 끌려가는 원리를 약간 자세히 설명하며 그 현상의 법의학적 중요성도 알려줬다. 시반을 보면 죽은 후에 시신이 어떤 자세였는지를 알 수 있다. 몸에서 가장 낮은 위치에 시반이 생기기 때문이다. 만일 시신이 다른 곳으로 옮겨졌다면 그림자처럼 겹치는 부분이 상황을 알려줄 것이다. 하지만 얼굴에 나타난 시반은 잘못 해석할 위험이 있다. 얼굴을 바닥으로 향한 채 죽은 사람은 코가 바닥에 눌리기 때문에 코와 입 주변은 흰색으로, 얼굴은 검푸른 색으로 변하기도 한다. 이것도 정상적인 시반인데 피부에 이런 무늬가 나타나면 코와 입을 막아 질식시킨 거라고 오판할 수 있고, 사실 많은 법의관들이 그런 실수를 저지른다.

앤서니가 엎드린 자세로 누워 있으니 목 뒤쪽과 두피 경계선을 자세히 살필 수 있었다. 뒤쪽은 끈에 눌린 흔적이 전혀 없었다. 이제 앤서니를 다시 똑바로 눕혔다. 목을 조른 흔적은 목구멍 위치에서 가로로 뚜렷했다.

아직 절개를 하지 않았기 때문에 노던 순경은 어쩌면 그날은 기적적으로 해부가 불필요한 거라고 생각했을 수도 있다. 그는 시반에 상당히 관심을 보이다 긴장이 거의 풀린 상태였다. 그때 내가 메스를 들었다. 크고 묵직해서 안정감이 있는 PM40이었다. 자연사한 시신을 부검하던 초기에는 작은 메스만 썼다. 하지만 법의관이 된 후로는 칼날이 더 크고 갈아끼울 수 있도록 제작된 부검용 PM40만 쓰고 있고, 지금은 PM40이 법의관들의 가장 충직한 도구가 되었다.

이 메스는 내 손에 편하게 잡히고 무게도 딱 적절하다. 갑자기 잡담이 뚝 그치고 주위에 긴장감이 팽팽해졌다. 나는 노던 순경이 이런 광경은 보고 싶지 않다는 듯이 숨을 깊이 들이마시는 소리를 들었다. 하지만 나는 PM40을 든 느낌이 좋았다. 지휘봉을 든 지휘자 같은 기분이었다. 이제 오케스트라가 연주를 시작할 참이었다.

나는 항상 하던 대로 가슴 중심에서 시작하여 정중선을 따라 칼날을 죽 그었다.

그리고 설명을 시작했다. "우리는 앤서니가 목이 졸려 죽었다는 것을 알고, 그것을 자백한 진술도 확보했습니다. 하지만 다른 질환으로 사망한 건 아닌지 확인해야 합니다. 심장질환이나 죽음을 앞당긴 다른 질환이 있었을 수도 있거든요. 그래서 장기를 모두 확인해봐야 합니다. 물론 졸린 흔적이 있는 목 안쪽부터 봐야겠죠."

노던 순경은 아무런 반응이 없었다.

나는 설명을 계속하면서 해부를 진행했다.

"목 내부의 손상은 별로 심각하지 않을 수도 있어요. 앤서니는 22살

163

밖에 안 돼서 후두나 갑상선 주변의 연골이 아직 유연하거든요. 나이가 더 들면 석회화돼서 목이 졸리는 동안 부서질 가능성이 높아지죠."

노던 순경은 고개를 끄덕이는 것처럼 머리를 기울였다. 아니면 구역질을 안 하려고 애쓰는 건가?

"교살은 오랫동안 법의관들에게 흥미의 대상이었는데, 그건 교살이 정확히 어떤 방식으로 죽음을 일으키는지 밝혀지지 않았기 때문이죠." 내가 설명을 계속했다. "전에는 피해자가 질식해서 죽는 거라고 알려졌고 지금도 많은 비전문가들은 목을 압박하면 그냥 공기가 차단된다고 생각할 겁니다. 하지만 사망원인이 항상 질식인 건 아닙니다. 어떤 사람은 목을 누른 지 얼마 되지도 않아 너무 빨리 죽거든요. 사실 전형적인 질식 증상을 보이지 않고 바로 죽는 사람도 종종 있어요. 질식 증상을 보인 사람들도 산소 부족이 원인이라 하기에는 너무 일찍 죽는 경우가 대부분이고요."

천만다행으로 얼마 동안 노던 순경은 혐오감보다는 호기심이 더 강해진 것 같았다.

"그럼 어떻게 죽는 건데요?" 그가 소심하게 물었다.

"글쎄요, 우리는 경정맥, 목에서 이 부분이요, 여기에서의 압박이 머리로 가는 정맥의 압력을 과도하게 높이는 거라고 알고 있어요. 그래서 어떤 피해자들은 얼굴이 푸르스름해지죠. 여기 경정맥을 압박하면 머리로 가는 혈액 공급이 중단되기 때문에 피해자는 금세 의식을 잃어요. 그런데 목을 조르면 신경도 압박해서 부교감신경에도 영향을 줄 수 있어요. 부교감신경은 우리가 의식하지 않는 신체활동, 그러니까 소화작용 같은 걸 통제하죠. 이 부교감신경계에서 가장 중요한 신경 중 하나가 미주신경이고요. 목을 눌렀을 때 즉사하는 경우는 알 수 없는 어떤 메커니즘에 의해, 미주신경에 심장박동을 멈추라는 신호가 갔기 때문이에요. 일종의 반사작용이죠."

"그럼 앤서니도 그렇게 해서 죽은 건가요?" 그 순경이 앤서니의 목 안쪽을 훔쳐보며 물었다.

"앤서니는 머리와 목에 울혈이 있고 눈에 점상출혈도 있어요. 이건 질식할 때 나타나는 증상이죠. 그러니까 즉사는 분명 아니에요." 내가 시신 위로 몸을 기울였다. "키스 심슨 교수라는 유명한 법의관이 쓴 책에 나온 건데, 어떤 군인이 춤을 추다가 다정하게 상대의 목을 가볍게 비틀었는데 그 여성이 쓰러져 죽어버렸어요. 부교감신경을 비튼 겁니다. 그 후로 교살 사건에서 피고 측에서는 이걸 이용하는 경우가 많아졌어요. 자기는 죽일 의도가 없이 그냥 피해자의 목을 잡기만 했는데, 미주신경의 어떤 작용 때문에 숨이 끊어진 거라고요."

"하지만 테레사 라젠비는 넥타이를 사용했잖습니까." 수사관이 말했다. 약간 불만스러운 말투였다. 그 여자는 이렇게 고집 센 남자들을 어떻게 그렇게 쉽게 자기편으로 만들었을까?

"이 부상을 보면, 여자는 넥타이로 한참 동안 조르고 있었을 겁니다. 그러니까 이게 그 여자의 방어 행동이라고 한다면 근거가 빈약한 거죠."

"남자가 자기를 죽이려고 했다는 게 그 여자 주장입니다." 수사관이 말했다.

"안됐어요." 수사반장이 거들었다.

노던 순경은 이 대화에 끼지는 않았지만 아직 부검실을 뛰쳐나가진 않았다. 나는 그가 그렇게 오래 버틴 건 내가 안심시키는 말을 끊임없이 떠들어댄 덕분이라고 믿고 싶었다. 하지만 뇌를 꺼내기 위해 안치소 직원의 도움을 받아 두개골을 자를 때는 그도 결국 뛰쳐나갔다. 요란한 소리를 내며 두개골을 자르는 동안에는(이때 특수톱이 사용된다) 경험 많은 수사관 두 명도 얼굴을 돌렸다. 이런 일을 일상적으로 보는 범죄 현장 조사관은 요란한 톱날 소리보다 더 큰 소리로 나와 잡담을 나눴지만, 뜨거워진 뼈가 잘리면서 나는 지독한 냄새는 의식을 안 할 수가 없었다.

부검이 끝난 후 수사관들은 경찰서로 가서 사건을 브리핑하고 퇴근 일지에 사인을 했다.

"박사님, 이제 뭘 해야 될지 아시죠? 한 잔 하는 거예요. 아니 석 잔이요. 저희랑 덕앤볼에 같이 가시죠."

술 한 잔 하면서 노던 순경이 다시 기운을 차린 모습을 보고 싶었지만, 젠을 생각해서 사양할 수밖에 없었다. 하지만 차를 몰고 집으로 가는 내내 뭔가가 마음에 걸렸다. 불편한 기분이었다. 양쪽 신발을 바꿔 신었거나 셔츠를 뒤집어 입은 것 같은 불편함. 앤서니 피어슨 사건 때문이었다. 그를 죽였다고 자백한 여자친구의 진술. 그녀에 대한 수사관들의 연민. 하지만 사건을 파악하고 나면 어떤 꺼림칙함이든 민들레 씨앗처럼 흔적도 없이 날아가 버리겠지. 내일 부검감정서를 쓰고 나면 모든 게 분명해질 것이다. 게다가 지금은 그 일에 대해 생각할 시간이 없다. 눈앞에 현관문이 보이니까. 다른 세상으로 들어가는 문.

인간이 인간에게 행하는 비인간성을 매일 목격하면서도 나는 감정을 완전히 배제하는 것이 가능하다고 착각했다. 죽음을 통해 드러난 광기, 어리석음, 슬픔, 절망, 인간의 지독한 나약함을 마주했을 때 과학적 호기심 외에 아무것도 느끼지 않는 것이 가능하다고 생각했다. 목석같은 동료들을 보며 나도 그렇게 될 수 있다고 생각했다. 탁월한 연구 실력을 발휘하고, 부검실에서는 벌거벗은 인간의 허영을 보고도 동요하지 않고, 선악의 복잡한 개념에도 고민하지 않으면서 말이다. 그러다 우리 집 현관문을 열고 들어가면 클라크 켄트가 다른 자아로 돌아가듯 법의관이라는 정체성 아래 숨어 있던 온화하고 사랑이 넘치고 인간적이고 헌신적인 남편과 아빠로 돌아갈 수 있다고 생각했다. 심호흡을 하자. 테레사 라젠비가 앤서니 피어슨에게 무슨 짓을 했는지는 생각하지 말자. 당장 멈추자. 열쇠. 문손잡이. 걸어가. 웃어. 즐거운 얼굴로. 하루를 어떻게 보냈는지 묻자. 요리하자. 웃자. 동화책을 읽어주자. 웃자. 저녁을 먹고, 젠과 오늘 어떻게 보냈는지에 대해 얘기하자. 오늘 해야 할 공부에 대해서도. 앤서니 피어슨은 생각하지 말자. 입가에서 흘러내린 가느다란 핏줄기, 목을 조른 불규칙한 붉은 자국도 잊자. 그럼 괜찮다.

다음날 병원에 도착한 나는 서류가방에서 부검 노트를 꺼냈다. 부러진 가지, 겨울 숲 냄새가 노트에 묻어 나와 잠시 주변에 감돌았다. 영안실 냄새였다.

나는 메모한 내용을 팸이 타이핑할 수 있도록 다시 정리하며 필기했다. 앤서니 피어슨에게 질병은 없었고, 사인은 끈에 의한 교살이라는 것이 내가 내린 결론이었다. 그리고 이렇게 덧붙였다.

목 앞쪽에 난 멍자국의 위치와 분포로 보아 범인은 피해자 뒤에서 끈을 당겼고, 목 뒤쪽에 끈을 교차한 자국은 없음.

그 사건의 어떤 점 때문에 신경이 쓰이는지 여전히 모호했지만, 보고서를 제출한 이상 그 문제는 금세 잊어버렸다. 어차피 검찰청에서는 재판이 열릴 때 내게 연락해서 증언해달라고 할 것이다. 그럼 그때 파일을 꺼내보고 다시 생각해보면 될 터였다. 당장은 내가 너무 바빴다.

15 유족의 슬픔을 마주한다는 것

살인사건을 마무리하고 집으로 가면서 나는 이제 내 기분을 자유자재로 통제할 수 있는 것 같아 뿌듯했다. 또한 부검을 지켜보며 혐오감을 느끼는 사람들을 진정시키는 법의관으로서도 자부심을 느꼈다. 사실 나자신을 감정 조절의 달인으로 여겼다. 하지만 그것은 피해자 가족을 만나기 전의 일이었다.

충격과 공포, 비통함에 짓눌린 가족들. 대답할 수 없는 질문("그 애가 고통스러워했을까요, 박사님?")을 던지고 나를 바라보는 가족들. 진실을 알고 싶어 하면서도 진짜 진실은 알고 싶어 하지 않는 가족들. 유족들은 방을 꽉 채운 채 흐느적거리는 스펀지처럼 주위의 산소를 모두 빨아들이는 것 같았다. 그들은 딱딱한 의자에 어색하게 앉아서 서로 화장지를 건네주고, 멍하니 입을 벌리고, 눈물을 흘리고, 고개를 저었다. 내가 무슨 말이라도 해주기를 바라면서 말이다. 분노나 히스테리를 표출하거나 눈물을 흘릴 능력이 있는 이들을 대하면 나는 두려움에 휩싸였다.

하지만 그런 상황에 대처하는 일도 내가 배워야 할 일이었다. 첫 수업은 공교롭게도 가족들의 감정에 대처하는 것보다 훨씬 더 힘든 일이 있음을 가르쳐준 사건이었다. 그것은 가족이 아예 없는 경우였다.

때는 겨울이었다. 내가 호출된 집은 어느 노부인의 주택이었는데, 그녀는 벌거벗은 몸으로 탁자 아래 웅크린 채 죽어 있었다. 경찰은 그곳을 범죄 현장으로 보고 있었고, 누군가가 귀중품을 찾으려고 한 정황도 있었다. 벽장과 서랍이 열린 채 내용물이 여기저기 쏟아져 있었던 것이다. 가벼운 가구들은 옆으로 넘어져 있었다.

"여긴 춥네요." 내가 경찰관에게 말했다. 지난 며칠 동안 날씨가 따뜻해졌지만 크고 오래된 그 집은 여전히 냉랭했다.

"습해서 더 추운 것 같습니다." 그가 동의했다.

"부인이 난방을 안 했습니까?" 내가 물었다.

그가 고개를 저었다. "중앙난방장치가 없습니다."

한 수사관이 이 말을 들었다.

"불을 지피려고 할 때 누군가 침입한 거 아닐까요?"

우리는 천장이 높은 거실을 둘러봤다. 벽난로는 청소가 되어 있었고 불을 지피려 한 흔적은 보이지 않았다. 구석에 막대가 둘 있는 전기난로가 있었지만 플러그는 꽂혀 있지 않았다.

나는 바닥에 떨어진 선반들과 내용물을 다시 살펴봤다. 책, 약, 장신구, 카드 같은 것들이 여기저기 흩어져 있었고, 작은 의자는 넘어져 있었으며, 분명 층층이 쌓여 있었을 신문이 지금은 카펫 위로 어지럽게 널려 있었다. 방어하듯 웅크린 자세로 누워 있는 노부인에게 시선을 돌렸다. 가여울 정도로 여윈 몸이라 보기에 더 민망했다.

"부인의 건강에 대해 아는 거 있습니까?" 내가 물었다.

"아직 없습니다, 박사님."

"이웃 사람들은 만나봤습니까?"

"네, 부인이 교류가 별로 없어서 그 사람들도 아는 게 별로 없더군요. 옆집 사람들은 부인의 정신이 온전치 않다고 생각했답니다."

경찰관이 고개를 끄덕였다. "청소부도 부인 행동이 분명 이상하다고 했습니다."

정신이 온전치 않다. 행동이 이상하다. 건망증이 있다. 무슨 요일인지 모른다. 여러 가지로 에둘러 말했지만 뜻은 다 비슷했다.

주방에는 상한 빵이 있었다. 열지 않은 정어리 캔도 하나. 깡통따개. 마멀레이드 한 병. 빵칼. 마멀레이드 뚜껑 주위로 수상한 자국이 있었는데, 누군가가 빵칼로 자르려고 했거나 깡통따개로 열려고 한 건지도 모른다. 우편물은(대부분 전단지나 공문서였다) 냉장고 안에 들어 있었다.

내가 보기엔 에둘러 말할 필요가 없었다. "치매였군요."

"침입자를 오랫동안 못 본 아들로 생각한 거 아닐까요." 수사관이 말했다. "벨이 울려서 나갔다가 그 사람을 안았을 수도 있고요. 강제로 침입한 흔적도 없고 거실에서 몸싸움을 한 흔적도 없습니다."

"누가 처음 발견한 건가요?" 내가 물었다.

"청소부가요."

"네, 그 청소부가 오늘 아침에 들어올 수가 없어서 우리한테 전화한 겁니다. 이분이 좀 정신이 없다는 걸 아니까, 이 안에 있는 줄 모르고 어디선가 헤매고 있을지도 모른다고 생각한 거죠."

"청소부는 얼마나 자주 오나요?"

"일주일에 한 번요. 하지만 이번에 2주 동안 휴가를 갔다 왔어요."

범죄 현장 조사관이 주방 문으로 고개를 내밀었다.

"시신을 옮겨도 되면 지금 옮기겠습니다, 박사님."

"뭐 건진 거 있나?" 수사관이 그에게 물었다.

"아뇨. 부인 지문은 많은데 침입자의 지문은 못 찾았어요. 장갑을 꼈

171

는지도 모르죠."

내가 수사관에게 몸을 돌리며 말했다.

"제 생각으론, 침입자는 없었습니다."

그가 나를 보며 눈을 끔벅거렸다.

"추위가 범인입니다." 내가 말했다.

그때 거실에 있던 경찰관 4명은 아무 말도 하지 않았다.

"제가 보기에 이 부인은 저체온증으로 죽었습니다. 아마 사고능력을 잃었을 것이고, 어쩌면 신체적 능력도 잃었는지 모릅니다. 그래서 난롯불을 지피기는커녕 히터 스위치도 못 켠 거죠."

수사관이 고개를 세차게 저었다.

"에이, 설마요. 그렇게 추운 날씨도 아니잖습니까!"

실외나 산에서 영하의 기온에 노출돼야 저체온증에 걸린다는 건 잘못된 통념이다. 나이 들고 허약한 사람들은(사실 젊고 허약한 사람들도) 섭씨 10도 정도의 실내에서도 목숨을 잃을 수 있다. 밖에서 찬바람이 불거나 외풍이 심하면 그보다 높은 온도에서도 목숨이 위험할 수 있다.

심부체온core temperature이 약 32도 아래로 떨어지면 심박수와 혈압이 떨어지고 의식이 둔해진다. 26도 아래로 떨어지면 거의 확실히 목숨을 잃게 된다. 체온이 18도로 떨어졌다가 회복된(동상으로 손발을 잘라내긴 했지만) 유명한 사례가 있긴 하지만 말이다(법의학계에서 단 한 번만 보고된 예외적 사건이 얼마나 많은지 알면 놀랄 것이다. 그러면 그때부터 피고 측 변호사들이 그것을 흔한 일인 양 악용하려고 기를 쓴다).

의외로 저체온증으로 인한 사망은 그렇게 특이한 일이 아니다. 바다나 강물 같은 차가운 물에 빠져죽을 수도 있고, 술에 취해 공원에서 자다가 죽을 수도 있다. 어린아이일 경우 보살핌을 못 받고 방치되어 죽을 수도 있다. 하지만 저체온증으로 사망하는 사람들은 대부분 노인들이다.

어쩌면 그들은 너무 궁핍해서 난방할 여력이 없었을 수도 있고, 신체적으로나 정신적으로 문제가 있어 난방장치를 켜지 못했을 수도 있다. 때로 먹는 것이나 난방이나 몸을 돌보는 일에 무관심한 우울증 환자의 비극적인 종착역이 저체온증일 수도 있다.

이번 사건을 맡은 강력팀은 그 집에 침입한 사람이 없다는 사실을 쉽게 믿지 못했다.

"박사님, 이 거실 상태 좀 보십시오! 그놈이 뭘 가져갔는지는 아무도 모르죠. 다 갖고 도망가버렸으니까요!"

"그럼 왜 부인이 옷을 다 벗고 있는 겁니까? 설마 그놈이 부인을 … 어떻게 한 건 아니겠죠?"

"부인이 스스로 옷을 벗었을 겁니다."

"추운데 옷을 벗었다구요!"

"박사님, 무슨 말씀이세요!"

"그럼, 물건들을 다 어질러놓은 것도 부인이 한 건가요?"

그것은 '숨어서 죽기hide and die' 증후군 같았다. 노부인은 목숨을 위협하는 기이한 충동에 굴복했을 가능성이 거의 확실했는데, 옷을 다 벗어버리려는 그 충동은 추위로 죽어가는 사람들한테서 나타날 수 있다. 그 증후군에서 살아남은 사람들에 의하면, 그들은 체온이 떨어지면서 몸이 아주 뜨거운 느낌이었고 그래서 옷을 벗을 수밖에 없었다고 한다. 그것은 저체온증에 대한 흔한 반응이다. 그보다는 덜하지만 구석이나

173

테이블 아래 숨는 증후군이 있다. 그들은 숨으면서 흔히 가구를 넘어뜨리거나 낮은 층의 서랍에서 물건을 꺼내 비우고 그 위에 있는 책장의 책들도 다 쓸어내린다.

숨어서 죽기 증후군에 대해 강력팀은 의구심을 보였다. 수사관들은 부검을 해보면 살인 증거가 나올 거라 주장했지만 사실 저체온증은 입증하기가 어렵다. 그 이유는 추위로 죽은 몸인지 죽어서 차가워진 몸인지 구분하기가 무척 어렵기 때문이다. 하지만 때로는 육안으로 확인되는 변화도 있다. 백인의 경우 무릎 주변과 팔꿈치 주변이 붉은 기가 도는 갈색으로 변하는 것이 그중 하나다. 위벽에 생기는 작고 어두운 색의 궤양도 저체온증의 가장 중요한 특징이다.

다행히 이 사건에서는 이 두 가지 지표가 뚜렷하게 발견됐다. 저체온증으로 인한 사망이 분명했다. 나는 내 추론을 증명할 수 있어서 기뻤지만 이상하게 그 사실을 알고 서글퍼졌다. 혼자서 살다 죽은 그 노부인은 나의 할머니와 숙모들, 그들의 친구들, 잉글랜드 북부에서 혼자 사는 모든 여성들의 운명처럼 느껴졌던 것이다. 그곳에 가서 방학을 보내던 내가 보기에, 혼자 사는 노부인들의 세상은 우정과 가족애와 상부상조의 믿음직한 공동체였다. 혼자서 살아가기가 힘들어지더라도 그들은 주위의 보살핌을 받으면서 그 공동체의 일부로 계속 살아갔다. 하지만 죽은 그 부인은 그런 도움 없이 혼자서 살았다. 사실상 방치되어 죽은 것이다. 어쩌면 스스로를 유기한 것일 수도 있지만, 그런 비극도 결국 돌봐주는 이들(친구나 가족이나 공동체)이 없어서 일어난 것이다. 화장대 위에 놓인 사진으로 보아 그녀는 자식이나 조카 또는 손자가 있었다. 그들은 어디에 있었을까? 그 가족들은 그녀를 찾아볼 생각도 없었던 것 같다. 그녀가 죽어버린 지금은 신경을 쓸까?

유족들의 감정을 대하기가 너무 버겁다고 생각했었지만, 이제는 처음으로 그들을 만나보고 싶어졌다. 자식들에게 그들의 어머니가 정확히 어떻게 돌아가셨는지 설명해주고 싶었다. 하지만 나는 아무 연락을 받지 못했다. 그들은 사인심문에도 나타나지 않았다. 사망자에 대한 추가 자료를 읽어본 검시관은 내가 소견을 밝힌 사인, 즉 치매로 인한 저체온증을 받아들여 사고사라는 결론을 제출했다. 법원에 참석하여 그 판결을 들은 사람은 나, 경찰관 한 명, 그리고 검시관뿐이었다. 참으로 서글프고 쓸쓸한 삶의 종말이었다.

그 후 다른 유족을 만나야 했을 때 나는 두려운 마음이 들었지만, 그들을 대하는 것이 아무도 돌보지 않은 이의 비정한 죽음을 대하는 것보다 더 나으리라는 것을 떠올렸다. 그렇다고 두려움이 완전히 사라진 건 아니었다. 그런 유족들을 생각하기만 해도 속이 울렁거렸다. 그래서 그것을 핑계로 그 자리에 못 간다고 할까 생각하기도 했다. 하지만 도망칠 곳은 없었다. 그들의 고통에 동참해야 했다. 지금은 인정하는 바이지만, 그것은 내가 오랫동안 억눌러온 고통의 반향을 받아들이는 일이었다.

그 후에 맡은 사건은 힘들었다. 그 가족의 불운이 특히 가슴 아팠던 이유는 15살 된 동생이 죽어 있는 걸 아침에 그 언니가 발견했기 때문이다. 특별한 징후도 없이 말이다. 발레에 열심이었던 앨레나는 귀여운 얼굴에 사랑스러운 딸이었다. 앨레나의 부모와 형제들은 충격에 빠져 어찌할 바를 모르는 상태였다. 그래서 그들의 주치의나 검시관 보조관이 나를 만나보라고 자리를 마련한 것 같았다.

우리는 안치소의 유족 대기실에서 만났다. 차분한 색조와 조명이 인상적인 그 방은 이동침대의 쨍그랑 소리나 불쾌할 수 있는 직원들의 높은 목소리가 들리지 않도록 방음 장치도 되어 있었다. 방금 강의를 하나 끝냈고, 다른 부검을 앞두고 있었으며, 그것이 끝나면 집에 가서 아이들을 돌봐야 하는 열정 많은 젊은 법의관은 급히 대기실로 향했다. 문을 열면서 나는 이 일이 빨리 끝나기만을 바랐다.

내 앞에는 얼이 나간 듯한 가족이 앉아 있었다. 죽은 아이의 엄마. 그리고 아빠. 그 아이의 오빠. 언니. 그들의 절망과 슬픔이 분명한 실체로 나타나자 돌연 나의 삶이 멈춰버렸다. 시계도 모두 멈췄다.

나는 안간힘을 다해 그들에게 따뜻한 말을 전하려 했다. 말을 하려고 입을 열었지만 다시 닫혔다. 그들의 고통을 견딜 수가 없었다. 그들의 애통함이 영원히 지워지지 않을 염색처럼 내 몸에 스며드는 기분이었다. 비참함이 나를 집어삼키고 있었다. 내가 어떤 친절을 베풀 수 있겠는가? 도대체 무슨 말을 해야 한단 말인가. 죽은 아이의 오빠한테서 흐느낌이 새어나왔다. 언니가 두 손으로 머리를 감싸쥐었다. 아버지의 얼굴로 눈물이 흘러내렸다. 문득 나도 그들과 함께 울어버리고 싶었다. 그런데 나는 절대, 절대 울지 않는다. 어머니가 돌아가신 후부터는 한 번도 울지 않았고, 어쩌면 돌아가신 날에도 울지 않았는지 모른다. 10대 때 또는 어른이 되어서도 울었던 기억이 없다. 직업상 늘 함께 할 수밖에 없는 잔악함이나 슬픔을 대했을 때도 마찬가지다. 내 아내는 안다. 내가 울지 않는다는 것을. 하지만 그날은 울고 싶었다. 내 안의 눈물을 쏟아내기 위해 타인의 눈물을 봐야 했는지도 모른다.

물론 전문가라는 위치 때문에 그렇게 굴복할 수는 없었다.

그들은 내가 웅얼거리듯 겨우 애도의 말을 전할 때까지 참을성 있게

176

기다려주었다. 하지만 다시 고통스러운 침묵이 이어졌다.

결국 누군가가 나서서 입을 열었다. 죽은 아이의 엄마가 내 역할을 대신 맡은 것이다. 비통한 표정이었지만 자세는 무너지지 않았다.

"박사님, 괜찮으세요?" 그녀가 물었다. 슬픔에 가득 찬 그녀의 목소리는 다정하고 너그러웠다. 측은함 비슷한 감정으로 나를 바라보고 있었기 때문이리라.

나는 약간 몸을 떨며 괜찮다고 대답했다.

"혹시… 저희에게 앨레나의 죽음에 대해 좀 설명해주실 수 있으신가요?" 그녀가 곧바로 물어봤다.

물론 그래야죠! 그게 여기서 제가 할 일이죠. 그녀의 말에 비로소 정신이 들었다. 그들은 슬픔을 나누려고 온 게 아니다. 죽음에 빼앗긴 어여쁜 딸을 위해 내가 눈물을 흘려주기를 바라는 것이 아니다.

자, 나는 전문가다. 나는 죽은 아이에 대해 그들이 모르는 것을 알고 있다. 아이의 몸이 어떤 반응을 일으켰는지, 그 무서운 밤에 어떤 일이 일어났는지는 그 아이가 내게 말해준 것이나 다름없다. 몸으로 보여줬다. 검사 결과는 죽은 이의 생활방식에 대해, 어쩌면 그들의 사생활에 대해서까지 많은 걸 알려주지만 대부분은 그들의 죽음에 대한 것이다. 살인의 경우 죽은 이가 내게 말하는 것을 신중하게 듣는다면, 범인이 법의 심판을 받게 도와줄 수 있다. 앨레나의 경우, 내가 알게 된 사실들을 알려줌으로써 가족을 위로할 수 있을 터였다.

유족을 만난 게 그때가 처음은 아니었지만, 그 만남의 의미를 명확히 깨닫게 된 건 그날이었다. 법의관을 만나러 오는 가족들이 원하는 것은 단 한 가지다. 진실.

앨레나는 뇌전증*을 앓고 있었고 그래서 약을 처방받아 복용하고 있었다. 나는 예상했던 대로 그녀의 혈액에서 다른 약물이나 알코올은 검출되지 않았다고 알려줬다. 정확한 복용량을 지켰다는 것도 확인됐다. 과잉복용도 없었고, 잊고 안 먹은 적도 없었다. 발작 중에 침구에 의해 질식한 것도 아니었다.

"그렇다면 왜요? 왜 죽은 겁니까?" 아버지가 흐느끼며 물었다.

나는 그들에게 앨레나의 건강 문제를 물어봤다. 물론 이미 알고 있었지만, 혹시 기록에서 빠진 게 없는지 확인하고 싶었다. 그들의 설명을 듣고 나자 사인이 뇌전증이라는 확신이 들었다.

뇌전증 환자의 돌발성 사망에 대해 알려진 것은 그런 사망이 아무 전조증상도 없이, 주로 밤에 일어날 수 있다는 것이다. 그렇다고 반드시 발작 후에 일어나는 건 아니고 왜, 어떻게 일어나는지는 아직도 밝혀지지 않았다. 당시에는 그런 돌연사가 거의 알려지지 않아서 지금보다 훨씬 기이한 사건으로 치부됐다.

그래서 나는 증언은 해줄 수 있었지만, 앨레나를 죽음으로 몰고 간 정확한 메커니즘은 자세히 설명해줄 수가 없었다. 뇌의 전기신호에 이상이 생겼을 수도 있고, 뇌신경의 이상 방전이나 뉴런의 급성발작으로 심장이 멈췄을 수도 있지만 정확한 원인은 아직 베일에 싸여 있다. 가족

* 뇌 신경세포의 일시적 이상 때문에 의식의 소실이나 발작이 일어나는 질환. 간질 또는 전간이라고도 한다.

들은 내가 한 설명을 받아들였지만 듣고 싶은 말이 더 남아 있었다.

그들이 나한테서 듣고 싶은 말은 '여러분의 잘못이 아닙니다. 앨레나는 정확한 약을 정확한 양만큼 복용했습니다'였다. 그건 사실이었다. 그래서 그렇게 말해줬다.

그들은 또한 내가 이렇게 말해주기를 바랐다. '그 아이가 밤에 외치는 소리를 여러분이 못 들어서 앨레나가 죽은 게 아닙니다.' 그것도 사실이었다. 그래서 그렇게 말해줬다. 앨레나가 비명을 질렀을 가능성은 거의 없다는 것도 덧붙였다. 설령 그 아이가 비명을 질렀다 해도, 그리고 그 소리를 듣고 방으로 달려갔다 해도 그들이 할 수 있는 일은 없었을 거라고도 말해줬다. 그 말은 많은 유족들에게 아주 중요한 의미가 있었다. 그들의 슬픔에는 죄책감이 들어 있기 때문이다. 그들이 할 수 있는 일은 없었을 거라는 말에 죄책감이 싹 사라지진 않겠지만, 죄책감이 좀 더 빨리 옅어질 수는 있을 것이다. 그러기를 바란다.

그것이 내가 해준 말이다. 나는 내가 이해한 진실을 그들에게 전해줬을 뿐 그들을 슬픔에서 구하기 위해 일부러 말을 꾸미진 않았다. 그냥 단순함에서 오는 장점을 믿었다. 그리고 죽음이 불러일으킨 격렬한 감정에 휘둘리지 않았다. 경험상 유족의 슬픔에 말려들면 그 진실을 말하는 데 복잡함이 더해졌다. 그것은 누구에게도 도움이 되지 않았고, 그래서 나는 절대 그런 일이 없게 하겠다고 결심한 터였다.

이상하게 방어적이었던 앨레나의 언니가 자세를 풀었다. 오빠는 울음을 그쳤다. 아버지는 눈물을 닦았다. 얼마 안 있어 다시 흐르겠지만. 하지만 어쩐지 진실이 그들에게 위로가 된 것 같았다.

그 면담은 유족을 대하는 나의 마음가짐을 바꿔놓았고, 두려움도 어느 정도 누그러뜨렸다. 이제 나는 유족의 비통함을 없애려 하지 않고 최대한 친절하게 진실을 전하려고 노력한다. 진실을 전하는 것이 늘 간단한 것만도 아니고 한 가지 방법만 있는 것도 아니지만 말이다. 진실은 뼈가 부러져 만신창이가 된 짐승일 수도 있다. 전부 다 보이지 않을 수도 있다. 그리고 각자의 관점에 따라 달라질 수도 있다. 그래서 어떤 가족들은 진실을 알고 싶다고 했다가, 그들의 선입관이나 기대에 맞지 않으면 그것을 믿지 않으려 했다.

앨레나의 가족은 그러지 않았다. 하지만 내게 다른 질문을 했다. 그 후로 여러 가족한테서 받은 질문이었다.

앨레나의 오빠가 낮은 목소리로 물었다. "죽는 건 어떤 느낌이죠?"

그건 나도 모른다.

내가 말할 수 있는 건, 아무리 험한 상황에서 일어났다 해도 죽음은 결국 가장 높은 단계의 해방과 안식이라는 것이다. 과학적 증거는 전혀 없지만, 순전히 내 본능에 의하면 그리고 응급실이나 병실에서 죽음을 지켜본 경험에 의하면, 죽기를 원하는 사람은 거의 없지만 죽음 그 자체는 기분 좋은 것일지도 모른다.

그렇게 내 생각을 말했을 때, 그 가족 중 살아남은 딸(아침에 여동생의 시신을 발견한)이 외쳤다. "정말 앨레나는 평온해 보였어요! 좋은 꿈을 꾸고 있는 것처럼요!"

나도 그 말은 정말 여러 번 들었다. 사실 죽은 사람의 편안한 표정이 반드시 평화롭게 죽었음을 의미하는 건 아니다. 그런 표정은 죽은 후 얼굴 근육이 완전히 이완된 결과일 것이다. 평온한 표정이 살아남은 사람들에게 위안을 준다는 것을 생각하면 평화롭게 죽었다고 얘기해줘서 나쁠 건 없겠지만, 누가 묻는다면 나는 정직이 최선이라는 입장을 고수할 것이다. 하지만 죽은 아이의 언니는 질문을 한 게 아니라 자기 의견을 말한 것이라 굳이 내 생각을 밝히지는 않았다. 학창시절에 아버지가 주신 알렉산더 포프의 시가 떠올랐다.

그대의 언어가 진실이라도 아직은 부족하리니
무뚝뚝한 진실보다 다정한 거짓이 낫기 때문이다

죽음은 기분 좋은 해방감을 줄지 모르지만, 죽음 직전에 일어나는 일은 당연히 끔찍할 수 있다. 이제 그 아이의 아버지는 쉰 목소리로 내가 늘 듣는 질문을 던졌다. "박사님, 앨레나가 고통을 겪었습니까? 오랫동안 괴로워했으면 안 되는데!"

법의관들이 수없이 듣는 질문이다. 그리고 객관적 답변은 매우 암울할 수 있다. 유족에게 위안을 줘야 하는 현실과 진실의 엄혹함이 상충하기 때문이다.

유족들의 질문에 많은 법의관들은 죽은 이가 마지막 순간에 기절을 했거나 의식을 잃어서 고통 없이 죽었을 거라고 말해준다. 그것을 확신할 수 없을 때도 말이다. 하지만 죽기 직전에 고통이 어느 정도였을지, 또는 그 고통을 얼마나 오래 견뎠을지 알아내는 것은 거의 불가능하다. 부상이나 질병을 근거로 고통의 정도를 짐작하거나 특정 상황에서 죽음에 이르기까지 얼마나 걸렸을지 예상해볼 수도 있다. 하지만 시신 자체에는 고통의 지속 시간을 알려주는 확실한 지표가 없다.

폐에 체액이 많이 차 있으면(이를 폐부종이라 한다) 죽음이 천천히 진행된 거라는 주장이 있는데 그것은 사실이 아니다. 이런 부종은 사망 과정에서 흔히 나타나는 증상이다. 심장박동이 점점 느려지면서 혈관에서 나간 체액이 폐에 차는 것이다. 그래서 목이 잘린 사람들은 순식간에 죽기 때문에 폐에 물이 거의 차 있지 않다. 하지만 폐에 물이 많이 차 있다고 해서 반드시 오랫동안 괴롭게 죽었다고 할 수는 없다.

그렇다면 죽음의 속도와 고통의 정도를 묻는 이 가족(어느 가족이든)의 질문에는 어떻게 대답해야 할까? 나는 부검실에서의 요령이 늘면서 본능적으로 터득한 직감을 따르기로 했다. 정보를 줌으로써 혼란스러운 감정을 완화시키는 것이다.

그래서 이렇게 설명했다. "사람들은 대부분 죽음을 한순간에 일어나는 일로 잘못 알고 있습니다. 선생님은 따님이 살아 있다가, 한순간… 죽은 걸로 생각하시겠지요. 하지만 죽음은 그런 게 아닙니다. 전등 스위치가 꺼지듯 인간이 죽는 건 핵폭발이 일어났을 때나 그럴 겁니다. 그외의 상황이라면 죽음에도 진행 단계가 있습니다."

'죽음은 과정이다.' 나는 요즘 이 말을 자주 쓴다. 죽음이 진행되는 동안 몸의 기관은 각 세포의 신진대사에 따라 다른 속도로 기능을 멈춘다. 그러다 모든 기능이 멈추면 결국 몸의 부패와 자연스러운 분해로 나아간다. 흙에서 태어나 흙으로 가는 것이다.

침대 곁에서 지켜보는 임종은 몇 초에 지나지 않는다. 몇십 초가 걸릴 수도 있고 몇 분이 걸릴 수도 있을 것이다. 하지만 엄격히 말하면 인간의 세포가 하나씩 죽는 데는 몇 시간이 걸린다. 피부나 뼈 같은 세포는 하루 정도 '살아' 있을 수 있다. 이런 세포들은 새로 들어오는 산소가 없어도 축적된 산소가 소진될 때까지 신진대사를 계속한다. 사실 인간이 공식적으로 사망 판정을 받은 후에도 세포들을 따로 떼어서 실험실에서 며칠 동안 배양할 수 있다.

몇 시간 동안 심장이 불규칙적으로 뛸 수도 있다. 소화도 계속될 수 있다. 12시간까지는 백혈구가 스스로 돌아다닐 수 있다. 근육이 움찔거릴 수도 있다. 하지만 그것은 생명현상이 아니다. 내쉬는 숨이 있을 수 있지만 그것도 호흡은 아니다.

죽음을 확실히 규정하려는 시도는 많았지만, 도덕적으로나 과학적으로 명확한 정의는 없다. 다시는 주위 환경과 소통을 하거나 의도적으로 교류를 할 수 없을 때, 다시는 의식을 회복할 가능성이 없을 때, 그리고 이 세상과 자기 자신의 존재를 의식하지 못할 때, 그것을 죽음이라 한다. 물론 그렇게 정의하면 깊은 잠에 빠졌거나 마취상태인 사람(회복할 수 있는 상태에 있는)을 떠올릴 수도 있다. 또한 의식불명이나 지속적인 식물인간 상태인 사람도 해당된다. 하지만 이런 환자들은 심장박동이 있고 적어도 뇌간의 활동도 있다. 그건 죽음이 아니다.

심장박동이 없고, 호흡도 없고, 심전도 화면에 평평한 직선이 출력될 때 그것이 진짜 죽음이다. 때때로 사람들은 침대 옆에 있다 가족이 숨을 거두는 정확한 순간을 봤다고 말한다. 하지만 그건 틀렸을 가능성이 높다. 그들이 말한 건 호흡과 심장박동이 그친 순간이다. 그것은 신체사身體死일 뿐 세포가 죽기까지는 더 오랜 시간이 걸린다.

앨레나의 가족들은 울음을 그치고 내 설명에 귀를 기울였다. 그리고 내가 알려준 정보를 자신들의 비극적인 사건에 적용시키는 동안 침묵이 이어졌다.

"앨레나가 죽기까지 얼마나 걸렸는지는 잘 모르겠습니다. 하지만 드물게 보고되는 바에 의하면 뇌전증 환자들의 원인불명 돌발성 사망은 단시간에 끝난다고 합니다. 그 아이가 얼마만큼의 고통을 겪었는지는 알 수 없지만, 고통을 겪었다는 증거는 발견하지 못했습니다."

"잠에서 깨지 않았을 수도 있나요? 자기가 죽어가고 있다는 걸 몰랐을 수도 있나요?" 아버지가 희망 섞인 목소리로 물었다.

그랬다고 대답하고 싶은 생각은 간절했다. 하지만 그건 온전한 진실이 아니었다.

"앨레나가 겪은 일은 우리가 정확히 알 수 없습니다. 제가 말씀드릴 수 있는 건 고통을 받았다는 증거는 없었다는 겁니다. 다시 말씀드리지만 생명은 죽음이라는 과정을 거치면서 서서히 정리되어 사라지는 것이고, 그것이 기분 좋은 과정이라는 것이 제 믿음입니다."

그 가족들은 차분하고 후련한 얼굴로, 그리고 생각에 잠긴 표정으로 대기실을 떠나려 했다. 하지만 그때 앨레나의 아버지가 한 말에 나는 깜짝 놀랐다. "이런 이야기를 다 듣게 돼서 큰 도움이 됐습니다. 하지만⋯ 저는 박사님이 제 딸을 난도질했다는 생각을 하면 견딜 수가 없습니다."

그 말에 내내 강하고 차분해 보였던 어머니가 눈물을 터뜨렸다.

"저희는 마지막으로 앨레나를 보고 싶었는데, 못 봤잖아요! 선생님이 난도질을 해놔서요!"

아들은 소리치다 목이 메었다. 딸의 얼굴이 구겨졌다. 아버지도 다시 울기 시작했다.

그때서야 알았다. 대부분의 사람들에게 나는 그들이 사랑하는 사람을 '난도질'하는 사람, 검은 망토를 두른 채 할로윈 분위기를 풍기는 죽음의 사자라는 것을. 그 뒤로는 종종 그런 말을 들었지만 말이다.

이런 말을 해서 미안하지만 그런 사람들 중에는 경찰관도 포함된다. 심지어 검시관 보조관들마저 부검한 시신을 보고 싶어 하는 가족들에게 그러면 안 된다고 잘못된 조언을 해준다. '법의관이 해놓은 짓' 때문이라는 것이다. 부검 장면을 떠올리는 것도 무서운 사람들, 관련 분야의 전문가지만 안치소에 와보지 않았거나 부검 후에 시신을 본 적이 없는 사람들도 자신들의 편견을 감정적으로 위태로운 가족들에게 전달한다. 분명 그들은 호의로 그랬겠지만 그러면 안 된다. 그런 행동은 (부검에 대해 잘못된 정보를 줌으로써) 마지막 작별인사를 하고 싶고, 해야 하는 사람들에게 쉽게 치유하기 힘든 깊은 상처를 남길 뿐이다.

안타깝게도 이런 잘못된 믿음 때문에, 연구를 위해 부검을 하게 해달라는 부탁이 거절당하는 것이다. 물론 가족들에게 항상 선택권이 있는 건 아니다. 만일 질병으로든 사고로든 누군가가 갑자기 죽으면, 그리고 살인이 의심된다면 검시제도에 의해 검시관이 부검을 지시한다. 이 사회는 죽음의 이유를 알아야 하고 정의를 세우는 것이 가족의 결정보다 중요하기 때문이다. 게다가 범인이 가족일 가능성도 배제할 수 없고, 사실 가족이 범인인 경우도 적지 않다.

부검에 대한 전반적인 두려움을 실감한 것은 대형 재난사건 후에 어떤 글을 읽고 나서였다. 글을 쓴 여성은 자신도 모르는 사이에 아들의 몸이 부검됐다는 것을 알게 됐다. 아들은 그 사고로 죽었기 때문에 사인이 이미 밝혀졌다고 생각했는데 말이다.

내가 보기에 필요하지도 않은 부검을 한 건 잘못된 판단이다. 아이 몸을 함부로 절개한 건 그 아이를 존중하지 않은 것이고 우리 가족의 감정과 종

185

교적 신념도 무시한 처사다. 나한테 그 아이는 아직도 아들이다. 그리고 그 아이의 몸을 이유도 없이 훼손한 건 절대 용서할 수가 없다.

죽음이라는 종말을 인정하기란 참으로 어려운 것임을 나는 십분 이해한다. 어제까지만 해도 생각을 하고 느끼고 활동했던 아들이 오늘은 죽은 사람이라는 것, 어제였다면 메스로 살을 갈랐을 때 고통스러워했을 아이가 지금은 아무것도 느끼지 않는다는 것을 어떻게 쉽게 이해하겠는가. 그러니 부검이 몸에 대한 공격이 아니라 존중, 나아가 사랑이라는 주장은 그들이 가장 이해하기 힘든 궤변일 것이다.

다음은 위에서 말한 어머니를 포함하여, 분노한 유족들을 대리하던 변호사가 변론한 내용이다.

고인을 소중하게 대우하는 것은 우리가 얼마나 문명화되었는지를 보여주는 표시입니다. 일반 국민들에게 공개되지 않는 세계에서는 많은 일이 벌어집니다. 그렇기 때문에 이 일을 위임받은 사람들에게, 그리고 돌아가신 분들이 최고의 예우를 받도록 감독해야 하는 당국자들에게 각별한 책임이 있는 것입니다. 그것이 고인과 유족이 마땅히 기대하고 사회 전체가 요구해야 하는 권리입니다.

그의 말에 누가 이의를 제기하겠는가? 유감인 것은 그가 참혹한 일을 겪은 가족 중 부검에 대해 격분한 사람들의 심경만 대변했다는 것이다.

그렇긴 해도 부검이 왜 그토록 중요한지를 그는 정확하게 짚었다. 부검을 할 때 나는 문명사회가 기대하는 '최고의 예우'를 갖출 뿐 아니라 인간에 대한 사랑까지 담아 신속하게, 그리고 확실하게 작업한다. 나는 정확한 사인을 규명하려 이 일을 하는데도 수상하고 잔인한 백정으로 오해받는 게 너무나 괴롭다. 진심으로 바라는 것은 가족의 죽음에 대해 직접 나의 설명을 듣거나 법정에서 나의 증언을 듣는 사람들이 내가 세심하게 배려하며 그 일을 했음을 알아주는 것이다. 그리고 인간에 대한 애정으로 일한다는 것도.

나는 울고 있는 앨레나의 가족들에게 그녀의 몸을 잔혹하게 훼손하지 않았으며 예의를 갖춰서 임했다고 공손하게 설명했다. 가족을 위해, 그녀를 위해, 그리고 사회를 위해 말이다. 세상은 아무렇지도 않게 '어? 15살짜리 여자애 한 명이 또 갔네!' 이렇게 말하진 않는다. 그 죽음의 진실을 규명하라고 요구한다.

나는 그들에게 검사가 끝난 후 그녀의 몸은 안치소의 전문가들이 정확하게 그리고 아름답게(모든 몸이 그렇듯이) 복원했음을 보장한다고 했다. 복원전문가들은 그들의 기술에 자부심을 갖고 있으며 그것은 합당한 자부심이다. 가족들은 앨레나를 보는 것을 두려워할 필요가 없었다. 아니, 꼭 봐야 했다. 사랑하던 사람의 몸을 보는 것은 작별의 한 방식일 뿐 아니라 죽음을 받아들이고 삶에 감사하는 방식이기도 하기 때문이다.

나는 즉시 그들이 앨레나를 만날 수 있게 조치했다. 그들은 내가 자리를 떠날 때 말없이 고마움을 표했다. 어쩌면 나는 오랫동안 그들이 견뎌야 할 고통스러운 슬픔의 무게를 아주 약간 덜어줬는지도 모른다. 각자 나름의 이유로 우리는 그날의 만남을 절대 잊지 못할 것이다.

물론, 내가 부검한 수만 명 모두에게 슬픔을 느낄 수는 없다. 슬픔은 내가 몸을 절개할 때 느끼는 감정이 아니다. 그것은 가족을 잃은 사람들이 괴로워하는 것을 보면서, 검시관법원의 가라앉은 분위기에서, 또는 더 흔하게는 안치소나 사무실에서 느끼는 감정이다. 나는 이제 나의 감정을 관리하는 쪽으로 타협했다. 앨레나의 가족을 만나고 몇 년이 흐르는 동안 나는 고인의 가족을 되도록 자주 만나는 게 바람직하다고 생각했다. 명확한 정보를 들은 가족들은 죽음을 확실히 이해하게 되고, 그런 이해는 응원과 위안의 역할을 할 뿐 아니라 가족들을 계속 살아가게 만들 든든한 기반이 될 것이다.

나는 그동안 유족들의 고통을 존중하고 이해하면서, 하지만 그것을 내면화하지 않으려 애쓰면서 이 일을 계속해왔다. 예리한 독자들은 지금쯤 내가 초반에 유족들을 만나기를 꺼려한 것을 어머니를 일찍 여읜 것과 연관시켜 생각할 것이다. 그리고 그 후 유족들의 슬픔에 감정이입하는 것을 보고 이렇게 생각할 것이다. '아하! 이 사람은 자신의 상실감 때문에 엄청난 슬픔을 마주할 용기가 없었던 거구나! 그런데 점차 다른 사람의 슬픔을 감당할 정도가 됐고, 앨레나의 가족과 만난 후에는 드디어 그것을 극복할 수 있게 된 거야!'

그런 이론에도 뭔가가 있을지 모른다는 건 인정한다.

16 사건은 살아 돌아온다

나는 존중과 인간애를 갖고 내 일에 임하지만, 무엇보다도 객관적인 냉철함으로 임한다. 이 일의 성격상 그래야 한다. 몇 년의 경력이 쌓이면서 나는 집 현관문 앞에서 그런 냉철함을 털어내는 데 익숙해졌다고 자부했다. 그래서 젠이 내가 집에서도 직업적인 냉정함을 보인다고 계속 눈치를 주자 나는 약간 맥이 빠졌다. 그래서 그녀의 눈치를 무시했다. 결국 그녀는 내가 유쾌하고 자상한 남편이라는 건 나만의 착각이라고 대놓고 말했다. 그녀가 결혼한 사람은 늘 암울하고 일밖에 모르는 일중독자라는 것이었다.

내가? 그럴 리가. 일요일 점심때면 오븐이 데워지기를 기다리면서 소고기를 여러 가지 칼로 여러 각도에서 찔러봤는데 그것 때문에 그러는 건가? 그게 어때서? 칼에 찔린 상처를 보면 칼의 정확한 크기와 형태를 알아낼 수 있는데, 그리고 인간의 살과 가장 비슷한 게 소고기인데 어떡하란 말인가. 오븐이 예열되길 기다리는 동안 그런 간단한 실험을 하지 않는 게 더 이상한 거 아닌가?

"아빠, 그럼 아빠는 우리가 먹는 게 사람의 몸이라고 생각하는 거야? 죽은 사람 말야." 애나가 그렇게 말하더니 나이프와 포크를 내려놓았다.

"바보 같은 소리. 이게 어떻게 사람의 몸이야." 나는 얼른 소고기를 입에 넣으며 말했다.

"내 고기엔 칼자국이 너무 많아." 크리스도 끼어들었다. "이거 봐!"

가족 중 같은 남자는 크리스밖에 없는데 그 애도 내 편이 아니었다. 나는 소고기 너머로 크리스를 노려봤지만 이미 늦었다. 그때쯤에는 모두가 나이프와 포크를 내려놨다.

우리 생활은 정신없이 분주했다. 나는 웬만하면 퇴근 후 곧바로 집으로 왔다. 베이비시터한테서 아이들을 넘겨받아 저녁을 준비해야 했기 때문이다. 젠은 수련의로 일하고 있어서 우리 둘이 일정을 미리 맞추는 건 언감생심이었고, 하루하루 닥치는 대로 꾸려나갈 수밖에 없었다.

그러다 어느 날 집에 아무도 없을 때 우리 집이 불에 타버렸다. 전소된 건 아니지만 이사를 가야 했다. 그 불은 전기 누전이었을 수도 있고, 경찰 짐작대로 내가 한 법정 증언에 앙심을 품은 범죄자였을 수도 있고, 혹은 내가 뭔가를 잘못 했을 수도 있다. 원인은 끝내 찾아내지 못했지만 젠은 그 원인을 몇 가지 가능성 중 마지막이었을 거라고 여겼다.

우리는 친구 집에 머물기도 하고, 숙소를 빌리기도 했다. 건축업자들을 만나 이것저것 의논하기도 했고, 불에 탄 그 집을 팔고 새 집을 살지 그냥 수리해서 살지 고민도 했다. 구조는 그대로인데 내부가 대부분 타버려 그을리고 탄 냄새가 나는 그 집이 우리 부부관계를 상징하는 듯했지만 나는 그것에 대해 생각하지 않으려 했다. 하지만 여기저기 옮겨 다니는 불편한 생활과 압박감이 부부관계에 도움이 되는 것도 아니었다.

그때 휴가가 시작된 게 얼마나 다행이었는지. 아이들과 개들을 모두 차에 태우고 우리는 자동차도로를 타고 북쪽으로 천천히 올라갔다. 마음씨 좋은 장인어른, 장모님이 음식과 애정과 파티와 해변용 수건, 아이들을 위한 다과, 저녁 시간의 위스키소다를 준비해놓고 우리를 기다리는 맨섬을 향해. 장인어른과 장모님은 그들만의 방식으로 멋지게 살아가고 있었다. 장인어른은 멋진 저택을, 장모님은 멋진 드레스로 가득 찬 옷장을 자랑했다. 그뿐 아니라 그들은 집에 다 들이지 못하고 섬에도 다 못 들일 정도로 친구가 많았다.

우리가 휴전 기간이라 부른 그 휴가 기간에는 젠의 너그러운 부모님이 우리의 짐을 가볍게 해준 덕분에 우리 사이의 갈등도 눈 녹듯 사라졌다. 한번은 주방에서 장모님의 칼로 소고기를 찔러보고 있다가 들킨 적이 있는데, 장모님은 화를 내는 게 아니라 재밌다고 했다. 그렇게 우리는 다시 찾은 행복으로 재충전을 했다. 런던으로 돌아올 때는 햇볕에 탄 두 아이가 뒷자리에서 킬킬거리고 있었고, 네 식구의 슬리퍼와 조개 가득한 양동이 옆에서는 모래투성이의 개들이 꼬리를 치고 있었다. 런던을 떠날 때는 모두 입을 앙다문 표정들이었는데 완전히 딴사람들로 변해서 돌아온 것이다.

하지만 예전 분위기로 복귀하는 데는 이틀밖에 걸리지 않았다. 바쁜 의사이자 부모로 돌아가기 전부터 우리 부부 사이에는 예전의 긴장이 되살아나 있었다. 우리는 언쟁을 하지 않았다. 속에서 부글부글 끓는 걸 침묵으로 견딜 뿐이었다. 내가 과시하듯 젠에게 드레스와 오페라 〈토스카〉 티켓을 선물한 것은 그런 억압된 감정과 침묵을 해소하기 위해서였을 것이다. 나는 정말 그 오페라를 보고 싶었고, 그날이 내게 딱 맞는 저녁이 될 거라고 믿었다. 동료 한 명이 〈토스카〉를 '탁월한 법의학적 오페라'라고 했기 때문이다.

우리 기준으로 그런 저녁은 굉장히 사치스러운 투자였기에 우리 둘 다 진심으로 그날을 고대했다. 재를 뿌릴 만한 단 한 가지 위험은 내가 호출을 받았는데 나를 대신해줄 사람이 아무도 없는 상황이었다. 약속대로 베이비시터는 이미 도착해 있었다. 우리가 침실에서 옷을 갈아입고 있는데, 전화가 울렸다. 젠이 나보고 받아보라는 눈으로 쳐다봤다.

"팸이에요." 늘 대기 상태인 법의관들의 일정을 관리하는, 투박하면서도 현실적인 팸이었다. 용건은 한 가지밖에 없을 터였다. 젠이 내 얼굴을 보더니 눈을 갸름하게 떴다.

"자." 팸이 용건을 꺼내기 전에 습관적으로 하는 말이었다. "충격적인 사건이 터졌어요. 일가족이 침실에서 죽은 채 발견됐대요. 어젯밤인 것 같은데 오늘 오후에야 발견됐고, 아버지만 간신히 살아남았어요. 부상이 심해서 지금 병원에 있고요."

당장 내가 가야 할 사건 같았다. 아마 내 얼굴도 그런 표정이었을 것이다. 젠이 그걸 보고 돌아섰다. 아름다운 새 드레스는 아직 옷걸이에 걸려 있었다. 그녀는 씁쓸한 얼굴로 옷장 문을 열더니 드레스를 안으로 치워버렸다.

"어디예요?" 내가 물었다.

"장소는 말씀드리겠지만, 오늘밤에는 오지 마세요."

의외였다. 항상 즉시 출동했기 때문이다.

"젠에게 드레스랑 티켓 사주셨잖아요. 그걸 취소하는 건 말이 안 되죠."

팸은 모르는 게 없었다.

"하지만…"

"오늘 밤에 현장에 가시면, 젠은 앞으로 절대 박사님하고 말도 안 할 거예요! 일은 나중에 해도 돼요."

법의관들이 흥분할 만한 사건이었다. 범죄 현장으로 달려가야 하는 중요한 이유는 경찰이나 가족들의 요구와 별개로, 체온의 변화나 강직 같은 초기의 변화를 제때 기록해야 사망 시각을 최대한 정확하게 추정할 수 있기 때문이다.

내가 말했다. "팸, 내 생각엔 내가 가야…"

"오늘 밤엔 오시지 말라고 말씀드렸죠. 사망 시각 때문에 그러는 거라면 걱정 마세요. 경찰에서 이미 알아냈어요. 그 아버지가 유서를 남겼고 이웃에서 총소리를 들었는데 그 때가 새벽 1시였대요. 어쨌든, 어젯밤에 일어난 일이고 오후 내내 경찰에서 그 일을 처리하고 있어요. 시신 3구 검사하는 일이랑 다른 일도요. 박사님은 내일 오시면 돼요."

"하지만…"

"죽은 사람은 어디 안 가요. 그리고 살아남은 남편은 병원에 있으니 급할 거 없어요."

항상 급하게 일했는데!

"내일 아침 8시에 거기로 오시면 돼요. 나머지는 다 처리됐어요."

"하지만…"

"딕, 지금 저한테 따지겠다는 거 아니죠?"

그럴 리가. 누가 감히 그녀에게 따진단 말인가.

그래서 우리는 오페라를 보러 갔다. 젠은 그 드레스를 입었고 우리는 멋진 저녁 시간을 보냈다. 하지만 침대에서 죽었다는 그 가족들이 오페라 공연장까지 따라온 듯한 기분이었다. 생각하지 않으려 했지만 자꾸 그 사건이 떠올랐다. 누구부터 시작해야 되지? 그 아버지는 부상이 어느 정도일까? 그는 가족들을 다 죽이고 자기도 죽으려 했다는데 마지막 순간에 단념한 걸까, 아니면 조준이 빗나간 걸까. 혹시 복면을 하고 쳐들어온 정신병자가 그를 시켜 가족을 죽이고 유서를 쓰게 한 걸까. 그렇다면 왜 아버지만 살려둔 걸까.

내가 현장에 가진 않았지만 사실은 가고 싶어 했고 팸이 만류했다는 것을 젠은 분명 눈치챘을 것이다. 젠은 그날 밤 내 말에 단답형으로만 대답했다. 집으로 돌아온 우리는 베이비시터가 가기를 기다렸다. 그리고 말싸움이 시작됐다. 아니, 젠 혼자 화를 냈다. 그녀가 화를 낼 때면 나는 독수리의 눈을 피해 울타리 아래 웅크리고 있는 작은 동물처럼 아주, 아주 조용해졌다. 멋지게 보내야 할 저녁을 내가 또 망쳐버린 것이다.

"더 이상 못 참겠어." 젠이 말했다. "당신이 그렇게 아무 말 없이 침울하게 있는 거. 짜증난다고! 왜 다가와서 말을 못 해? 왜 위로를 못해주냐고!"

음… 그건…

"그래서 시체들하고 일하는 거야?"

또 시작이군.

"주위와 상관없이 냉정하게 행동해도 시체들은 알아차리지 못하니까?"

졌다.

젠은 곤란한 상황에 빠지면 바로 후퇴하는 내 성향이 어머니를 일찍 잃었기 때문이라고 생각했다. 나는 아버지의 성마른 성격 때문이라고 생각했는데. 나는 아버지에게 완전히 의지했고 아버지가 만들어준 세계는 대체로 안전하고 따뜻했다. 그런데 아버지는 별안간 화를 냈기 때문에 그 세계가 때때로 불안해졌다. 그 결과 성인이 된 나는 내 화산이 폭

194

발하지 않게 철저히 단속하게 됐다.

물론 때로는 나도 화가 나고 슬픔도 느끼고 실망도 한다. 하지만 그것을 표현하는 게 아니라 침묵 속에 묻어둔다. 웬만하면 화를 내지 않고 절대 소리치지 않는다. 뭐, 그 무렵에 딱 한 번 소리친 적이 있긴 하다. 오랜 시간이 지난 후에 내 딸이 결혼식장에서 말하길, 자기가 그날까지 살아오면서 지켜봤는데 내가 화내는 건 딱 한 가지 경우였다는 것이다 (옷을 막 차려 입었는데 크리스나 자기가 목욕하다가 물총을 쏘았을 때). 나는 부끄럽지 않았다. 오히려 어떻게든 화를 참았다는 것이 뿌듯했다.

내가 준비한 로맨틱한 오페라 관람은 애초의 목적을 달성하지 못했다. 그래서 나는 그때라도 살인 현장으로 가볼까 생각했다. 하지만 젠의 표정을 보니 그러다간 이혼당할 것 같았다. 나로서는 아쉬움을 달래는 수밖에 없었다. 다음날인 토요일 아침, 나는 6시 30분에 일어나 그 집으로 갈 준비를 했다. 젠은 잠들어 있었다. 혹은 그냥 잠든 척했는지도 모르겠다.

팸이 시킨 대로 나는 8시에 그 집에 도착했다. 그날은 아주 힘든 날이 될 터였다. 가보니 집 주변에 경찰관은 여럿 있었지만 의외로 기자들은 몇 명 없었다. 아마 왔다가 돌아갔을 것이다. 살인이 너무 끔찍해서 보도를 안 하는 경우는 없었다. 특히 여러 명이 죽은 사건은. 내 경험상 언론은 극악한 사건일수록 더 좋아한다. 그날만 해도 살인마 잭*의 끔찍한 살인이 언론에 대서특필됐다. 언론에 나오지 않는 건 성폭력 살인범

---

*　Jack the Ripper. 1888년 8월부터 11월까지 런던 이스트엔드 화이트채플과 그 인근에서 매춘부 7명을 잔혹하게 죽인 살인범의 별명. 범인은 끝내 잡히지 않았다.

195

들의 자세한 정보뿐인 것 같다. 그것도 분명 정보를 얻지 못해서지 유족들에 대한 예우 차원은 아닐 것이다.

가족들이 살해당한 집에 들어서자 경찰관들은 분주하게 돌아다니고 있었고 다른 사람들은 삼삼오오 모여 수군거리고 있었다. 하지만 내게 너무나 익숙해진 죽음의 침묵이 그 집을 감싸고 있었다. 내가 그 집에서 발견한 것은 토요일 아침을 맞이한 그 동네의 다른 집들과 섬뜩하리만치 비슷한 풍경이었다.

살인 현장의 특징이라고 할 만한 아수라장이 전혀 아니었고, 정리정돈도 아주 잘 돼 있었다. 빈 맥주병이나 보드카병도 없었고, 지저분한 카펫도 없었고, 주방에서 음식들이 썩어가지도 않았고, 욕실이 피범벅인 것도 아니었다. 음식을 잘 해먹고 가족들이 서로 화목하게 지내던 집 같았다.

10대 딸의 침실도 깨끗하고 예쁘게 꾸며져 있었다. 끝마친 숙제는 가방에 들어 있었고, 옷은 단정하게 개켜져 있었다. 하지만 광택이 있는 파자마 차림으로 누워 있던 그녀의 머리를 한 발의 총알이 관통했다.

옆방에서는 아들이 반듯이 누워 있었다. 이마 한 가운데를 총알이 뚫고 지나갔는데, 약 15cm 거리에서 쏜 것 같았다. 자고 있을 때 쏘았을 것이다. 저항하거나 도망치려 한 흔적이 전혀 없었다.

그들의 어머니(검은색 머리의 아름다운 여성이었다)는 부부침대에서 오른쪽으로 돌아누운 자세였다. 두 손을 기도하듯 오른쪽 뺨 아래 모아 쥔 모습이 평온해 보였다. 총알은 왼쪽 이마를 뚫고 들어갔고 얼굴에는 흐르던 피가 말라붙어 있었다.

"의심할 여지가 없습니다. 아버지가 한 짓이에요." 범죄 현장 조사관이 말했다.

"부상은 어느 정도인가요?" 내가 물었다.

그는 어젯밤에 거의 그 집에서 시간을 보내서인지 낯빛이 칙칙하고 머리와 옷이 후줄근했다.

"글쎄요, 생명엔 지장 없을 겁니다."

그 아버지는 정말 죽으려고 한 걸까 아니면 그냥 부상만 입는 게 원래 의도였을까. 가족 세 명을 쏠 때는 조준이 아주 정확했다. 자살할 때도 자기 머리에 쏘았을까? 그렇다면 그렇게 부상으로 끝나기는 어렵고 분명히 죽었을 텐데. 이상했다.

나는 사진사에게 어디어디를 찍었는지를 물어본 후 더 찍어야 할 부위를 알려줬다. 마지막으로 어머니와 두 아이를 한 번 더 들여다본 다음 검시관 보조관에게 비명에 간 그 시신들을 안치소로 옮겨달라고 했다.

그들이 떠난 후에는 채취해야 할 지문도 없었기 때문에 나는 현장을 돌아다니며 좀 더 꼼꼼히 관찰했다. 그때는 DNA 증거라는 게 알려지기 전이었고, 법의학도 초보 수준이었다. 그래서 남는 건 범죄 현장에서의 행동이었는데, 지금 생각하면 아무 쓸모도 없는 수준이었다. 그래서 우리는 현장에서 시신 외에는 아무 것도 건드리지 않으려고 무척 조심했다. 만일 채취된 지문 하나가 우리 법의관 것이라면 범죄 현장 조사관에게 위스키 한 병을 사야 하기 때문이다.

그 가족의 부검 결과는 예상대로였다. 건강했던 세 명이 모두 머리에 총을 맞아 죽은 것이다. 하지만 쉽사리 의문이 가시지 않는 사건이었다. 차분하게 정돈된 방들, 거기에 어울리지 않는 시신들이 계속 머릿속에 떠올랐다. 집에 도착할 때까지 따라온 그 찜찜함은 현관문을 닫고 들어오면서도 완전히 떨칠 수가 없었다. 늦은 오후였고 아이들은 집 안을 폭도들처럼 뛰어다니고 있었다. 발개진 얼굴로 깔깔거리며 활기차게 노는 아이들을 보니 문득 행복감이 밀려왔다.

나는 젠이 책을 들여다보고 있는 책상으로 곧장 갔다. 그리고 그녀를 안으며 내가 일에 파묻혀 살고 집에서도 냉정한 모습만 보여서 미안하다고 했다. 방금 검사하고 온 죽은 가족들 사이에서는 냉담함이 흘렀을 것이고, 냉담함보다 더 나쁜 건 없을 것 같았다. 그래서 그녀의 귀에 대고 앞으로 더 노력해서 자상하고 너그럽고 따뜻한 남편이 되겠다고 약속했다.

아내와 자식들을 쏘아 죽였던 아버지는 자신을 쏘긴 했지만 머리에 쏘진 않았다는 게 나중에 밝혀졌다. 부상도 생명이 위험한 정도는 아니었다. 병원에서 퇴원하자마자 그는 정신병원으로 보내졌다. 나중에 다른 사건으로 만난 경찰관에 의하면, 그 아버지의 변호사 측은 그가 정신질환이 있다며 한정책임능력으로 인한 과실치사를 주장했고 그것은 쉽게 먹혔다.

과실치사는 대개 살인보다 가벼운 형으로 끝나고, 그래서 변호인 측에서는 당연히 그쪽으로 몰고 간다. 당시에는 한정책임능력이 어렵지 않게 받아들여졌지만 2010년의 법률 개정으로 지금은 병원에서 정식으로 인정한 정신질환에만 적용된다. 그전까지는 한정책임능력을 이용하는 것이 피고 측 변호사들에게는 정당한 게임이었고 그래서 남용된 적도 많았을 것이다. 하지만 이 사건에서는 나도 다른 사람들처럼 그 아버지가 미쳤다고 생각했다. 완전히 미치지 않고서야 자기 가족을 쏘아 죽일 리가 없잖은가.

그 사건은 그렇게 마무리되는 것 같았다. 하지만 법의학계에서는 피해자가 확실히 죽었다 해도 사건은 종종 살아 돌아온다. 몇 달 후 나는 그 아버지의 재판에 증인으로 참석하라는 통보를 받았다. 그런데 놀랍게도 그 아버지는 과실치사가 아니라 살인죄로 기소된 상황이었다. 경찰관의 귀띔에 의하면, 그 아버지는 정신병원에서 한 레지던트와 사귀었다고 한다. 그는 그 애인에게 자기가 미친 척하긴 했지만 실은 가족들과 사는 게 짜증스러웠다고 털어놨다. 그냥 가족들이 싫증나서 죽여버린 것이다.

그게 바로 정신질환의 뚜렷한 증거 아니냐고 생각할지도 모르겠다. 하지만 그 레지던트 애인의 보고를 받은 상부에서는 즉시 심층면접에 돌입했고, 그 결과 그는 정상적인 정신 상태로 판명됐다. 살인으로 기소된 그 아버지는 유죄로 확정되어 무기징역을 선고받았다. 평온해 보였던 한 가족의 참극은 광기의 소산이 아니라 냉혈한의 계획된 범행이었던 것이다.

그 재판 후 나는 더 다정한 남편이 되겠다는 결심을 다시 한 번 굳혔다. 나를 무심한 아빠라 비난할 사람은 없을 것이다. 특히 우리 아이들은. 아침이면 내가 그들을 깨워 등교 준비를 시키고, 퇴근해서 돌아오자마자 책을 읽어주고, 음식도 만들어주고, 숙제도 도와주고, 게임도 같이 하고, 저녁에는 잠도 재워주기 때문이다. 하지만 남편 역할은 분명 부족했다.

젠은 애정표현을 해주는 자상한 남편을 원했다. 나는 그녀가 오랜 기간 의대 공부를 하는 동안 가정경제를 책임지고 아이들을 돌본 것이 나의 애정표현이라 생각했다. 하지만 바로 전에 수감된 그 아버지도 부족함 없이 가족을 보살폈을지도 모른다. 은밀하게 살해를 계획하면서 말이다. 가족과 잘 지내면서도 마음은 완전히 딴 데 있을 수도 있음을 그때 확실히 깨달았다. 나도 그런 걸까? 좋은 아버지 노릇을 하면서도 일에 대해 너무 많이 생각하고 있었던 건 아닐까? 젠이 불평하는 게 이런 거 아니었을까? 그녀가 실제로 원한 건 애정이 느껴지는 진정한 대화 아니었을까?

이런 생각들을 하긴 했지만 실제로는 아무것도 하지 않았다. 그래서 우리는 애정의 결속을 방해하는 듯한 분주한 삶으로 되돌아갔다. 우리 중 하나는 항상 일하러 나가기 직전이었고, 설령 둘 다 집에 있더라도 신경 써야 하는 일이 무수히 많았다. 아이들을 돌봐야 했고, 그들의 학업도 신경 써야 했고, 직장에서의 어려운 문제들도 풀어야 했고, 집수리도 해야 했고, 그 외에도 끝이 없었다.

이런 생활에 어떻게 사랑을 끼워 넣을 수 있을지 알 수가 없었다. 다이어리에 적어놓을까? 5시 회의. 7시 사랑, 이렇게? 게다가 사랑을 어떻게 표현한담? 집에 꽃을 사들고 가야 하나? 저녁 시간에 초를 켜놔야 하나? 어떻게 하면 자상함과 유머와 이런 애정표현이 결혼생활에 깃들 수 있는지 다른 사람들에게 묻고 싶었다. 하지만 직장 동료들은 그런 대화를 사양했을 것이다. 아니, 불가능했을 것이다. 우리는 사랑이 아니라 살인사건에 대해 이야기하는 사람들이었기 때문이다. 그래서 나는 계속 실수를 저질렀다.

17 내가 살인자라고 믿은 여성

검찰청이 마침내 앤서니 피어슨 사건으로 내게 연락을 했다. 그의 여자친구 테레사 라젠비가 살인죄로 기소되어 재판을 앞둔 때였다.

사건검토회의(심슨 교수가 현역으로 활동하던 기간에는 계속 누렸던 호사였으나 내가 활동하던 기간에는 도중에 없어졌다)가 열리기 전에 나는 관련 메모와 사진들을 보며 기억을 되살렸다. 검찰 측 변호인단은 테레사의 진술서를 포함하여 몇 가지 자료를 더 보내줬다.

읽어가는 동안, 그녀를 신문했던 수사관들이 젊은 여성이 젊은 남성을 목 졸라 죽인 것을 쉽게 납득하지 못했었다는 기억이 떠올랐다. 그리고 그들이 그녀 편에서 얘기했다는 것도. 그러다 어느 순간 퍼뜩 이해가 됐다.

테레사는 앤서니와 5년 동안 알고 지낸 사이라고 했다. 그녀와 앤서니 사이에는 4살 된 딸이 있었고, 그 딸은 테레사의 부모님과 함께 살았다. 테레사는 밤에는 앤서니와 아파트에서 함께 지내고, 낮에는 가까운 곳에 있는 부모님 집에서 지냈다.

앤서니가 죽은 시각에 테레사의 부모님과 딸은 여행을 가고 없었다. 그녀는 앤서니가 죽었던 날을 자세히 설명했지만, 나로서는 그날이 지극히 평범한 날이었고 지극히 평범하지 않은 사건으로 끝났다는 기억밖에 없었다. 날씨와 사건의 극명한 대조는 거의 초현실적인 느낌을 불러일으켰다. 그녀는 그날 친구의 생일 카드를 샀고, 여행 간 가족들을 위해 텔레비전 프로그램을 녹화했으며, 몸이 편찮으신 할아버지의 안부를 물으러 할머니 댁에 다녀왔다. 그리고 친구와 몰타로 여행을 가기로 해서 돈을 좀 빌리려 했으나 뜻대로 안 됐다. 여기까지는 이상할 게 없었다.

그런데 그날 오후에 그녀는 술집에서 앤서니를 만났다. 그는 심하게 취해 있었고, 아침에 일찍 나간 그녀에게 괜히 화를 냈다. 그는 몰타에 여행가는 일도 못마땅해 했고("걸레 같은 년!") 술과 마리화나를 사게 돈을 달라고 했다.

그곳에서 가끔 시간제로 일하는 테레사는 바텐더에게 돈을 빌렸다. 술과 마리화나, 그리고 분노가 뒤따른 골치 아픈 저녁이었다. 테레사는 맥주 반 잔만 마셨고 마리화나는 피우지 않았다. 그녀의 진술대로라면 그녀는 그날 저녁 변덕스럽고 제멋대로 구는 청년의 자상한 여자친구였다. 피자를 사들고 집에 왔을 무렵에는 앤서니가 통제불능이었다고 했다.

"저는 거실에서 앤서니에게 피자를 줬어요. 그런데 자기 마리화나를 잃어버렸다는 거예요. 저는 왜 그렇게 바보 같냐고 하며 그 사람의 호주머니를 뒤졌어요. 그랬더니 저를 벽으로 밀어붙이고는… 유리 재떨이두 개를 벽으로 던졌어요… 제가 당신은 왜 그렇게 허구한 날 물건을 깨뜨리냐고 그랬죠. 그랬더니 상관 말라고 하더군요. 그러고도 열이 뻗치는지 벽난로 위에 있는 비디오테이프를 끌어당기고 물건들을 이리저리 내던졌어요. 소리를 지르며 비디오플레이어도 망가뜨렸고요. 저는 앤서니를 말리려고 붙잡았는데(울음) 그 사람이 제 머리를 쳤어요. 그 바람에 저는 뒤로 넘어지면서 손을 벴죠(오른쪽 손바닥 상처를 보여줌). 바닥이 온통 유리조각이었거든요. 거실문 옆에 누워 있는데 제 머리 때문에 문이 안 열리니까 앤서니가 그 문으로 제 머리를 쾅쾅 계속 쳤어요. 그리곤 화장실에 들어갔다가 저를 부르더군요. 들어가 보니 그 사람이 면도날로 일부러 팔을 그었어요… 저는 수건을 가져와서 그러지 말라고 했죠. 수건으로 팔을 감으면서 보니 괜찮을 것 같았어요. 그런데 앤서니가 수건을 휙 던지더니 전등 소켓에서 끈을 잡아당기더군요. 제가 침실로 가니 앤서니가 다시 물건들을 던졌어요. 제 장신구들이요. 그러더니 주방으로 갔어요. 거기엔 유리로 된 식탁이 있어서 제가 그건 깨지 말아달라고 애원했죠. 그랬더니 소금병이랑 후추병을 들고 침실로 가더니 창밖으로 내던졌어요. 다음에는 거울을 집어 들기에 저는 창문을 닫고 그 사람을 붙잡았어요. 그러다 둘 다 침대로 넘어졌는데(울음) 제가 계속 그 사람을 붙잡은 채였어요. 그때 앤서니가 제 팔을 그었어요. 뭘로 그었는지는 모르겠지만 어쨌든 제 팔은 움직였어요(오른쪽 팔 상처를 보여줌). 그런데 그 사람이 이번에는 팔꿈치로 제 배를 쳤어요. 제가 팔로 앤서니를 누르니까 그 사람이 제 팔을 긋고 무는 거예요(팔 위쪽의 상처와 멍 자국을 보여줌). 저는 침대 옆에 있는 넥타이를 집어 들고(울음)… 그건 침대 왼쪽 캐비닛에 있었는데… 그걸로 그냥 앤서니 목을 졸랐어요. 해칠 생각은 없었어요. 그냥 저를 때리지 않게 막고 싶었어요. 진짜몰랐어요. 더 이상 맞고 싶지 않았을 뿐이에요. 그래서 제발 저를 내버려달라고, 저한테서 떨어지라고 소리쳤어요. 떨어져! 떨어져! 그러다 앤서니가 저를 때리는 걸 멈췄을 때 얼른 집을 나와서 여기로 온 거예요."

"목을 조를 때 당신이 앤서니를 깔고 앉았나요, 아니면 당신이 깔려 있었나요, 아니면 나란히 있었나요? 어느 쪽이죠?"

"나란히 있었어요. 저는 침대 왼쪽에 등을 대고 누운 자세였고, 앤서 니는 제 발치에 있었어요. 제가 눌린 상황은 아니어서 그 사람이 제 배 를 몇 번 치니까 제가 넥타이로 그 사람 목을 감은 거예요…(울음)"

"그래서요?"

"넥타이를 감아서 교차하고 저를 때리지 못하게 그걸 힘껏 잡아당겼 어요. 얼마나 오랫동안 그랬는지는 모르겠는데, 그 사람이 때리는 걸 멈 췄을 때 저는 달려 나와서 여기로 온 거예요."

"그를 죽일 생각이었나요?"

"(울음) 아니에요. 죽일 생각이 아니었어요."

"당신이 죽였다고 생각했나요?"

"숨을 헐떡거리기에 뭔가 잘못됐다는 건 알았어요. 얼굴이 보라색이 되더니, 앤서니 입이… 혀가… 혀가 튀어나왔어요… 얼굴을 봤더니 그 랬어요. 제가 뭔가 잘못했다는 걸 알았죠. 그래서 그냥 뛰쳐나와서, 여기 로 와서 앤서니를 살려달라고 했어요. 그분한테 바로 말했죠. 그 경찰관 한테요."

테레사는 앤서니가 전에도 자기를 공격한 적이 있다고 했고, 계속 울 면서 말하길 자신은 앤서니를 사랑하고 앤서니도 자기가 필요할 거라 고 했다. 그녀는 아주 젊은 엄마인 것 같았고(그녀와 앤서니는 10대 때 아 이를 낳았을 것이다) 그에게 자기가 필요하다는 믿음 때문에 그의 학대 를 견디며 살아온 것 같았다.

나는 테레사가 앤서니에게 반격한 건 그때가 처음이었고, 그것도 신체적 위협이 너무 무서워서 그랬다는 진술을 듣고 마음이 무거웠다. 범인이 더 피해자 같을 때가 있는데, 테레사도 오랫동안 고통을 당하다 후회할 짓을 한 것이다. 검찰에게는 내 증언이 중요했고, 내 증언은 편견 없이 공정해야 했다. 그래서 나는 명료하고 아름다운 진실을 고수하기로, 그리고 명료함을 가리는 불안정한 감정에 흔들리지 않겠다고 결심했다.

사건검토회의는 중앙형사재판소 위층에 있는 검찰청의 한 사무실에서 열렸다. 재판정은 벽이 원목으로 덮인 위엄 있는 곳이다. 영국에서 역사나 중요도 면에서 정의를 대표할 만한 장소를 꼽으라면 바로 중앙형사재판소의 제1법정일 것이다.

하지만 위층의 사무실은 사뭇 다른 분위기다.

가구가 낡고 창문도 잘 안 맞는 사무실에서 기다리고 있는데, 갑자기 검찰 측 변호사 두 명(한 명은 수습 변호사)이 들이닥쳤다. 그들은 아래층에서 진행된 재판에서 곧장 올라오는 바람에 법복을 입은 채였다. 들어오자마자 테이블에 가발*을 던진 그들은 나를 반겨주고 나서 정식으로 회의를 시작했다. 그리고 얼마 안 있어 수사관 두 명이 도착했다. 부검실에서 시간을 보내며 친해진 그들과 따뜻하게 악수를 나눴다.

우리는 흠집이 많은 널따란 탁자에 둘러앉아 찻잔에(변호사들은 플라스틱 컵을 쓰지 않는다) 차를 마셨다. 우리 앞에 여러 가지 파일과 사진이 펼쳐져 있었다. 런던 경찰청의 모든 자료 사진은 **빳빳한 갈색 표지**에 검은 플라스틱 링으로 묶인 작은 폴더에 정리된다.

---

* 영국 법정에서 판사와 변호사가 쓰는 흰색 가발을 말한다.

그들이 테레사 라젠비의 진술에 대해 의견을 나누는 동안 나는 아무 말 없이 앉아 있었다. 혐의는 살인이었지만 그녀의 변호사들은 한정책임능력으로 인한 과실치사를 주장할 가능성이 높았다. 과실치사는 당연히 형량이 훨씬 가볍다. 이 수사관들도 그 주장이 받아들여지길 바랐다. 그들이 테레사를 좋게 본다는 것, 그리고 그녀가 정당방위로 그런 짓을 했다고 믿고 있는 게 분명했다. 사실 특이하게도 그들은 살인 혐의로 기소된 테레사가 보석으로 풀려났는데도 이의를 제기하지 않았다.

"셰퍼드 박사님, 피고가 경찰에서 한 진술서 읽어보셨습니까?" 변호사가 물었다.

"네."

"그리고 피해자가 죽기 전에 피고에게 남긴 부상 사진도 보셨습니까?" 수사관이 물었다.

"아뇨. 그 사진들은 못 받았는데요."

자료 사진들을 이리저리 뒤적이던 변호사가 폴더 하나를 꺼냈다. 살인 현장과 부검 과정이 담긴 익숙한 사진 폴더였다. 그런데 그 폴더는 특이했다. 첫 페이지부터 방금 찍은 듯한 젊고 예쁜 여성의 사진이 있었던 것이다.

"그러니까, 이 여자가 테레사군요." 내가 말했다.

그녀의 젊음과 건강함이 사진 속에서 빛을 발했다. 말간 얼굴에 붉은 빛이 도는 긴 머리는 단정하게 뒤로 묶여 있었다. 그리고 수사관들이 몇 달 전에 강조한 대로 착해 보이는 얼굴이었다. 분명 보통의 살인 용의자와는 전혀 다른 인상이었다.

그들이 차를 마시며 이야기를 나누는 동안 나는 사진을 한 장씩 유심히 들여다봤다. 그러다 한참 후에 고개를 들었다.

"제가 보기엔…" 내가 입을 열었다.

그리고 멈칫했다. 확실한 건가? 이 사건에 대한 어떤 선입관 때문에, 끔찍한 실수가 어떤 결과를 낳는지 잊어버린 건 아니겠지?

수사관들은 나를 빤히 쳐다보며 다음 말을 기다리고 있었다. 변호사들은 얼굴을 찡그렸다.

너무 오래 지체하고 있었다.

"박사님 생각에는요?" 변호사의 재촉은 더 오래 끌면 내가 말하려는 내용의 신빙성이 떨어질 수도 있음을 암시하는 듯했다.

문득 부검하면서 느꼈던 찜찜한 의구심이 떠올랐다. 그때도 그 의구심은 객관적 사실과 진술 사이의 불일치에서 생긴 것이었다. 그리고 그 자리에서 나는 테레사의 진술과 진실 사이의 큰 모순을 또 하나 발견한 것이다.

그렇다. 확실했다.

내가 말했다. "제 생각엔 테레사의 부상은 모두 자해입니다."

변호사가 입을 벌린 채 나를 쳐다봤다.

"네?"

"그 상처는 모두 그 여자가 스스로 낸 겁니다."

수습 변호사가 사진들을 들여다봤다.

"팔에 난 상처들을, 그걸 그 여자가 낸 거라고요?"

"저는 그렇게 믿습니다. 제가 보기엔 앤서니 피어슨이 유리나 칼이나 다른 물건으로 공격했기 때문에 정당방위로 그를 죽였다는 건 거짓입니다."

207

그들은 서로 시선을 교환했다.

"법정에서 그렇게 말씀하실 겁니까?"

"네. 물론 이 사건에 대해 더 살펴보겠지만요."

"어떻게 그런…?" 수사반장은 충격을 받은 것 같지는 않았지만 기분이 안 좋아 보였다. "앤서니가 테레사를 칼로 긋지 않았다는 걸 어떻게 그렇게 확신하십니까?"

사실 사진에 보인 부상들은 전형적인 자해의 형태였다. 사람은 공격을 받으면 상대한테서 벗어나기 위해 몸을 비틀거나 몸부림을 친다. 본능적으로 그렇게 된다. 꼼짝 못하게 눌려 있지 않는 한(테레사는 자신이 그런 상태가 아니라고 했다) 아니면 약물이나 술에 취해 움직이지 못하는 상황이 아닌 한(그녀는 그런 상태도 아니었다) 누군가가 우리 살을 같은 방향에서 같은 부위를 계속 베도록 내버려두지 않는 것이다.

다른 증거도 있었다. 전형적인 자해처럼 자기 손이 쉽게 닿을 만한 위치에 상처가 집중되어 있었고, 사용된 힘도 아주 약했던 것이다. 분노에 휩싸여 다른 사람을 찌를 때는 저절로 힘이 들어가지만, 자기 몸에 상처를 낼 때는 그러기가 극히 어려운 법이다.

나는 이런 근거를 모두 설명해줬다.

"이것들이 방어하다 생긴 부상이 아니라는 건 분명합니다." 내가 말했다.

변호사 둘이 서로 마주 보더니 다음에는 수사관들을 봤다. 나는 그들이 테레사를 살인 혐의로 체포하기는 했지만, 그녀를 좋게 본다는 것을 재차 느꼈다. 그중 한 명이 테레사 사진이 든 폴더를 집어 들었다.

"이 여자 얼굴 좀 보세요. 앤서니 피어슨이 여기를 할퀴었을 거예요." 그가 말했다. 나는 고개를 저었다.

"아닙니다. 그 상처는 손톱 때문에 생긴 거예요."

나는 내 손을 들어 사진에 난 상처와 똑같은 위치를 할퀴는 흉내를 냈다.

"제 기억이 맞다면, 피해자의 손톱은 물어뜯어서 거의 남아 있지 않았습니다. 너무 짧아서 이런 자국이 나올 수가 없어요."

나는 부검 사진을 찾으려고 손을 뻗었다. 내가 작성한 부검감정서가 첨부된 그 폴더를 펼치자 오래된 나뭇가지를 꺾을 때 나는, 코를 찌르는 듯한 안치소 냄새가 약하게 감돌았다.

나는 페이지를 재빨리 넘겨 앤서니의 손톱이 자세히 보이는 사진을 찾았다.

"네, 앤서니가 손톱을 물어뜯은 거 맞네요. 이런 손톱으로는 테레사의 얼굴에 그런 상처를 낼 수가 없었을 겁니다."

내가 폴더를 건네줬다. 수사관들이 찬찬히 들여다보더니 그것을 변호사에게 넘겨줬다. 안경을 쓰고 자세히 살펴본 변호사는 그것을 수습 변호사 앞에 던졌고, 수습 변호사는 차마 못 보겠는지 흘끗 보고 재빨리 덮었다.

내가 테레사의 사진을 집어 들었다.

"반면…" 내가 든 사진은 그녀의 손가락이 잘 보이는 사진이었다. "테레사의 손톱은 적당한 길이지만 그래도 자기 얼굴에 그런 상처는 충분히 낼 수 있었을 겁니다."

그들이 사진을 돌려봤다. 이어서 침묵이 이어졌다.

"그럼 그 여자 팔에 난 잇자국은요?" 변호사가 따지듯 물었다.

"자기 입으로 팔 위쪽은 물 수 있죠."

나는 다소 서툴기는 하지만 내 팔을 무는 시늉을 했다. 그리고 사진 폴더를 다시 펼쳤다.

"그리고 자세히 보세요. 문 자국을 보면 입이 작다는 걸 알 수 있죠. 남자라고 보기엔 너무 작아요. 물론 테레사의 입을 재서 확인해볼 수도 있겠지만 치과 법의관에게 검사를 의뢰할 겁니다. 잇자국으로 신원 파악을 하면 거의 정확하거든요."

또 다시 침묵이 이어졌다.

나는 수사관에게 고개를 돌리며 말했다. "기록을 보니 테레사가 경찰서에 도착했을 때 경관님은 처음에 구급차를 불렀더군요. 그러다가…"

"네, 상처를 보고 취소했습니다." 그가 말했다.

"별로 심하지 않다고 생각하셨던 거죠." 내가 상기시켰다.

변호사가 물었다. "박사님은 오늘 이 말씀을 하시려고 했던 겁니까?"

"오늘 사진을 보기 전에는 확신하지 못했습니다. 하지만 테레사가 말한 진술이 거짓일 수도 있다는 건 얘기하려고 했습니다. 진술서를 읽었을 때 알았거든요."

변호사들은 흥분한 표정이었고 수사관들은 낭패한 표정이었다.

내가 자신이 있었던 것은 이 증거를 가이스병원에 함께 근무했던 동료들과 의논했을 때 의견이 일치했기 때문이기도 했다. 나는 목에 남은 자국을 보고 그녀의 진술이 거짓임을 짐작했다. 넥타이는 그의 목 앞쪽으로만 가로질러 있을 뿐 한 바퀴 다 돌지도 않았고 교차하지도 않았던 것이다.

내가 말했다. "처음에 저는 테레사가 앤서니 뒤에서 넥타이 양쪽 끝을 잡고 목을 조른 줄 알았습니다. 하지만 그 여자는 남자가 목이 졸리는 동안 안색이 어떻게 변했는지를 정확히 묘사했더군요."

"자기가 남자 앞에 있었다고 했습니다."

"그건 저도 믿습니다. 하지만 그런 자세에서는 의식이 있는 성인 남자라면 그녀를 쉽게 제압했을 겁니다."

그들은 기다렸다. 그러다 수사관이 당혹스러운 표정으로 중얼거렸다.

"그럼 어떻게…?"

"앤서니 피어슨은 만취해 있었습니다. 법정 음주운전 한도의 거의 3배에 달할 정도로요. 게다가 마리화나를 피웠기 때문에 알코올 효과가 더 강화됐을 겁니다. 그래서 인사불성 상태로 침대에 누워 있었을 가능성이 아주 높고, 그런 상황에서 테레사는 넥타이를 그의 목 앞쪽에 가로질러 놓고 눌렀을 겁니다. 앤서니가 엎드린 상태에서 넥타이를 목 아래로 넣어 양쪽 끝을 당겼을 수도 있겠지만, 그랬다면 그가 죽을 때 안색이 어땠는지 그렇게 자세히 묘사할 수가 없었겠죠."

변호사가 몸을 앞으로 기울였다.

"박사님은 그럼 아파트에서 둘이 싸우지 않았다는 겁니까? 여자가 자기 범죄를 합리화하려고 다 지어냈다는 건가요?"

"아파트에서 말다툼은 있었을 겁니다. 이웃이 무슨 소리를 들었다고 하니까요. 하지만 테레사가 얘기한 것처럼 심하진 않았을 겁니다. 그 여자가 폭행을 당하다 정당방위를 행사했다는 증거는 하나도 없습니다.

남자가 의식을 잃었거나 거의 의식이 없는 상태에서 목 졸라 죽였을 거라고 봅니다. 그런 다음 자기 몸에 자해를 한 거죠."

그들은 모두 다른 사람만 쳐다봤다.

"이게 과실치사라는 건 말이 안 되겠군." 변호사가 결심하듯 말했다. "이건 살인이네요. 그러니 정당방위로 빠져나가게 내버려둘 수는 없습니다."

우리는 악수를 하고 각자 갈 길로 갔다. 재판은 몇 주 후로 예정돼 있으니 그때 법정에서 만날 터였다.

생전 처음 법정에 나갔을 때 나는 너무 긴장한 나머지 나한테 질문하는 변호사 얼굴만 쳐다봤다. 그러다 가끔 용기가 나면 판사 얼굴을 봤다.

내가 증인석에 섰을 때 이언 웨스트도 나를 보러 왔다. 그는 나중에 술집에서 이렇게 물었다. "자네 말을 믿고 자네가 제시한 증거를 이해해야 될 사람은 누군가?"

평소 습관대로 그는 내가 대답하기도 전에 자기가 답을 말했다.

"변호사는 분명 아니지. 변호사는 자네가 무슨 말을 할지 다 알고 있고, 자네에게 무슨 말을 하게 할지도 알고 있으니까. 판사도 자네가 설득할 상대가 아니고."

"배심원입니다."

이언이 큰 머리를 끄덕였다.

"맞아, 배심원이야." 그가 스코틀랜드 억양으로 거슬리게 말했다. "배심원. 절대 잊지 말게."

지당한 충고였다. 법정에 서면 이언은 물 만난 물고기 같았다. 그에게는 열두 명의 선량한 배심원과 방청객, 그리고 기자들이 모두 관중이었고, 그는 법원이라는 무대에서 완벽한 연기를 펼쳤다. 나는 온화하고 애정 넘치는 남편 역할도 소화 못하는 배우였기에, 그런 법정 드라마는 감히 찍을 엄두가 안 났다.

하지만 이언이 중앙형사재판소에서 어떻게 하는지를 관찰하며 배우려고 노력은 했다. 나는 그가 변호사의 질문을 듣고 잠깐 생각하고, 배심원들에게 돌아서서 잠시 깊은 숨을 들이마신 다음, 두 손을 증인석 가장자리에 올려놓는 모습(그런 자세가 두 손으로 풍부한 제스처를 쓰기가 유리하다)을, 그 다음에는 변호사가 한 질문을 배심원들이 한 것처럼 그들을 보고 답변하는 모습까지 유심히 지켜봤다. 그는 침착하게 설명했지만 두 눈은 끊임없이 배심원들의 얼굴을 훑었다. 배심원들은 거실에서 왕립 셰익스피어 극단의 연극을 보는 기분이었을 것이다.

이언의 공연과는 비교할 수도 없겠지만, 앤서니 사건의 재판에서는 나도 최대한 배심원들을 향해 말하려고 노력했다. 내가 법정에 서는 목적은 나의 판단을 주장하는 게 아니라 객관적인 증거를 제시하는 것이기 때문에, 그때도 그랬고 지금도 피고인은 보려 하지 않는다. 하지만 경력이 짧았던 당시에는 호기심을 주체하지 못할 때가 있었다. 흉악한 범죄의 증거를 목격한 사람으로서 범인의 얼굴을 보고 싶은 충동이 너무 강했던 것이다. 놀라운 것은 대부분의 살인자들이 너무나 평범한 얼굴이라는 것이다. 우리가 떨어뜨린 표를 공손하게 주워주기 전에는 기차 옆자리에 앉아 있어도 모를 정도로 눈에 띄지 않는 사람들, 살인자들이 바로 그런 사람들이었다.

라젠비 재판의 증인석으로 걸어가면서 나는 무의식적으로 피고석을 훔쳐봤다.

살인을 저지르고 곧바로 찍은 사진에서처럼 예쁘장하고 말간 얼굴의 젊은 여성이 긴장한 모습으로 앉아 있었다. 그녀의 붉은색 머리는 깔끔하고 예쁘게 뒤로 묶여 있었다. 내가 증언을 하는 동안 그녀의 눈은 눈물로 반짝였다. 변호사가 화장지를 건네주자 그녀는 눈물을 닦으면서 고개를 숙였다. 배심원들이 가엾다는 듯이 그녀를 바라보는 모습이 보였다.

어떻게 저렇게 가녀린 여성이 영국에서는 찾아보기 힘든 여성 교살범이란 말인가. 어떻게 냉혹하게 사람을 죽이고서 자해할 생각을 하며, 그런 다음에 눈물범벅으로 경찰서로 가서 신고를 한단 말인가. 도저히 믿기지가 않았다. 나도 내가 내린 결론이 의심스러울 정도였다.

그럼에도 불구하고 나는 피고 측 변호사가 반대신문을 할 때 확고했다. 나중에 안 사실이지만 피고 측 법의관은 내 부검감정서를 검토해보고 아무런 이의를 제기하지 않았다. 그도 테레사의 상처는 어느 정도 또는 거의 대부분 자기가 스스로 낸 것임을 인정한 것이다.

내가 제시한 증거를 기반으로 검찰은 앤서니가 의식이 없거나 저항할 힘이 없을 때 테레사가 그를 간단히 목 졸라 죽인 거라고 주장했다. 앤서니는 취해서 인사불성이었기 때문에 테레사가 자신을 방어할 필요도 없었다. 하지만 그렇게 착해 보이고 후회하고 있는 듯한 여성이 자기 목숨이 아닌 다른 이유로 그 살인을 저질렀다고 믿기는 너무 어려웠을 것이다. 그래서인지 배심원들은 결국 정당방위라는 주장을 받아들여 그녀를 '무죄'로 평결했다.

테레사의 변호사들이 검찰의 주장은 합리적 의심을 넘어설 정도로 확실한 건 아니라고 배심원들을 설득한 것이다. 합리적 의심을 넘어설 정도로 확실해야 한다는 기준은 너무 높은 장벽이다. 내가 상대편 입장이라면 나라도 적용받고 싶은 기준이었다. 그럼에도 불구하고 나는 테레사가 무죄의 몸으로 법정을 걸어 나가는 것을 보고 아연실색했다. 앤서니 피어슨은 나를 통해 발언했지만, 배심원들은 그 말을 듣지 않았다. 내가 보기에 그들은 증거를 무시했고, 그들의 평결은 학대받았다고 주장하는 여성에 대한 연민에 불과했다.

그날 저녁 젠에게 내가 살인자라고 믿은 여성이 어떻게 해서 무죄 판결을 받아 자유의 몸이 됐는지를 이야기했다. 그러면서 젊음과 미모 덕분에 무죄판결을 받는 것은 말이 안 된다며 분개했다.

"피고가 젊고 예쁜 여자인 이 사건 때문에 당신이 변한 것 같네." 젠은 감정 없는 남편이 재판 결과에 격앙한 모습에 눈을 크게 뜨며 놀라워했다. 평소에 경계해온 분노 영역에 들어간 것이 나도 불편했다.

"흥분을 가라앉혀야지." 내가 말했다. "잘못된 판결이 내려질 때마다 이렇게 화를 내면 안 되니까."

그리고 나는 당연히 냉정을 되찾았다. 아마 재판 결과에 내가 감정적으로 개입한 것은 테레사 라젠비 사건이 마지막이었을 것이다. 나의 임무는 배심원들에게 객관적 사실을 증언하는 것이다. 그들은 그 증언을 듣고 판단을 내릴 권리가 있다. 그들은 사건에 대한 모든 진술과 상세한 내용을 듣지만, 나는 그렇게까지 자세히 듣지는 않기 때문이다. 이제 나는 증언이 끝나면 사건에 더 이상 관심을 두지 않는다.

그래서 재판에 대해 감정적 부담이 없다. 피고를 훔쳐보지도 않고,

재판 결과에 대한 수사관들의 울분도 지켜보지 않고, 대부분은 내가 증언한 재판의 결과도 듣지 않는다. 혹시 궁금하면 신문에서 그 사건 기사를 찾아보거나 사건을 담당했던 수사관이나 동료들에게 묻는다. 지금은 그것마저도 묻지 않기로 했다. 평결에 대한 관심을 접고 내가 준비해야 할 증거에만 집중하기로 한 것이다. 범인이 감옥에 가는 걸 봐야 직성이 풀릴 정도로 정의감에 불타서도 안 되고, 나의 증언을 배심원들이 인정해주길 바라서도 안 된다. 법정 증언에 영혼을 불어넣는 이언 웨스트는 배심원이 그 증언에 반하는 평결을 내리면 분개하지만 나까지 그럴 필요는 없었다. 그때부터 나는 증인석에 서더라도 부검실에서 배운 철저한 냉정함을 유지하기로 했다.

내가 이런 결심을 밝히자 젠은 씁쓸한 표정이었다.

"감정적으로 더 냉정해지겠다는 거네. 당신은 무슨 문제든 그런 식으로 해결해."

"평결에 신경 쓰지 않겠다는 거야. 그게 옳은 것 같아."

"당신이 열정적으로 그 사건을 이야기할 때가 재밌었어. 그런 모습을 더 자주 봤으면 했는데." 젠은 어깨를 으쓱하며 말했다.

나는 몸을 떨었다. 열정이라니. 그런 감정은 자주는커녕 앞으로는 절대 느끼고 싶지 않았다. 그러다가는 더 많은 고민에 휘말릴 것이다.

18 클래펌 역 열차 충돌 사고

1980년대에 영국에서는 대형 사고가 잇달아 발생하며 수많은 인명이 희생됐다. 그런데 이런 사고 중 정확히 사고라고 할 만한 건 없었고, 있었다 하더라도 극히 일부였다. 거의 대부분은 시스템 결함이 원인이었다. 아니면 그 시기에 자립이라는 전후戰後 가치관이 개인과 국가 사이의 이익 충돌로 나타났는지도 모른다. 분명한 건 인구가 늘어남에 따라 그리고 기존 시스템이 규모가 커지고 복잡해짐에 따라 이에 대한 사고 방식도 바뀌고 있었다는 것이다.

1987년 3월에 여객선 '헤럴드 오브 프리엔터프라이즈'호가 벨기에 지브뤼게에서 출항했다가 전복됐다. 램프도어가 열린 채 출발했기 때문이었다. 이 사고로 193명의 승객과 선원이 사망했다.

1987년 8월, 마이클 라이언이 헝거포드에서 31명을 총으로 쏘고 난후 자살했다.

1987년 11월, 불붙은 성냥이 지하철 피카딜리 선 킹스크로스 역에서 에스컬레이터를 타고 아래층으로 내려가 화재로 이어졌다. 이 사고로 31명이 죽고 100명 이상이 부상을 입었다.

1988년 7월, 북해의 파이퍼알파 석유 시추 장치가 폭발하여 167명이 죽었다.

1988년 12월 12일, 클래펌 역에서 신호 고장으로 열차 3대가 충돌했다. 35명의 승객이 사망하고 400명 이상이 부상을 입었으며, 그중 69명은 중상이었다.

같은 달 하순에 스코틀랜드 로커비 상공을 지나던 팬앰 점보 제트기에서 폭발물이 터져 항공기에 타고 있던 259명과 로커비 주민 11명이 사망했다.

그로부터 3주도 안 된 1989년 1월 8일, 브리티시 미들랜드 보잉 737기가 엔진 결함을 일으켰다. 여기에 조종사의 실수가 더해지면서 이스트미들랜드 공항 활주로 바로 옆에 있는 M1 고속도로 제방에 추락했다. 이 사고로 126명의 탑승자 중 47명이 죽고 74명이 중상을 입었다.

1989년 4월, 셰필드의 힐스버러 경기장에서 리버풀 축구팀 응원단 96명이 압사했고 700명 이상이 부상을 입었다. 이 사고는 2016년이 되어서야 두 번째 조사를 통해, 관계자들의 심각한 태만으로 피해자들이 억울하게 죽었다는 판결이 났다. 경찰, 구급차 서비스, 경기장 내의 안전 기준이 모두 도마에 올랐다.

1989년 템스강에서 유람선과 모래채취선이 충돌하여 51명이 목숨을 잃었으며, 그들 대부분은 30살 미만이었다.

이 사건들은 매번 전 국민을 충격에 빠뜨렸다. 하지만 감정이 가라앉은 후에는 사고 원인을 찾아 분석함에 따라 각 사건은 의미 있는 발전으로 이어졌다. 당국은 낡은 시스템을 철저히 점검했고, 사회적으로 건강과 안전을 생각하는 문화가 꽃폈으며(폭발했다고 할 수도 있으리라) 고용주들은 위험과 책임에 대한 기업과 국가의 방침, 그리고 교육의 중요성을 인식하게 되었다. 위험의 예방과 책임이 갑자기 더 중요해졌고 안전한 환경은 경영의 추가 요소가 아니라 필수 요소가 되었다.

나는 이런 사건들의 응급 상황과 조사 단계에 모두 개입해야 하는 위치였다. 병리학계는 이런 사고들을 통해 대형 재난에 대처하는 법을 배웠고, 나도 마찬가지였다. 2000년대의 테러 사건에 효율적으로 대응할 수 있었던 것도 80년대의 대형 사고에서 배운 덕분이었다.

나로서는 헝거포드 사건에서 가장 많이 배우긴 했지만, 80년대에 일어난 사고는 대체로 운송수단과 관련된 재난이었고, 그중 내가 처음 맡은 사고는 클래펌 역 열차 충돌 사고였다. 통근 승객들을 가득 태우고 남해안에서 출발한 급행열차가 월요일 아침 8시 10분 클래펌 교차로 근처에서 초록색 신호를 보고 코너를 돌았다. 그런데 베이싱스토크에서 온 완행열차가 같은 트랙에 서 있었다.

충돌을 피하는 건 불가능했다. 붉은색이어야 할 신호등이 초록색으로 켜져 있었던 이유는 느슨해진 전선 때문이었다. 전기기술자가 방치한 것이다. 게다가 13주 동안 연속으로 근무하던 그는 하필 그날이 쉬는 날이었다. 그의 상관은 그 기술자가 일을 잘한다고 생각했지만 나중에 조사해보니 엉망이었다. 너무나 엉망이었고, 정확히 말하면 16년 동안 계속 엉망이었다. 아무도 그 기술자가 한 일을 감독하지 않았고 검사하지도 않았다. 그가 '믿을' 만한 사람이었고 작업 결과를 검사하는 관행이 없었기 때문이었다. 하지만 근본적인 원인은 따로 있었다. 사고가 터지자 다들 신호등 전선을 교체하러 달려들었다. 왜 그랬을까? 그것은 1936년에 설치된 것이었기 때문이다. 철도 안전도 강화해야 했다. 때로는 자연법칙이 내가 하는 일의 태반을 설명하는 것 같다. 예기치 않은 결과의 법칙 말이다.

급행열차는 충돌한 순간 오른쪽으로 휘어 가까운 철로에서 마주오던 또 다른 열차와 충돌했다. 다행히도 이 열차는 승객을 태우지 않고 해슬미어 역으로 복귀하던 중이었다. 기관사는 눈앞에서 벌어지려는 사고를 미리 알았지만 손쓸 틈이 없었다. 급행열차 뒤에서는 네 번째 기차가 빠른 속도로 다가오고 있었다. 하지만 앞선 충돌로 인해 전류가 자동으로 차단됐기 때문에 코너로 미끄러져 가면서 점차 속도가 느려졌다. 기관사는 힘겹게 비상 브레이크를 작동시켜 가까스로 충돌을 피했다.

그 사고로 죽은 35명은 모두 급행열차의 앞 두 칸에 탔던 사람들이었다. 충돌 지점에서 가장 가까웠던 그 두 칸은 한쪽 벽이 벌어진 데다 형체를 알아보기도 힘들었다. 처음 도착한 선임 소방관은 현장(그 사고는 하필 나무를 베어내고 철로를 놓은 비좁은 구역에서 일어났다)을 살펴보고, 안에 갇힌 승객들을 빼내기 위해 즉시 절단 장비와 리프트 장비, 소방차 8대, 구급차 8대, 그리고 이동수술차를 추가로 요청했다.

재난 사고에서는 피해자 구출이 최우선인데 언뜻 보면 별로 중요해 보이지 않는 것들이 많다. 교통과 주차는 사소한 문제 같지만 차량을 즉시 통제하지 않으면 구조차량이 진입하거나 현장에서 신속하게 빠져나갈 수가 없다. 그러므로 현장을 정비해야 하고(이 경우에는 나무와 철로를 제거해야 했다), 병원들은 비상 체제에 돌입하여 중상자들을 옮기는 데 협력해야 한다. 걸을 수 있는 부상자들을 위한 치료소와 임시 안치소뿐 아니라 피해자 신고센터도 운영해야 한다. 또한 승객들의 신원을 알아내서 불안해하는 가족들에게 전달해야 한다(1988년에는 휴대폰이 없었다). 들것 나를 인원도 있어야 하고 의료 물품을 의사들에게 전달할 인원도 있어야 하며, 무엇보다도 구조요원 상호 연락망을 구축한 총책임자의 지시에 따라 전 과정이 협조 체제로 가야 한다.

규모가 크고 복잡한 이런 작업에서는 신속함이 생명이다. 계획을 세우고 실천하는 데 속도를 높이는 것 외에는 할 수 있는 일이 없기 때문이다. 공교롭게도 1988년 12월 12일은 사고 현장에서 가장 가까운 투팅의 세인트조지 의과대학 응급실이 업무를 시작한 날이었다. 병원에서는 '적색경보-재난 호출'을 처음 받은 의료진에게 그 철도 사고가 다른 병원 의사들이 보낸 장난 전화가 아니라 실제 상황이라는 것을 여러 차례 강조해야 했다.

대규모 인원이 클래펌 사고현장에 투입됐다. 런던 전체에 걸쳐 런던 소방청, 런던 응급 구조대, 런던 경찰청, 영국 교통경찰, 영국 긴급구조 연합(특별교육을 받고 평소에는 대부분 일반의로 일하는 그들은 일상 진료를 멈추고 급히 재난 현장으로 출동하라는 요청을 받는다), 영국 철도, 원즈워스구가 참여했고(천만다행으로 당시 드물게도 자체 응급 체계를 갖추고 있던 그곳은 134명의 귀중한 전문인력을 파견하고 그 외에도 신속한 지원을 제공했다), 구세군도 푸드트럭에 음식을 싣고 와 허기를 면하게 해줬을 뿐 아니라 구조대와 전문인력, 가족들에게 심리적 위안까지 선사했다.

응급 구조의 1차 목적은 생존자들을 보살피고 갇힌 사람들을 꺼내고 부상자들을 안전한 곳으로 최대한 빨리 이송하는 것이다. 사망자 처리는 그 후에 할 일이다.

현장에 가장 먼저 도착한 런던 소방청은 철도의 전력이 차단된 것을 확인한 후, 걸을 수 있는 외상 환자들이 역을 떠날 수 있게 조치했다. 그들은 인근 이매뉴얼 고등학교와 라운드하우스 펍에 마련된 치료소에서 응급처치를 받은 후, 스펜서 공원에 마련된 신고 센터에 자신의 상황을 보고했다.

부상자들을 옮기는 데는 67대의 구급차가 동원되었다. 33구의 시신은 절단된 신체 부위와 함께 일단 임시 안치소로 옮겼다. 담당 검시관이 장의업자들을 불러 시신과 신체 부위들을 수습하게 했다. 그러려면 신원 확인과 부검을 위해 그들을 모두 안치소로 보내야 했다. 대형 재난에서는 부상자들을 돌보는 것 외에 중요한 문제가 사망자들을 어디에 둘 것인가이다.

오후 1시 4분에 마지막 부상자가 들것에 실려 나갔고 3시 40분에는 파손된 기차에서 마지막 시신을 수습했다. 안타깝게도 법의관은 한 명도 현장에 파견되지 않았다. 그래서 신원 확인에 도움이 될지도 모를 시신의 세부 사진은 현장에서 한 장도 찍히지 않았다. 사진을 찍었다면 부상을 분석하는 데도 큰 도움이 되었을 텐데 말이다.

시신을 안치하기로 한 곳은 최근에 최첨단 장비를 갖추고 재건축된 웨스트민스터 안치소였다.

가이스 병원에서는 나를 포함해 4명이 파견됐다. 당연히 이언이 책임자였고, 우리(그리고 런던 경찰청)의 작업을 조정할 팸도 함께 갔다. 처음에 우리는 사망자가 얼마나 나올지 전혀 예상하지 못했기 때문에 안치소에서 일을 어떻게 진행할 것인지를 순서도로 그렸다. 일단 도착한 시신이나 신체 일부에 번호를 매기고, 라벨을 붙이고 사진을 찍어두어야 했다. 그 다음에는 똑같은 번호가 붙은 냉장고에 그것들을 보관했다.

우리 네 사람은 안치소 직원들의 도움을 받으며 동시에 작업을 했고, 손이 비는 사람은 경찰관들의 도움을 받아 다음 시신을 다시 냉장고에서 꺼내 사진을 찍었다. 이것은 '증거의 일관성'을 위한 필수적인 과정이다. 안치소에 들어올 때 '23번'이었던 시신은 우리가 검사할 때도 23

번이어야 했고, 검시관이 그 시신이 23번이 맞다고 확인하고 나면 마지막에 장의사들에게 인도되어 매장될 때까지 23번을 유지했다.

처음에는 완전한 부검을 하지 않고 시신의 신분을 밝혀줄 만한 정보에 집중했다. 전반적인 외모, 장신구, 의복, 문신, 그리고 손발 절단 같은 눈에 띄는 부상 상태를 기록한 것이다. 경찰은 신원 양식서를 기록했고, 시신에서 지문을 채취한 다음에는 몸을 닦았다. 그들은 정식으로 부검을 받고 혈액 샘플을 채취할 때 냉장고에서 두 번째로 꺼내질 것이다.

예나 지금이나 대형 재난 사고에서 법의관들이 가장 먼저 할 일이 신원 확인이다. 불안에 떠는 가족들이 믿을 만한 정보를 간절히 기다리기 때문이다. 콜센터 번호는 지인과 친인척들을 위해 대중매체를 통해 공개되었지만, 순번 대기 시스템이 없어서 전화한 사람은 항상 통화중 신호음을 들어야 했다. 그로 인한 분노와 답답함은 미루어 짐작할 수 있을 것이다. 하지만 관계 부처에서 사태를 파악한 후에는 콜센터가 정비되고 운영 방식도 개선되었다. 그날 하루 동안 사망자는 35명이었지만 콜센터로 걸려온 전화는 8천 건이었고, 병원으로 걸려온 전화도 많았으며, 심지어 안치소로 걸려온 전화도 있었다. 부상이 가벼우면 경찰이 전화로 알렸고, 안 좋은 소식은 유족에게 직접 전했다. 신원 파악이 정확하지 않으면 남편이 죽지도 않았는데 아내에게 남편의 사망 소식을 전할 수도 있고, 그 반대의 경우도 있을 수 있다. 사실 그날 성과 이름이 똑같은 승객이 같은 기차에 4명이나 있었다. 심지어 그들 중 2명은 같은 칸에 타고 있었고, 그중 1명만 목숨을 잃었다.

당시에 유일하게 믿을 수 있는 신원 파악 수단은 지문과 치과 기록이었다. 시신과 함께 도착한 핸드백이나 지갑 같은 개인 물품은 별 소용이 없었다. 시신 가방 안에 함께 들어 있던 물건들이 다른 사람의 소지품으로 밝혀지는 경우가 부지기수였기 때문이다. 구조대원들의 짐작과 달리 하나의 가방에 든 신체의 세 부분의 주인이 서로 다른 경우도 많았다. 게다가 경찰과 소방대원들은 가방에 남은 시신의 흔적을 열심히 치웠다. 안치소에 도착한 신체 부위는 60개 정도 있었고(머리, 다리, 턱, 내장 등) 그것들을 우리가 모두 맞춰야 했다. 검시관 보조관들과 경찰관들이 데이터베이스에 상세한 사항을 기록하면 그것을 바탕으로 점차 컴퓨터상에서는 온전한 인간이 완성되었다. '남성, 약 44세, 키 180, 약간 비만, 대머리, 오른쪽 어깨에 모반母斑, 기차 앞 칸에 승차'라고 기록되었던 사람이 마침내 이름을 가진 한 인간으로 변하는 것이다. 우리는 확실한 신원을 파악할 때마다 기뻤지만, 그 순간은 가족과 친지들의 희망이 사라지는 순간이기도 했다.

우리는 자정이 넘어서까지 1차 검사를 계속했다. 그리고 과로로 실수하는 일이 없도록 퇴근했다가 다음날 일찍 출근했다. 사고 후 병원에서 치료를 받다 사망한 몇 사람의 시신이 부검실로 오고 있었다. 그로 인해 업무량이 늘긴 했지만, 이들은 병원에서 가족들이 신원을 확인했기 때문에 과정은 훨씬 수월했다.

기차의 앞좌석에 앉았다가 사망한 승객들은 대부분 처음의 충격 때문이 아니라 자리에서 튕겨져 내부의 딱딱한 부분에 충돌해서 사망한 것이었다. 좌석 테이블이 복부를 쳐서 외상질식으로 숨진 사람도 있었고 다른 물건들에 맞아 숨진 사람도 있었다. 우리가 검사한 내용을 정리한 이언 웨스트의 총 보고서에는 배울 게 많았다. 그중에는 좌석을 바닥에 더 견고하게 고정시켜야 한다는 것과 사고 시 충격을 줄이기 위해 딱

딱한 표면을 재설계해야 한다는 제안도 포함되었다. 안전벨트가 필요하다는 주장도 있었으나 이것은 실용적이지 않아서 기차에는 적용되지 않았다. 전반적으로 당시 신호 체계를 통제하던 영국 철도는 평소의 안전 시스템과 위기관리 시스템을 혁신적으로 개선해야 한다는 결론을 내렸다. 클래펌의 잿더미에서 불사조가 한 마리라도 날아올랐다면 그건 바로 이런 개선이었다.

그리고 나도 나만의 불사조를 만났다.

그 사고 후 관심의 초점이 된 안치소는 계속 분주했고, 나도 맡은 일을 하느라 정신없이 바빴다. 희생자 한 명 한 명을 보며 아침에 직장으로 가다가 그곳에 영원히 도착하지 못한 운명을 떠올렸다. 그들은 교통사고를 당해 몸이 절단됐고 가족과 사별했다. 이런 비극의 여파는 몇 세대까지는 아니더라도 몇 년 동안은 지속될 것이다. 이런 생각들을 하면서도 그것을 감정적으로 받아들이지 않으려 노력했다. 내 감정은 일에 집중할 수 없을 정도로 너무 강렬해서, 그 감정으로 이어지는 문을 쾅 닫고 절대 열어보지 않아야 했다.

한번은 부검을 하다 고개를 들어보니 옆에서 몇 시간 동안 서 있던 경찰관의 얼굴이 무척 창백했다.

"좀 쉬시겠어요? 안색이 좀 안 좋네요." 내가 말했다.

"아닙니다. 괜찮을 것 같습니다. 고생을 보상해주는 게 한 가지 있거든요."

나는 그것이 술집에서의 맥주 한 잔이나 여자친구와의 포옹일 거라 짐작했다.

"비행 수업이죠." 그가 말했다.

어… 내가 잘못 들은 건가. 비행 뭐라고 한 거 같은데…….

"네, 맞습니다. 근무시간만 끝나면 비행 수업을 들으러 갑니다."

내가 그를 빤히 쳐다봤다.

"비행기를 몬다고요?" 내가 믿기지 않는다는 듯이 물었다. "저도 예전부터 꼭 해보고 싶었어요! … 하지만 그럴 여유가 안 되네요."

뭐, 누구나 다 하늘을 날고 싶지 않겠는가? 하지만 아이들을 돌보며 강의와 부서 회의와 부검과 법정 증언까지 소화해야 하는데 그 와중에 비행 수업까지 받는다는 것은… 도저히 불가능해 보였다.

그 경찰관이 말했다. "정말, 저 위쪽의 신선한 공기는 여기서 맨날 맡는 안치소 냄새와는 차원이 다릅니다."

나는 부검실에 모아놓은 으깨진 손발들을 둘러봤다. 하늘이 여기보다 더 낫다는 말은 굳이 안 들어도 알 것 같았다.

"경찰청 비행 클럽에서 배우는 건데, 관심 있다면 아마 들어오실 수 있을 겁니다. 박사님도 저희가 하는 일과 밀접하게 연관되어 있잖습니까."

몇 주 후에 나는 비긴힐에 있었다. 정확히 말하면 활주로 2-1 말단에 있었다. 더 정확히 말하면 2인승 세스나152 내부, 비행교관 자격증이 있는 경찰관 옆에 앉아 있었다.

나란히 앉아 커피를 마시며 그가 나의 첫 수업인 이 비행에 대해 설명했다. 흥분 때문에 심장이 쿵쿵 뛰었고 손가락은 떨고 있었으며 무시무시한 공포를 느끼듯 뱃속이 울렸다. 내가 레버를 당기며 속도를 내자 활주로 2-1이 내 앞에 죽 펼쳐졌다.

"50노트에 이르면 부드럽게 뒤로 당겨요." 교관이 말했다. "부드럽게요!"

시키는 대로 했더니 비행기 코가 위로 들렸다. 활주로를 달리던 바퀴의 웅웅거리던 소리가 점점 약해지다 사라지고 돌연 슉 하는 바람 소리와 엔진 소음만 들렸다. 심장이 멈추는 듯했다. 됐다! 이륙했다.

우리는 위로, 위로, 계속 위로 올라갔다. 짙푸른 지평선이 저 아래로 멀어졌다. 속도계를 봤다. 75노트였다. 구름을 지나쳤다. 아침에 방금 놓친 버스가 내 옆을 지나갈 때처럼 우리는 구름을 지나 날았다. 희박한 공기를 뚫고 내가 날고 있었다. 아주 작은 금속 상자 안에서. 그런데도 아래로 떨어지지 않았다.

문득 내가 숨을 참고 있다는 걸 깨닫고 숨을 내쉬었다. 그리고 들이마셨다. 용기를 내서 아래를 내려다봤다. 그레이터런던의 주택들이 내려다보였고 저 아래 남해안 끝, 브라이튼까지도 보였다. 화려한 의상을 차려입은 여성처럼, 예술 작품처럼, 소풍 나온 구름처럼, 눈앞에 펼쳐진 성찬처럼 순수하고 눈부신 시골 풍경에 내 눈이 호사를 누리고 있었다. 나는 우쭐했다. 정말 날고 있었으니까. 슬픈 사람들과 무미건조한 것들에서 멀어지고 있었다. 영혼이 빠져나간 시신으로 가득한 안치소, 작은 실패들, 하찮은 걱정들, 실망, 집에서의 침묵, '사인 불상'이라는 께름칙하고 짜증나는 수많은 타협들, 백치 같은 자만심과 진력나는 라이벌 의식에서도 멀어지고 있었다. 삶을 회색으로 물들이는 그 모든 재미없고 하찮은 일들이 일시에 사라지고 이유를 알 수 없는 원초적 행복이 솟구쳤다.

나는 켄트 상공에 떠 있는 소형 항공기를 조종하는 데 집중했다. 비행이 나를 이렇게 행복하게 해준다면 이것을 절대 포기하지 않으리라. 절대로.

19 아버지가 왼손잡이였습니까?

비행 수업은 5시간만에 막을 내렸다. 집에 불이 난 후 해결해야 할 복잡한 문제가 너무 많고 스트레스도 늘어나, 벅찬 해방감을 주는 비행 수업을 포기할 수밖에 없었다. 한정된 여유 시간을 가족과 쓰지 않고 하늘에서 교관과 단둘이 쓰는 것이 너무 이기적으로 느껴졌기 때문이다. 그래서 다시 낮에는 부검실로 밤에는 집안일로 돌아갔다. 음식을 준비하고 부검감정서를 작성하고 건축업자에게 전화하는 현실로 돌아간 것이다.

삶이 지루했다는 뜻이 아니다. 나는 법의관으로서 접하는 다양한 면을 사랑했다. 총으로 자살한 사건, 일산화탄소 중독, 익사, 흉기로 인한 살인, 약물과용, 갑작스러운 자연사 등을 일주일 동안 모두 경험할 수도 있었다. 죽음으로 인한 감정적 부담으로부터 초연할 수만 있다면, 각 사건은 나름의 매력이 있었다. 약물과용은 여전히 드문 사건이었다. 특히 당사자가 팔에 바늘을 꽂은 채 죽었다면 그것은 관심 있는 동료들에게 보여줘야 할 사건이었다(물론 오늘날에는 이런 경우가 아주 흔하다). 죽은 사람이 정맥주사로 마약을 사용한 사람이라면 HIV 양성일 가능성이 아주 높기 때문에 약물에 의한 사망은 각별히 유의할 필요가 있었다. 그때도 에이즈는 베일에 싸인 두려운 병이었고, 그것의 전염성에 대해 알려진 바가 없어서 공포심이 병원 복도를 어슬렁거렸다.

탄환이나 폭탄에 의한 사망사건에서 이언 웨스트는 영국에서, 어쩌면 세계에서 가장 유명한 전문가였을 것이다. 그의 경력은 아일랜드공화국군의 활동과 함께 정점에 올랐고 그의 이름은 잊을 만하면 헤드라인을 장식했다. 나는 다양한 유형의 사망사건을 다루는 게 좋았지만, 선배들은 내게 전문분야를 발전시키라고 넌지시 조언했다. 그렇지만 어떤 분야를 선택해야 한단 말인가.

약물이나 가스 흡입으로 인한 사망이 늘어나는 추세였지만, 이런 사건들은 법의관보다는 독물학자들의 영역에 가까웠다.

영아사망사건? 그건 사양하고 싶었다. 사실 중요성과 복잡성을 생각하면 그 분야의 전문가가 대폭 늘어나야 했지만, 도덕적 문제가 얽혀 있고 감정적 소모가 큰 그런 사건을 반길 법의관은 거의 없을 것이다.

나의 지적인 호기심은 칼을 이용한 살인 쪽으로 기울었다. 그것은 인류의 역사만큼 오래된 살인 방법이기도 하고 인류가 존재하는 한 지구상에서 사라지지 않을 방법일 것 같기도 했다. 아니 '여성이 존재하는 한'이라고 해야 되나? 흥미로운 점은 여성이 선택한 흉기가 칼일 확률이 매우 높다는 것이다. 이 나라 어느 집 주방 서랍에나 들어 있는 칼은 살인 무기가 될 수 있다. 칼은 사용하기가 쉬울 뿐 아니라 훈련이나 전문지식도 필요치 않다. 사실 힘이 셀 필요도 없다. 필요한 것은 피해자에게 가까이 접근할 수 있는 능력뿐이다. 하지만 내가 관심을 가진 이유는 집이나 거리에서 일어난 살인의 성격을 알아내기보다는 칼자국 자체를 연구하여 사건을 재구성해보고 싶었기 때문이다. 심슨 교수 이후로 경찰들은 사건의 재구성을 적절한 증거로 보지 않는 것 같고, 변호사들도 그런 설명에 별로 관심이 없었다. 그런 현실을 받아들이고는 있었지만, 내가 애초에 법의관이 된 목적은 포기가 되지 않았다. 사망사건의 수수께끼를 해결하도록 돕는 것 말이다.

그런데 내가 칼 전문가가 되겠다고 결심을 했다기보다는 운명처럼 그렇게 된 것 같다. 어느 일요일 아침, 호출을 받고 나갔다가 그 사건으로 나의 관심 분야가 분명해진 것이다. 그날 일찍 잠에서 깬 나는 화창한 가을 하늘을 보며 그 하늘을 날 수 있으면 얼마나 좋을까 하고 한탄했다. 불타버린 우리 집은 수리를 해서 팔았고, 복잡한 이사도 끝냈고, 새 집은 어느 정도 정리가 됐지만⋯ 직장과 집에서 빠져나와 비행 수업을 다시 듣는 건 여전히 불가능했다.

나는 사각거리는 듯한 차가운 아침 공기를 마시며 사건현장으로 향했다. 칼에 목이 베인 채 주방에서 발견된 어느 노인의 집이었다. 거리의 나뭇잎들이 물들고 있었다. 그 집 근처에는 경찰차들이 줄지어 서 있었다. 수군거리는 동네 사람들을 밀어내며 진땀을 빼고 있는 젊은 순경도 보였다.

노인의 집은 지은 지 오래된 넓은 단독공영주택으로, 검붉은색의 벽돌로 된 견고한 집이었다. 내가 다가가자 이웃사람들은 갑자기 입을 다물었다. 그리고 내가 순경에게 신분을 밝히는 것을 듣고 있다가 순경이 '접근금지'라고 쓰인 테이프를 들어주고 내가 들어가자 일제히 다시 수군거렸다. 경찰차가 시야에 들어왔다. 안에는 두 손으로 머리를 감싸고 있는 여성이 타고 있었다.

"저는 검시관 사무실에서 나왔습니다. 이렇게 빨리 와주셔서 감사합니다." 얼굴이 불그스레한 덩치 큰 남자가 문 앞에서 말했다. 당시 많은 검시관 보조관들처럼 전직 경찰이었을 것이다. 증거 수집 봉투를 든 범죄 현장 조사관들과 수사관 두 명이 분주히 움직이고 있었다. 경찰 소속 사진사가 도착했다.

"저분이 따님입니다." 검시관 보조관이 경찰차에 있는 여자를 가리키며 웅얼거리듯 말했다. "전화를 해봤는데 받질 않아서 급히 와봤다고…"

뒷문 쪽에 있는 주방에 노인의 시신이 누워 있었다. 발은 거실을 향해 있었다.

"이름은 조셉 갈랜드. 82살입니다." 검시관 보조관이 내 귀에 대고 속삭였다.

갈랜드 씨는 오른쪽으로 돌아누운 자세였다. 옷이 피로 얼룩져 있었고, 몸 아래 바닥에도 피가 묻어 있었다. 매트도 피에 젖어 있었고, 도마와 벽에도 피가 튀어 있었다.

파자마 차림이었지만 상의에는 트위드 재킷을 두르고 있었다. 두 손에 피가 묻어 있었고 맨발이었다. 열린 뒷문 옆에는 피 묻은 웰링턴 장화 한 켤레가 서 있었다.

내 뒤에서 수사관 두 명이 이야기하는 소리가 들렸다.

"그러니까 범인들이 문을 두드렸거나 아니면 노인이 자기 정원에 서 있는 범인들을 봤을 거야. 그래서 얼른 재킷을 걸치고 장화를 신고 거기로 나간 거지… 그때 범인들이 칼로 노인을 찔렀고 노인은 간신히 집으로 들어온 거야. 아마 전화를 하려고 했겠지…"

나는 갈랜드 씨를 돌아봤다. 피 얼룩의 분포가 좀 특이했다. 그의 재킷과 파자마는 앞쪽이 피로 흥건했다. 피는 허벅지로 흘러내렸는데 이상하게 무릎 아래로는 피가 없었고 발바닥에만 피가 묻어 있었다. 하지만 웰링턴 장화 바깥쪽은 피가 묻어 있었고 테두리 안쪽으로 가느다란 핏줄기가 있었다.

칼에 찔릴 때 혹은 찔린 직후에 장화를 신고 있었던 게 분명했다. 그리고 집에 들어올 때 장화를 벗은 것이다. 장화는 분명 평소에 세워둔 자리였을 문 옆에 가지런히 놓여 있었다. 집 안에 들어올 때는 그것을 벗고 들어오는 게 습관이었을 것이다.

"저 노인은 예전에 흙 묻은 신발을 신고 주방까지 들어온다고 잔소리깨나 들었나 보군." 누구에게랄 것도 없이 내가 말했다.

밖을 내다보니 경찰관 여럿이 뒷마당을 샅샅이 훑으며 뭔가를 찾고 있었다. 온실로 이어진 핏자국이 보였다. 온실 밖에는 화분이 여러 개 쌓여 있었다. 지저분한 유리창을 통해 들여다보니, 안에는 가을에 접어들면서 갈색으로 시들어가는 여름 토마토 넝쿨이 있었다.

온실 너머는 창고와 주차장이었다. 주차장에 상당히 많은 피가 고인 것으로 보아 거기에서 찔린 게 분명했다. 근처에 빨간색 차가 운전석 문도 제대로 닫히지 않은 채 비뚤어지게 세워져 있었다. 누군가가 급히 뛰어내린 모양이었다.

"따님 차예요." 검시관 보조관이 알려줬다.

이제 사진사가 기본적인 사진은 다 찍었다. 그래서 나는 다시 시신이 있는 곳으로 갔다. 그를 뒤집었더니 재킷 바로 위, 목에 커다란 칼자국이 입을 벌리고 있었다. 근육과 경정맥, 경동맥까지 끊어진 상태였다. 목을 가로질러 가로로 난 상처가 더 많았지만, 생명에 지장을 줄 정도로 깊은 건 없었다.

그의 팔과 다리에 손을 대봤다. 경직이 시작되었지만 다리는 아직 완전히 경직되지 않았다. 그의 체온도 쟀다.

경찰관 한 명이 열심히 무전기를 듣고 있었다.

"수상한 밴… 남자 두 명, 20대 초반인데 오늘 아침에 어느 노인에게 접근했다고 합니다. 혹시 정원 일 할 사람 필요하지 않느냐고 물었고요. 밴은 흰색 포드, 번호판에 포함된 글자는 T, K…"

"누구 한 사람 보내서 수배해봐." 자신을 수사반장이라고 소개한 사람이 지시했다.

나는 쪼그리고 앉아서 시신을 내려다보고 있다가 일어섰다.

"따님에게 아버지가 왼손잡이였냐고 물어봐주시겠습니까?"

반장이 잠시 나를 쳐다보더니 경찰차로 다가갔다. 열린 문을 통해서 나는 갈랜드 씨의 딸이 울먹거리며 맞다고 대답하는 소리를 들었다. 그렇게 우는 걸 보니 그 질문이 무슨 의미인지 눈치 챈 듯했고, 어쩌면 수사관보다 더 빨리 눈치 챘는지도 모른다.

"이건 살인이 아닌 것 같습니다." 반장이 돌아왔을 때 내가 말했다.

현장을 바삐 돌아다니고 있던 경찰관들이 일제히 얼어붙었다.

"이건 자해한 흔적입니다. 갈랜드 씨는 자살한 것 같습니다."

반장이 고개를 저었다.

"저희도 처음엔 그렇게 생각했습니다. 그런데 샅샅이 뒤져봐도 칼이 발견되지 않았습니다."

"분명히 있을 겁니다."

반장은 약간 짜증스러운 표정을 지었다. "자기를 찔러 죽인 다음 그 흉기를 버릴 수는 없잖습니까. 여기엔 흉기가 없어요. 이건 살인사건입니다."

"아마도 칼을 정원에 떨어뜨렸을 겁니다."

233

반장이 경찰관들을 가리키며 말했다. 그들은 아직까지 정원에서 뭔가를 찾고 있었다.

"지금 정원을 두 번째 꼼꼼히 훑고 있습니다. 그렇게 넓지도 않은데, 칼 비슷한 것도 없습니다."

나는 가까운 곳에 칼이 있으리라 확신했다. 노인이 자살했음은 분명했다. 그러다 내가 이렇게 확신할 수 있는 이유가 뭘까 생각해봤다.

반장이 못마땅한 표정으로 나를 보고 있었다. "박사님, 부검을 해봐야 정확한 게 밝혀지지 않겠습니까."

사람들은 부검만 하면 내가 그 안에 숨어 있던 비밀을 찾아낼 거라고 생각한다. 금고를 여는 기술자처럼 말이다. 하지만 나는 그 노인을 육안으로 찬찬히 관찰한 것만으로도 많은 것을 알 수 있었다.

어쨌든 부검은 해야 될 테니 언쟁을 벌일 필요는 없었다. 나는 검시관 보조관에게 돌아섰다. "저분을 지금 안치소로 옮겨주시겠습니까?"

그가 고개를 끄덕이고 정복 차림의 경찰관 두 명을 불렀다.

"왕립 서리 안치소로 모시죠."

나는 반장에게 다시 돌아섰다. 장담할 수 있었다.

"물론 부검을 할 겁니다. 하지만 이게 자살이라는 건 분명합니다."

"어떻게 그렇게 확신하십니까?" 그가 물었다. 기분 좋은 투는 아니었다. 아까도 느끼긴 했지만, 조용한 가운데 손발을 맞춰 일하는 범죄 현장에서는 보기 드문 말투였다. 그런 냉소적인 말투는 법정에나 어울렸다. 법의관의 증언이 자기 의뢰인에게 불리할 때 그를 모욕하려는 고참 변호사가 쓸 법한 말투다.

나는 최대한 냉정한 목소리로 대답했다.

"먼저 칼에 찔린 부위를 들 수 있습니다. 갈랜드 씨가 여러 번 찌른 부위는 자살하는 사람들이 택하는 부위와 정확히 일치합니다. 거의 항상 목이나 손목이죠. 갈랜드 씨는 목 오른쪽을 그었는데 오른손잡이가 오른쪽을 긋진 않습니다. 노인이 왼손잡이라는 것은 바로 아까 경관님이 친히 확인해주셨죠. 그리고 저 작은 상처들을 보십시오. 모두 평행하게 나 있죠."

반장은 내키지 않는 듯 노인의 목을 내려다봤다. 나는 깊은 칼자국 양옆으로 난 얕은 상처들과 거기서 나온 핏줄기를 가리키며 그것이 주저흔이라고 설명했다. "자살하는 사람들이 왜 이런 행동을 하는지 우리도 정확히 모릅니다. 아마 용기를 끌어모으고 있었는지도 모르죠. 고통에 대해 마음의 준비를 하면서요. 아니면 적당한 위치를 찾느라 그런 건지도 모르고요. 어쨌든 주저흔은 자살임을 보여주는 강력한 증거입니다."

반장은 여전히 못 믿겠다는 표정이었다.

"저런 선이 항상 자살을 뜻한다는 건가요?"

"제 경험상 보통은 그렇습니다." 내 경험이 별로 많은 건 아니었지만 그걸 반장에게 말하고 싶진 않았다.

"만일 노인이 밖에서 자신을 찔렀다면…" 반장이 진한 핏물이 고인 주차장을 가리켰다. "…그리고 바로 여기서 죽었다면, 칼을 처분할 시간이 얼마나 있었을까요?"

나는 계산해봤다.

"최대 1분이요."

그가 피를 다 흘린 후에 칼을 숨겼다는 뜻은 아니었다. 그것을 던졌

235

을 가능성은 있지만 아마 그냥 떨어뜨렸을 것이다.

반장은 자신의 일요일을 특별한 날로 만들기 위해 정말 살인이기를 바랐는지 이렇게 말했다. "누군가가 노인을 찌르고 그 칼을 갖고 도망갔을 수도 있죠."

"음…"

"가능성은 인정하시죠? 다른 사람이 찔렀을 수도 있다는 가능성이요."

나는 망설였다. 물론 가능했다. 무엇이든 가능하긴 하니까. 하지만 내가 할 일은 모든 가설을 검토하는 게 아니라 증거를 모아서 제시하는 것이었다.

"그럴 것 같진 않습니다. 하지만 불가능하진 않죠."

반장은 의기양양한 표정이었다.

"하지만, 저는 그 칼이 여기 어딘가에 있다고 믿습니다. 그것도 상당히 찾기 쉬운 장소에요."

이 말에 칼을 찾고 있던 경찰관들이 일제히 동작을 멈췄다. 어떤 사람은 손을 허리에 얹었고, 어떤 사람은 똑바로 서서 나를 빤히 쳐다봤다. 한참 동안 수색하고 있던 그들은 뻔한 걸 못 찾고 있다는 듯한 내 말이 귀에 거슬렸을 것이다.

나는 작은 뒷문을 나가면서 피 묻은 웰링턴 장화를 지나, 온실과 오래된 토기 화분들을 지나, 그 옆에 있는 양철 욕조를 지나, 처음 찔린 자리까지 이어져 있는 핏자국을 따라 나갔다.

"노인은 피를 많이 흘렸고 집 안으로 오는 동안 출혈이 더 심해지고 있었어요. 그래서 칼을 던진 게 아니라 여기까지 거의 다 와서 분명 어딘가에 그냥 떨어뜨렸을 겁니다." 내가 말했다. "혹시 저 따님이…?"

"전혀 손 댄 게 없다고 했습니다."

자살 사건에서는 가족이나 친구가 그 일을 짐작하는 경우가 많다. 어쩌면 갈랜드 씨는 그전에 자살하겠다고 협박을 했거나 우울증이 심했는지도 모른다. 나는 딸의 입장이 되어 생각해봤다. 두근거리는 가슴을 억누르며 빨간 차를 타고 급히 도착한 딸은 거기서 뭔가를 발견하고 두려워했을 것이다. 가장 먼저 눈에 들어온 광경은 피웅덩이였을 것이다. 그녀의 차는 끽 하는 소리와 함께 바로 그 앞에 멈췄을 것이고, 그녀는 차를 주차장에 아무렇게나 세워놓고 문도 제대로 안 닫고 뛰쳐나왔을 것이다. 그리고 집 안으로 들어가서 아버지를 발견했을 것이다.

"칼이 없으니 자살이 아닙니다." 반장은 단호했다.

"따님의 차를 후진해주시겠습니까." 내가 말했다.

순간 듣고 있던 사람들이 서로 얼굴을 마주봤다. 반장이 노인의 딸에게 차 열쇠를 달라고 해서 받았다. 그리고 주차장에 세워져 있던 빨간 차를 천천히 뒤로 뺐다.

차 바퀴 아래에 놓여 있던 베이지색 손잡이의 피 묻은 빵칼이 형체를 드러냈다.

내 주장이 맞았음을 확인한 순간 내가 얼마나 안도의 한숨을 내쉬었는지 반장은 꿈에도 몰랐을 것이다. 나는 내가 옳다는 것을 확신했고, 그것을 분명히 보여줬다. 하지만 어릴 때부터 마음 깊은 곳에서는 인생이 예상치 못한 반전과 전환의 연속이라는 것을 알고 있었다. 나는 이 진리에서 벗어나지 못한다. 확실함을 보여주는 것이 나의 일이긴 하지만, 나는 그날 더 큰 확실함에서 벗어나지 못했고 지금도 마찬가지다. 그것은 세상에는 항상 다른 가능성이 있다는 것이다.

20   무리한 제압으로 인한 자연사

그 무렵 법의학 분야에서 과학수사법이 관심의 초점으로 떠오르고 있었다. 나는 그 첨단 기법 때문에 칼자국을 통한 범행의 재구성이 무의미해지는 건 아닌가 하는 걱정이 들었다. DNA 테스트에 대한 이야기도 자주 나왔는데, 듣기로는 그것이 신원 확인에서 지문 감식을 비롯한 다른 어떤 방식보다 더 정확하다는 것이었다. 우리는 금요일 점심시간이면 소란스러운 술집에서 DNA에 대해 자주 이야기했다. 토론은 오후까지 이어졌고, 행정직원들과 기술자들까지 합세했다. DNA 분석법은 곧 대세가 될 것인가, 아니면 한동안 실용화될 수 없는 수많은 과학기술 가운데 하나일 뿐인가?

그 새로운 과학기술 때문에 칼자국에 대한 나의 전문적인 연구도 곧 구식이 될까 봐 불안했다. 그 분야에 대한 관심이 약해진 건 아니지만, 그 무렵에 다른 특별한 문제가 나를 사로잡았다. 처음에는 무시하려 했지만 이상하게 그것은 의식하지 못했던 나의 취약점을 계속 아프게 건드렸다. 그것은 바로 사회적 양심이었다. 나는 내가 이미 사회를 위해 일하고 있다고 생각했다. 죽은 사람들을 이해하려는 유족과 국가를 위해 내 지식을 제공하며 일하고 있으니, 이것이 정의 구현에 기여하는 거라고 여긴 것이다. 사회 변화를 촉진하는 데 내가 직접적인 역할을 할 수도 있다는 건 미처 생각하지 못했다.

나는 늘 범죄 현장에서 경찰들과 밀접한 관계를 맺으며 일했다. 그들의 전문성과 동료애가 아니었다면 살인 현장의 피와 혼란과 타락과 인간적 비극을 견디기가 훨씬 어려웠을 것이다. 담당 경찰관들과 좋은 관계를 유지하다 보면 그들은 고맙게도 조사가 진척되면서 입수한 정보를 계속 나에게 알려줬다.

간혹 품위 있고 진지한 경찰관들과는 거리가 먼 사람들과 일할 때가 있는데, 그럴 때는 너무 힘이 들었다.

어느 날 밤 부검을 위해 병원 안치소에 도착해서 브리핑을 받았는데, 왠지 내용이 부실했다. 이유는 금세 밝혀졌다. 환자가 감옥에서 죽은 것이었다. 옷을 갈아입고 부검실로 가는 동안 아무도 농담이나 잡담을 하지 않았다.

죽은 사람은 28살의 나이지리아인이었다. 검안에서는 코와 입술 주변에 찰과상이 관찰됐다. 팔과 복부에 최근에 생긴 멍 자국이 있었고 특히 그의 손목 주변이 심했다.

내가 물었다. "죽을 때 구속 벨트를 하고 있었나 보군요?"

그들이 침울한 얼굴로 고개를 끄덕였다.

구속 벨트라는 불쾌한 장비는 양쪽에 있는 링에 수갑이 부착된 두껍고 무거운 가죽벨트다. 손목을 채운 수갑을 벨트에 고정시키고 그 벨트를 허리에 두르는 것이다.

부검을 해보니 죽은 사람에게는 심각한 아테롬(동맥 내벽에 침적된 솜 같은 물질)이 있었다. 하지만 오직 한 군데, 혈액을 뇌로 보내는 목 혈관인 경동맥 안쪽에서만 발견됐다. 28살 청년에게는 극히 드문 일이었다. 몇 년이 지나면 그것으로 인해 생명이 위험해질 가능성은 있지만,

그것이 사망의 원인이 아니라는 것은 분명했다.

추가 검사를 해보니 그는 겸상 적혈구 체질이었다.

겸상 적혈구병은 영국에서 가장 빨리 증가하고 있는 유전성 질환이다. 세계적으로 수백만 명이 이 질환을 갖고 있지만, 대부분은 아프리카나 카리브해 제도 출신들이다. 이 질환이 있는 사람들은 말라리아에 강하다(런던에서는 별 소용이 없다). 하지만 장점은 그것으로 끝이다. 이것은 헤모글로빈 유전자의 변형으로 생기는데, 헤모글로빈의 가장 중요한 기능은 몸 전체에 산소를 운반하는 것이다. 헤모글로빈이 정상인 건강한 사람의 적혈구는 가운데 부분이 움푹 팬 도넛 같은 원반 형태이며, 중요한 것은 쉽게 구부러진다는 것이다. 겸상 적혈구는 아미노산 염기 서열 중 하나가 다르게 바뀐 것인데 이로 인해 헤모글로빈이 특이하게 접힌다. 보통은 그것이 큰 문제는 아니지만 헤모글로빈 분자가 산소 분자에 달라붙지 않으면 그것이 딱딱해지고 비정상적인 형태로 굳어질 수 있다. 이 경우 적혈구가 이상한 바나나 또는 낫 같은 모양이 된다. 굳거나 형태가 변한 적혈구는 혈관을 따라 매끄럽게 흘러가지 않고 서로 엉키기 때문에 결국 혈관을 막아 주요 장기에 산소 부족을 초래한다.

관절과 복부의 통증, 그리고 흔히 생기는 빈혈은 혈관이 막혀서 생기는 문제의 시작에 불과하다. 이 질환자들은 예전에는 사실상 단명할 수밖에 없었지만, 지금은 새로운 약물치료법이 개발되어 상황이 좋아졌으며 어쩌면 머지않아 유전자 치료가 가능해질 수도 있을 것이다.

부모 양쪽으로부터 이 유전자를 받은 동형접합체인 경우에는 헤모글로빈이 비정상일 수밖에 없다. 하지만 한쪽 부모한테서는 결함 있는 유전자를 받고 나머지 한쪽에서는 정상 유전자를 받은 이형접합체인 경우 비정상 헤모글로빈과 정상 헤모글로빈이 섞여 있다. 당연히 이형접합체가 동형접합체보다 훨씬 많으며, 이형접합체를 가진 사람을 겸상 적혈구 체질이라 한다.

겸상 적혈구 체질은 오랫동안 (말라리아에 걸리지 않는 한) 별다른 문제가 없는 것으로 여겨졌다가 몇십 년 전에야 특정 환경에서 굉장히 위험해질 수 있다는 것이 밝혀졌다. 특정 환경이란 어떤 식으로든 산소가 상당히 부족한 상황을 말한다. 그래서 겸상 적혈구 체질인 사람은 에베레스트를 오르면 안 된다. 그뿐 아니라 사실상 산소가 부족해질 위험이 있는 상황은 모두 피해야 한다. 고산 등반이나 스쿠버다이빙, 패러슈팅뿐 아니라 강제로 압박을 받는 것도 위험하다. 물론 앞의 예들은 선택의 문제지만 뒤의 예는 선택할 수 있는 경우가 아니다.

흑인 환자가 압박을 받는 상태에서 사망하고, 현미경으로 관찰했을 때 겸상 적혈구가 발견된 경우는 그때가 처음이었다. 얼마 안 있어 똑같은 경우가 이어지긴 했지만 말이다. 그들이 겸상 적혈구병이 아니라 겸상 적혈구 체질이었다는 것은 그들의 헤모글로빈을 검사한 전문가가 확인해준 사실이었다. 안타까운 일이지만 자신이 겸상 적혈구를 지니고 있다는 사실을 모르는 사람도 많다.

이 환자도 산소 부족으로 생기는 저산소증 증상을 보였다. 그는 강압적으로 눌리긴 했지만 실제로 생명을 위협할 정도의 부상은 없었다. 그렇다면 분명 멍든 부위가 보여주는 것보다 더 심한 경찰의 조치가 있었을 것이다. 나는 이런 내용을 보고서에 신중하게 기록했다.

나중에야 전체 내막을 알게 됐는데, 그는 사취 혐의로 런던 교도소에서 재판을 기다리고 있었다. 교도소 의무원이 '이상하다'고 표현한 행동이 무엇인지 잘 모르겠지만 담당자는 그 환자를 브릭스턴 교도소의 의료병동으로 보냈다. 의료 기록에는 구체적으로 쓰여 있지 않았지만 내가 생각하기에는 정신과 문제가 아니었을까 싶다. 그 행동이 마약과 관련된 것은 아니었을 것이다. 소변에서 코카인이 검출되긴 했지만 극소량이었기 때문이다.

병동으로 이감되는 동안 그는 '흥분 또는 공격성을 보이다가 나중에는 무반응 상태'가 됐다. 이 내용은 나중에 도착한 응급실 의사의 기록이다. 경찰 기록에 의하면, 브릭스턴 교도소 의료 병동에 도착하자마자 그가 '호흡을 하지 않는 것 같다는 것을 발견'했다. 그래서 그를 밴에 태우고 급히 응급실로 데리고 갔다. 가는 길에 심폐소생술을 시도했지만 효과가 없었다. 사실 응급실 의사의 기록에는 '손가락 경직!'도 있었다.

경찰이 그를 제대로 호흡하기 힘든 자세로 제압해서 산소 공급이 부족했던 것 같다. 얼굴을 아래로 향했거나 가슴을 무릎으로 누르고 있었는지도 모른다. 하지만 부검을 해보니 사망의 주원인은 극심한 폐렴으로 나왔다.

그는 폐렴과 겸상 적혈구 체질이 만나서 자연사한 것이다. 구속 벨트를 채워 엎드린 자세로 제압하지 않았더라면, 그리고 호흡을 편하게 할 수 있는 다른 자세를 취하게 해줬더라면, 또는 적절한 응급조치를 취했더라면 그는 사망하지 않았을 수도 있었다. 그래서 그런 소견을 보고서에 밝혔다.

그는 일정한 거처가 없어서 험한 환경에서 살았을 것이다. 그래서 구속되기 전에 이미 폐렴에 걸렸을 수도 있고, 아니면 구속된 후에 폐렴에 걸렸을 수도 있다. 사인심문에서는 '자연사'라는 소견이 제출됐지만, 검시관은 주의 부족으로 인해 폐렴이 악화됐다는 의견을 조심스럽게 밝혔다.

그 사건을 맡은 지는 30년이 채 지나지 않았지만, 그 당시에는 대다수 시민들이 범죄자들은 그런 대우를 받아도 싸다고 생각했고, 경찰이 하는 일은 항상 또는 대체로 옳다고 여겼다. 따라서 겸상 적혈구 체질과 폐렴을 완화시키려는 당연한 조치가 없었다 하더라도 수감자 한 명의 죽음을 두고 당국을 비판하는 목소리는 없었을 것이다. 그리고 유감스럽지만 시대 분위기를 감안하더라도 이런 무관심은 흑인 수감자들에게 특히 더했다.

대중과 경찰이 모두 무관심했기 때문에 안전하게 제압하는 방법에 대한 교육과 이해는 전무하다시피 했다. 그런 교육은 경찰이나 교도소 관리자들의 일상 업무에 딱히 중요하거나 유용한 것으로 인식되지 않았던 것이다. 수감자들을 럭비공 다루듯 덮치든 몸싸움을 하든 그들을 제압하기만 하면 무엇이든 허용되는 것이 당시 분위기였고, 여기서 '제압'이란 '움직이지 못하게 하는 것'을 뜻했다.

경찰과 교도소 관리자들은 알아서 판단했고, 국가는 그들의 판단은 항상 옳은 것으로 전제했다. 하지만 나까지 그렇게 무관심할 수는 없었다. 수감 중에 혹은 신체를 제압하는 과정에서 일어난 사망을 여러 번 봤기 때문이다. 전부는 아니지만 죽은 이들은 대다수가 흑인이었다. 내가 관심을 갖게 된 계기는 겸상 적혈구였지만 겸상 적혈구 문제만은 아니었다. 내가 뭔가를 해야 한다는 생각이 들었다. 하지만 무엇을 한단 말인가? 나는 런던 경찰청과 일하고 있었으므로 범죄 현장과 추후 업무에서 경찰관들과 협조 관계를 유지해야 했다. 많은 경찰관들과 친했고

243

그들을 존경하기도 했다. 그들과의 친근한 동료 관계는 내게 아주 중요했기 때문에 그들의 방식을 어떻게 지적해야 할지 곤혹스러웠다. 하지만 그냥 넘어갈 수 없다는 것은 분명했다. 신체 구속 상태에서의 사망이 심심치 않게 일어났으므로 그 문제에 집중해야 할 것 같았다. 다만 상황을 개선시키기 위해 내 지식을 어떻게 활용해야 할지 막막했다. 병리학자의 임무는 죽은 사람을 검사해서 사인을 밝혀내는 것이다. 우리가 찾아낸 사실들은 나중에 생명을 구하거나 정의를 실현하는 데 기여할 수 있을 것이다. 하지만 세상을 바꾸는 일은 내가 할 일이 아니지 않은가.

21 죽일 생각은 없었어요!

신체의 제압으로 인한 사망 문제를 고민하면서도, 나는 여전히 칼에 의한 살인을 조사하고 분석하는 데 몰두하고 있었다. 이언 웨스트는 탄환과 폭발 전문가로서 비교적 명확한 분야에서 전문성을 구축했다. 그 분야에서는 범인이 누군가를 죽이기 위해 쏘는 것이 전부였다. 하지만 칼로 인한 부상은 범인이 피해자에게 접근해야 하고 둘은 대부분 사적인 관계다. 살인 동기도 여러 가지가 얽혀 있는 경우가 많다. 명확히 죽이려 했다기보다 연극으로 봐야 할 때도 있다. 특히 그 부상이 자해라면 말이다. 하지만 내가 정말 흥미를 가진 이유는 모든 칼자국은 현장에 대해 이야기해준다는 것이었다. 나는 칼자국에 대해 통달하면 몸에 남은 칼의 정확한 궤적을 통해(흔히 피해자는 여러 차례 찔린다) 살인 장면을 재현할 수도 있다는 생각에 변함이 없었다.

칼을 이용한 살인을 대할 때마다 나는 그 칼자국에서 무엇이든 배우려 했다. 빵칼로 자살한 노인 사건을 해결한 지 얼마 안 돼서 칼로 인한 다른 사망사건이 들어왔다. 그것은 아주 흔한 살인이었으나, 집에서 고깃덩이를 찔러보면서 한 연구가 효과를 발휘한 사건이었다.

햇볕 좋은 가을이 물러가나 했는데 어느새 겨울이 성큼 다가왔고, 곧이어 첫서리가 내렸다. 어느 날 아침 나는 런던 북부의 한 수로 옆에서 시신이 발견됐다는 연락을 받았다. 정오에 도착했더니 인적이 드문 풀밭에 젊은 남자가 쓰러져 있었다. 청바지와 재킷 차림의 그는 엎드린 자세였고, 두 팔은 몸 아래 깔려 있었다. 기온은 2도밖에 되지 않아서 사망 시각을 추정하는 데 별 도움이 되지 않았다. 체온은 20도까지 떨어진 상태였고, 처음 발견됐을 당시에 찍은 사진에는 몸에 서리가 덮여 있었다. 경직은 시작됐으나 전체가 경직되지는 않았다.

그것을 보고 내가 경찰에게 할 수 있는 말은 사망 시각은 자정과 오전 6시 사이라는 것뿐이었다. 그들은 내색하지 않았지만 속으로는 실망했을 것이다.

피해자의 발치에 있는 풀에 피가 묻어 있었고, 시신 옆에는 피 묻은 부엌칼이 놓여 있었다. 몸을 뒤집어보니 입과 코, 손, 그리고 가슴 앞쪽이 피투성이였다.

우리는 정식으로 부검을 하기 위해 그를 안치소로 옮겼다. 거기서 살펴보니 단 한 번 찌른 칼이 옷을 뚫은 다음 나란히 있는 늑골 세 대의 연골까지 찔러놓았다. 연골 때문에 칼날의 방향이 조금 바뀌었고, 안타깝게도 그 근소한 빗나감 때문에 칼날은 곧바로 대동맥을 찔렀다. 더 나아가 그 뒤에 있는 기관氣管까지 찌르고 말았다. 칼날의 진행은 식도에서 끝났다. 피부에서 식도까지 칼이 지나간 길이는 총 12cm였고, 칼이 지나간 방향은 앞에서 뒤로 그리고 오른쪽에서 약간 왼쪽으로 수평을 이뤘다.

검은색 손잡이의 부엌칼은 칼자국의 크기와 형태로 보아 살인에 사용된 것 같았다. 옷과 늑골 세 대를 뚫었으니 범인의 힘은 꽤 셌을 것이다. 사망자의 얼굴에는 경미한 찰과상이 있었고 왼팔도 여러 군데 피부가 벗겨진 채였다.

단번에 찌른 것 같았다. 경찰에서는 현장조사 결과를 용의자의 답변과 맞춰보고 있었다. 용의자와 피해자는 함께 술을 마시다 밖으로 나가 걸었다고 했다. 스무 살 동갑인 그들은 친한 친구였다. 하지만 경찰 신문에서 드러났듯이 용의자는 피해자에게 앙심을 품고 있었다.

Q   둘이 무슨 얘기를 했나?

A   별 얘기 안 했어요.

Q   흉기는 갖고 있었고?

A   아뇨.

Q   그 친구는?

A   갖고 있었어요. 항상 칼을 갖고 다녀요.

Q   그전에는 둘 다 칼을 갖고 다녔고?

A   네. 근데 그날 저는 집에 두고 나왔었어요.

Q   네 답변은 녹음되고 있다는 거 알아둬. 친구가 어떻게 죽었는지 알고 있나?

A   네.

Q   말해봐.

A   수로 근처에 왔을 때 그 녀석이 속이 안 좋다고 했어요. 그래서 저는 거기 서서 기다렸죠. 내려다보니 제 운동화 끈이 풀려 있어서 묶으려고 몸을 숙였는데 녀석이 묻더군요. 자기가 내 여동생과 사귀는 거 어떻게 생각하느냐고요.

Q   메리?

A   네.

247

Q 몇 살인데?

A 13살이요.

Q 너는 뭐라고 했는데?

A 내 동생은 13살밖에 안 됐기 때문에 안 그랬으면 좋겠다고 했죠. 고개를 들고 왜 그걸 묻느냐고 하려는데 그럴 시간이 없었어요. 그 자식이 품속에서 뭘 꺼내고 있더라고요. 저는 녀석이 저를 치려고 하는 줄 알았어요. 덜컥 겁이 나서 녀석을 밀어버리고 도망쳤어요. 한번 뒤돌아봤는데 비틀거리며 뒤로 넘어지고 있더군요. 저는 계속 달렸어요. 그 녀석이 다쳤다는 건 몰랐어요. 알았다면 다시 가서 어떻게든 손을 썼겠죠.

이이지는 질문을 통해 그 용의자는 자기 친구가 13살 된 여동생과 성관계를 했을지도 모른다는 생각에 격분했었다는 것이 드러났다. 신문 중에 여러 번의 휴식 시간을 갖다가 한번은 변호사와 의논을 하고 온 용의자가 이렇게 말했다. "혹시 그 칼이 제가 생각하는 칼이라면, 그 친구 아파트에서 본 적이 있어요. 그게 그릇 건조대에서 떨어져 다른 물건들과 섞여 있길래 제가 집어서 작업대에 올려놨었어요."

그의 변호사는 한 번만 더 의뢰인과 단둘이서 얘기하게 해달라고 했다. 변호사와 이야기를 나누고 나온 용의자는 친구를 죽게 한 것은 인정했지만 사고였다고 주장했다. "그 녀석은 저랑 가장 친한 친구예요. 해칠 생각은 전혀 없었어요. 더 이상 드릴 말씀 없습니다."

나는 용의자가 진술한 사건 정황이 거짓이라고 확신했다. 직감에 의하면, 상대방이 칼을 잡고 있는데 그 칼의 방향을 바꿔서 상대의 가슴을 그런 식으로(단번에 그리고 수평으로) 찌르는 것은 불가능했다. 게다가 웅크리고 앉아 있다가 가슴 높이까지 닿는 건 더욱 말이 안 됐다.

하지만 유죄가 확정되기 전까지는 무죄로 추정해야 한다는 원칙에 따라, 나는 집에서 그 장면을 재현해봤다. 우선 (오른손으로) 신발끈을 매는 척하며 바닥에 웅크리고 앉았다가 고개를 쳐들었다. 상대방이 자를 갖고(그때 나는 칼 대신 자를 들고 있었다) 덤벼들자 그 자를 상대방(의 자에 세워둔 베개였다)에게 돌려 수평으로 가슴 깊이 찔리게 밀었다. 자로 베개를 찌르려던 순간 누군가가 방에 있다는 것을 깨달았다.

돌아봤더니 크리스가 서재에 들어와 있었다. 우리는 두 아이가 우연히 잔혹한 사진들을 보지 않도록 항상 노크를 하라고 가르쳐왔었다. 하지만 내가 너무 몰입한 나머지 노크 소리를 못 들은 것이었다. 크리스가 좀 이상한 표정으로 나를 물끄러미 바라봤다.

"왜?" 내가 아무렇지도 않은 듯 물었다.

크리스는 교과서를 끌어안고 있었다.

"아빠 지금 뭐 하시는 거예요?" 설명을 요구하는 말투였다. 아홉 살 크리스는 얌전하고 차분해서, 밤새 울며 우리를 고문하던 독재자 시절이 까마득하게 느껴졌다.

내가 일어섰다. 아마 정직이 최선의 방책이리라.

"음, 신발끈 매는 사람이… 그게 나고, 오른손으로 끈을 매는데… 다른 사람이 칼을 들고 공격하려고 해. 그것도 나야. 다른 사람은 내 왼손이고 말야. 이 자가 칼이고… 만일 첫 번째 남자가 그 칼을 돌려서 두 번째 남자를 찌를 수 있을지 시험해보고 있었어. 그전까지 첫 번째 남자는 이렇게 구부리고 있었는데 말야."

크리스가 생각에 잠겼다.

"네." 이윽고 그가 대답했다. "그럴 수 있었을 것 같아요."

"짐작으로는 부족해. 그럼 첫 번째 남자는 아주 오랫동안 감옥에 있어야 하거든. 그러니까 확실히 알아야 돼."

"첫 번째 사람이 두 번째 사람을 죽였어요?"

"음… 맞아."

"그 사람 봤어요?"

"첫 번째 사람? 아니."

"두 번째 사람이요."

"응. 부검할 때 봤어. 그 사람 상처를 검사했더니 그 칼이 이런 각도로 이런 식으로 들어갔어. 첫 번째 사람이 신발 끈을 매고 있다가 공격을 받았다면 그렇게 찌를 수 있었을까 생각해보는 중이야."

크리스가 고개를 끄덕였다. 하지만 내가 한 말을 정말 이해했는지는 알 수 없었다. 자기 아빠가 뭔가 이상한 일을 하고 있다는 건 알았을 것이다.

"근데 저는 생물 책을 보여드리려고 온 거예요. 우리 반에서 최고 점수예요."

아, 그렇지! 크리스가 여기 온 이유가 있었겠지. 그런데 나는 그 이유도 묻지 않고 내가 하던 일만 설명하고 있었다. 우리는 함께 그 생물책을 봤고, 줄줄이 A를 받은 크리스의 책을 보니 부모로서 무척이나 뿌듯했다. 그제야 크리스는 기분 좋은 표정으로 방을 나갔고 나는 실험을 계속했다. 아무리 고민해봐도 쭈그리고 있던 사람이 상대방이 쥔 칼의 방향을 반대로 돌려서 가슴을 찌를 수는 없을 것 같았다. 게다가 그렇게 높은 위치에서 수평으로 베개를 찌르는 건, 아니 사람을 찌르는 건 불가능해 보였다. 내가 의심했던 대로 이 사건은 선 자세에서 찌른 게 분명했다.

서재를 가만히 두드리는 노크 소리가 났다.

"아빠, 우리 둘 다 그 사람이 했다고 생각해요." 애나가 달려 들어왔다.

"누가 뭘 했다고?"

"어… 오빠가 첫 번째 사람이 돼서 신발끈을 매고 있었고, 제가 두 번째 사람이 돼서 칼을 들고 달려들었는데…"

"진짜 칼을 쓴 건 아니지?"

"네, 제 펜을 썼어요. 어쨌든, 오빠는 쉽게 그 펜을 잡아 돌려서 저를 찔렀어요. 그러니까 우린 첫 번째 사람이 살인자라고 생각해요."

"그렇구나. 그래, 고맙다."

"보여드릴까요? 아니면, 아빠가 첫 번째 사람을 하고 제가 두 번째 사람을 해볼게요. 제가 오빠보다 더 잘할 수 있거든요."

일곱 살밖에 안 된 애나가 살인사건을 재구성하는 데 정말 도움이 되리라고 생각한 건 아니었다. 그리고 칼을 든 나를 봤더라도 애나는 그게 장난이라고 생각했을 것이다. 그 아이는 죽은 사람의 몸을 기분 나쁜 뭔가로 여겼을 뿐 죽음의 진짜 의미는 아직 몰랐고, 죽은 사람을 사진으로 본 적도 없었다. 두 아이에게 서재에 올 때는 항상 노크를 하라고 가르쳤을 뿐 아니라, 수사 관련 사진들도 높은 선반에 신중하게 보관했기 때문이다.

"애들하고 도대체 무슨 게임을 하는 거야!" 거실에서 나타난 젠이 따

251

져 물었다. 무시무시한 표정이었다.

"게임하는 거 아냐. 크리스가 들어와서 내가 하던 일을 설명해준 것 뿐이야."

젠이 눈을 휘둥그레 뜨더니 뾰족하게 말했다.

"나는 집에까지 일 안 가져와."

언젠가는 크리스와 애나도 내가 하는 일이 무엇인지 온전히 이해하게 될 것이다. 하지만 당시엔 누가 물어보면 아버지가 의사라고 대답하라고 가르쳤다. 그들은 내가 특이한 의사라는 것, 즉 경찰을 돕는 일을 한다는 것, 신문에도 내 이름이 난다는 것 정도는 알지만 법의관이 무슨 일을 하는지는 몰랐다. 다만 그 무렵에는 둘 다 나의 전문분야가 환자들의 '병을 고치는' 건 아니라는 걸 눈치 챘다. 그러면서도 자기 아빠가 자로 베개를 찌르고 칼로 고깃덩어리를 찔러보는 건 일상적인 일이지만 다른 집 아빠들은 그런 일을 하지 않는다는 걸 모르는 것 같았다.

오늘날이라면 수로 옆에서 벌어진 이 살인사건에서 피고 측은 자제력 상실로 인한 과실치사를 주장하여 성공할지도 모른다. 지미 새빌 Jimmy Savile* 사건이 터지고 난 후라 배심원들은 13살 된 여동생과 성관계를 맺으려는 친구 때문에 이성을 잃고 그런 짓을 저질렀다고 판단할 수도 있을 것이기 때문이다. 그 친구가 여동생을 성추행했을지도 모른다는 가능성 때문에 그 오빠가 몹시 분개했었다는 가족들의 증언도 많은 상황이었다.

그런데 자제력을 상실했다고 변호하기 위해서는, 피고가 평소에 합

---

* 50여 년 간 BBC의 간판 MC로 활동한 방송인. 2011년에 세상을 떠나고 1년 후에 나온 다큐멘터리를 통해 그의 성폭행 전력이 널리 알려졌다. 아동 성범죄까지 저질렀다는 사실이 드러나면서 영국 전역이 충격에 빠졌다.

252

리적인 참을성과 자제력이 있는 사람이라는 것, 그리고 피고인과 동성이고 나이가 같은 이들이 비슷한 상황에 처했을 때 자제력을 잃을 것임을 입증해야 한다. 나는 젊은 사람이라면 그럴 가능성이 충분하다고 생각한다. 하지만 자제력 상실을 내세우려면 피고가 사전 계획을 하지 않았다는 것도 입증해야 한다. 문제는 피고가 실제로 그날 밤에 칼을 가지고 있었다면 그 살인은 미리 계획한 것으로 볼 수도 있다는 것이다. 그는 그 칼에 왜 자신의 지문이 있는지는 해명했지만, 산책할 때 칼을 소지한 사람은 자신이 아니라 피해자였음을 배심원들이 믿을 수 있게 설명해야 했다.

이 살인이 일어난 시기는 2010년에 법이 개정되기 훨씬 전이어서 비합리적인 법 논리가 통하던 때였다. 자제력 상실은 피고 측이 기댈 수 있는 근거가 못 됐고 그래서 자신의 여동생을 지키려 애태우던 젊은이에게는 희망이 없었다. 혐의는 살인이었고 그는 유죄 판결을 받았다. 1980년대에는 항상 그랬다.

특별할 것 없는 살인이었지만, 칼자국의 각도와 궤적이 중요한 증거를 제공한 사건이었다. 그런 경우는 아주 흔했다. 일단 칼이 몸속으로 들어가면 궤적뿐 아니라 피해자와 범인 각자의 움직임을 알아낼 수도 있다. 사건 기록이 쌓임에 따라 나는 칼자국이 모든 것을 말해줄 수 있다는 확신이 점점 굳어졌다. 중요한 것은 그것이 말해주는 것을 제대로 듣는 것이다. 나는 칼의 궤도, 각도, 손잡이가 남긴 멍자국 등 정말 광범위한 자료를 분석해서 집계하고 싶었다. 그래서 틈만 나면 주방에서 여러 가지 칼로 고깃덩어리를 찔러보곤 했다. 사실 밤에 퇴근하는 길에 칼날과 손잡이가 다양한 칼들을 정말 많이 사왔다. 만일 당시 중산층 백인을 수색하는 관행이 있었다면 나는 흉기소지죄로 여러 번 체포됐을 것이다.

가족들은 여전히 혐오스러워했지만 나는 돼지 뱃살과 소 콩팥을 찔러보며 연구를 계속하고 있었다. 하지만 인간의 피부와 근육, 그리고 내부 장기를 찔렀을 때와 비슷한 느낌을 얻는 것은 극히 어려웠다. 슈퍼마켓에서 파는 고기들은 대부분 며칠 지난 것들이기 때문이다. 사실 칼로 살인한 사람들은 그것이 너무 쉬웠다는 데 당황한다. 칼날이 일단 옷과 피부를 뚫고 들어가면 내부의 조직들은 거의 저항을 하지 않는다. 심장이나 간 같은 주요 장기를 뚫는 데도 별로 센 힘이 필요치 않기 때문에 힘이 약한 사람도 칼로 살인을 할 수 있다. 수많은 살인자들이 이렇게 말한다. "죽일 생각은 없었어요!" 이 말은 "제가 한 행동으로 사람이 죽을 줄은 몰랐어요!"라는 뜻이다. 다른 사람은 몰라도 칼로 살인한 사람들이 이렇게 말한다면 사실일 가능성이 높다. 피해자가 살인자보다 훨씬 힘이 세더라도 훨씬 유리한 사람은 칼을 잡은 살인자다. 칼을 이용한 살인범 중 여성이 많은 것도 어쩌면 당연한 일이다.

그런데 고기로 그렇게 많은 실험을 했던 나는 칼자국을 통해 살인을 재구성할 수 있음을 입증했을까? 음, 하지 못했다. 하지만 칼이 살인에 대해 많은 것을 말해준다는 것은 알아냈다. 예를 들어 나는 칼이 몸에 남긴 궤적을 기반으로 상당히 정확하게 살인 무기를 그릴 수 있었다. 그래서 경찰이 가능성 있는 살인 무기 여러 개를 내놓으면 아닌 것들을 대부분 가려낼 수 있고, 정확한 무기를 제시하면 대부분 알아맞힌다.

클래펌 열차 사고가 나고 8개월밖에 안 된 어느 일요일 아침이었다. 나는 다른 대형 사건이 일어났다는 전화를 받았다. 때는 8월이라 이언은 휴가 중이었고, 나는 런던과 잉글랜드 남서부를 책임지는 법의관이었다. 그 시점에서는 몇 명이 죽었을지 아무도 모르지만 한 가지 분명한 것은 사망자가 나오리라는 것이었다.

이번 사고는 철도가 아니라 템스강에서 일어났다. 나는 출발하기 전에 뉴스를 조금 더 듣고, 먼저 와핑에 있는 경찰 초소로 갔다. 유람선이 사우스워크 근처에서 가라앉았고 그 배에서 건져 올린 시신들이 거기 있었기 때문이다. 내가 아는 건 그것뿐이었다.

나이 든 경사가 내게 인사를 하더니 놀랍게도 울먹이며 말했다.

"박사님, 이 일을 한 지 30년째입니다. 그런데 지금 강에서 25명이 죽었습니다. 24명은 배에 있고, 한 명은 오늘 아침에 다리를 8개나 거슬러 올라간 복스홀에서 건져 올렸답니다. 제가 이런 꼴을 보리라고는 상상도 못했습니다. 다들 젊은 사람들이에요. 20대 젊은이들이요."

템스강을 오가는 그 배는 오락용으로 대여한 파티용 배였을 것이다. 그런 배에 대해 여러 번 들어봤고 직접 보기도 했다. 휘날리는 옷을 입고 데크에 있던 젊은이들은 불빛 아래 모여든 거대한 나방들 같았다. 댄스플로어에서 춤추는 이들의 모습과 색깔과 움직임, 웃음소리, 음악 소리는 강변 양쪽에서도 창문을 통해 볼 수 있었다.

그 경사가 덧붙였다. "아, 박사님, 경찰공의가 와서 그 사람들이 모두 사망했다는 건 확인했습니다." 그러더니 그가 정말 울기 시작했다. 그리고 머리를 저으면서 멀어져갔다. 코를 푸는 소리도 들렸다. 그는 문을 열고 들어가 안내석으로 가더니 기자들을 밀어냈다.

빅토리아 양식으로 지어진 와핑 경찰 초소는 템스강 바로 옆에 있다. 그 뒤로 임시 안치소로 지정된 공간이 있었는데 그냥 방 하나가 전부였다. 콘크리트 바닥은 시신 가방으로 덮여 있다고 해도 과언이 아니었다. 가방은 모두 열려 있었고 그 안에 시신이 한 구씩 누워 있었다. 대부분 화려한 파티복 차림이었다. 이 비극적인 현장을 돌아보다가 이상한 점을 발견했다. 그들의 옷이 흐트러져 있었던 것이다. 드레스 자락은 위로 제쳐져 있었고 바지는 열려 있었다….

나는 급히 밖으로 나와 경사를 찾았다. 그가 얼굴을 찡그렸다.

"경찰공의가 옷을 다 열어봤습니다. 남녀 인원 파악을 하느라 그런 것 같습니다."

나는 못마땅했지만 이미 늦은 일이었다. 그는 사건에 당황해서 뭐라도 도움 될 만한 일을 하려고 했을 것이다. 맥박을 재거나 심장박동을 재보기도 했을 것이다. 전에도 그런 사람들을 본 적이 있다. 전문교육을 받은 사람들도 그들이 할 수 있는 일은 전혀 없다는 걸 알면서도 '뭔가를 하려고' 한다.

얼마 후에 나는 웨스트민스터 안치소로 갔다. 시신들이 그곳으로 몰려들 것을 대비해서 준비 사항을 점검해두고 싶었다.

아, 이런. 생각해보니 평소 안치소에서 관리를 맡았던 피터 비번이 휴가 중이었다. 그의 대리를 맡은 직원은 내가 보기에 피터만큼 일사불란하게 일한 적이 한 번도 없었다. 차분하고 믿음직한 피터의 관리 능력이야말로 대형참사에 대처할 때 꼭 필요한 능력인데 아쉬웠다. 어쨌든 안치소 직원들은 바삐 움직이며 많은 시신을 받아들일 준비를 하고 있었다. 부검대와 필요한 장비도 최대한 준비되어 있었다. 그 광경을 보니 뒤늦게 두려움이 몰려왔다. 울렁거림 비슷한 그 느낌은 금방 사라졌지만 강렬했다.

나는 와핑에서 시신이 모두 옮겨오고 나면 다음날 후배 법의관을 데리고 돌아와서 검사를 시작하기로 했다.

점차 사건 정황이 드러났다. 평범한 그 여름날 밤에 템스강 서더크교 근처에서 거대한 모래채취선이 마쉬오네스라는 작은 유람선과 충돌한 것이다.

모래채취선은 모래를 한 차례 나인엘름스에 붓고 바다 쪽으로 더 채취하러 나가는 참이었다. 그 시각 생일파티를 위해 대여한 유람선에서는 여러 나라의 젊은이들이 파티를 즐기고 있었다.

처음에 모래채취선은 마쉬오네스의 우현 뒷부분을 쳤다. 그로 인해 그 작은 유람선이 흔들리다가 전복된 것이다. 한 목격자의 증언에 의하면 '모래채취선이 유람선에 올라타더니 장난감 배처럼 그것을 강물 속으로 내리눌렀다'. 사실 모래채취선의 닻이 유람선의 위층 갑판을 뚫었고 두 번째 충돌 때 마쉬오네스 후미가 우현 쪽으로 돌다가 뒤집어진 것이다.

다음은 생존자들이 한 말이다.

충돌을 느꼈어요… 그러다 선미가 우현 쪽으로 움직인다는 걸 알았죠. 열린 창문으로 물이 쏟아져 들어왔어요. 배가 기우는 것도 느껴졌고요… 물이 들어오기 시작할 때… 탈출하려고 창문을 향해 돌아선 게 기억나요… 배가 가라앉을 거라는 게 확실했거든요. 그런데 몇 초도 안 돼서 전기가 나갔고 완전히 암흑 세상이 됐어요. 저는 그때 물살에 실려 앞으로 내던져졌죠. 배 전체에 금세 물이 찬 거였어요… 제가 수면으로 떠올랐을 때는 마쉬오네스에서 어느 정도 떨어져 있었고, 배 일부가 가라앉고 있었어요….

저는… 배 오른쪽이… 갑자기 물에 잠기는 게 느껴졌어요… 배가 기울어지면서 열려 있던 오른쪽 창문으로 물이 확 쏟아져 들어왔죠. 저를 포함해서 댄스플로어에 있던 사람들이 모두 중심을 잃고 미끄러졌고, 의자 같은 고정되지 않은 집기들도 모두 오른쪽으로 미끄러졌어요. 그리고 순식간에 밀려들어온 물속으로 잠겼죠. 저도 물속에 잠겼어요….

갑자기 배가 옆으로 기울었고 화장실에 물이 차기 시작했어요. 저는 빠져나가려고 문을 열었는데, 간신히 문을 열었을 때 배가 완전히 물속에 가라앉아 있었어요….

뭔가가 배에 충돌한 게 느껴졌고 그 순간 배가 도는 바람에 저는 균형을 잃었어요. 테이블에 곧 부딪칠 것 같았는데 그 모래채취선이 우리 배를 부수면서 들어오는 게 보였어요. 닻이 들어온 거예요. 창문이 모두 산산조각나면서 창문 유리와 함께 물이 우리를 향해 쏟아져 들어왔죠….

그 배에 탔던 젊은이들에게는 끔찍한 경험이었다. 배가 급격히 회전하면서 고정되지 않은 가구들이 미끄러졌고, 전기가 나간 데다 추위와 탁한 강물 때문에 탈출하는 건 극히 어려운 상황이었다. 게다가 어떤 사람들은 비상구로 접근할 수가 없어서 배에서 나가기 위해서는 초인적인 힘이 필요했다. 이런 요인들로 대다수는 탈출에 실패하고 목숨을 잃었다.

훗날 응급의학 전문가 하워드 오클리 박사는 그 참사에 대해 이렇게 말했다. "배의 갑작스러운 전복은 충격적인 경험으로 알려져 있습니다. 그 순간 공포에 질려 있는 사람도 있고 침착하게 대응하여 탈출한 사람도 있을 것입니다. … 하지만 그런 충격에 직면하면 호흡을 참을 수 있는 시간이 짧아지기 때문에 성공적으로 탈출할 가능성이 줄어듭니다."

충돌 후 30초가 안 돼서 마쉬오네스는 템스강 바닥에 누웠다. 구조선 14척이 생존자들을 구출했지만 몇 시간이 지나도록 시신은 한 구도 건져 올리지 못했다. 사망자들은 대부분 배 안에 갇혀 있었지만 배 밖으로 휩쓸려 간 사람도 있었을 것이다. 템스강은 야속한 강이다. 물살이 세고 조류의 변화가 심해서 깊고 어두운 물속에 시신들을 감추고 있다가 며칠 후에, 심지어 몇 주 후에야 내놓기 때문이다. 물속에 가라앉은 마쉬오네스호에서 처음 시신을 발견한 것은 5시간이 지나서였다. 그리고 템스강이 마지막 시신을 내놓기까지는 2주가 걸렸다.

익사한 시신 또는 사망 후 며칠 동안 물속에 잠겨 있던 시신은 먼저 피부가 불투명해지고 쭈글쭈글해진다. 욕조에 오랫동안 몸을 담가본 사람은 그게 어떤 건지 알 것이다. 흔히 '세탁부의 손'으로 불리는 이 현상은 손가락과 손바닥, 발바닥의 두꺼운 각질층이 물에 하얗게 불어 쭈글

쭈글해지는 것이다. 피부색에 상관없이 이 현상은 누구에게나 똑같이 일어난다. 며칠이 지나도록 시신이 물속에 그대로 있으면 그 피부는 갈라져서 결국 벗겨진다.

시신이 수면으로 떠오르기까지 걸리는 시간은 몸이 부은 정도와 부패한 정도에 따라 달라진다. 하지만 일반적으로 비만한 사람이 먼저 떠오른다.

마쉬오네스호는 8월 20일 일요일 새벽 2시 직전에 가라앉았다. 그날 밤 12시까지 가이스 병원 동료와 시신들을 살펴보고 부검 준비를 했지만 탑승자 중 사망자가 몇 명인지는 짐작도 할 수 없었다. 생존자 수가 꽤 많았기 때문에 우리는 시신이 별로 없을지도 모른다는 희망에 매달렸다.

법률상 그 시신들의 책임자는 검시관이므로 웨스트민스터의 검시관 폴 냅맨이 데번에서 휴가를 보내다 런던으로 돌아왔다. 그리고 나와 담당 경찰관들을 불러 시신들을 어떻게 검사할 것인지 의논했다. 검시관인 그로서는 희생자들의 확실한 신원을 밝혀내는 것이 급선무였다.

대형참사가 일어났을 때 책임자들이 가장 두려워하는 것이 신원 확인에서 실수를 하는 것이다. 매장이 끝난 후에야 신원 확인이 틀렸을지 모른다는 의심이 들면 너무나 꺼림칙하기 때문이다. 이런 사태는 가족들에게 특히 심각한 문제다. 그래서 검시관은 당연히 가장 안정하고 정확한 확인 방법을 원했다. 지금이라면 DNA 분석법을 쓸 수도 있겠지만, 당시는 그 방법이 술집에서 벌이는 열띤 토론의 주제였을 뿐 우리가 활용할 수 있는 단계는 아니었다. 가장 안전한 두 가지 방법은 여전히 지문과 치과 기록 대조였다.

문제는 치과 기록을 대조하려면 실종자 이름과 담당 의사 이름을 알아야 한다는 것이었다. 게다가 요청한 답변을 듣기까지 오랜 시간이 걸릴 수도 있었다. 특히 그 기록이 외국에서 와야 한다면 더 오래 걸릴 터였다. 그때까지 우리가 알고 있는 것은 마쉬오네스호의 파티에 참석한 사람들은 외국 출신들이었다는 것이다. 처리에 시간이 더 걸릴 수밖에 없는 골치 아픈 상황이었다.

결국 신원 확인을 위해 당장 해야 할 일은 지문 확인이었다. 완전무결하게 확인하려면 시간이 상당히 소모될 터였지만, 담당 검시관은 속도보다는 정확함이 더 중요하다는 입장이어서 나중에 치과 기록도 병행하기로 했다. 그것이 분명 옳은 태도이긴 하지만 애태우는 가족들에게는 더욱 답답한 상황인 것도 사실이었다.

참사가 일어났을 때 어떤 사람들은 그냥 안치소로 가서 자기 가족을 확인하면 될 텐데 왜 그걸 허용하지 않는지 이해를 하지 못한다. 실제로 마쉬오네스호 희생자 가족 중에서도 많은 사람들이 자기들을 안치소에 들여보내주기만 하면 가족들을 금방 찾아낼 수 있다고 주장했다. 그들의 심정과 논리는 이해한다. 하지만 실상은 다르다. 우선 그런 방식은 너무나 비인간적이다.

대형참사에서 육안으로 신원을 확인하는 건 허술한 방식이라는 것, 특히 외상을 입었거나 익사했을 때는 더욱 그렇다는 것을 일반인들은 쉽게 믿지 못한다. 하지만 부상을 입지 않았거나 부패가 진행되지 않았더라도 살아 있는 모습과 죽은 모습은 너무 달라서 그들을 잘 알던 사람들이라도 쉽게 알아보지 못한다. 생명과 얼굴 표정, 동작 등이 우리의 본질적인 자아에서 빠져나가면 우리 몸은 전혀 다르게 보이기 때문이다. 템스강에서 몇 시간 혹은 며칠 동안 잠겨 있었던 시신이라면 말할 것도 없다.

사실 가장 가까운 가족들이라도 극심한 스트레스를 받는 상황이면 실수할 가능성이 크다. 그래서 엉뚱한 사람을 자기 가족으로 착각할 수 있다. 아니면 자기 가족인데도 못 알아볼 수도 있다. 그런 경우는 우리가 예상하는 것보다 훨씬 흔하다. 나중에, 어쩌면 아주 오랜 시간이 지났을 때, 신원을 확인해준 가족들은 간혹 자신들이 잘못 봤을지도 모른다며 불안해한다. 그러다 분명 잘못 봤을 거라고 단정한다. 이런 일은 가족을 묻거나 화장하고 나서 한참 지난 후에, 그러니까 신원을 다시 확인할 길이 없을 때 일어날 수도 있다. 신원 확인의 어려움은 차치하고라도 가족을 찾기 위해 안치소에 누워 있는 수많은 시신들을 보는 일은 엄청난 트라우마를 일으킬 수 있다. 오랫동안 죽음을 지켜보고 시신을 검사한 나도 죽은 사람들 사이에서 내 아내나 자식 또는 부모님을 찾아내라면 도저히 못 할 것 같다.

신원 확인을 위해 시신을 보는 것은 경찰이나 법의관들에 의해 신원 파악이 끝난 시신을 보는 것과는 천지 차이다. 나는 죽은 가족을 마지막으로 보겠다는 것이 당연한 권리라 생각한다. 어떤 이유에서든 마지막 작별 인사를 막는 것은 가혹한 일이다. 하지만 시신이 훼손되거나 부패했을 수도 있고 악취가 날 수도 있는 것이 현실이다. 우리는 최선을 다해 원래의 모습으로 복원하려고 하지만 기적을 일으킬 수는 없다. 그래서 오랜 시간 상황을 설명하고 의논하고, 시신 사진을 먼저 보여준 다음에야 그들을 시신이 누워 있는 방으로 안내한다. 그런 다음에도 실제로 시신을 보기까지는 시간이 더 필요할 때도 있다. 우리는 이 시간 동안 가족과 함께 있어줘야 한다. 위로하고 연민의 마음을 전하는 것도 중요한 임무다. 그들의 충격에 조금이라도 더 아픔을 줄 수는 없는 일이다.

육안으로 신원 확인을 하는 것처럼 못 믿을 것이 '휴대 용품' 또는 몸에서 분리될 수 있는 물품들, 즉 옷이나 장신구, 지갑 같은 것들이다. 이것들이 단서로 취급되려면 장신구를 교환했거나 그 지갑을 알아보는 친구가 있어야 한다. 그리고 옷을 통해 신원을 확인하려면 다른 사람들의 설명에 기대 그들이 죽은 날 밤에 입었던 복장을 정확히 알아야 한다. 그런데 그런 설명을 해주거나 정확히 기억하는 경우는 드물다.

그럼에도 검시관은 육안으로 확인하는 것과 소지품으로 확인하는 것을 허용했다. 단 마쉬오네스호 안에서 처음으로 발견된 시신들에 한해서, 그리고 부패가 전혀 일어나지 않은 시신들에 한해서라고 못박았다. 그 외에는 소지품으로 신원을 확인하는 것이 무효라고 했다.

신원 확인에 대해 의논한 후 검시관이 내린 결론은 각 시신의 지문을 채취하는 것이 가장 핵심이라는 것이었다. 실종으로 의심되는 사람들의 명단이 작성됨에 따라 경찰들이 그들의 집으로 파견됐다. 집에 있는 소지품에서 지문을 채취하여(경찰 자료에 지문이 등록된 사람은 제외하고) 안치소에 있는 시신들의 지문과 비교해보기 위해서였다.

문제는 안치소에 있는 이들의 사인이 익사였다는 것이다. 그들은 어류에 의해서건 바위나 교각, 배, 또는 강바닥의 다른 장애물에 의해서건 훼손됐을 가능성이 컸다. 익사한 몸은 변색되고 부패로 인해 팽창하므로 물 밖에서보다 피부 변화가 훨씬 빠르다. 몇 시간 안에 물에서 건져 올렸다 하더라도 '세탁부의 손'이 되는 것은 어쩔 수 없는 현상이어서 지문 채취가 힘들고, 손에서 피부가 완전히 벗겨졌다면(순화해서 '탈피'

263

라고 한다) 피부의 더 깊은 진피층에서 지문을 채취하는 것도 거의 불가능하다.

이 사고에서는 신체가 절단된 시신이 거의 없어서 클래펌 열차 사고보다 수습하기가 더 쉬울 줄 알았다. 하지만 시간이 지남에 따라 시신들은 점점 더 심각해진 상태로 도착했고 우리는 부패와의 전쟁을 치러야 했다.

안치실에 도착한 시신은 정해진 시스템에 따라 이동했다. 먼저 우리는 옷과 장신구, 전반적인 외모를 상세히 기록했다. 그런 다음 옷을 벗기고 내가 문신이나 흉터, 그 외에 신원을 확인하는 데 도움이 될 만한 것들은 무엇이든 설명했다. 경찰관들은 그것을 듣고 기록한 다음 시신 사진을 찍은 뒤 냉장고에 보관했다.

그 다음에 정식으로 부검을 했고, 부검이 끝나면 내장을 제거하고 봉합한 뒤 가족들에게 보여줄 수 있도록 수습했다.

마지막으로 사인에 대한 결론(익사)을 포함한 부검감정서를 작성해서 검시관에게 보냈다. 검시관이 전체적인 내용에 만족하면, 특히 신원확인 과정에 대해 만족하면 그는 사인심문을 진행하고 그 시신을 장의사들에게 내보냈다.

최초로 시신이 물에 떠오른 때는 사고 당일인 일요일 오전 7시 전이었다. 오후에는 마쉬오네스호가 인양되었고 내가 와핑 경찰초소에 도착했을 때는 시신 24구가 8월의 더운 날씨에 도착해 있었다. 그들은 웨스트민스터 안치소로 옮겨지기 전에 꼬리표가 붙었다.

웨스트민스터 시의회가 운영하는 이 안치소에는 60구의 시신을 냉장할 수 있는 6대의 냉장고가 있었고, 몸집이 큰 사람을 위한 특대형 냉장고 6대가 따로 있었다. 그리고 18구의 시신을 보관할 수 있는 냉동 시설도 있었다.

외부 기온과 상관없이 시신은 섭씨 4도로 냉장보관되지만 이 온도는 부패 과정을 늦출 뿐 중단시키지는 못한다. 그리고 냉동고에는 부검이 완료된 시신만 보관한다.

참사를 수습하는 동안 우리에게 전달되는 정보는 끊임없이 바뀌었다. 그때마다 우리는 그 정보를 수정했고, 그 후에 재수정하는 일을 도와주기도 했다. 마쉬오네스호 사건을 처리하는 데 가장 큰 문제는 그 배에 몇 명이 탔는지, 탑승자들이 누구였는지를 아무도 몰랐다는 것이다. 그래서 몇 시간 내에 전화국에서는 지인이나 가족들로부터 신원 확인에 도움이 될 만한 정보를 받기 위해 전화번호를 공개했다. 우리가 웨스트민스터 안치소로 몰려들 시신들을 기다리고 있을 때, 탑승자들의 일부 가족들은 배에 탔을 사람들의 사진을 제출하고 그날 입고 있었을 만한 복장을 설명하기 위해 경찰서로 찾아가기 시작했다.

사고 당일 밤 경찰은 마쉬오네스호의 탑승자가 150명이었고, 선체에서 건져 올린 24구를 포함하여 65명이 실종 상태라고 봤다.

다음날 안치소로 출근한 나는 신원 확인과 부검이라는 기나긴 여정에 돌입했다. 생존자 87명은 스스로 신원 확인을 해줬고 안치소에는 25구의 시신이 있었다. 그러니 탑승자 인원에 대한 경찰의 추산이 맞다면 앞으로 들어올 시신이 훨씬 더 많을 터였다.

더 많은 시신이 들어올 것을 대비하여 우리는 최대한 신속정확하게 작업을 진행했다. 정말이지 심신이 탈진할 것 같은 일주일이었다. 그렇게 많은 젊은이들이 안치소에 실려 오는 건 드물기도 하지만 충격적인 일이었다. 간접경험이긴 하지만 뉴스를 기다리며 최악의 소식을 접할까 봐 두려워하는 부모들의 애타는 심정은 잘 알고 있었다. 나는 6개의 부검대에 한 구씩 놓인 시신을 내 방식대로 꼼꼼하게 검사했다. 유족들을 위해 우리가 할 수 있는 최선은 최대한 효율적으로 일하는 것뿐이었다.

그날 저녁 8시까지 우리는 25구의 시신을 부검했고, 이중 신원이 완전히 밝혀진 이는 13명이었다. 다음날인 8월 22일 화요일까지 피해자 상황실은 불안한 가족들로부터 4,725통의 전화를 받았고, 탑승했을 것으로 신고된 사람은 2천 명이 넘었다. 기다리는 동안 템스강 사고 지점의 상하류 여러 장소에서 시신이 몇 구 더 발견되었다. 그리고 경찰은 마쉬오네스호의 탑승자 추정 인원을 136명으로 줄여서 발표했다.

그날 밤까지 안치소에 들어온 시신은 30구였고, 경찰은 27구를 더 찾아야 한다고 했다. 그때쯤에는 템스강에 잠겨있던 시간이 너무 길어져서 부작용이 나타나고 있었다. 물에 불은 피부가 손가락에서 벗겨진 바람에 경찰관들이 표준 방식대로 잉크를 묻혀 지문을 채취하는 데 애를 먹고 있었던 것이다. 검시관은 남은 사망자들의 신원 확인을 위해 치과 기록을 요청했으나 그것은 시간이 걸릴 터였다. 가족들이 뉴스를 애타게 기다리고 있어서 지문 채취는 계속해왔으나 기존 방식으로는 효과가 없었다. 이제 특수 기술과 첨단 장비가 필요할 때였다. 그 장비는 서더크의 한 연구실이 보유하고 있었는데, 그곳에는 시신을 보관할 시설이 없다는 게 문제였다.

따라서 지문 채취가 불가능한 시신은 손을 떼어내서 서더크에 있는 연구실에서 지문 채취를 한 다음 그 손을 나중에 다시 몸에 붙이는 수밖에 없었다. 두 손은 다시 제자리에 붙여 봉합하게 되는데, 제대로 수습

된다면 비탄에 빠진 가족들에게 꿰맨 자국은 눈에 들어오지도 않을 것 같았다. 검시관의 승인이 떨어지자 17구의 시신에서 양손이 절단됐다.

그날 저녁에 웨스트민스터와 런던교 사이에서 몇 구의 시신이 더 발견되었고, 그 다음에 와핑을 지나 훨씬 아래쪽에서 또 한 구가 발견됐다. 다음날에는 8구가 발견됐다. 템스강 남쪽 버몬지의 체리가든 항구에서 건져 올린 한 구는 제복 차림이어서 마쉬오네스호 선장 스티브 팔도라는 것이 거의 확실시되었다. 다른 한 구는 그 근처에서, 그리고 4구는 런던교에서 그리 멀지 않은 HMS 벨패스트* 근처에서 발견되었다. 침몰한 위치의 반대편인 웨스트민스터 사원 근처에서도 2구가 더 발견됐다.

그러면 총 44구가 된다. 그때까지 확실하게 신원이 밝혀진 사람은 24구였다. 그들 모두 마쉬오네스호의 탑승자로 전제했지만 그건 사실이 아닐 가능성이 높았다. 템스강에서는 거의 1주일에 한 명꼴로 자살이나 그 밖의 요인으로 시신이 발견되기 때문이다. 그런 실상도 염두에 두어야 했다.

다음날까지 도착한 시신은 총 48구였고, 우리는 최대한 열심히 일했지만 아직 부검할 시신이 6구나 남아 있었다. 경찰은 이제 마쉬오네스호의 원래 탑승객을 140명으로 수정했다. 84명이 생존했고 56명이 사망했거나 실종 상태라는 것이다. 검시관은 모든 희생자들의 치과 기록 요청서를 보냈고 외국 출신들은 해당 국가의 대사관을 통해서 보냈다. 수요일인 그날 밤, 피해자 상황실은 탑승했을 만한 실종자의 정보 수집이 끝났다며 문을 닫았다.

***

* 타운급 경순양함으로 건조됐으나 현재는 전쟁박물관으로 변모하여 템스강에 영구 정박해 있다.

하지만 그 후로도 시신들이 발견돼서 경찰은 사상자 예상 인원을 다시 수정했다. 생존자가 83명이고 사망자와 실종자가 56명이라고 한 것이다. 그러다 처음으로 그 배의 디스코클럽을 운영하던 54세의 여성이 있었다는 보고가 들어왔다. 이어서 HMS 벨패스트 근처에서 한 여성이 템스강에 뛰어들었다는 뉴스가 있었다. 강변에서 벽돌이 가득 든 손가방이 발견된 후였다. 부검을 참관하던 경찰관들은 문의가 계속 들어오고 있는데 피해자 상황실이 문을 닫았다면서 불평했다. 목요일 저녁쯤에는 경찰이 탑승자 명단을 다시 수정해야 하는 상황이 됐다. 초대받지 않고 그 파티에 갔던 불청객 무리가 자기들은 살아나왔는데 친구 한 명은 실종이라고 신고한 것이다.

한편 안치소에서는 특수 장비로 지문을 채취하는 그 연구소에 시신을 복원할 수 있도록 17명의 손을 되도록 빨리 보내달라고 요청했다. 그리고 다른 8명의 손을 그 연구소에 보냈다.

이제 우리는 기다리는 것 외에 더 할 일이 없었다. 8월의 법정공휴일을 하루 앞둔 금요일이었다. 안치소 밖에서는 사람들이 주말을 보내기 위해 뜨거운 런던을 떠나고 있었다. 우리는 치과 기록이 도착하기를, 그리고 연구소에서 지문 정보가 오기를, 혹은 다른 시신이 도착하기를 기다리고 있었다. 현재는 50구의 시신을 찾은 상황이었다. 정신없이 일하고 난 후의 안치소는 괴이할 정도로 고즈넉했다.

긴 공휴일 동안 새로 들어온 시신은 없었다. 수요일에 경찰은 아직 실종 상태인 탑승자를 찾아보려고 시도했다. 그중 하나가 26번째 생일을 기념하고 있던 파티의 주인공 안토니오 바스콘셀로스였고, 다른 한 사람은 프랑스인이었다. 그리고 신원이 밝혀지지 않은 시신이 안치소에

한 구 있었는데 20대 남자였다. 그는 마쉬오네스호와 아무 상관이 없는 사람일 수도 있었다. 아니면 아직 밝혀지지 않은, 그 불청객 무리 중 한 명인지도 모른다.

주말까지 안치소에 있던 50구 중 46구의 신원이 확실히 밝혀졌고 나머지는 일부만 밝혀졌는데, 이는 다른 정보가 더 필요하다는 의미였다. 그 20대 남자만 아무것도 모르는 상태였다. 누굴까? 아무 실마리가 없었다. 어떤 실종자와도 일치하지 않았다.

그의 소지품 중에 특이한 전자열쇠가 있어서 경찰은 그것을 사진으로 찍어 언론에 공개하기로 했다. 어쨌든 현재 신원을 전혀 모르는 시신이 한 구, 실종자로는 그 프랑스인과 파티 주인공 안토니오 바스콘셀로스 2명이 있는 상황이었다. 불청객이었던 한 명도 계속 걱정을 하고 있었는데 나중에 멀쩡한 모습으로 나타났다.

금요일에는 신원 확인 작업에서 큰 성과가 있었다. 20대 남자의 그 특이한 전자열쇠를 프랑스인의 아파트로 갖고 가서 그것으로 문을 열어봤더니 열린 것이다. 이제 실종자는 파티 주인공뿐이었다. 그날 저녁 젊은 남자의 시신이 사고 지점의 하류 쪽인 런던교와 버몬지 사이에서 발견됐다. 템스 어퍼 풀로 알려진 구역 근처였다. 우리는 그 남자가 분명 안토니오 바스콘셀로스라고 확신했다. 하지만 2주 동안이나 물에 잠겨 있었기 때문에 확실히 검증하려면 시간이 꽤 걸릴 터였다. 우리는 안치소의 다른 시신들은 마쉬오네스호와 상관이 없을 거라 생각했고, 경찰도 더 이상의 시신은 없을 거라고 확신했다. 최종적으로 탑승자는 137명, 총 사망자는 51명으로 발표됐다.

우리는 그때까지 전력을 다해 일했다. 피해자와 유족들에게도 부족하지 않게 대했다고 생각한다. 하지만 그동안 안팎에서는 많은 일들이 벌어지고 있었다.

응급 상황에서는 누구나 최선을 다해 신속하게 대처한다. 물론 좋은 의도로 한 행동에 대해서도 책임을 지는 건 맞지만, 극심한 스트레스를 견디며 한 행동에 대해 나중에 비난을 들으면 견디기가 힘들다. 내가 앞에서 나열한, 1980년대의 수많은 참사에서 응급 구조와 후속 조치를 맡은 사람들도 분노에 찬 비난을 적지 않게 들었다. 물론 그런 분노는 개혁을 위한 연료가 되기도 한다. 마쉬오네스호 침몰 후에는 특히 그랬다.

나중에 알게 된 일이지만, 초반에 어떤 이들은 안치소에 특별히 마련된 방에서 유리문을 통해 가족의 신원을 확인할 수 있었다고 한다. 하지만 부패가 상당히 진행된 후에는 그런 식의 확인이 허락되지 않았다. 안치소에서는 산 사람과 죽은 사람의 애절한 만남이 이루어지지 않고 먼저 장의사에게 인도되는 경우가 더 많은 게 사실이다. 하지만 이번 사건과 관련된 장의사들은 나중에 주장하기를 자기들도 경찰들처럼 그런 만남은 최대한 막으라는 지시를 받았다고 했다. 항의를 받더라도 사망자를 유족에게 보여주지 말라고 했다는 것이다.

나는 누가 왜 그런 지시를 내렸는지 모르겠다. 아마도 아들이나 딸의 부패한 모습을 보면 트라우마로 남을 거라는 잘못된 연민 때문일 것이다. 하지만 그는 가족을 못 보는 것이 더 큰 트라우마로 남을 수 있다는 생각은 못했던 모양이다.

나중에 어떤 유족은 이런 글을 남겼다.

(우리 딸을) 보는 게 금지라는 말을 실제로 들은 건 아닙니다. 하지만 담

당자들을 만날 때마다 보지 말라고 설득하는 말을 매번 들어야 했습니다. 딸아이를 보려고 장의사에게 갔더니 관은 이미 봉해져 있었습니다. 관이 있는 방에 앉아 있을 수가 없어서 장례식장에서 나올 수밖에 없었죠. 저는 딸아이와 단둘이 있을 기회를 빼앗긴 것이 너무나 원통합니다. (아이 엄마는)… 그 후로 (딸아이의) 사진만 보고 있습니다. 그 사진을 보고 있으면 왜 우리가 그 아이를 못 보고 보내야 했는지 정말 이해할 수가 없습니다.

다음은 다른 유족의 글이다.

8월 25일 금요일에 저는 검시관 사무실에서 제 아들이 얼굴을 알아보기 힘든 상태라는 말을 들었습니다. 8월 31일 목요일에 장의사가 전화로 (저희 아들의) 시신을 수습했다고 하더군요. 저는 즉시 찾아가서 관을 열어달라고 했습니다. 제 아들이 맞는지 확인하고 싶었으니까요. 그런데 그 장의사는 제 아들을 보여주면 안 된다는 지시를 받았다는 겁니다. 저는 격분했습니다. 아들을 볼 기회를 빼앗다뇨. 저는 아이를 만져보지도 못하고 작별 인사도 못했습니다. 그 장의사는 25년 동안 장의사 일을 했지만 죽은 사람을 가족들에게 보이지 말라고 지시받은 건 그때가 처음이라고 했습니다. 그 사람은 관이 봉해졌으니 열면 안 된다고만 했습니다. 관에 시신을 넣은 사람은 장의사들이니 그것을 닫을 사람도 그들이라니, 그게 말이 됩니까. 저는 아직도 땅에 묻은 게 정말 제 아들인지 확신이 안 섭니다. 이런 걱정을 하는 건 그 아이를 볼 기회를 뺏겼기 때문입니다. 시신이 다른 사람 몸과 섞였을지도 모른다는 의심까지 듭니다. (나중에) 아이의 시신 사진을 봤는데 제가 생각했던 것보다 훨씬 덜 처참했습니다. 그때 아이를 봤더라면 지금 이렇게 괴롭지 않을 텐데… 하는 생각에 가슴이 미어집니다…. 정말 제 아들의 시신을 받았는지 걱정돼서 저는 파묘 허가증까지 신청하려고 했습니다.

마쉬오네스호 희생자들을 유족들이 왜 못 보게 막았는지 나는 도저히 이해가 되지 않았다. 그것은 쓸데없이 가혹한 처사였기 때문이다. 몇 년 후에야 우리(유족들과 그 사건을 수습하는 일을 했던 사람들)는 왜 시신들을 보여주지 않았고 관을 못 열게 했는지 그 이유를 알게 됐다.

23 그만하면 잘 살고 있었다

1992년 초가을에 젠은 드디어 의사가 되었다. 졸업은 그 전해에 했고 의대 안에 있는 술집에서 졸업파티가 열렸을 때 나도 그곳에 함께 다녀왔다. 다른 사람은 몰라도 나는 왠지 나이든 기분이었다. 그래도 즐겁게 춤을 췄다. 나는 젠이 무척이나 자랑스러웠지만 그런 기색을 보이진 않았던 것 같다. 젠도 집안 경제를 책임지며 아이들을 돌보고 집안일도 같이 하며 뒷바라지해준 내게 고마운 마음이었을 것이다. 하지만 그녀도 그런 마음은 내비치지 않았다. 둘 사이에 있는 벽을 깨뜨리는 건 그렇게 어려웠다. 이제 젠은 수련의가 되어 하루 온종일 병원 일에 매달렸고 나도 가이스 병원에서 그렇게 바빴으니 우리 사이의 문제를 외면하기가 훨씬 쉬워졌다.

그날은 처음으로 집에서 일을 하고 있었다. 아이들은 학교에 있었고, 베이비시터는 쉬는 날이었으며, 젠은 병원에서 일하는 중이었다. 낮이라 거리가 조용했다. 연구실보다 훨씬 더 조용했다. 내 방은 기분 좋게 따뜻했고, 내 발치 양쪽에는 개들이 엎드려 있었다. 나는 살인사건과 관련된 사진을 책상에 잔뜩 펼쳐놓고 일에 골몰하고 있었다.

부검 사진들과 피해자 옷을 찍은 사진첩 위에 현장 사진들이 놓여 있었다. 약간 흐렸던 7월의 그날이 잊히지 않았다. 도심 속의 숲 같던 런던 남부의 드넓은 공원. 나무그늘이 진하게 드리워지고 백자작나무 등치가 빛나던 그 산책로. '접근금지'라고 적힌 폴리스라인이 나무와 나무 사이를 가로지르고 있었다.

나무들이 서 있는 풀밭에 뭔가 하얀 게 보였다. 멀리서 보면 누군가 떨어뜨린 손수건 같기도 했다. 양옆에 선 수사관들과 함께 가까이 다가감에 따라 그 손수건은 점점 커지며 두드러졌다. 도착할 무렵에는 반짝이는 자작나무 근처의 풀밭을 배경으로 젊은 여성의 몸(창백한 그 몸은 나체에 가까웠다)이 확연히 드러났다. 방어하듯 구부린 자세였다. 칼에 여러 번 찔렸다. 하의는 벗겨진 상태. 성폭행이었다.

경찰서 소속 사진사가 사진을 찍고 나자 나는 체온을 재고 면봉으로 정액을 채취했다. 경직이 시작됐는지 보려고 만져보니 턱부위만 약간 굳어 있었다. 현장을 돌아보다 주변과 달리 바닥이 어지러운 자리를 발견했다. 수사관이 풀밭에서 핏자국을 가리켰다. 무엇보다 나뭇잎들이 짓이겨지고 나뭇가지가 부러져 있는 걸 보니 그곳에서 몸싸움이 일어난 것 같았다. 현장조사를 끝내기까지 여러 시간이 걸렸다. 마침내 시신이 안치소로 옮겨졌고 무거운 표정의 수사관이 지켜보는 가운데 부검을 시작했다. 내 서재에서 편하게 앉아서 보니 그날의 길었던 밤이 떠올랐다. 관통된 내부 장기를 확인하며 49군데의 칼자국을 일일이 재고 기록하다 보니 어느새 새벽이었던 것이다.

고개를 들었다. 고요한 집 안에서 시계 초침 소리가 들려왔다. 나는 부검감정서를 집어 들고 결론을 다시 읽어봤다. 피해자의 죽음에 자연적인 원인은 하나도 없었다. 흉기로 여러 차례 깊이 찔려서 죽은 것이다. 칼의 길이는 9cm 정도, 손잡이의 폭은 1.5cm 정도였다. 그녀는 저항했고 그 과정에서 칼이 왼손을 관통했다. 그녀가 죽었는데도 범인은 멈추지 않고 계속 찔렀다. 그리고 성폭행을 자행했다.

피해자 레이첼 니켈에 대한 잔혹한 살인에 국민들은 경악했다. 그녀는 23살의 아름다운 여성으로 윔블던 커먼에 걸음마쟁이를 데리고 산책 나온 어머니이기도 했다. 전 국민에게 충격을 준 사건이라 경찰은 그만큼 범인 체포에 대한 압박에 시달렸다. 그 압박이 어찌나 무거웠던지 런던 경찰청은 평소의 관행에서 벗어나 법의관들에게 범인의 프로파일링을 요청했다. 그리고 나에게 범행을 재구성할 수 있는지 문의했다.

나는 예전에 침실에서 일어났던 살인사건 때 처음으로 범행의 재구성을 시도했었다. 하지만 담당 수사관의 시큰둥한 반응을 접하고 그 후로는 시도한 적이 없었다. 그런데 이번에는 경찰이 내게 재구성을 부탁한 것이다. 현장에서 발견된 증거와 부검을 바탕으로 그날 범인이 했을 법한 행동을 순서대로 구성해달라는 구체적인 요청이었다.

그즈음 나는 미국에서 열린 법의관 학회에 참석했다가 깊은 인상을 받았다. 오랫동안 나는 전문 영역으로서 법의병리학이 그다지 발전하지 못했다고 느끼던 참이었다. 사건을 맡으면 우리끼리 술집에 모여 의견을 나누긴 했지만, 개인 역량이나 직업 면에서 그것을 발전이라 부를 수는 없었다. 미국의 학회에 참석한 것은 이 분야의 다양한 관점을 살피기 위해서였다. 미국의 법의관들은 심슨 교수처럼 수사에 적극 참여한다고 알고 있었는데 마침 그 학회 소식을 들었던 것이다.

나는 그동안 모아놓은 레이첼 니켈에 대한 부검감정서를 죽 읽어나갔다. 부상에 대한 내용은 여러 페이지였다. 가슴과 등은 세 군데가 찔렸는데 그 세 군데에 매겨놓은 번호는 17, 41, 42였다. 피해자는 수십 번을 깊이 찔렸는데, 표면만 얇게 찔린 곳이 그 세 군데였다. 범인이 제일 먼저 찌른 곳이 그 세 군데일까?

살인에 이르는 일련의 범행에서 범인이 맨 처음에 하는 일은 피해자를 제압하기 위해 바짝 다가가는 것이다. 대부분의 성폭행 살인사건에서는 통제력을 확보하는 것이 특히 중요하다. 그런 경우에 흔히 발견되는 것이 그다지 깊지 않으면서도 피해자가 겁을 먹고 순종하게 만들 정도의 상처다. 이것을 '위협용 손상'이라고 한다. 17, 41, 42번은 '위협용 손상'이었을까? 피해자의 등에 있는 칼자국은 딱 하나뿐(17번)이고 나머지는 그녀 가슴 높은 쪽에 있었다. 나는 다시 그 자국들을 살펴봤다. 레이첼은 처음에 등을 찔려 위협을 받고, 돌아서서 범인을 마주 본 걸까?

현장 사진에서 핏자국이 가장 많은 곳은 쉽게 찾았다. 씨앗이 잔뜩 달린 여름 초목이 길게 자란 목초지로서, 시신이 발견된 곳에서 5미터 정도 떨어진 자리였다. 시신을 처음 발견한 사람은 늦은 오후에 유모차를 끌고 두세 살짜리 아기와 개를 데리고 산책 나온 여성이었다.

핏자국이 있는 지점이 한 군데 더 있었다. 두 갈래로 갈라진 자작나무 아래로 그곳은 혈흔이 더 적었다. 시신 아래에도 당연히 핏자국이 있었다. 범인은 피가 가장 많은 자리에서 공격을 처음 시작했고, 이후 자작나무 아래로 데리고 갔으며, 그런 다음에 마지막에 발견된 1미터 옆의 그 자리로 끌고 갔다고 보는 것이 타당할 것 같았다.

끝없이 이어진 칼자국 목록을 보고 있으니 어디가 가장 먼저 찔렸는지 판단하기 어려웠지만, 상처가 크게 벌어지고 피도 가장 많이 흘린 듯한 목 부근일 것 같았다. 피해자는 소리도 지르지 않은 것 같은데, 왜 그랬는지 목의 부상을 보니 알 것 같았다. 범인이 단번에 목을 깊이 찔러서 그 고통이 극심했을 것이기 때문이다. 혹시 비명을 지르려 했더라도,

그 공격으로 후두부 주변의 근육까지 손상됐기 때문에 어차피 소리가 나오지 않았을 것이다.

레이첼 니켈의 옷 사진은 내게 또 한 가지를 얘기해줬다. 그녀의 티셔츠는 피로 흥건했지만 바지의 무릎 주변과 그 아래는 흙투성이였다. 그리고 뒤쪽은 피가 튀어 있었다. 그것은 처음 목을 찔렸을 때부터 무릎을 꿇고 있었기 때문일 것이다.

물론 그만한 부상을 입었다면 무릎을 꿇은 채 그 자세를 오래 유지할 수 없다. 그녀는 무너졌을 것이다. 그리고 그녀가 앞으로 쓰러지자 범인은 등을 찔렀을 것이다. 모두 해서 18번이었다.

어떤 식으로 쓰러졌든 목에서 피가 쏟아져 나와 땅을 적셨을 테지만, 특히 앞으로 쓰러졌다면 출혈이 더 많았을 것이다. 그래서 범인이 그녀를 두 번째 장소인 나무 아래로 옮긴 것일까? 아니면 그녀가 죽었기 때문에 옮긴 것일까? 아니면 그곳 풀밭에 있으면 눈에 쉽게 띌까 봐 옮긴 것일까?

사진을 보면 나무 아래서 발견된 핏자국은 양은 덜하지만 더 넓게 퍼져 있었다. 그것은 분명 피해자가 그 자리에 등을 대고 누워 있었다는 뜻이다. 부검 때 찍은 사진을 확인해봤더니 과연 등에 부엽토가 묻어 있었다. 그 부엽토는 범인이 피해자의 앞쪽을 찔렀을 때 묻었을 것이다. 레이첼은 범인 손에 끌려가는 동안 아직 살아 있었다 해도 바로 직후에 죽었을 것이다. 그런데도 범인은 그녀의 몸을 계속 찔렀다. 특히 심장과 간은 죽은 후에 찔렀다. 그곳이 깊이 찔렸으나 출혈이 없었던 것을 보면 알 수 있다.

등에 묻은 부엽토는 엉덩이 쪽에서도 보였다. 범인은 나무 아래서 그녀의 바지를 벗긴 것이다. 벗기는 동안 혹은 그 후에 범인은 그녀의 몸을 발견됐을 때의 자세, 즉 성폭행하기 편한 자세로 엎드리게 했을 것이다.

범인은 그 후에도 계속 찔렀을까, 아니면 바로 도망갔을까?

나는 보고서에서 "범인이 그렇게 찌른 데 걸린 시간은 최소 3분으로 추정된다"고 적었다.

3분이라고 한 건 평소처럼 집 서재에서 그 움직임을 재현해봤기 때문이다. 살해하는 데 3분밖에 걸리지 않았다면, 그것은 어느 모로 보나 광기에 휩싸인 공격이었다. 검시관도 이 표현을 썼고 신문도 당연히 그대로 썼다.

나는 몇 시간 동안 그 칼자국들을 분석했다. 그중 어떤 것은 칼날이 끝까지 들어가서 손잡이의 사각형 자국이 피부에 남아 있었다. 이번에는 처음으로 시신의 일부를 스캔해봤다. MRI로 보니 칼자국이 간에 남긴 궤적이 정확히 파악됐다. 그 덕분에 경찰에서 살인 무기로 의심되는 여러 형태의 칼을 제시했을 때 나는 그것들을 자신 있게 제외시킬 수 있었다.

형언할 수 없이 잔혹한 이 사건을 시간 순으로 정리하고 나니 뼛속까지 진저리가 쳐졌다. 세상이 싫어졌다. 시계를 봤다. 아이들을 데리고 와서 개들을 산책시킬 시간이었다.

컴퓨터를 끄자 희미한 신음소리가 들렸다. 개들도 그 소리를 알아듣고 동시에 깨어나더니 하품을 하면서 몸을 죽 늘렸다. 범죄사진들을 우연히라도 눈에 띄지 않게, 특히 아이들 눈에 띄지 않게 파일함에 넣고 열쇠로 잠갔다. 개들이 그 모습을 지켜보고 있었다.

살해범의 범행을 경찰들이 파악할 수 있도록 재구성하고 나자 한편으로는 굉장히 뿌듯했다. 마흔 살을 코앞에 두고 한 이번 작업은 법의관들이 살인사건을 해결하는 데 일조할 수 있다는 오랜 신념에 부응하는 성과였다.

개들이 꼬리를 흔들며 밖으로 나가기를 기다리고 있었다. 나는 움직이지 않았다. 내가 해야 할 일이 있었기 때문이다. 개들을 데리고 아이들과 놀러 나가기 전에 해야 할 일이었다.

주저하며 전화기를 들고 번호 하나를 눌렀다. 통화가 안 되자 다른 번호를 눌렀다. 업소용 전화번호부에서 몇 개 적어놓은 번호들이었다.

"여보세요. 장의사죠?"

"네, 맞습니다. 어떻게 도와드릴까요?"

당시 아버지는 데번에 있는 호스피스에서 지내고 있었는데 돌아가실 날이 얼마 남지 않은 상황이었다. 암 말기라서 별다른 치료법도 없었다. 며칠 전에 나는 그곳에서 아버지와 가슴 아픈 작별을 하고 왔다. 법정에 출두해야 했고 다른 일도 있어서 런던으로 돌아와야 했기 때문이었다. 누나도 아버지를 뵈러 왔고 그 다음에 형도 왔다. 내가 장의사에게 전화를 한 건, 때가 되었을 때 우리 모두 경황이 없으리란 걸 알고 있었기 때문이다.

전화 받은 사람은 좀 당황한 것 같았다.

"죄송하지만… 제가 잘못 들은 것 같습니다. 선생님 부친께서 아직 생존해 계시다는 건가요?"

"곧 돌아가실 거라는 말씀을 드리는 겁니다. 지금 미리 준비를 해놔야 할 것 같아서요."

"그렇군요." 놀란 건가, 못마땅한 건가? 나는 좀 창피한 생각이 들었다.

"제가 실은 법의관이라서… 항상 죽음과 함께 일하는 셈이죠. 그래서 그… 절차는 알고 있습니다."

"아." 내 해명을 이해한 것 같았다.

그렇게 해서 절차가 시작되었고, 아버지가 돌아가셨다는 전화가 왔을 때 나는 자질구레한 일을 신경 쓰지 않고 애도에 집중할 수 있었다. 물론 울었다는 건 아니다. 다만 너그럽고 존경스러운 아버지를 잃고 무거운 상실감에 젖을 시간을 가졌다는 것이다. 아버지는 조이스와 다소 서먹한 관계이긴 했지만 그래도 오랜 은퇴 기간을 데번에서 버텨내셨다. 아버지와 떨어져 지냈지만, 아버지를 잊고 산 건 아니었다. 일요일마다 전화를 드렸고, 아버지는 2주에 한 번씩 내게 편지를 보내셨다. 그렇게 항상 그 자리에 계시던 아버지는 이제 떠나셨다. 알 수 없는 거대한 구멍이 나를 향해 입을 벌리고 있는 것 같았다. 일하는 동안에는 어떻게든 피해왔지만 이번에는 죽음이 주는 막막한 기분에 휩싸이는 것 같았다.

다음날 나는 데번의 호스피스에 가서 관련 서류를 받아왔다. 그리고 그곳에서 일러준 대로 사망신고를 하러 갔다. 봉투에는 이렇게 쓰여 있었다. '기밀. 열어보지 마시오.'

나는 자연스럽게 그 경고를 무시했다. 죽은 이들의 내밀한 문제를 다루는 것이 내 직업이었고, 게다가 이것은 나의 아버지 일 아닌가. 담당 공무원을 기다리면서 나는 별 생각 없이 그 봉투를 열고 내용을 살폈다.

그런데 느닷없이 차가운 손이 그 봉투를 낚아챘다.

"대체 뭐하시는 거예요?"

"그 안에 적힌 내용을…"

"글씨를 안다면 그 내용이 기밀이라는 글씨도 읽었겠네요. 선생님은 그걸 읽을 권리가 없어요."

나는 무안해서 손가락 관절로 책상만 두드렸다. 우리는 작고 허름한 방으로 가서 형식적인 절차를 진행했다. 그전에 나는 아버지의 사인으로 적힌 '전립선암Carcinoma of Prostate'이라는 글자를 이미 봤는데, 의사가 휘갈겨 쓴 글씨는 Carcinoma가 아니라 Carcenoma였다.

나는 그 담당자가 여전히 굳은 얼굴로 사망확인서를 꼼꼼히 쓰는 것을 지켜보다 말을 꺼냈다.

"저기… 앞 단어의 철자는 e가 아니라 i가 맞는데요…."

그녀가 나를 쏘아봤다.

"실은 제가… 법의관이거든요. 그래서 제가 아버지 서류 내용에 관심이 있었던 겁니다. 그리고… 저는 거기 적힌 carcinoma라는 단어를 항상 쓰기 때문에 분명히 철자도 제가 말씀드린 게 맞을 겁니다."

하지만 그녀는 무섭게 쳐다보며 말했다.

"담당의사는 e로 썼어요. 저기 쓰인 대로 옮겨 적는 게 제 일이고요. 그러니 의사가 쓴 대로 저는 carcenoma로 쓸 겁니다."

그래서 아버지의 사망확인서(내가 여러 번 짜증스럽게 혀를 차며 제출했던)에 의하면 아버지는 Carcenoma라는 생전 듣도 보도 못한 병으로 돌아가신 것이 돼버렸다. 아버지도 나만큼 화가 났을 것이다. 아니면 혹시 정부 통계에서 그 병명으로 기록된 유일한 주인공이 되어 좋아하셨을까.

나의 40살 생일을 이틀 앞두고 우리 가족들은 훨씬 더 중요한 행사를 위해 데번에 모였다. 아버지의 장례식이었다. 북부에 사는 누나 가족도 왔고, 프랑스에 사는 형도 형수님과 함께 왔다. 서로 멀리 떨어져 살았지만 우리는 항상 친하게 지냈다.

장례식 전날 밤 우리는 아이들까지 모두 모여 저녁을 먹었지만, 미안하게도 조이스는 빼고 모였다. 이것이 너무 매정하게 보이지 않았으면 좋겠다. 나는 아버지가 돌아가신 후에도 끝까지 그녀와 연락하며 지냈고 그녀가 그 집에서 잘 살도록 보살폈다. 하지만 그날 밤에는 그녀와 만나기 전의 아버지에 대해 우리끼리 눈치 안 보고 이야기하고 싶었다. 훌륭했지만 특이하기도 했던 아버지와 살면서 우리가 겪었던 일들을 다시 떠올려보고 싶었던 것이다. 아버지의 좋은 점만 이야기한 것은 아니지만 아버지가 들었더라도 모두 인정하고 재밌어했을 내용들이었다. 우리는 많이 웃었고, 아버지의 건강을 이야기하며 술을 마셨다. 진정 아버지의 삶을 음미하는 자리였다.

세상을 떠날 때 자식들에게 깊이 존경받는 건 결코 작은 업적이 아니다. 대가족의 장남으로 태어난 아버지는 학교에 다닐 돈도 부족하고 어쩌면 사랑도 충분히 받지 못했지만, 자신을 위해 그리고 가족을 위해 스스로 돈도 벌고 사랑도 베풀었다.

아버지를 잃어 슬프긴 했지만 우리는 서로에 대한 애정과 응원하는 마음을 느끼며 헤어졌다. 아이들을 뒷좌석에 태우고 런던으로 가는 동안 젠은 내 옆자리에서 자고 있었다. 그때는 수련의였기 때문에 기회만 되면 잠을 자둬야 했다. 나의 또 다른 가족, 또 다른 세대가 나와 함께 있었다.

사실 나는 데번을 떠나 직장으로 복귀하기가 싫었다. 늘 분주한 가이스 병원은 배움에 자극을 주면서도 마음 편한 곳이었다. 그리고 나는 내 일을 사랑했다. 하지만 그 무렵 골치 아픈 문제가 나를 괴롭히고 있었다. 우선 레이첼 니켈의 살인 과정을 재구성해달라는 경찰의 요청에 응한다는 이유로 동료들이 나를 몹시 질책하고 있었다.

그것은 내 분야 밖이라는 게 그들의 주장이었다.

나는 그 재구성 작업이 당연히 내 전문 영역이라고 반박하며 미국에서는 법의관들이 그렇게 활동한다고 덧붙였다.

그들은 미국의 법의병리학 관행에는 관심이 없었다. 고개만 저을 뿐이었다. 그리고 이렇게 경고했다. "검찰에서 자네의 재구성 내용을 증거로 사용하면 피고 측 변호사는 법정에서 자네를 아주 작살을 낼 걸세."

그때쯤에는 나도 전문가 증인으로서 공개적인 망신을 당할 만큼 당했기 때문에 그 말이 사실이란 것은 인정했다.

나의 다른 고민거리는 마쉬오네스호 사고였다.

그 참사가 일어난 지 3년이 지났지만 어떻게 된 건지 그 침몰한 유람선 이야기는 계속 수면으로 떠올랐다. 물론 그 사고로 가족을 잃은 사람들의 애통함은 절대 끝나지 않을 것이다. 그런데 이제 그들의 애통함은 분노로 바뀌고 있었다.

우리 전문가들은 그 사고와 연관된 일은 완전히 끝났다고 생각했는지도 모른다. 그 구조 작업의 일부 과정과 후속 작업이 매끄럽게 진행되지는 않았지만 사고 이후 관심의 초점은 사고의 원인으로 모아졌기 때문이다. 그날 밤 템스강에서는 안전 시스템이 제대로 돌아가지 않았다.

그리고 그 참사가 벌어진 것은 양쪽 배 모두가 경계에 태만하여 상대방을 못 봤기 때문이라는 것이 대체적인 시각이었다. 하지만 원인이 무엇이든, 거대한 모래채취선이 작은 마쉬오네스호를 침몰시킨 건 분명했기 때문에 모래채취선 선장을 상대로 형사소송이 뒤따랐다.

사고 전날 오후, 모래채취선이 하류로 향할 수 있게 조류가 바뀌기를 기다리며 선장은 과음을 했다. 희생자 가족들은 그 사실을 알고 격분했다. 하지만 전문가들은 음주 후 8시간이 지난 후에야 조종간을 잡아야 한다는 오래 전의 공군 규정은 선박에 적용시킬 수 없다며, 밤에 배를 출발시켰다면 낮잠으로 알코올 기운을 충분히 해소시켰을 거라고 주장했다. 그래서 선장에 대한 기소는 업무 태만에 대해서만 적용됐다.

검시관은 사인심문을 이 재판이 끝날 때까지 미뤄달라는 공소국장의 압박을 받았다. 하지만 재판은 사실상 한 번도 이기지 못했다. 두 팀의 배심원단이 모래채취선 선장을 유죄로 평결하지 않았고, 나중에 검찰에서 따로 모래채취선 소유주를 기소하려고 했지만 그것도 기각됐던 것이다.

모래채취선에 대한 평결 후, 아니 평결의 실패 후, 검시관은 이 사건에 대한 대중의 관심이 식었다고 생각하고 사인심문을 하지 않기로 결정했다. 그때쯤에는 사고 원인에 대해 철저한 검사가 진행됐고 템스강의 안전 규정도 대폭 개선됐기 때문이다. 하지만 그의 결정은 유족들의 고통을 부채질했다. 일부에서 그의 사고방식이 편향돼 있다고 믿었던 것이다. 특히 그 검시관이 유족 중 어떤 사람에 대해 언론에 무심코 한 말이 여러 매체에 공개된 후 그런 믿음이 강해졌다. 유족들은 이제 철두철미한 사인심문뿐 아니라 철두철미한 공개 조사까지 요구했다. 이 두

가지 요구는 곧바로 거부되었지만 그들은 물러서지 않았다. 항소법원을 통해 사인심문을 열기 위해 모든 수단을 강구했던 것이다.

무엇보다도 최근에 알려진 사실이 그들의 분노에 기름을 부었고, 관련 기사들이 하필이면《선데이》지에 실렸다. 그 기사란 신원 확인을 위해 일부 시신들에서 두 손을 떼어냈다는 내용이었다. 그보다 더 심각한 건 안치소로 돌아간 손 중 원래의 몸에 봉합되지 않은, 도저히 용서할 수 없는 경우도 있었다는 것이다. 이쯤 되자 유족들은 그들에게 죽은 가족을 보여주지 않은 건 시신이 못 볼 정도로 부패했기 때문이 아니라 손이 붙어 있지 않아서일 거라고 의심했다.

그들의 분노는 담당 법의관을 향했고, 그 법의관이 나였다. 그들의 입장이라면 나도 그렇게 울분을 토했을 것이다. 하지만 그런 분노의 대상이 되는 건 참으로 괴로운 일이었다. 그 상황에서는 손을 떼어내는 방식이 일반적인 관행이었다고 해명하는 건 비통함에 빠진 유족들에게 아무 소용이 없었다. 부패한 시신의 지문을 채취하려면 연구소의 기술이 반드시 필요했지만 그곳엔 냉장 시설이 없었다는 설명도 통하지 않았다. 당시에는 그런 절단법이 당연한 일이었기 때문에, 그것이 정말 용인할 만한 방식인지 따져보는 것도 이미 늦은 일이었다.

사실 일부 희생자들한테서 손을 떼어내기로 한 것도, 실제로 떼어낸 것도, 그것들을 원래대로 봉합하지 않은 것도 내가 결정한 일이 아니었다. 하지만 나의 해명은 무시되었고 항의할수록 왠지 내 죄를 증명하는 것처럼 보였다. 나의 사진(왠지 심술궂게 보이는, 불쾌한 인상의 복장에 항상 넥타이가 어깨 뒤로 날리는 모습)은 항상 대놓고 비난하거나 은근히 비난하는 기사와 함께 실렸다. 밤낮없이 기자들이 전화를 했고, 찾아오는 경우도 많았다. 어느 허접한 신문의 기자는 귀신처럼 내 사무실에 들어오기도 했다. 외출했다 들어와 보니 그는 내 책상 옆에서 불길해 보이는 노트를 펼쳐 들고 근엄한 얼굴로 앉아 있었다.

레이첼 니켈에 대한 나의 수사 협조를 비난해온 동료들은 내가 마쉬오네스호 사건을 처리할 때도 똑같은 태도를 보였다. 그들은 손을 떼어내는 건 내가 막을 수도 있지 않았느냐고 물었다. 다른 방식의 신원 확인이 신속하게 이루어지고 있었고, 경찰도 외국에서 치과 기록이 밀려들고 있다고 했으니 손목 절단이라는 어처구니없는 방식은 내가 말려야 했다는 것이다.

그러면서도 자신들이 대형참사에 대한 경험은 없다는 것, 특히 익사로 인한 참사는 다룬 적이 없다는 건 인정했다. 또한 그들은 사후에 평가하는 입장이고 내 입장이었다면 자기들도 당시 경찰의 표준 관행을 거부하지 못했으리라는 것(특히 검시관의 지시였으므로)을 인정했다.

우리 부서의 책임자였던 이언은 이 모든 사태에 대해 스핑크스처럼 침묵을 지켰다. 자신의 부재로 중요한 사건을 맡지 못해 언짢을 때는 항상 그런 식이었다. 나는 언론과 마쉬오네스호 유족들의 분노를 온전히 혼자서 받아내는 기분이었다. 아무리 그들의 분노를 이해한다 해도 곤혹스럽기 그지없는 처지였다.

내게 힘이 되었을지도 모를 팸도 그때는 우리의 사무국장이 아니었다. 꽤 늦은 나이에 아내를 여읜 남자와 사랑에 빠진 그녀는 아내 역할과 새어머니 역할로 바빴던 것이다. 그녀는 가정생활과 법의관 생활을 병행할 생각은 추호도 없었다. 법의관과 살인사건 사이의 복잡한 사무 처리가 불가능할 정도로 가정을 꾸려가는 일이 만만치 않았던 것이다.

우리는 서글픈 마음으로 그녀와 작별했다. 다른 직원들이 모두 나서서 겨우 일을 처리해 나갔고, 얼마 후 새로운 후임자가 우리를 런던에서 일어나는 살인사건의 어두운 세계로 안내했다. 그러다 일 잘하는 로레인이 책임자가 됐다.

아, 그리고 법의관 한 명이 새로 들어왔다.

어느 날, 늘씬한 금발의 여성이 사무실에 나타났다. 짧은 스커트 차림에 붙임성 좋은 미소를 머금은 그녀는 광대뼈가 방금 도화지에서 오려낸 것처럼 또렷했다. 다른 동료들은 고개를 숙이고 있다가 이언이 상남자 중의 상남자로서 자리에서 벌떡 일어나 그녀가 자기 것이라고 외치는 소리를 듣고서야 고개를 들었다. 맞다, 네안데르탈인처럼 그렇게 주장했다. 20세기까지도 수컷은 진화가 거의 안 된 것 같았다.

베스나 듀로빅 법의관은 세르비아계와 크로아티아계가 반반인 혈통으로 유고슬라비아 출신이었다. 그녀는 고혹적인 매력을 풍기는 데다 실력도 뛰어난, 그 당시에는 보기 드문 조합이었다. 그전까지는 베오그라드에서 일하다 런던에서 일자리를 구하고 있던 참이었다. 그녀는 가이스 병원에서 직장뿐 아니라 어쩌면 생각지도 않았던 것까지 얻었다. 바로 남편이었다. 이언은 이미 결혼한 몸이었고, 그래서 둘이 부부가 되기까지는 애로가 많았다. 하지만 베스나와 이언이라는 스타 커플은 결혼하기 전부터 이미 살인사건으로 점철된 우리 부서의 어두운 풍경을 밝게 빛내줬다.

젠과 나는 절대 그런 커플이 될 수 없었다. 베스나와 이언이 우리 부서에서 함께 일하게 되면서 부부 동반 모임이 많아졌지만, 나와 젠은 둘다 바빠서 거의 참석하지 못했다. 젠은 그때 막 수련의 과정을 마쳤다.

그녀의 근무시간은 36시간이어서 하루를 온전히 근무하고 하룻밤을 더 병원에서 보내야 했다. 하지만 일반의 실습을 하기 시작한 터라 그녀는 그런 근무 패턴을 편하게 생각했다. 또한 자신이 특히 관심 있는 분야가 피부과라는 것도 알게 됐다.

나는 당시 직업적인 면에서 젠에게 필요한 것이 무엇인지 알고 있었다. 그것은 든든한 지원이었다. 나도 예전에 그런 지원이 필요했고 젠이 그 일을 해줬다. 이제 내가 그렇게 뒷바라지를 해줄 차례였다. 30살이 넘어 공부를 시작해서 의사가 됐으니 그것은 대단한 성취였다. 어쩌면 나는 그런 대견함을 충분히 표현하지 않았을 것이다. 가끔은 표현했기를 바란다. 단 한 번만이라도.

이제 우리가 마주치는 일은 드물었고, 혹시 마주치더라도 싸울 때가 많았다. 우리가 안정감을 느끼고 행복했던 시절로 돌아갈 희망은 까마득히 멀어졌다. 어떤 커플은 다정다감한 방식으로 화해한다고 들었지만, 내가 그런 부부를 직접 본 적은 없었다. 분명 아버지와 조이스도 그런 관계는 아니었다. 그리고 나는 그런 게임을 할 생각이 없었다. 아니, 그럴 능력이 없었는지도 모른다. 괜찮은 아내였던 젠은 일에 바쁘고 자신에게 관심 없는 내게 얼마나 화를 냈던가.

"왜 당신은 내가 당신을 사랑하는 걸 거부해?" 젠이 소리치곤 했다. "그리고 왜 항상 그렇게 입을 다물고 있어?"

우리는 상담도 받았다. 내가 동의했다. 하지만 나는 매번 판사 앞으로 끌려가는 기분이었다.

"이 사람은 아홉 살 때 어머니가 돌아가셨어요." 젠이 의미심장한 표정으로 말하자 상담사가 고개를 끄덕였다. 내게는 똑같이 의미심장한 표정이었다. 두 여자는 오래된 친구였을까? 아니면 여성들은 모두 속으로 비슷한 생각을 하는 걸까?

"젠, 당신은 딕이 당신에게 뭘 해줬으면 좋겠어요?" 상담사가 물었다.

"그냥 저를 안고 사랑한다고 말해줬으면 좋겠어요! 그게 무리한 부탁은 아니잖아요?"

"그럼 딕은요? 젠이 당신에게 뭘 해줬으면 좋겠어요?"

나는 생각을 해봤다. 하지만 오래 걸리진 않았다.

"저녁을 만들어주는 거요."

상담사가 눈을 크게 뜨며 의자 등받이에 기댔다.

젠의 서툰 요리 솜씨는 항상 농담거리였다.

"식사를 준비해서 제가 먹게 해주는 거 말입니다. 사랑하는 사람한테는 그렇게 해주잖습니까. 하지만 저는 항상 다른 사람들을 돌보느라 얻어먹질 못하고, 젠은 공부하느라 바빠서 뭘 해주질 못하죠."

"그러니까, 딕, 당신은 가족들을 돌본다고 생각하시는 거군요?"

"그게 불만이라는 건 아닙니다. 제 아버지도 저희에게 똑같이 해주셨거든요. 저는 아이들을 돌보고 요리해주고 뒷바라지하는 게 좋습니다. 그건 당연하다고 생각해요. 하지만…"

나의 아버지도 그런 일을 모두 해냈다. 하지만 그러는 동안 화도 냈다. 가족들에게 어떤 상처를 주든 아버지는 때때로 분통을 터뜨렸다. 자신의 삶이 불행하다는 생각이 점점 커지다가 한계치에 다다르면 그렇게 폭발한 게 아니었을까. 어쩌면 나는 불행했는지도 모른다. 내가 가끔 아버지처럼 자제력을 잃고 감정을 터트렸으면 우리 부부생활도 괜찮지

289

않았을까 하는 생각이 처음으로 들었다. 하지만 설령 그런 감정이 있었다 하더라도 그것들은 너무나 깊이 묻혀 있었다. 그리고 나는 우는 능력이 없는데 어떻게 폭발을 시키겠는가.

"하지만 뭐요?" 상담사가 물었다. 깜빡 잊고 있었지만 그곳은 밖에서 구급차 사이렌 소리가 울리는 클래펌의 상담실이었고, 내 옆에는 아내가, 맞은편에서는 상담사가 앉아 내 말을 기다리고 있었다.

상담사가 재촉했다. "당신은 요리를 하고 아이들을 돌보느라 많은 일을 해요. 하지만… 그 뒤에 무슨 말을 하려고 하셨죠?"

"저는 젠이 저한테 뭔가를 해줌으로써 사랑한다는 걸 보여줬으면 좋겠어요."

그 상담은 오래 가지 않았다. 어쩌다보니 흐지부지됐다. 아니면 너무 바빴는지도 모른다. 아직 초등학생인 우리 아이들은 건강하고 행복했고, 우리 부부는 화목한 가정을 위해 열심히 일했다. 가끔은 소란스러웠고, 가끔은 음악이 있었고, 가끔은 웃음소리가 났다. 젠과 나는 각자 좋아하는 일에 몰두했다. 경제적으로도 풍족했다. 나는 아이들 학교의 학부모합창단에 들어갔고, 목소리 크고 당당하지만 평소에는 음치인 단원이 되었다. 휴가철이면 우리 네 식구는 바위로 둘러싸인 풀장과 모래사장과 언덕과 황무지가 있는 맨섬, 너그럽고 애정이 넘치는 장모님 댁으로 가면서 차에서 목청껏 노래를 불렀다. 그만하면 우리는 분명 부족함 없이 잘 살고 있었다.

24 놓쳐버린 범죄의 재구성

내가 마흔이 되던 날은 우연히 아버지가 돌아가신 날과 아주 가까워서 나도 나의 죽음에 대해서 곰곰이 생각해보게 되었다. 죽음이 두려운 건 아니었지만, 죽음을 앞두고 일어나는 현상, 노쇠함, 나이 들면서 일어나는 변화들이 싫었다. 수많은 시신을 보면서 노쇠함의 과정에 너무나 익숙해져서, 나의 신체 기관들이 어떻게 변해갈지도 눈에 훤했다.

마흔 살의 내 폐는 매끈한 표면에 이미 미세한 점들이 선을 이루며 나무 같은 무늬를 만들었을 것이다. 그 나름으로는 아름답게 보일지 모르지만, 그것은 나쁜 물질로 이루어져 있다. 런던의 공해가 흡착된 그것만으로도 나는 이미 폐기종 단계였는지도 모른다. 게다가 나는 매일 담배를 20개비 이상 피웠다. 나뿐 아니라 내 동료들도 피웠기 때문에 우리는 항상 푸르스름한 연기 속에서 일했다. 집에서는 젠도 피웠다. 맨섬에서는 장인어른, 장모님이 피웠다. 우리 친구들도 어딜 가든 피웠다. 1992년에는 우리 모두 담배를 피웠다. 술집에서, 식당에서, 기차에서, 책상에서, 버스에서도. 건강에 나쁘다는 건 알고 있었다. 담배에는 4천 가지 이상의 화학물질이 들어 있으며, 그것들은 시안화수소에서 카드뮴, 벤조피렌까지 대부분 독성 물질이라는 것도 잘 알고 있었다. 하지만 우리는 단 한 가지 때문에 그 모든 것을 참고 견뎠다. 바로 니코틴이다. 지금까지 우리는 스스로를 강철 체력이라 생각할 만큼 젊었다. 이제 나는 담배를 끊어야 한다는 것을, 그러면 수명이 10년 정도 늘어날 수도 있다는 것을 안다. 나의 손상된 폐가 원래대로 돌아갈 수 없겠지만, 그리고 그 손상은 시간이 지나면서 더 심해지겠지만 말이다.

손상된 폐로 피를 공급하는 것은 심장에 부담이 된다. 나는 그런 부담 때문에 심장 오른쪽이 부어 있을까 봐 걱정이었다. 또한 스트레스에 적절히 대처하지 않으면 혈압이 오르고 높은 혈압에 대응하느라 좌심실 벽이 두꺼워진다. 심장은 자기 손바닥에 올려놓고 쥘 수 있을 정도로 작다. 작은 주먹만 하지만 쉬지 않고 일하는 기관이다. 1분에 70회씩 밤낮으로, 일 년 내내, 그리고 평생 300억 번을 수축과 이완을 반복한다. 믿을 만한 친구다. 멈출 때까지는. 식습관이나 운동, 흡연, 스트레스 등을 관리하여 그 충실함에 보답할 것인지는 나한테 달려 있다. 간이 놀라운 회복력을 유지하게 하려면 가끔 알코올을 자제하여 휴식을 취해야 하는 것처럼 말이다.

결심은 잘했다. 하지만 금세 잊는 게 문제였다. 가끔 위스키소다를 마시는 게 긴장을 해소하는 데 좋은 것 같았고, 담배를 간절히 원하지만 피우면 안 된다는 생각으로 시간을 낭비하느니 그냥 한 대를 피우는 게 훨씬 쉬웠다. 둘 다 스트레스 해소용이었다. 생각해보면 그 해나 그다음 해에 담배를 끊는 건 불가능했을 것이다. 1993년부터 아주 중요한 사건들이 연달아 일어났기 때문이다.

그 해 4월에 나는 런던 남부에서 칼에 찔려 죽은 흑인 청년을 부검했다. 당시에 흔히 보던, 여러 번 찔린 사고였다. 인종차별에 의한 살인이라는 생각은 안 들었다. 갱단끼리의 싸움이나 마약 관련 사고로 드러나는 경우가 많았기 때문이다. 내가 받은 정보는 그 청년이 싸움에 말려들었다는 것뿐이었다. 법의관들이 보기에는 특이한 사건도 아니었기 때문에 내가 나중에 그 사건으로 수없이 증언을 하리라고는 짐작도 못했다.

피해자 스티븐 로렌스는 어느 모로 보나 1993년 당시 흑인에 대한 통념과 맞지 않는, 쾌활하고 꿈 많은 18살 청년이었다. 그것이 옳든 그르든, 그가 전도유망하고 명석한 학생이었다는 평가는 흑인에 대한 대중의 시각과 편견을 바꿔놓는 데 핵심적인 역할을 했다. 스티븐은 친구들과 버스를 기다리고 있다가 백인 청년들한테 두 번 찔렸다고 한다. 그 백인 청년들이 인종 비하 발언을 했다는 것은 나중에 알려졌다. 스티븐의 턱에 약한 자상이 하나, 폐까지 뚫은 칼자국 하나, 그리고 어깨에도 깊은 칼자국 하나가 있었다. 피를 쏟으면서 겨우 일어난 그는 친구들과 100미터 정도 도망가다 결국 쓰러졌다.

그 후 몇 달 동안 경찰에서는 내게 16개의 칼을 보여줬다. 그중 7개는 살인 무기일 가능성이 있었고, 특히 하나가 가능성이 높아 보였다. 7월에 추가 진술을 할 때 나는 스티븐이 오른쪽 쇄골 근처를 찔릴 때는 서 있었을 테지만, 그 후 왼쪽 어깨를 찔렸을 때쯤에는 쓰러졌을 거라고 말했다. 하지만 아무리 생각해봐도 범인이 왼손잡이인지 오른손잡이인지는 판단이 서지 않았다. 둘 중 하나를 고르면 더 유능해 보였겠지만, 범인을 무죄로 만들어줄 위험을 무릅쓰기에는 증거가 너무 빈약했다.

당시 스티븐의 사망사건에서 나는 그 정도만 관여했다. 무관심과 인종주의 때문에 경찰이 조사를 제대로 하지 않았다는 건 몰랐다. 하지만 스티븐의 가족들은 당시 현장에 목격자와 증거, 그리고 용의자가 확실히 있었다는 것을 알았다. 그런데도 검찰은 아무도 기소하지 않았다.

넉 달 후에 나는 런던 북부에서 진행되는, 검시관이 지시한 부검에 경찰 대신 참관해달라는 요청을 받았다. 부검은 다른 법의관이 하는데 나는 그것을 지켜보고 관련 샘플을 채취하면 됐다. 혹시 부탁을 받으면 함께 해도 된다고 했지만 담당 법의관이 혼자 하겠다고 했다. 내가 보기에 사망한 여성은 질식으로 인한 뇌 손상으로 죽은 게 분명했지만, 다른 원인이 있을지도 모른다는 소견이 있었다. 그것은 다른 기관, 특히 뇌와 심장과 관련한 견해를 밝혀달라는 요청에 전문가들이 보낸 소견이었다.

사망자는 격렬한 몸싸움을 벌이다가 강제로 구속 벨트(수갑이 달린 복부 벨트)로 제압된 게 분명해 보였다. 온몸이 베인 자국과 멍자국으로 뒤덮였고 손목뿐 아니라 허벅지와 발목에도 묶인 자국이 있었다. 그녀는 정말 머리에도 부상을 입었던 걸까? 그 질문에 대한 답은 뇌법의관이 해줄 터였다.

이 사건도 중요한 사건으로 커졌다. 조이 가드너라는 이 여성은 40살의 자메이카인으로 5살 된 아들과 살고 있었다. 비자에 허용된 기간을 지나서 영국에 살고 있었다는 사실은 논란의 여지가 없었다. 그녀의 어머니와 다른 친인척들도 다수 영국에 살고 있었다. 그들의 도움을 받아 공부를 한 조이는 자메이카로 돌아갈 생각이 없었다.

어느 날 이른 아침에 이민국 직원들이 통보도 없이 그녀를 찾아왔다. 영국에서 그녀를 추방하기 위한 절차를 시작한 것이다. 저항을 예상했는지 경찰관들이 동행했다. 실제로 조이 가드너는 저항을 했다. 그녀는 자기가 원하는 방식대로 살기 위해 싸운다고 생각했지, 목숨을 지키기 위해 싸우리라는 생각은 못 했을 것이다.

제압에 필요한 전문 기술이 없고 교육도 받지 않은 공무원들은 반항하는 그녀에게 구속 벨트를 채우려 했고, 그녀는 어린 아들이 보는 앞에서 몸싸움을 하면서 경찰을 물기도 했다. 그러자 그들은 1인치 너비의 의료용 종이테이프(엘라스토플라스트라는 반창고) 4미터 정도를 풀어 그녀의 얼굴과 입 주변을 둘둘 감았다. 그들은 코는 막지 않았으니 숨은 쉴 수 있으리라 생각했을 것이다. 하지만 그것은 잘못된 통념이다. 입만 막아도 사람은 죽을 수 있다. 숨을 쉴 수 있느냐가 중요한 게 아니라 충분히 쉴 수 있느냐가 중요한 것이다. 특히 몸싸움을 하게 되면 스트레스와 기력 소모로 인해 평소보다 산소가 몇 배나 더 많이 필요하다. 이런 상황에서 입이 막혀 있으면 산소를 충분히 마실 수 없는 게 당연하다.

재갈을 물리면 구토를 할 수 있고, 구토를 하면 입이 막혀 있기 때문에 토사물이 밖으로 배출되지 못해서 기도를 막는다. 그리고 재갈이 혀를 압박하여 목구멍 쪽으로 밀어 넣으면 코로 통하는 구멍을 막을 수도 있다. 분비물이 입과 목구멍에 축적되면 공기를 폐로 보내는 능력은 더 악화된다. 그래서 몇 분 동안의 심한 몸싸움으로 스트레스를 받은 조이 가드너는 테이프로 입이 막힌 것만으로 심장마비를 일으켰던 것이다.

그녀는 목이 졸리지도 않았고, 머리에 외상도 없었고, 자신의 토사물을 흡입하지도 않았다. 다만 재갈 때문에 질식사한 것이다. 구급요원들이 간신히 그녀를 소생시키기는 했다. 그 말은 그녀의 심장을 다시 뛰게 만들어서 급히 병원으로 옮겼고, 거기에서 생명 유지 장치에 연결되었다는 뜻이다. 하지만 애석하게도 오랜 시간의 산소 부족으로 뇌가 손상되는 바람에 그녀는 나흘 후에 사망하고 말았다.

병원과 경찰, 가족이 모두 이 사건에 연루되는 바람에 그녀의 몸은 너무나 많은 부검과 너무나 많은 조직 검사를 거쳤고, 사건검토회의는 마치 법의학 학술대회 같았다. 뇌 전문가들도 중요한 참석자들이었다. 내가 참관했던 부검을 진행한 첫 번째 법의관이 조이 가드너가 머리 부상 때문에 죽은 것 같다는 의견을 냈기 때문이었다. 그날 법의관들이 최종적으로 내린 결론은 그녀가 재갈로 인한 질식으로 사망했다는 것이었다.

나는 조이 가드너를 사망케 한 요인을 모두 검토하여 상세한 보고서를 작성했고, 늘 그랬듯이 여러 번 원고 수정을 했다. 한편, 이 사건이 알려지면서 인권단체 등 여러 단체로부터 경찰을 비난하는 목소리가 커지고 있었다. 많은 사람들에게, 특히 흑인단체에게는 경찰관들이 무슨 수를 써서라도 조이 가드너를 추방하려 했고 거칠게 과잉 진압을 하는 과정에서 그녀를 죽인 것으로 보였을 것이다.

예전에 구금 중 압박으로 사망한 흑인을 보며 내가 불편함을 느꼈음을 독자들은 기억할지도 모르겠다. 그 피해자는 겸상 적혈구 체질과 폐렴 때문에 죽었기 때문에, 공식 사인은 주의 부족으로 악화된 자연사였다. 그 사건 이후로 나는 법을 집행하는 방식들이 걱정스러웠다. 용의자를 안전하게 제압하는 법을 아는 사람이 별로 없었기 때문이다.

실제로 제압으로 인한 사망은 눈에 띄게 증가하고 있었다. 조이 가드너를 제압한 이들은 이민국 직원들이었다. 범죄 용의자들도 경찰관에게 체포되는 과정에서 간혹 사망하며, 특히 겸상 적혈구 체질인 용의자들이 위험했다. 하지만 시대가 바뀌면서 제압하는 이유도 바뀌었다. 그것은 바로 마약이었고, 그 마약은 말할 것도 없이 코카인이었다.

코카인은 신경전달물질을 뇌가 흡수하는 것을 방해함으로써 지속적인 쾌락을 준다. 그로 인해 사용자들은 자신감과 도취감, 활력을 느끼는 것이다. 코카인 사용자는 몇 시간 동안 계속 떠들 수 있고, 신체 자극에 과잉반응을 하기 때문에 섹스에서 더 큰 즐거움을 느낀다. 그리고 음식에 대한 욕구를 거의 못 느낀다. 하지만 코카인은 심장 박동수를 급격히 늘리고, 흥분과 환각 증상을 일으킬 수도 있다. 코카인 사용자를 제압해야 될 때는 보통 그들이 통제 불능의 환각 증상을 겪고 있을 때다.

코카인으로 인한 사망을 처음 접했을 때가 이 무렵인데, 그 사건은 영국에서 코카인 사용이 늘어나고 있음을 보여주는 징조였다. 몸집이 거대하고 근육질인 마약상(그 자신도 중독자였다)이 다량의 코카인을 사들인 직후에 체포되었다. 그런데 그는 자신을 잡고 있던 경찰관 두 명에게 느닷없이 주먹을 날리기 시작했다. 한 경찰관이 그의 목을 팔로 감았고, 그것은 난투극에 가까웠던 그 상황에서 어쩔 수 없이 사용한 방법이었다. 몸싸움은 마약상의 죽음으로 끝났다. 그런데 그는 실제로 어떻게 죽은 걸까?

저명한 신경학과 법의관이 단언한 바에 의하면 그 마약상에게 머리 부상은 없었다. 어쩌면 경찰관이 그의 목을 팔로 감아서 질식을 했는지도 모르지만, 마약상한테서는 질식의 세 가지 증상 중 한 가지만 나타났다. 따라서 사인을 질식으로 단정하기에는 근거가 부족했다. 그는 코카인을 다량 흡입했지만, 혈액검사를 해보니 치명적인 수준은 아니었으므로 마약 과용으로 죽었을 가능성도 낮았다.

결국 나는 복합적인 요인으로 인해 사망한 것으로 결론을 내렸다. 코카인이 주는 근본적인 자극에 더해 경찰관과의 몸싸움으로 인해 심장에 부담이 간 것이다. 나이가 젊었는데도 그는 심장근육에 염증이 있었다. 코카인 사용자들한테서 흔히 발견되기 때문에 '코카인 심근염'으로도 불리는 염증이었다.

두 경찰관에 대한 기소는 기각됐다. 하지만 이 사건도 그냥 넘어갈 수 없는 찜찜한 기분을 남겼다. 경찰관의 제압 과정에서 너무나 많은 사람이 죽어가고 있었기 때문이다. 경찰관들은 자신이 할 일을 했을 뿐이고, 누구도 죽일 의도는 없었을 것이다. 하지만 사람들이 죽어가고 있었으니 내가 나서야 했다. 무엇을 해야 할지는 분명히 떠오르지 않았지만 말이다.

조이 가드너의 사망으로 누군가 체포될 것인지 궁금하던 무렵, 여러 신문에서 레이첼 니켈의 살인범이 잡혔다는 소식이 발표됐다. 나는 별로 놀라지 않았다. 경찰이 전부터 콜린 스태그라는 남자를 의심하고 있었기 때문이다. 법의학적 증거가 없는 상황이라, 심리 프로파일러의 조언에 따라 경찰에서 유인작전을 벌인 것도 알고 있었다. 그들은 잠입한 여경과 스태그가 나눈 은밀하고 성적인 대화를 녹음했다. 스태그가 자신이 니켈 살인범임을 털어놓을 거라 기대했던 것이다. 그가 범행을 털어놓진 않았지만 검찰은 그가 말한 내용이 유죄의 증거라고 판단했다. 나는 콜린 스태그를 용의자로 본 수사팀으로부터 여러 차례 질문을 받았고, 내가 레이첼 니켈 사건을 재구성한 내용이 검찰의 증거로 쓰이기도 했다. 그리고 다음해에 있을 재판에서도 내가 증인으로 참석하기로 예정돼 있었다.

영국에서 가장 극악무도한 살인범이 법정에 설 날을 기다리고 있던 참에 나는 또 다른 사건에 호출을 받고 깜짝 놀랐다. 그해 가을에 사만다 비셋이라는 젊은 여성이 살해됐는데, 그녀를 죽인 자는 레이첼 니켈

때보다 더 광적인 살인자였던 것이다.

1888년 이스트런던에서 5명 이상의 여성을 죽였던 살인마 잭은 아직도 영화, 소설, 그리고 화이트채플 주변을 도는 수많은 가이드 관광의 소재가 되고 있다. 대중이 그의 오싹한 범죄에 깊이 매혹되는 건 그 일이 오래 전에 벌어졌기 때문일 것이다. 사만다 비셋이라는 피해자와 살인범이 대중에게 거의 알려지지 않은 것은 그녀가 살인마 잭과 같은 유형의 범인에게 실제로 당했기 때문이다. 그때만은 언론에서도 동시대에 일어난 소름끼치는 범행의 정보를 독자들에게 굳이 전달하지 않았다. 나도 그 언론들과 비슷한 이유로 그 살인사건에 대해서는 여기서 자세히 언급하지 않겠다.

사만다만 살해되고 성폭력을 당한 게 아니라 4살 된 딸도 똑같이 당했다. 딸의 시신은 장난감과 함께 침대에 눕혀졌다. 처음 현장에 도착한 경찰관들은 사만다가 살해되는 동안 그 딸아이는 안전하게 자고 있었을 거라 생각했다가 실상을 알고 경악했다. 범인이 의도한 것이었다.

그때쯤에는 내가 칼을 이용한 살인에 관심이 많다는 것이 널리 알려져서, 경찰에서 내게 사만다 비셋 모녀에 대한 두 번째 부검을 진행해달라고 요청했다. 그 사건으로 기소된 사람이 없었기 때문에 그 두 번째 부검은 피고 측이 의뢰한 게 아니었다. 검시관이 장의사에게 시신을 내주기 위해 요청한 것이었다.

범죄 현장인 사만다 비셋의 아파트는 내 동료가 방문했다. 나중에 현장 사진을 들여다보던 나는 그 오싹한 적막감이 떠올랐다. 현장에는 늘 동지의식이 있고, 의례적으로 주고받는 말이 있으며, 서로 가족의 안부를 묻고 휴가가 어땠는지도 묻는다. 살인사건과 무관한 일상생활을 떠올리기 위해 직장과 관련된 이야기도 나눴다. 하지만 그 천인공노할 범행에 이어 토막살인이 일어난 그 집에서는 어떤 수사관도 일상적인 삶을 떠올리는 것이 불가능했을 것이다.

사만다를 부검하는 동안 나는 살인범이 살인마 잭처럼 트로피 사냥꾼trophy-hunter*이었다는 확신이 들었다.

나는 참관중인 경찰관에게 말했다. "콜린 스태그를 체포했다는 걸 몰랐다면, 저는 레이첼을 죽였던 놈이 이번에 사만다도 죽였을 거라고 생각했을 겁니다."

수사관이 어깨를 으쓱 하며 말했다.

"그럴 리는 없죠. 우리가 스태그를 잡았고, 그놈이 자백을 한 거나 마찬가지니까요."

"그렇게 비슷하지도 않아요. 레이첼 니켈은 토막 나지는 않았잖습니까." 다른 수사관이 지적했다.

"시간이 있었다면 그렇게 했을지도 모르죠. 범인은 여자를 천천히 죽이며 즐기고 싶었겠지만, 공공장소라서 붙잡힐까 봐 못했을 겁니다. 그래서 그런 자들이 다음 단계에 시도하는 게 여자를 집에서 천천히 죽이는 것입니다."

"그렇군요. 어쨌든 그 놈은 잡혔으니 감옥에서 평생 썩을 겁니다." 그 수사관이 말했다. 얼마 안 있어 사만다 비셋을 죽인 남자도 똑같은 신세가 될 터였다. 로버트 내퍼라는 용의자는 폭력 전과와 정신병력이 있는 28살의 창고 관리인이었다. 그전에도 경찰의 용의선상에 자주 올

---

* 사냥을 오락처럼 여겨 야생 동물을 사냥하는 사람. 사냥한 동물 전체나 일부를 박제하여 기념품으로 남긴다. 피해자의 신체 일부나 관련 소지품을 간직하는 연쇄살인범을 가리키기도 한다.

랐으나 컴퓨터가 상용화되기 전이어서 기록이 부실했는지 매번 레이더 망을 벗어났다. 하지만 이번에 사만다 비셋의 아파트에서 그의 지문이 검출된 것이다.

그를 체포하자마자 경찰은 스태그와 내퍼라는 무자비한 살해범 두 명을 잡았다며 의기양양했다. 그래서 1994년 9월에 콜린 스태그가 무죄방면되자 그들은 엄청난 충격에 빠졌다.

콜린 스태그 기소 건은 경찰의 작전을 함정수사로 본 판사에 의해 기각됐다. 스태그는 위장한 여경의 유인에 넘어가 이야기한 것이므로 그가 무슨 말을 했건 증거로 인정할 수 없다는 것이었다. 그 소식에 나도 깜짝 놀랐다. 경찰은 그 사건을 여러 전문가들과 의논하여 수사했고 콜린 스태그가 레이첼 니켈을 죽였다는 그들의 확신에 나도 전혀 의문을 품지 않았기 때문이다.

콜린 스태그는 풀려났다. 하지만 또 다른 종류의 감옥으로 들어간 셈이었다. 집을 나서는 순간 가혹한 시선에 맞닥뜨려야 했기 때문이다. 경찰과 언론뿐 아니라 일반 대중들도 스태그가 레이첼 니켈을 죽였지만 교묘하게 법망을 피했다고 확신했다. 이런 믿음은 너무나 널리 퍼져 있어서 이번에도 나는 니켈 살해범과 비셋 살해범 사이에 유사성이 있음을 간과했다. 전문가들의 의견이 제도에 의해 무시된다는 것을 뼈저리게 느꼈기 때문이기도 하지만, 한때 범죄의 재구성에 남다른 열의를 보였으면서도 그때는 철저히 내 틀에 갇혀 있었던 것이다.

25 누구도 희생자들을 잊지 않았다

마쉬오네스호가 가라앉았을 때 가족을 잃은 이들은 몇 년 동안 그 사건에 매달렸다. 그리고 드디어 성공을 거뒀다. 사인심문을 재개하라는 요구가 관철되지 않자 그들은 항소법원에 기대기로 했었고, 항소법원은 검시관이 사인심문을 거부하는 것은 무의식적일망정 부당한 편견을 보여줄 '현실적 위험'이 있다는 주장을 받아들인 것이다. 그 결과 마침내 다른 검시관에 의해 사인심문이 열리게 되었다. 그 참사가 일어나고 6년이 지난 1995년에, 사인심문 배심원단은 9대 1로 희생자들이 '불법살인unlawful killing을 당했다'*는 평결을 내렸다.

모래채취선 선장에 대한 두 건의 기소가 기각되었기 때문에 기소할 대상은 없었지만, 그 평결은 공개 조사를 해야 한다는 유족들의 목소리에 힘을 실어줬다. 특히 한 단체가 적극적이었는데 당국에서는 그들의 요구를 받아들이지 않았다. 사고 이후 템스강의 안전에 대한 철저한 조사가 시행됐고, 공개 조사를 통해 얻을 게 없다는 것이 그 이유였다. 싸움을 계속하려면 개인적으로 굉장한 희생이 필요했지만, 유족들은 그들의 희생을 통해 사회가 더 많은 걸 배워야 하며 그를 위해서는 공개 조

---

* 불법살인은 잉글랜드와 웨일즈의 사인심문 평결 중 하나로서, 어떤 사람이 신원미상의 범인에 의해 불법적으로 죽음을 당했다는 뜻이다. 여기에는 살인, 과실치사, 영아살해, 난폭운전에 의한 사망이 포함되지만 범인을 특정하지 않는 것이 일반적이다. 불법살인 평결이 나오면 보통 책임자를 기소하기 위한 경찰의 수사가 이어진다.

사가 최선의 방법이라고 주장했다.

누구도 희생자들의 잃어버린 손을 잊지 않았고, 그에 대한 책임은 여전히 나한테 있었다. 그래서 나는 공개 조사를 원하는 유족들의 뜻에 동의하면서도 그것이 실현될까 봐 두려웠다. 절단한 손들을 포함해서 모든 주제가 다시 표면으로 떠오를 것이기 때문이다.

완고한 정부를 향한 거센 압박은 분명 비슷한 시기에 일어난 다른 사건들에 대해서도 가해질 터였다. 조이 가드너, 스티븐 로렌스의 사망 사건도 2년 동안 조사하다 흐지부지되는 분위기였는데, 이제는 많은 사람들이 적극 나섰다. 스티븐 로렌스의 경우 여론을 움직이기 위해 처음에는 가족들이, 나중에는 전체 지역민이 나서서 그 조사가 제대로 이루어지지 않은 것은 런던 경찰청의 인종주의 때문이라고 주장했다. 조이 가드너의 경우 법원 밖의 누군가가 관련 경찰관들의 혐의를 벗겨줬음을 증명해야 했다.

처음에는 로렌스 사건의 조사에서 별 진척이 없었다. 하지만 검찰이 이번에는 조이 가드너에 대한 과실치사 혐의로 경찰관 세 명을 기소했다. 담당 경찰관들이 할 일을 했을 뿐이라고 버티던 경찰청에서는 놀랐을 것이다.

재판에서 변호사는 내가 절대 잊지 못할 반대신문을 했다. 어디선가 입수한 내 부검감정서를 보고 최종 원고와 다른 부분이 70군데나 있다는 것을 지적한 것이다. 그는 그것을 하나씩 물고 늘어지면서 특정 단어를 왜 고쳤는지, 왜 콤마를 삭제했는지, 왜 세미콜론을 새로 넣었는지를 캐물었다. 전체적인 방향에 미치는 영향은 거의 없더라도 표현을 좀 더 명확하고 자연스럽게 하기 위해 여러 차례 수정을 하는 건(예를 들면,

'어쩌면 …일 것이다'를 '…할 가능성이 있다'로, '빨리'를 '신속하게'로 고치는 것) 당연한 일이었다. 분명 그 변호사는 내가 경찰과 긴밀한 관계를 맺으며 일했고 그들에게 의지해왔기 때문에 가드너의 사망에 대해 경찰의 잘못을 축소하려 했음을 암시하고 싶었을 것이다.

우리가 주고받은 문답은 다음과 같이 진행됐다(당시의 발언 기록이 남아 있지 않아 내 기억을 더듬어 쓴 것이다).

변호사 36쪽을 보실까요… 박사님은 '심각한'이라는 단어를 왜 '심하지 않은'이라고 고치셨습니까? 두 단어는 완전히 다른데 말입니다.

나 생각해보니 그게 더 적절한 설명 같았습니다.

변호사 왜 더 적절했을까요?

나 음, 밝혀진 사실들을 최대한 신중하게 따져본 다음 제 견해를 수정한 겁니다.

변호사 추가 정보가 들어와서 수정을 한 게 아니라는 거죠?

나 순전히 사건에 대한 제 분석에 따른 겁니다.

변호사 새로 들어온 정보가 없었는데 왜 그렇게 극단적으로 견해가 바뀐 겁니까?

나 그게 더 정확한 표현이라고 생각했습니다.

변호사 그래서… 생각을 바꿨다고… 말씀하시는 건가요?

나 네, 생각을 바꾼 겁니다.

변호사 그냥 생각을 바꾼 거라고요! 그러니까, 그냥 '기분'에 따라 내용을 바꾼 거군요?

그가 왜 의심했는지는 안다. 물론 함께 일한 경찰관들은 나의 동료였고, 그들에게 환심을 사려고 했을 거라는 짐작도 이해 못할 바는 아니었다. 하지만 아무도 내게 그걸 바라지 않았고, 나도 누군가에게 환심을 살 생각이 없었다. 맞다. 경찰관 세 명의 유죄를 증명하는 데 그들과 함께 일하는 내가 도구로 쓰였다면, 그것이 이상하게 보였을 것이다. 이런 딜레마는 법의관 경력을 시작하면서부터 예상했던 바였다. 하지만 나는 압력에 묵묵히 대처하면서 진실을 나의 가장 중요한 동지로 여기며 일해왔다.

경찰관 세 명이 모두 무죄로 풀려나자 많은 사람들이 충격을 받았다.

개인적으로 나는 그들이 한 행동에 동의할 수 없었지만, 그 경찰관들도 어떻게 보면 잘못된 제도의 피해자였다. 그들은 용의자를 안전하게 제압하는 교육을 받지도 않았고 관련 정보도 없었으며 그들의 행동이 어떤 위험을 초래할 수 있는지 경고도 받지 않았다. 애초에 조이 가드너를 추방하는 게 옳은지 그른지도 모른 채 당국의 지시를 따랐을 뿐이다. 그들은 조이 가드너를 제압함으로써 자신들의 월급에 부응하는 불쾌한 일을 한다고 생각했을 것이다. 내가 보기에 그들의 방식이 서툰 이유는 그들 상관들의 방식이 서툴기 때문이었다.

조이 가드너의 안타까운 죽음은 변화의 촉매로 작용했다. 나로서는 그 사건이 오랜 망설임을 끝낸 마지막 지푸라기였다. 내가 무엇을 해야 하는지 그제야 알 것 같았다. 그것은 제압 방식을 검토하고 적절한 제압법을 교육하는 데 주도적인 역할을(때로는 선동자 역할까지) 맡는 것이었다. 교육 대상은 주로 경찰, 교도관 그리고 이민국 직원들이었다.

자기 자신의 삶이 나중에 의미가 있을지, 그리고 어떤 의미가 있다면 그것이 무엇일지는 알 수 없다. 나의 경우 그것은 사회 변화에 대한 기여라고 생각하고 싶었다. 그런 기여란 대체로 내가 스스로 번거로운 일들을 맡고, 훈련 과정을 운영하고, 학회를 조직하고, 보고서를 쓰고, 위원회에 참석하는 일이었지만, 무엇보다도 교육을 하는 일이었다.

경찰을 안 좋게 보는 사람들은 놀랄지 모르지만, 대부분의 경찰관들은 정확하고 인간적인 제압 방법을 배우는 데 굉장히 열성적이었다. 그들의 관행이 위험하다는 것은 누구보다 그들이 잘 알고 있었기 때문이다. 잘못된 제압으로 고통받는 사람은 피해자의 가족과 친구들만이 아니다. 경찰관들도 몇 분 동안에 일어난 일 때문에 삶과 경력이 큰 타격을 받는다. 이민국부터 청소년사법위원회까지 합법적으로 제압할 수 있는 모든 기관이 마침내 제압에 관한 원칙을 승인하기까지는 오랜 시간이 걸렸다. 그 원칙은 조이 가드너 사건 후에 우리가 런던 경찰청에 제안한 것이었다.

나는 '구금 중 사망 대책 장관회의'의 개인 고문단에 소속되어 일하게 되었다. 내무부뿐 아니라 보건부와 법무부의 후원을 받는 조직이었다. 관료주의에 숨이 막힐 것 같은가? 그건 아니다. 내가 작성한 지침서가 확실하게 받아들여지고 지켜지기 위해서는 얼마나 많은 관계자들이 필요한지를 보여줄 뿐이다.

그 지침서는 제압에 관련된 사람들과 그것을 지켜보는 사람들까지 심리적으로 굉장한 부담을 느낀다는 것을 전제로 한다. 그래서 제압은 원칙적으로 꼭 필요할 때만, 정당하게, 상대방의 반응을 보면서 행하라고 가르친다. 또한 서툰 제압은 사망을 초래할 수도 있으므로 훈련되고 정식으로 위임받은 요원들만이 승인된 기법을 사용해야 한다.

306

일단 사건이 일어나면 통제가 필수적이다. 우리가 제시한 지침은 나의 비행 경험에서 영향을 받았다고 할 수 있다. 비행기에 조종사가 두명 있더라도 조종하는 사람은 한 명이다. 조종을 다른 조종사에게 넘길 때 두 조종사는 이것을 말로 확인해야 한다.

조종사 1 제가 조종합니다.

조종사 2 당신이 조종합니다.

이 방식은 위급한 순간에 혼동을 없애준다. 그래서 나는 이 항공 규정을 제압 방식에 적용해야겠다는 생각이 들었다. 제압해야 하는 위기 상황에서 용의자의 머리와 목, 호흡을 책임질 사람은 그를 제압하고 있는 사람이다. 계급이 제일 낮더라도 그 경찰관은 통제권을 확보하기 위해 이렇게 말해야 한다. "제가 이 상황을 통제합니다." 다른 사람들은 그것을 이렇게 확인해줘야 한다. "당신이 이 상황을 통제합니다." 중요한 것은, 통제권자는 즉시 놓아주라는 지시를 내릴 수 있고 다른 사람들은 그 지시에 따라야 한다는 것이다.

물론 생체 정보 모니터링, 비디오 촬영, 상황 기록, 결과 보고 등에 관해 더 자세한 규정이 있다. 하지만 이 원칙의 목적은 힘으로 밀어붙이는 럭비식 난투극을 꼭 필요할 때만 쓰는 안전한 방식으로 바꾸는 것이다. 나는 법 집행 중 제압에 의한 사망자 수가 극적으로 감소한 것은 이 방식을 도입한 덕분이라고 믿는다. 사실 지금은 일반 시민이나 상가 경비원에 의한 제압이 훨씬 위험한 상황이다.

그동안 공개 조사는 단호하게 불가하다는 방침이었지만 조이 가드

307

너 사건의 담당 경찰관들이 무죄판결을 받자, 공개 조사를 요구하는 목소리가 다시 터져 나왔다. 스티븐 로렌스 사건의 경우, 경찰은 분명 일부 용의자들의 이름을 알고 있었지만 아무도 기소하지 않았다. 그래서 스티븐의 부모와 친구들이 정의를 위해 고귀하고 의로운 싸움을 시작했다. 살인 용의자 다섯 명 중 세 명을 민사로 기소하면서 압박을 가한 것이다.

나는 이 재판에서 증인으로 참석하라는 요청을 받았다. 특이하게 마이클 맨스필드 변호사가 로렌스가를 대리하여 사적 기소를 맡았다. 하지만 다 소용없는 일이었다. 그 소송은 증거가 부족하다는 이유로 시작도 하기 전에 무산되었기 때문이다. 설상가상으로 당시 법규에 따르면 기소된 세 명이 동일한 혐의로 다시 재판을 받는 건 불가능했다. 로렌스 가족들에게는 정의 실현의 가능성이 완전히 사라지는 듯했다.

하지만 그들은 포기하지 않고 이제는 공개 조사를 요구했다. 여론도 그들의 편인 것 같았다. 많은 사람들이 조이 가드너를 죽게 한 경찰관들이 무죄 판결을 받자 분개했던 것이다. 스티븐이 인종주의자들에게 죽은 것도 부족해, 인종주의적 경찰이 조사도 제대로 진행하지 않았다고 믿는 사람이 많아지면서 공개 조사가 정말 가능해질 것 같은 분위기로 바뀌고 있었다. 공개 조사는 장관이 지시해야 가능하고, 검시관의 사인 심문보다 훨씬 광범위하고 법적으로도 비교할 수 없을 만큼 큰 의미가 있는 절차다.

로렌스가의 인내와 끈질김은 마침내 공개 조사로 결실을 맺었다. 용의자 다섯 명은 법원 명령에 따라 법정에 출두했다. 하지만 그들은 묵비권을 행사하며 어떤 질문에도 대답하지 않았다. 법적으로 살인범들의 이름을 말하는 것이 허용되지 않는 검시관은 그들의 무례한 침묵을 보며 좌절했다. 하지만 배심원단은 우회로를 찾아서 1997년 2월에 스티븐 로렌스가 '아무 이유도 없이 백인 청년 다섯 명의 인종주의적 공격을 받고 불법살인을 당했다'는 영리한 결론을 내렸다. 그들은 이렇게 말한 셈이었다. "…저기 앉아 있는 다섯 명의 백인 청년들에 의해." 그리고 어떻게 보면《데일리메일》이 그들 대신 발언했다고 할 수 있다. 그 다섯 명의 사진 아래 한 명 한 명의 이름을 공개했고, 그럼으로써 원한다면 소송을 해보라고 도발한 것이다.

공개 조사를 실현시킨 것은 스티븐 살해범들을 체포하지 못한 데 대한 여론의 악화였다. 나는 변화를 향한 시대적 흐름이 공무원과 경찰의 구태에 경종을 울렸다는 점에서 이런 결과가 내심 기뻤다. 구금 또는 제압 중에 사망한 많은 이들이 흑인이었다는 사실 때문에 오랫동안 마음이 무거웠기 때문이다. 솔직히 말해 흑인이 사망할 가능성이 높아지는 건 겸상 적혈구 체질만으로는 설명이 되지 않았다. 하지만 변화의 필요성을 느꼈을 뿐 그 변화가 어떻게 일어나야 하는지는 모르는 채 오랜 세월이 흘렀다. 스티븐 로렌스를 부검할 때도 그 몸에 남은 칼자국들이 향후 20년 동안 그런 변화를 촉진하게 될 거라고는 짐작도 하지 못했다.

26 아빠는 죽은 사람을 해부해요

가이스 병원에서 8년쯤 일하고 난 후, 나는 몸이 근질근질해졌다. 이언 웨스트의 그늘 아래서 일하는 것이 안정감보다는 구속으로 느껴졌기 때문이다. 우리의 우정과 여러 번의 승진 약속에도 불구하고 그는 아무 것도 하지 않았다. 나는 그에게 말도 없이 의대 학장에 직접 지원하여 전임교수 자리를 얻었고 곧바로 승진도 했다. 하지만 이언이 내게, 아니 다른 누구에게도 그의 자리를 물려줄 가능성은 없었다. 자신이 일찍 은퇴해서 사냥이나 사격, 낚시를 하며 시골의 유지로 살아갈 생각은 전혀 없다는 것을 이미 분명히 밝혔기 때문이다.

나는 다른 기회를 암중모색했다. 1990년대 중반 당시 크리스와 애나는 중등학교를 다니고 있었는데, 가끔 그들의 얼굴에서는 예전의 어린아이가 아니라 미래에 성인이 된 모습이 언뜻 비쳤다. 나는 우리 아이들 또래를 부검할 때가 제일 힘들었다. 잠깐이라도 내 손이 시신 위에서 떨렸다면 어린아이들을 부검할 때였을 것이다. 내 아이들이 어느 정도 자랐을 때 보니 아기가 연루된 사건은 더 많아진 것 같았다. 전에는 내가 어린아이의 부검을 피해서 그렇게 느낀 걸까, 아니면 정말 늘어나고 있었던 걸까?

어느 날 어머니 품에서 죽었다는 생후 10개월 아기를 부검해달라는 요청이 들어왔다. 보니 영양 상태도 좋았고 건강하게 자란 아기였다. 소생을 시도한 흔적은 분명히 있었지만 그 외에 다른 흔적은 없었고, 폭행이나 외상도 전혀 없었다. 부검에서도 비정상적인 징후는 하나도 나오지 않았다.

독물학, 바이러스, 박테리아 테스트를 의뢰해놓긴 했지만 거기에서 아무 이상이 발견되지 않는다면 사인을 영아돌연사증후군(SIDS : Sudden Infant Death Syndrome)으로 결정할 수밖에 없었다. 내가 SIDS를 생각하고 있다고 했더니 경찰들은 달가워하지 않으며 관련 기록을 한 뭉치 내밀었다. 그걸 보고서야 관련 정황이 파악됐고 그에 따라 결론도 달라질 것 같았다.

경찰관들은 아기 엄마의 999 응급 구조 전화를 받고 그 아파트에 도착했다. 22살이었던 아기 엄마는 남편으로부터 살해 협박을 받은 후 아이와 단둘이 살고 있었다. 그런 상황인데다 엄마의 음주 습관까지 있어서 10개월 된 그 아기는 특별보호 대상자 명단에 올라 있었다. 아이 아빠로부터 보호하기 위해 그 집에는 비상벨도 설치되어 있었다.

아기 엄마가 응급 전화를 한 때는 저녁 9시경이었는데, 그녀는 취한 목소리로 '가족이 죽었다'고 했다. 비상벨도 울렸지만 그때는 이미 경찰이 그 집으로 가고 있었다.

경찰은 이번에 출동한 상황을 우려했는데, 그 이유는 겨우 한 달 전에도 이 젊은 엄마가 아이를 데리고 있으면서 술에 취해서 유죄판결을 받았기 때문이다. 그런 경우에는 구금형보다는 주로 벌금형을 받는다. 어머니가 반성하여 술을 끊게 하기 위해서, 그리고 아이가 방치되거나 학대받지 않는지 사회복지 부서에서 지켜볼 시간을 주기 위해서다.

경찰은 전화를 받고 7분 만에 도착해서 벨을 눌렀지만 아무도 문을 열어주지 않았다. 우편물 투입구를 통해 들여다보니 아기 엄마가 아기를 안고 거실을 왔다 갔다 하고 있었다.

그녀는 차분해 보였고 위협을 받는 상황이 아닌 것이 분명해 보였기 때문에 그들은 문을 부수고 들어가지 않았다. 대신 그녀를 조심히 설득해서 문을 열게 했다. 그녀는 너무 취해 있어서 문을 여는 데도 한참이 걸렸다. 그런데 들어가서 보니 그녀가 안고 있던 아기는 죽어 있었다.

경찰은 아기를 소생시키기 위해 할 수 있는 건 다 시도했다. 그 어머니는 화를 냈고 공격적이었으며 당연히 슬퍼했다. 몇 시간 후 그녀의 혈액을 채취했고, 그것을 기준으로 아기가 사망했을 당시, 즉 그녀가 응급구조 전화를 할 당시 혈중알코올농도를 유추해봤다. 0.255%였다. 잉글랜드와 웨일즈에서는 0.08% 이상에서 운전하는 것이 불법이므로(현재 스코틀랜드는 0.05%), 다소 몸집이 작은 그녀로서는 치명적인 수치였다. 그래서 우리는 그녀가 습관적으로 술을 마시기도 하지만, 그날은 특히 심하게 취해 있었을 거라는 결론을 내렸다.

혈액 샘플에서는 마약 성분이 전혀 검출되지 않았지만, 그녀는 너무 취해서 아이가 자기 품에서 죽었는지 아기 침대나 소파에서 죽었는지 아니면 그녀의 침대에서 죽었는지 기억하지 못했다. 심지어 그때 자신이 어디에 있었는지도 말하지 못했다.

이쯤 되면 아무리 아이를 잃었다 해도 그녀에 대한 동정심이 식을 것이다. 나도 그랬던 것 같다. 나는 죽은 아이의 혈액을 채취하여 알코올 농도와 마약 반응 검사를 해봤다. 술이나 약물 문제가 있는 부모들은 아기들을 조용히 시키기 위해 그들이 즐기는 술이나 약물을 아기들에게 주는 경우가 있으며, 때로는 치사량을 먹이기도 한다. 하지만 독물학

보고서를 보니 이 아기의 죽음과는 관련이 없는 이야기였다.

다른 분야처럼 질병에도 유행이 있다. 그리고 우리의 인식에 따라 그 질병이 증가하기도 하고 감소하기도 한다. 보기에 건강한 아이가 뚜렷한 이유 없이 죽는 영아돌연사증후군(SIDS)은 1970년대와 1980년대에 점차 알려지기 시작했고, 1990년대 초반에는 눈에 띄게 높아져서 1000명 중 2명에 이를 정도였다.

SIDS는 많은 법의관들이 반가워하는 증후군이었다. 설명할 수 없는 현상을 설명해주는 것 같아서 부모나 양육자들의 비난을 막아줬기 때문이다. SIDS는 아기의 사인이 수상한 게 아니라는 뜻이고, 따라서 모종의 질병으로 죽은 거라고 추정하는 것이다. 하지만 SIDS가 어디서나 환영받는 건 아니었다. 일부 경찰관이나 의학 교육을 받지 않은 검시관들은 그런 진단에 의구심을 품었다.

이번 사건에서도 수사관들은 그 아기가 죽은 것은 술 취한 어머니 때문일 거라고 의심했다. 정황상 합리적인 의심이었지만 그 의심을 뒷받침할 증거가 전혀 없다는 것이 문제였다. 사망의 원인이 될 만한 가능성을 모두 배제하고 나니 남은 건 SIDS밖에 없었다. 이 사건 직후에 내 삶에는 많은 변화가 있었다. 그래서 1년 후에야 내가 제출한 부검감정서를 다시 살펴보게 되었는데 그때 의외의 사실을 발견했다.

사실 그것은 내가 가이스 병원에서 마지막으로 맡은 사건이었다. 나의 스승이자 멘토인 루퍼스 크롬턴 박사는 그때까지 투팅 세인트조지 의대 법의학과의 유일한 구성원으로서 그 학과를 책임지고 있었는데, 어느 날 그가 곧 퇴직한다는 소식이 들려왔다. 나는 그의 후임자가 될 기회가 왔다는 생각에 무척 흥분했다. 세인트조지 대학병원은 그 부서를 확대할 계획이었기 때문에, 내가 그 자리를 맡으면 운영진을 구성하여 그 계획을 실행에 옮길 수 있을 것 같았다. 내가 이언에게 여러 번 제안했지만 매번 묵살됐던 일이었다.

어느 흐린 날 나는 로레인에게 이언이 시간이 되느냐고 묻고 다소 긴장한 채 그의 연구실로 들어갔다. 그 넓은 방은 완전히 아수라장이었다. 파일과 각종 서류들이 책상과 선반, 바닥, 그리고 방 한가운데에 있는 회의용 테이블에까지 쌓여 있었다. 회의가 잡히면 로레인은 이 테이블에 놓인 서류더미를 바닥 한 구석으로 옮겼고, 넘치는 재떨이와 오래된 담뱃갑들도 치웠다. 그리고 회의가 끝나면 다시 제자리로 옮겼다. 그 테이블이 어질러져 있는 것으로 보아 지난번에 회의를 한 후 1주일 동안 그 상태였음을 짐작할 수 있었다.

이언은 그의 책상 앞에 앉아 있었고 내가 들어갔을 때도 그의 육중한 턱을 즉시 돌리지 않았다. 피곤해 보여서 지금 이야기하기에는 타이밍이 안 좋겠다는 생각이 들었다. 어제 그는 화가 나서 소리를 치고 있었다. 그가 누구에게 화를 내든 그것은 자기 자신에게 화가 났다는 뜻이었고, 보통은 뭔가 일을 제대로 못했기 때문이었다.

그는 왜 보고서 제출 기한을 미리 말해주지 않았느냐며 로레인을 야단쳤다. 법원에서 오늘 오전까지 필히 제출하라고 한 그 보고서는 분명 연구실 바닥에 놓인 서류더미 어딘가에 묻혀 있었을 테지만, 그것을 시간 내에 찾아내는 건 요원한 일이었다. 그래서 그와 로레인은 어젯밤 늦게까지 연구실에서 작업을 했다. 그가 내용을 불러주면 로레인이 곧바로 컴퓨터에 입력하는 식이었다.

그는 손가락 사이에 멘솔 담배를 들고 앉아 있었다. 다른 하나가 그의 현미경 옆 재떨이에서 타고 있는데 잊어버린 모양이었다. 그리고 세 번째 담배가 그 방의 한쪽에 놓인, 깜빡거리는 대형 데스크톱 모니터 옆에서 연기를 피워 올리고 있었다.

"아마 들으셨겠지만 루퍼스 크롬턴 박사님이 은퇴한다고…"

그가 눈을 크게 떴다. 언젠가는 내가 세인트조지 대학병원으로 가리라는 것은 오래 전부터 루퍼스와 나, 그리고 이언이 암묵적으로 인정한 사실이었다.

"제가 그 자리에 지원할 생각입니다."

그가 거의 끝나가는 담배의 불로 다른 담배에 불을 붙였다. 그리고 재떨이, 정확히 말하면 아직 덜 찬 재떨이를 찾아 주위를 둘러보더니 포기하고 결국 꽁초를 담뱃갑 안에 비벼 껐다.

"그럼 추천서가 필요하겠군." 그가 말했다.

그는 평소보다 담배를 더 뻑뻑 빨아댔지만 다른 식으로는 감정을 드러내지 않았다. 오히려 자상한 말투로 그 일이 잘 됐으면 좋겠다고 했다. 그리고 우리 둘은 각자 부서를 맡아서 운영하면 라이벌이 되지 말고 서로 긴밀하게 협조하기로 했다. 하지만 둘 다 그게 진심이었는지는 모르겠다. 우리는 이미 라이벌이었고 이제 각자 다른 병원에서 똑같은 지위에 있을 테니 라이벌 의식이 사라질 것 같지는 않았다.

저명한 법의관이 이끄는 가이스 병원 법의학과는 흥미로운 사건이 많이 들어와서 늘 분주했다. 그런 터전을 떠나 새로운 병원으로 옮기자니 두려운 마음이 들기도 했다. 세인트조지 대학병원으로 옮기던 여름에 나는 부검실을 떠나 몇 달 동안 휴가를 가졌다. 경찰이 우리 팀을 인정하고 우리에게 사건을 의뢰하게 하려면, 지루한 작업이긴 하지만 건실한 운영진과 재정 구조를 구축해야 했다.

그 일을 하는 동안 의외로 오랜 세월 연마한 기술을 발휘하던 부검실이 그리워졌다. 그래서 남해안에 사는 법의관 친구가 휴가를 떠났을 때 그가 할 부검을 대신 해주기로 했다. 때는 여름방학 기간이었다. 애나와 크리스는 10대가 되었다. 애나는 아직 학교에 있었지만 크리스는 중등학교 졸업 시험을 막 치르고 집에서 놀고 있었다. 그래서 크리스에게 같이 가자고 권했다. 부검 몇 건을 끝내고 해안 절벽을 따라 함께 산책하면 좋을 것 같았다. 살인사건이 아니고 갑작스러운 자연사의 원인을 찾는 일이어서 오래 걸리진 않을 것 같았다. 크리스는 수더분해서 무슨 일에든 좋다고 하는 성격이었고, 이번에도 내가 일하는 동안 차에서 책을 읽고 있겠다고 했다.

나는 부검에 필요한 복장으로 갈아입었다. 안치소 직원들이 시신들을 부검대 위에 눕혀 놓고 준비를 해놓은 상태였다. 준비라는 것은 시신의 갈비뼈를 들어내고 두개골도 열어놓았다는 뜻이다.

검시관 보조관들과 소소한 잡담을 하다가 별 생각 없이 내 아들이 차에서 책을 읽으며 나를 기다리고 있다는 얘기를 했다.

"제가 사무실로 데려올게요. 안에서 기다리는 게 더 편할 거예요. 차도 마시면서요." 검시관 보조관이 제안했다. 그는 내가 크리스를 방치한다 생각했던 것 같다.

잠시 후 메스를 잡은 채 시신을 살펴보고 있었는데 시야에 크리스가 들어왔다. 검시관 보조관과 부검실을 지나 걸어가고 있었는데 당황한 것 같진 않았다. 하지만 나는 화들짝 놀라서 이렇게 소리칠 뻔했다. "당장 여기서 데리고 나가요!"

하지만 그렇게 소리치면 크리스에게 안치소가 훨씬 더 충격적으로 보일 것 같았다. 그래서 초인적인 의지로 PM40을 든 손을 자랑스럽게 흔들며 크리스에게 윙크를 보냈다. 솔직히 말하면 나는 그때 가면이 강제로 벗겨진 기분이었다. 그때까지 나는 거짓말도 하지 않았고 오해할 만한 설명도 하지 않았지만 그래도 내가 하는 일의 실상을 두 아이에게 감춰왔다. 그런데 크리스가 뜻하지 않게 그 세계를 봐버린 것이다.

나중에 절벽을 따라 걷는 동안 우리 부자 사이에는 뭔가 어색함이 감돌았다.

"어… 부검실에서 그거 보고 충격 안 받았니?"

"아뇨, 괜찮았어요. 그런데 그 검시관 보조관은 정말 멍청이었어요."

무슨 일로 의견이 갈렸는지는 모르지만(아마 축구였을 것이다), 그것이 부검실에서 본 광경이나 소리보다 더 기억에 남았던 모양이다.

크리스와 애나는 그 전에도 나를 따라 가끔 안치소에 왔기 때문에 둘은 그곳의 냄새와 소리와 전반적인 분위기에 익숙했다. 유족 대기실이 비어 있으면 둘은 수족관 앞 의자에 엎드려 숙제를 하기도 했고, 가끔 기분 좋은 직원들이 갖다주는 차도 마시고 비스킷도 먹었다. 하지만 내가 안 보이는 동안 무슨 일을 하고 있었는지는 한 번도 묻지 않았다.

나는 크리스가 부검실을 본 일에 대해 집에서는 함구하기를 바랐지만 굳이 당부하지는 않았다. 그래서 당연히 그걸 애나도 알게 됐다.

"저도 부검하는 데 가면 안 돼요?" 애나가 졸랐다. "오빠만 가고 저는 못 가는 건 억울해요."

"정확히 말하면 크리스를 부검실에 데려간 건 아니야……." 내가 말

317

했다.

젠이 그 말을 들었다.

"어딜 갔다고?" 그녀가 크리스에게 물으며 내게 힐난하는 눈빛을 던졌다.

"제가 수의사가 되려면 그런 거에 익숙해져야 돼요." 크리스가 당당하게 말했다. "죽은 동물들을 항상 해부해야 될 테니까요."

"그럼 나도 수의사 될 거야. 아니면 의사." 애나가 말했다.

부부가 의료계에 있어서 우리 집에서는 사건과 사고 이야기가 끊이지 않았다. 관련 사진들은 여전히 숨기고 있었지만 대부분은 솔직하게 얘기하는 편이었다. 부모가 무슨 일을 하는지 질문을 받으면 두 아이는 여전히 의사라고 대답했다. 정확히 무슨 의사냐고 물으면 "아빠는 죽은 사람을 해부해요"라고 대답했다. 그러면 보통은 더 이상의 질문이 없었다. 대체로 엄마가 피부과 의사라고 하는 것이 아버지가 법의관이라고 말하는 것보다 훨씬 편한 일이었다.

몇 년 후에 크리스와 애나는 대학에 입학하면서 우리를 떠날 것이다. 그 애 둘이 성인이 되어 독립적인 삶을 꾸리면 내가 더 이상 필요없을 거라 생각하니 마음이 허전하고 서글퍼지기까지 했다. 내가 새로 맡은 일은 분명 힘들겠지만 나는 두 아이가 떠날 때까지 아이들과 최대한 많은 시간을 보내겠다고 다짐했다.

27 아동학대와 영아돌연사증후군

세인트조지 의대로 자리를 옮겨 법의학과를 맡게 되면서 나는 부검 일을 다시 시작했다. 분주하고 생산적인 시기였다. 다른 직원들도 영입했다. 친구이자 가이스 병원에서 함께 근무했던 실력 있는 법의관 롭 챕먼이 합류했고, 사무직원으로 리아넌 레인과 케이시 페일러도 왔다. 임상법의학 의사 데비 로저스와 마거릿 스타크도 왔다. 두 사람은 필요할 경우 범죄 피해자들뿐 아니라 범행으로 인해 체포된 구치소 수감자들도 검사했다. 영국 최초로 임상법의학 연구팀을 구성한 그들은 우리 부서의 태동기에 활약한 훌륭한 자산이었다. 의외로 금세 국내외에 알려지면서 우리 부서는 조직을 구성하자마자 바빠졌다.

총책임자로서 나는 특권을 하나 누릴 수 있었는데, 그것은 사건을 골라서 맡을 수 있다는 것이었다. 내가 동료들에게 넘기고 싶었던 골치 아픈 분야는 영아 부검이었다. 가이스 병원에서 마지막으로 맡았던 시신도 영아였다. 하지만 남에게 넘길 수만은 없었다. 어린이에 대한 사회의 태도 변화를 반영하듯 이제 병리학에서도 영아 사망을 대하는 방식이 크게 변하고 있었다. 이는 술 취한 엄마의 아기가 죽었을 때 그 아기의 사인을 달리 판단할 수도 있다는 뜻이었다.

1990년대 초반부터 SIDS로 인한(정확히 말하면 SIDS로 진단받은) 사망 건수가 감소하기 시작했고 그런 추세는 계속되었다(최근 통계에 의하

319

면 1000건 중 0.27건이다).

이는 아기를 침대에 엎드려 눕히지 말자는 세계적인 캠페인(영국에서는 '똑바로 눕혀 재우기') 덕이 컸다. 그런 자세가 SIDS의 가장 큰 요인으로 알려졌던 것이다. 우리가 알고 있던 다른 요인들도 캠페인에 포함되었다. 집 안에서의 흡연, 소파나 침대에서 아기와 함께 자는 습관(아기가 깔릴 수 있다), 부모의 알코올이나 약물 중독, 침구가 너무 많은 침대, 너무 온도가 높은 방 등. 이런 정보가 알려지고 부모 교육 프로그램이 시행되면서 SIDS 건수도 떨어졌다.

영아의 돌연사에 대한 인식이 변하면서 SIDS로 진단하는 기준이 바뀐 것도 이런 감소에 한몫을 했다. 이제 SIDS는 '진단 쓰레기통'으로 불렸고, 법의관들이 지켜야 하는 가이드라인도 엄격해졌다. SIDS로 진단하기 전에 아기의 병력과 양육자가 설명한 사고 정황, 그리고 사고 현장을 면밀하게 살펴본 다음, 마지막으로 죽은 아기를 병리학적으로 검사하라는 것이다. 병리학에서는 어떤 증상이 SIDS인지 규정한 내용이 없다. 다른 가능한 사인들을 찾지 못했다는 의미밖에 없는 것이다.

그런데 왜 가이드라인이 엄격해졌고 SIDS가 '진단 쓰레기통'으로 불리게 됐을까? 그건 많은 법의관들이 제대로 살피지도 않고 자기들이 설명할 수 없는 죽음에 SIDS라는 진단을 내렸기 때문이다. 영아들의 돌연사는 경찰과 법의관 양측에서 조사하는 경우도 있었다. 그런데 SIDS가 수상한 영아 사망을 망라하는 증후군이 되자 그에 대한 불쾌한 의구심이 늘어갔다. SIDS라는 현상이 신이 아니라 어른의 손에 일어난 일이 아닐까 하는 의심이었다.

그런 불편한 의구심은 데이비드 사우스올 교수팀의 아동보호를 위한 선구적인 작업에서 시작되었다. 그가 제시한 증거를 보면 객관적 실상을 직시하지 않을 수가 없었다. 그는 '대리代理 뮌하우젠 증후군'(이 정신장애가 있는 부모들은 관심과 지원을 받기 위해 자신의 아이들을 일부러 병에 걸리게 한다)이 실재한다는 것을 보여줬을 뿐 아니라, 그 자신이 연구에 참여하여 반박할 수 없는 증거를 내놓았다. 그가 몰래 설치한 카메라에 의해, 어떤 부모들은 알 수 없는 이유로 자기 자녀에게 해를 입히거나 심지어 죽이려고까지 한다는 것이 분명히 드러난 것이다.

그가 설계한 유명한 실험이 있다. 목숨을 잃을 뻔한 사건을 여러 번 겪었던(보통 병원 밖에서 겪었지만 가끔은 병실에서도 겪었다) 어린이 39명을 특별병실로 보내 거기서 그들을 몰래 촬영한 것이다. 그 결과 33명이 부모 중 한 명으로부터 학대를 받는다는 것이 밝혀졌다. 몰래카메라에 찍힌 부모들은 정서적 학대뿐 아니라 독성 물질 먹이기, 목조르기까지 자행했고, 특히 질식시키는 경우가 많았다. 사실 이 소규모 집단에서만도 질식 시도가 30번이나 있었다.

그 몰래카메라 덕분에 전문가들이 개입하여 그 아이들을 보호할 수 있었다. 하지만 그 아이들에게는 41명의 형제자매가 있었고, 그중 12명은 이유도 없이 갑자기 죽었다. 일단 부모들의 범행이 드러나자 네 명이 그 12명 중 8명을 죽였다고 털어놨다. 이 '형제자매' 사건 기록들을 재검토해보니, 12건 중 11건의 사인이 SIDS로 기록돼 있었다. 나머지 한 건은 사인이 위장염으로 되어 있었으나, 더 깊이 조사해보니 진짜 원인은 독극물 섭취였다. 41명 중 15명이 학대를 당했다는 것도 나중에야 드러났다.

그가 밝혀낸 결과에 전국이 충격에 휩싸인 것은 물론이고 사인 진단에 대한 불신도 높아졌다. 나는 데이비드 사우스올의 연구 결과가 밝혀지면서 순수의 시대는 끝났다고 생각했다. 하지만 아직도 많은 사람들은 순수를 더 선호했다. 아이를 보호해야 할 보호자로부터 아이를 격리시켜야 하는 현실을 인정하기가 어려웠기 때문일 것이다.

그 후 원인 불명의 영아 사망은 거의 항상 의심을 불러일으켰다. 무고한 사람들에게는 그런 분위기가 너무나 억울했을 것이다. 그리하여 데이비드 사우스올도 격렬한 적대감에 직면하게 됐다. 특히 부모를 몰래 촬영한 방식이 윤리적 비난의 대상이 되었다. 하지만 그 방식이 아니었다면 누가 그의 주장을 믿었겠는가. 도저히 믿지 못할 일이어서 그 방법을 쓸 수밖에 없었던 것이다.

아이의 행복을 우려하는 외부의 시선을 프라이버시 침해로 여겼던 부모들과 많은 경찰관들, 심지어는 사회복지사들도 이제 변화를 받아들일 수밖에 없었다. 온갖 학대를 받으며 성인이 된 피해자들이 어린 시절에 대해 공공연히 이야기함에 따라 프라이버시가 최우선이었을 때는 공개하지 못했던 가족의 비밀들이 조명을 받기 시작했다. 그 조명을 비추는 이들은 어린이들을 다루는 직업군인 건강가정방문사들, 의사, 간호사들로서 그들은 이제 학대의 의심이 들면 언제든 보고하라는 지시를 받았다.

아동보호가 국가적 과제가 되면서 원인 불명의 영아 사망은 이론보다는 단 하나의 특정 사건에 집중되었다. 그것은 샐리 클라크의 재판이었다.

SIDS는 한때 사회 전 계층에서 야만적일 정도로 많았지만, 그 위험

322

요소에 대해 알려지면서 중간계급에서는 차차 그 수치가 줄어들었다. 반면 빈곤층에서는 큰 변화가 없어 예전보다 더 자주 일어나는 것처럼 보였다. 그런데 1996년 경찰관의 딸이자 중상류층 변호사인 샐리 클라크가 SIDS로 첫째 아이를 잃은 것이다. 그리고 1997년에는 둘째 아이까지 잃었다. 그녀는 전형적인 전문직 워킹맘이었고, 출신 배경과 성장 과정도 남들이 부러워할 만했다.

첫아들은 생후 11주였다. 샐리 클라크가 아들이 의식이 없다는 것을 발견했을 때, 역시 변호사였던 스티븐 클라크는 직장 동료들과의 파티에 참석 중이었다. 샐리는 구급차를 불렀지만 구급 요원들이 도착했을 때는 무슨 이유에선지 문도 제대로 열어주지 못했다. 구급 요원이 발견한 아기는 맥박이 없었고 입술과 손가락이 푸르스름한 청색증 증상을 보였다. 그들은 어떻게든 소생시켜보려고 했지만 실패했고, 아기는 한 시간 후에야 공식 사망 선고를 받았다.

나중에 부검을 담당한 법의관은 특정 부상 때문에 고민했다. 아기의 입술 안쪽 윗부분이 찢어지고 멍들긴 했지만 사망원인이 될 만한 뚜렷한 원인은 없었던 것이다. 그는 사진사를 시켜 그 부위를 찍게 했지만, 하필이면 그 사진사의 카메라에 이상이 생겨서 사진이 너무 흐릿하게 나왔다. 그리고 나중에 격론을 벌인 결과 그 사진은 전혀 쓸모가 없는 것으로 판단되었다. 정말 희한한 사고였다. 내가 현장에서 카메라가 그런 식으로 고장난 것은 그때 외에 딱 한 번 봤다.

그 법의관은 경찰과 검시관 보조관에게 자신의 고민을 털어놓았다. 그러면서 아이의 입 안 상처가 소생을 시도하는 동안 생겼을 수도 있음을 인정했다. 소생 과정에서 그런 상처가 생기는 경우는 드물며 보통 입

부위에 생긴 상처는 학대를 암시하지만, 한 시간 동안 정신없이 소생술을 시도하면서 그런 상처가 생겼을 가능성도 완전히 배제할 수 없었다.

그래서 경찰과 검시관 보조관은 더 이상의 조사는 진행하지 않았다. 죽은 아기의 부모가 전문직에 종사하는 잘 사는 집이었고, 흔히 보는 범죄자나 아동학대범과 다른 부류라는 것도 그들의 판단에 한몫을 했다.

엑스레이 촬영에서 골절은 발견되지 않았고, 독극물 검사 결과도 지극히 정상이었다. 폐에서 채취한 조직에서 염증 세포가 증가했을 아주 낮은 가능성 외에는 이상이 없었다.

그는 SIDS 판단을 내림으로써 부모들의 혐의를 풀어줄 수도 있었다. 혹은 '사인 불상'이라는 판단을 내림으로써 자연사가 아닐 가능성을 암시할 수도 있었다. 혹은 1996년 당시 그 법의관은 기계문명에 반대한 러다이트만큼이나 보수적인 검시관의 영향을 받아 자연사에 무게를 뒀을 수도 있다. 당시에는 변호사나 의사들이 몇 년만 경험을 쌓으면 검시관이 될 수 있었다. 나는 그 사건을 맡은 검시관을 모르지만 많은 검시관이, 특히 의사 자격증이 없는 검시관들이 SIDS라는 개념 때문에 굉장히 고심하고 있었다. 그것은 설명할 증거가 없는 사망원인이기 때문이다. 그리고 어떤 검시관들은 '사인 불상'이라는 말을 싫어했고, 특히 영아인 경우는 더 그랬다. 비통함에 빠진 부모들에게 '귀하의 아기가 죽은 이유를 모르겠습니다'라고 하기보다는 다정하고 위안이 되는 말을 해주고 싶었던 것이다. 이러한 애매한 상황 때문에 법의관들은 종종 곤혹스러운 처지에 빠졌다.

어쨌든 폐 조직 샘플을 현미경으로 관찰한 그 법의관은 이상 징후를 암시하는 염증을 발견하고 그 아기가 자연사한 거라는 결론을 내렸다.

정확한 진단명은 하부기도감염이었다.

　그런데 그다음 해에 클라크 부부의 둘째 아이도 죽었다. 예정일보다 몇 주 일찍 태어나기는 했지만 건강했고 생후 두 달을 맞은 상황이었다. 샐리는 아이에게 모유 수유를 했고 부족할 때는 우유로 충당했다. 어느 날 저녁, 남편은 밤에 먹일 우유를 사러 나갔고 샐리는 아기를 흔들의자에 앉혀놓고 텔레비전을 보고 있었다. 그러다 아기가 축 늘어져 있는 걸 보고 남편에게 전화를 하고 구급차도 불렀다. 하지만 구급 요원들이 도착했을 때는 아기가 이미 죽어 있었다.

　작년에 맡은 법의관이 다시 이 사건을 맡았고 이번에도 부상이 발견됐다. 그런데 그 부상은 며칠에 걸쳐 몸이 세게 흔들렸을 가능성을 암시하는 것이었다. 그는 늑골에서 이전에 골절이나 외상이 있었음을 보여주는 흔적들을 발견했을 뿐 아니라 눈과 척수에서도 출혈이 있었음을 확신했다.

　샐리 클라크와 그녀의 남편은 둘째 아이를 살해한 혐의로 체포되었고, 그들이 경찰에게 신문을 받는 동안 담당 법의관은 현명하게도 첫 번째 아이의 부검감정서를 다시 검토했다. 다음의 내무부 지침에 따르기 위해서였다. "…만일 이전에 내린 결론을 증명할 수 없다면, 그리고 견해의 변화가 있다면 지체없이 그리고 명확히 그것을 진술해야 한다."

　그 법의관은 정말 그의 견해를 바꿨고 한동안 상당한 창피함을 견뎌야 했다.

　자신이 폐 염증으로 기록했던 첫째 아기의 현미경 슬라이드를 재검사하면서 그는 이전에 제출한 사인이 완전히 오류였다고 인정했다. 이번에 보니 염증이 없었다는 판단이 든 것이다. 처음에 그는 아기의 폐포에서 혈액을 발견했으나 그것을 언급하지 않았었다. 그것이 사망 이후에 일어나는 변화라고 생각했다는 것이다. 하지만 그 후에 그런 증상이 비정상일지도 모른다는 것, 그리고 질식 증상과도 일치한다는 것을 알게 됐다.

그 후 많은 전문가들이 지적했듯이, 이 시점에서 그는 첫째 아기의 하부기도감염을 '사인 불상'으로 수정함으로써 그 부부에 대한 의심을 공론화할 수도 있었다.

어느 전문가 증인은 자신이라면 법정에서 이렇게 진술했을 거라고 했다.

배심원들에게 사인 불상이 의미하는 것은 당연히 … 아기가 아기 침대에서 사망한 자연사일 수도 있다는 것입니다. 또는 자연사가 아닌 요인으로 죽었지만 법의관이 그 이유를 알아내지 못했을 수도 있고, 질병으로 죽었지만 법의관이 유능하지 못해서 그 질병이 무엇인지 알아내지 못했을 수도 있다는 겁니다….

하지만 그 법의관은 이번에는 '사인 불상'을 택하지 않고, 첫 번째 아기가 자연사가 아니었다는 한층 적극적인 감정서를 제출했다. 갑작스러운 의견 수정의 결론은 다음과 같았다. "아기가 질식 같은 산소 부족으로 사망했다는 증거가 있다."

둘째 아기의 살해 혐의로 체포된 지 6주 후에 샐리 클라크에게는 첫째 아기도 살해했다는 죄목이 추가됐다. 샐리 클라크 재판에서 배심원단은 소아과 교수 로이 메도 경의 그 유명한 격언(그가 처음 한 말은 아니지만)을 듣게 된다. "어느 가정에서 처음 일어난 영아의 돌연사는 비극이고, 두 번째 돌연사는 수상하며, 세 번째는 다른 증거가 없으면 살인입니다."

안타깝지만 그 재판에서는 영원히 메도 교수와 함께 연상될 인상적인 수치가 또 하나 등장했다. "…이런 상황에서 두 아이가 자연사로 죽을 확률은 정말, 정말 희박합니다. 7300만분의 1이라 할 수 있습니다."

7300만분의 1이라는 수치는 언론의 헤드라인을 장식했고, 그것이 피고의 운명을 결정지었는지도 모른다. 그는 이어서 이렇게 설명했다. "…그것은 그랜드 내셔널Grand National*에서 절대 이기지 못할 것 같은 말에 내기를 거는 것으로, 예를 들어 그 말이 이길 확률이 80분의 1이라고 해봅시다. 작년에 그 말에 걸어 우승을 했고, 그 다음 해에 승률 80분의 1인 다른 말에 걸었습니다. 그런데 그 말이 우승을 했습니다… 그런 식으로 4년 연속 80분의 1 승률인 말에 걸어서 우승할 확률이 7300만분의 1입니다."

배심원단은 샐리 클라크의 두 살인 건에 대해 10 대 2로 유죄 평결을 내렸다. 그리고 그녀는 종신형에 처해졌다.

나는 그 사건에 직접 연관되지 않았지만 그 사건은 우리 모두에게 영향을 미쳤다. 그녀의 유죄 선고와 데이비드 사우스올의 업적은 우리가 짐작하는 것보다 영아 살해가 훨씬 많다는 것을, 그리고 자기 자식을 죽이는 부모가 상상 이상으로 많다는 것을 보여줬다. '괜찮은' 중산층 계급, 전문직 부모라도 말이다. 우리 법의관들은 현 사회의 사고방식

---

* 영국 최대의 장애물 경마 대회. 매년 4월 잉글랜드 리버풀 교외의 에인트리 경마장에서 열린다.

이라는 맥락에서 이런 현상을 의학적, 과학적으로 분석해달라는 요청을 받았다. 하지만 안타깝게도 내가 보기에는 과학적 연구 결과가 현시대의 사회적 태도를 명확히 밝혀주는 경우는 극히 드물다.

개인적으로 나는 유당분해효소결핍증 때문에 밤마다 끊임없이 울어대던 아들을 안고 집 안을 거닐던 때를 잊을 수가 없다. 귀를 뚫을 듯 악쓰는 소리를 견디면서 생각이란 걸 할 수 있었다면, 그것은 잠시라도 눈을 붙일 수 있다면 무슨 짓이든 하리라는 것이었다. 빈곤이나 소외의 압박이 없는 중산층이라도 극도의 괴로움 속에서는 빈곤층의 부모와 다르지 않게 무너질 수도 있을 것 같았다.

샐리 클라크의 재판이 끝난 지 얼마 되지 않아, 나는 훗날 아동보호에 대한 격렬한 논쟁의 중심에 서게 될 사건을 맡게 됐다. 안치소에서 생후 6개월 된 아기를 봤을 때 그 아기는 건강하고 보살핌도 잘 받은 것 같았다. 하지만 전형적인 세 가지 증상을 어렵지 않게 알아볼 수 있었다. 경막하출혈, 즉 뇌의 표면에 피를 흘린 흔적이 있었고, 뇌 자체도 부어 있었다. 그리고 망막에서도 출혈이 보였다. 이 세 가지 증상은, 특히 외부에 부상이 없으면서 나타나는 이 증상들은 '흔들린아이증후군 Shaken Baby Syndrome'의 전형적인 세 가지 특징으로 알려졌다.

1940년대에 존 캐프리라는 방사선학자는 여러 연령의 아이들한테서 다중 골절을 발견했는데, 처음에는 그것을 새로운 질병으로 생각했다. 하지만 그 골절은 반복된 외상에 의한 것이었음이 밝혀졌고, 1960년대에 '영아구타증후군'이라는 용어가 처음 사용됐다. 그리고 1970년대에 신경학적 변이인 흔들린아이증후군이 신경외과의사 노먼 거스켈치에 의해 편타손상의 일종으로 진단됐다. 그래서 이런 증후군과 고의적인 외상의 원인이 의학적으로 알려지게 된 것이다. 이 증후군이 대중의 뇌리에 박힌 것은 1997년 매사추세츠 의사 부부한테서 일어난 사건 때문이었다. 두 사람은 그 집에 입주한 19살의 영국인 유학생에게 아이를 맡기고 외출을 했다.

아기가 갑자기 아파서 그 유학생이 병원에 데리고 왔을 때, 그 아기는 위의 전형적인 세 가지 증상을 보였다. 미국인들이 숨죽여 지켜보는 가운데 생중계된 재판에서 루이즈 우드워드라는 그 유학생은 살인 혐의에 대해 유죄평결을 받았다. 하지만 판사는 살해 증거가 합리적 의심을 넘어설 정도로 확실하지는 않다고 판단하여 과실치사로 감형했다. 이에 많은 미국인들이 격분했다. 그런 결과가 나온 것은 흔들린아이증후군을 둘러싸고 학계의 의견이 분분했기 때문이었다.

이것으로 끝난 게 아니었다. 흔들린아이증후군 자체가 논란의 중심이 된 것이다. 일반인들이 거의 들어보지도 못했던 그 증상은 갑자기 신문 헤드라인을 장식했고, 법의관들은 이제 대중에게 알려진 그 세 가지 증상에 온 신경을 곤두세우게 되었다.

사실 이 증후군이 사인이 될 수 있는지에 대해서는 지금도 찬반 의견이 팽팽하고, 과학계나 의료계에서 자주 치열한 논쟁 주제가 된다. 지금은 학대성두부손상 또는 비사고성두부손상이라고도 불리는 흔들린아이증후군은 특이하게도 그 증상의 존재를 부정하고 진단에도 반대하는 분노 집단을 만들어냈다. 그리고 그 증후군을 일으키는 자연적 요인을 찾기 위한 연구도 계속되고 있다.

샐리 클라크가 수감되고 오랜 세월이 흐른 2009년, 왕립법의관협회에서는 전문가들의 의견을 종합하여 외상성두부손상(똑같은 증상에 이름만 다른 것이다)에 대한 성명을 발표했다. 이 성명은 영아한테서 그 세 가지 증상이 모두 보이더라도 각 증상은 다른 비외상성 원인을 갖고 있을지도 모른다는 견해를 밝혔다. 더 확실한 증거 없이 그 세 가지 증상만으로는 '합리적 의심을 넘어' 부모가 그 아이를 해쳤다고 단정하면 안 된다는 것이었다. 특히 3개월 미만의 아기에 대해서 그런 부상을 해석할 때는 각별한 주의가 필요하다고 덧붙였다. 분만 도중에 그런 부상을 입을 수도 있기 때문이다.

그것은 합의처럼 보였다. 하지만 논쟁은 오히려 더 격해졌다. 이 특정 두부 손상의 특징을 처음 발견한 노먼 거스켈치는 40년 동안 이 논란의 역사를 돌아보고 2012년에 다음과 같은 우려를 표명했다.

가족 구성원 중 가장 연약한 존재가 공격당한다는 사실에 사회가 충격을 받고 합당한 처벌을 요구하는 것은 당연하지만, 의료계와 법조계가 이 증후군의 전형적인 세 가지 증거, 심지어 한두 가지 증거만 보고 폭력이 행해졌다고 단정하여 그것을 범죄화하는 것은 너무 지나친 감이 있다.

1990년대 말에 흔들린아이증후군은 법의관들의 레이더망에 아주 확고하게 자리 잡았다. 그리고 내가 검사한 생후 6개월의 그 남아는 관련된 증거를 모두 갖춘 것 같았다. 하지만 아이 엄마에 의하면 그 아기는 조리대 위에 놓인 카시트에 앉아 있다가 느닷없이 스스로 뛰어내려 1미터 아래의 단단한 주방 바닥으로 떨어졌다는 것이다. 몇 년 전이라면 그녀의 말이 곧이 믿기지 않았을 것이다. 하지만 그때는 우드워드 판결 이후여서 나는 심각한 고민에 빠졌다.

전쟁으로 피폐하고 가난에 찌든 나라에서 태어난 아기 엄마는 남편을 따라 런던으로 와서 시어머니를 포함한 여러 가족들과 함께 살고 있었다. 그녀는 영어를 전혀 할 줄 몰랐고, 가족 수에 비해 집은 너무 좁았다. 그녀는 아직 남편과 부부관계였지만, 가족들이 모여 사는 아파트가 너무 좁았기 때문에 최근에 따로 나와 살고 있었다. 정부에서 지원해준 집인 것 같았다. 그녀가 사는 아파트는 깨끗하고 통풍도 잘 됐지만 침대와 텔레비전만 있고 다른 가구는 전혀 없어서 그냥 바닥에 앉아야 했다.

그녀는 온종일 혼자 지내는 듯했다. 가족들은 거의 만나지 않았고, 런던에서 알고 지내는 친구는 딱 한 명인데 멀리 살았다. 오래 전 계속 울어대는 크리스 때문에 절망스러웠던 시절이 생각나서, 머나먼 타국에서 어린아이와 외톨이처럼 살고 있던 그녀가 가여웠다.

물론 그녀는 차도 없었다. 하지만 아기를 카시트에 태우고 아파트 안을 돌아다녔다. 음식을 만들 때는 아이를 카시트에 앉힌 채 조리대 위에 올려놨다. 안전벨트도 하지 않은 채였다. 어느 날 저녁 음식을 만들고 있는데 쿵 하는 소리가 들렸다. 돌아봤더니 아기가 바닥에 엎드린 자세로 떨어져 있었다. 아이는 곧 울음을 터뜨렸지만 눈은 금세 엄마를 똑바로 쳐다봤다. 그런데 숨소리가 이상해졌다. 뭔가가 잘못된 게 분명했다.

그녀는 긴급구조 번호인 999를 눌렀지만 자신의 상황을 설명할 수가 없었다. 그래서 영어를 할 줄 아는 남편과 통화를 하려 했지만 응급구조팀에서 전화를 끊지 않아서 전화를 할 수가 없었다. 그녀는 길가로 뛰쳐나가 지나가는 사람을 붙잡고 전화를 부탁했다. 하지만 그때쯤에는 경찰이 긴급한 상황을 눈치 채고 출동했다.

경찰이 도착했을 때 아기는 코와 입에서 피를 흘린 채 느리게 허우적거리며 의식을 잃어가고 있었다. 경찰은 아기 엄마는 집에 두고 가망성이 별로 없어 보이던 아이만 급히 병원으로 옮겼다. CT 촬영으로 밝혀진 것은 심한 내부손상이었지만, 처음에는 살아날 가망성이 높아 보였다. 하지만 아이의 심혈관계가 불안정해졌고 소생시키려는 각고의 노력에도 불구하고 응급 구조 전화를 한 지 12시간 만에 숨을 거뒀다.

우리가 알기로는 앞에서 말한 세 가지 증상이 모이면 흔들린아이증후군일 가능성이 높으며, 이들 개별 증상이 (혈액응고 장애 같은) 질병으로 인해 나타날 확률은 극히 희박하다. 질병 가능성도 항상 염두에 두어야 하지만, 내가 생각하기에 출혈과 뇌부종과 망막출혈은 심각한 외상을 의미했다. 그런 외상은 자동차 사고 같은 데서 생기기도 하지만 사고가 아닐 때도 있다. 특히 육안으로 봤을 때 다른 상처가 없을 경우에 그렇다.

이 사건에서 그 아기가 심하게 흔들렸다는 확신이 더 들었던 이유는, 내부 출혈에도 불구하고 두개골 골절이 없었고 머리에 멍이 들지도 않았으며 작업대에서 딱딱한 바닥으로 떨어졌음을 보여주는 외상도 전혀 없었기 때문이다. 목 척수에 아무런 외상이 없었는데도 그 세 가지 증상이 있다는 것은 또 다른 증거였다.

그 어머니는 과실치사로 재판을 받았다. 피고 측 법의관은 아이의 부상이 의미하는 것은 아이가 심한 흔들림을 당했거나 머리에 충격을 받았다는 것, 생후 6개월 아기의 경우 그런 내부손상의 가장 흔한 원인은 흔들기라는 것에 동의했다. 하지만 덧붙이기를, 아기가 흔들리다가 세게 넘어질 수도 있는데, 그런 경우 주요 사인이 흔들기인지 충격인지 판단하기가 어렵다는 것이었다. 그러면서 전반적으로 판단할 때 아기의 사망원인은 뇌부종으로 보이고, 따라서 그 부상은 피고의 설명과 일치한다고 주장했다.

검찰 측 증인으로 참석한 나는 조리대에서 떨어졌다고 하지만 아기한테서 멍이나 그 밖의 외상이 전혀 발견되지 않는다는 점을 지적했다. 그러자 피고 측 법의관은 맥도널드에서 겨우 50cm 높이의 의자에서 떨어진 두 살짜리 아이의 그 유명한 사건을 언급했다. 그 아기도 뚜렷한 외상이 없었지만 뇌가 부어서 죽었던 것이다.

판사는 과실치사에 대해서도 혐의 없음 판결을 내리고 그녀를 무죄방면했다.

1년 후에 그녀는 다시 아들을 낳았다. 지역 당국은 그녀가 무죄판결을 받았음을 알고 있었지만 둘째 아이를 그녀에게 맡겨두면 위험에 처할 수도 있다고 믿었기 때문에 그 아기를 데려오기 위해 보호조치 청구서를 제출했다.

형사법원에서는 충분한 증거가 있을 때만 영아살해에 대해 어머니에게 유죄 판결을 내린다. 그에 반해 가정법원은 다음에 태어난 아이를 격리시켜달라는 지역 당국의 요청을 받으면 그 사건을 완전히 다른 증거 기준을 적용하여 다시 검토한다. '개연성'이라는 더 낮은 기준을 적용하여 결론을 이끌어내는 것이다. 이때 증거의 기준은 형사법원보다 '낮은' 50.1%로 규정될 수도 있다. 개연성의 측면에서 유죄인지를 판단하는 것이다. 이렇게 각 법원은 증거의 기준이 다르므로 서로 결론이 다를 수 있다. 그래서 형사법원에서는 영아살해의 증거를 확보하지 못한 사건이 가정법원에서는 죽은 아이의 생존한 형제들을 어머니로부터 격리할 수 있는 충분한 근거가 되기도 한다. 이렇게 되면 내가 그전에는 결코 변치 않을 거라 생각했던 이 유연성 있는 '진실'은 객관적 사실이 아니라 정의의 문제가 된다.

누군가가 범죄를 저지를 '개연성'이 높다는 이유로 그를 형사사건으로 기소할 수는 없다. 혹시 가정법원에서 어떤 부모를 영아살해의 '가능성이 농후하다'고 판단하더라도 그 부모는 자유의 몸이다. 그리고 가정법원은 언론과 대중에게 전혀 공개되지 않기 때문에, 가정법원에서 죽은 아이의 형제 또는 향후 생길 아이의 격리를 명하거나 다른 안전장치를 적용했다는 사실은 아무도 모를 것이다. 짐작할 수는 있겠지만 말이다. 가정법원의 유일한 목표는 부모를 수감하는 것이 아니라 어린이를 안전하게 보호하는 것이다. 아들이 카시트에서 떨어졌다고 주장한 여성의 둘째 아이를 데려간 것도 그런 이유에서다.

형사법원과 가정법원의 간극과 유죄에 대한 두 가지 기준은 법의관들에게 골치 아픈 문제가 될 수 있다. 첫째 아이의 죽음에 대한 법의학 증거를 받아들이면 죽은 아이의 부모는 향후 아이를 갖는 게 허락되지 않을 수도 있기 때문이다. 허락한다면 그 아이를 살인자 부모에게 맡기는 형국이 될 것이다.

어머니가 연관된 사건들을 전반적으로 관대하게 대하는 것은 스트레스를 받는 부모에 대해 대부분 깊은 연민을 느끼기 때문이다. 젊은 아빠였던 시절의 나를 포함해서 누구나 한때는 부모 노릇을 하면서 죄책감을 느낄 것이다. 나도 아기 시절의 크리스를 생각하며 비슷한 처지의 부모에게 연민을 느낀다. 만일 가난이 우리 집 문을 두드렸다면, 빚이 창문을 기어올랐다면, 집안이 복잡한 문제로 답답했다면 내가 화를 참을 수 있었을까? 울음소리를 피해 도망칠 공간이 없었다면 분노를 터트리는 것을 막을 수 있었을까?

연민은 분명 필요한 자리가 있다. 하지만 아동학대의 경우 연민의 감정은 아직 태어나지 않은 아이들에게까지 확대해야 한다. 영아살해나 학대가 얼마나 널리 행해지고 있는지가 드러났을 때, 아기들의 죽음은 두 가지 중요한 의미가 있었다. 하나는 죽은 아이를 위한 정의이고, 더 중요한 것은 그 가족 내의 다른 아이들의 안전이었다. 부모에 대한 연민은 설 자리가 없어졌다.

우리는 아기가 묻히고 1년 이상이 지나서 당시의 파일을 다시 살펴보기도 한다. 죽은 아이의 동생이 태어나면 그 동생의 안전보장이 문제로 떠오르기 때문이다. 그때쯤에는 그 아이의 삶과 죽음에 대한 큰 그림을 그릴 수 있다. 학대를 했건 방치를 했건, 아니면 그냥 주의가 부족했건 그 부모의 과거 행태들이 드러나 있을 터이기 때문이다. 그러면 사건을 새로운 관점으로 봐야 하기 때문에 파일을 다시 꺼내 재검토한다. 내가 재검토한 파일 중에서도 가장 많은 비중을 차지한 것은 도덕적, 정서적 폭발물의 지뢰밭인 영아사망사건이었다. 세인트조지 대학병원으로 옮길 때는 영아사망사건은 무조건 피하려고 했었다. 하지만 1990년대가 끝나가면서 영아사망은 법의병리학에서 가장 중요한 문제로 자리잡았고, 나를 포함해서 모든 법의관이 그 문제를 다룰 수밖에 없었다.

28 변호사와 나눈 험악한 공방전

내가 세인트조지 대학병원에 자리를 잡을 때 법의병리학에서는 또 다른 놀라운 변화가 있었다. 법정 증언과 관련한 스트레스였다.

과거에 법의관들은 대중에게 널리 알려진 유명 인물이었고, 그래서 양차 대전 사이의 신문 독자들은 버나드 스필스베리 경이 누군지 다 알고 있었다. 어떤 사건이든 천재적으로 분석하는 셜록 홈즈 같은 인물이었기 때문이다. 그가 검찰 측 증인으로 나서면 피고는 교수형을 각오해야 할 정도였다.

그 스타 법의관이 죽고 오랜 시간이 지난 후, 그가 맡았던 사건들이 재조명되면서 그의 논리가 셜록 홈즈와는 거리가 있었음이 밝혀지기도 했다. 하지만 그가 활동하던 당시 그에게 이의를 제기하는 것은 상상도 할 수 없는 일이었다.

그의 후계자는 나의 영웅인 키스 심슨 교수였다. 그의 경력 막바지이자 나의 경력 초창기인 시기에 나는 그가 부검을 하는 동안 숨도 제대로 못 쉬고 그 과정을 지켜봤다. 심슨은 스필스베리보다 훨씬 더 인간적이고 유머러스했다. 하지만 그분도 법정에 증인으로 서면 누구도 감히 이의를 제기하지 못했다.

내가 법의관으로 일하던 초창기 몇 달은 법정에서 증언하는 일이 별로 힘들지 않았다. 논쟁의 여지가 있는 사건을 되도록 피했기 때문이다. 어떤 사건이 나중에 서커스처럼 위태로워질지 예상하기는 힘들었지만 말이다. 대체로 변호사들은 법의관들로부터 객관적인 사실만 원했다. 앞선 세대만큼 존중하지는 않았지만 아직은 그 유산이 남아 있을 때였다.

하지만 내가 세인트조지 대학병원으로 옮겼을 무렵에는 변호사들이 부검감정서를 상대편의 공격 지점으로 노렸고 전문가 증인을 상대편에게 칼을 꽂기 위한 희생양으로 삼았다. 어떤 법의관들은 이런 현실을 즐겼다. 상남자의 야망을 가진 사람에게는 법정 공방이 토요일 밤 술집 난투극의 전문가식 싸움이었고, 그 싸움을 위해 소매를 걷어붙이는 법의관도 많았다. 변호사와 자신감 넘치는 동료의 법정 다툼을 지켜보면서 나는 혀를 내두를 때가 많았다.

변호사　박사님은 피해자가 누워 있는 상태에서 칼에 찔렸다고 확신한단 말입니까?

법의관　그렇습니다.

변호사　정말입니까?

법의관　정말입니다

변호사　하지만 그 피해자가 올드켄트가를 걸었던 것이 마지막 모습이라고 증언한 목격자가 두 명이나 있지 않습니까.

법의관　목격자 증언은 모두 들었습니다.

변호사　그렇다면 의견을 바꿀 생각이…?

법의관　없습니다.

변호사　그럴 가능성이 있다는 것도 인정하지 않는다는…?

법의관 죄송하지만 제가 오늘 선서를 했다는 것을 상기시켜드리고 싶습니다. 진실만을 말하겠다는 선서 말입니다. 따라서 피해자가 프리미어리그에서 뛰고 있었다거나 올드켄트가를 걷고 있었다거나 다른 곳에서 봤다는 목격자 증언을 변호사님이 내놓더라도, 저는 전문가 증인으로서 제가 본 대로 진실만을 말하겠다고 한 맹세를 지켜야 합니다. (낭랑한 목소리로) 따라서 저는 이 피해자는 반듯이 누운 자세에서 칼에 찔렸다고 증언하는 바입니다.

그 동료가 얼마나 부럽던지. 나는 그런 배짱이 전혀 없었다. 내가 그 상황이었더라면, 아무리 희박하더라도 그 가능성을 인정하고 내가 틀렸을지도 모른다는 것을, 그리고 진실의 다른 얼굴이 존재할 수 있음을 인정했을 것이다. 하지만 직업상 나는 내가 내린 결론이 정확하다고 주장해야 했다.

내가 가장 좋아하는 법정은 적어도 원칙적으로는 적대적이지 않고 비공식적인 곳이었다. 검시관법원처럼 말이다. 검시관법원에서는 검시관이 심문을 이끌며 진실을 향해 나아간다. 검시관으로부터 1미터 정도 떨어진 자리에는 죽은 이의 아내가 울어서 부은 눈으로 앉아 있다. 그녀는 진실을 애타게 기다리지만 그것을 두려워하지는 않는다. 다만 남편이 죽은 지 몇 달이 지난 그때도 아직 황망함에서 벗어나지 못한 얼굴이다. 자녀들은 눈물을 흘리며 검시관에게 그건 사고가 아니었고 누가 연관되어 있는지 알고 있다며 분노를 터뜨린다. 죽은 이의 친구들도 유족들에게 힘을 주기 위해 동행했지만 법원 분위기에 주눅이 들어 어색하게 앉아 있다.

나는 되도록 유족들의 괴로움을 줄여주기 위해 그들을 마주보고 피해자의 삶이 어떻게 끝났는지를 최대한 간단하고 친절하고 명확하게 설명한다. 그들이 질문을 하면 대답하면서 그들의 심경을 이해한다는 의미로 고개를 끄덕인다. 가족들은 똑같은 질문을 여러 번 물을 때가 많다. 아무리 열심히 귀를 기울여도 내 답변이 들리지 않는 것 같다. 검시관이 내게 수고했다고 말하면 나는 자리로 돌아간다.

그 자리를 뜨려고 하면 어떤 가족들은 나를 붙잡고 똑같은 질문을 던진다. 그러면 나는 한 번 더 그들에게 말해준다. 그가 죽을 때 정말 고통을 받지 않았다고, 숨이 멎는 것은 순식간이었다고, 무슨 일이 벌어지는지 이해할 시간도 없었을 거라고, 그 일이 없었다면 건강했을 거라고, 암에 걸렸다는 증거는 없었고, 그가 평소에 호소하던 가슴 통증은 심장병 때문이 아니었다고.

보통 그때쯤에는 검시관이 판결을 내린다. 사고사, 자살, 자연사, 우발적 사고, 불법 살인 중 하나가 될 것이다. 가족들은 감정적으로 탈진 상태지만 사후 절차는 이제 모두 끝났다는 것을 알고 자리를 뜬다. 그들은 우리의 이야기를 들었고, 우리도 그들의 이야기를 성의를 다해 들었다. 죽은 이의 사건은 공개적으로 조사가 끝났고 그의 사망원인과 관련 사실들이 공식적으로 진술되었다.

형사법원도 그만큼 인간적이었으면 얼마나 좋을까. 대중 앞에서 지극히 사적인 공격을 받아가며 자신의 견해를 방어해야 하는 전문직은 아주 드물다. 물론 의뢰인을 위해 거짓말도 불사하는 전문가 증인도 있다. 나는 그런 부류가 아니고, 내 견해를 조금 바꿀 수 있느냐고 혹은 내

보고서에서 불편한 구절을 삭제해줄 수 있느냐고 묻는 변호사들한테 그렇게 취급받고 싶지도 않다. 내가 이 일을 선택한 것은 죽은 이가 말하는 진실을 산 자들에게 전달하기 위해서였다. 그 말을 감사한 마음으로 들을 사람들에게 말이다. 하지만 시대가 바뀌면서 나는 주인에게 자랑스럽게 막대를 물어다 놓는 충실한 개가 된 기분이 들었다. 개가 열심히 달려갔다 와서 얻는 건 한바탕의 흥분뿐인데 말이다.

나는 대체로 자신감을 갖고 법원으로 간다. 내가 부검한 시신을 알고, 내가 찾아낸 사실을 알고, 내가 내린 결론을 알기 때문이다. 하지만 증인 선서를 하고 증인석에 들어가면 거기에서 일어나는 일들에 대해서는 통제권이 없다. 통제권은 변호사에게 있다. 그들이 질문을 던지고 판사가 따로 개입하지 않는 한 나는 답변을 해야 한다.

세인트조지 대학병원에서 일한 지 얼마 되지 않았을 때 나는 증인석에서 상당히 불쾌한 경험을 하게 되었다. 오랫동안 밤잠을 설치게 한 그일은 앞으로 닥쳐올 시류의 전조인 듯했다. 10대 남창을 부검할 때 나는 그 사건이 그렇게 복잡해질 줄은 예상하지 못했다. 부검하기 전날 밤 구타를 당한 채 발견된 그는 병원에서 죽었다. 그런 몸은 쉽게 보기 힘들 것이다. 온몸이 그야말로 생생한 멍으로 뒤덮여 있었던 것이다. 내가 어릴 때 어른들은 말 안 듣는 자식을 꾸짖을 때면 "몸뚱이가 검푸르게 되도록 맞을래!"라고 했는데, 그 말이 이런 몸을 두고 하는 말이었나 싶게 무시무시했다.

세어보니 멍자국은 105개였고 찰과상도 너무 많았다. 사용된 무기는 원통형의 무거운 금속 방망이었다. 그 막대 끝은 빗금들이 교차된 형태로 패어 있었고, 그것이 군데군데의 상처에 그대로 찍혀 있었다. 찰과상은 금속 방망이의 둥근 끝으로 찌르듯이 공격할 때 생긴 것 같았다.

사람이 멍으로 죽는 일은 드물지만 19살의 피해자는 그 멍자국이 상상 이상으로 많았다. 나는 사인을 '다중둔상'으로 결론 내렸다. 사실 그 환자가 응급실에 도착했을 때 그는 파종성 혈관 내 응고 증상을 보였다. 이것은 외상에 대해 몸의 방어 시스템이 과도하게 활성화되는 현상이다. 그러면 혈액이 정상적으로 응고되지 않고, 나아가 주요 장기를 포함한 거의 모든 부위에서 출혈이 계속된다. 그 결과 쇼크가 오고 많은 경우 사망에 이른다.

나는 범행이 일어난 아파트로 갔다. 죽은 청년이 발견된 곳은 3층이었지만 구타를 당한 곳은 9층이었다. 그는 힘겹게 계단 74개를 내려와서 쓰러진 것이다. 나는 계단의 발판과 수직판을 쟀다. 계단에서 굴렀을 때 조금 다쳤을지는 모르지만 분명 그의 부상은 금속 방망이로 맞아서 생긴 것이지 계단에서 넘어지면서 생긴 게 아니었다.

용의자는 죽은 청년과 똑같이 열아홉 살이고 가장 친한 친구이며 역시 남창이었다. 또한 둘 다 똑같은 '삼촌' 아래서 일했다. 삼촌이라는 사람은 그들의 포주 노릇을 했거나 돈을 댔거나 아니면 둘 다 했을 것이다. 오랫동안 이 일을 하면서 놀란 게 남자들은 가장 친한 친구를 죽이는 경우가 상당히 많다는 것이다(여자들은 그런 경우가 거의 없었다). 그리고 형제를 죽이는 일은 더 많다. 죽은 청년은 그 친구의 아파트에 갔고, 둘이서 오후부터 밤까지 내내 술을 마셨다. 죽은 청년의 혈중알코올 농도를 추정해보니 음주운전 제한 농도의 2배 가까이 됐다. 3층 주민이 자신의 아파트 밖에서 그 청년이 쓰러져 있는 것을 발견하고 구급차를 부른 때는 자정 직전이었다. 그는 병원으로 옮겨졌으나 12시간을 채 못

버티고 사망했다.

무슨 일이 있었던 걸까?

내 생각에 그 친구는 죽은 청년을 때리다가 멈추지를 못했던 것 같다. 계속 맞던 청년은 친구의 아파트에서 탈출해서 계단을 내려갔다. 때린 친구는 멍든 걸로 죽을 리는 없을 거라 짐작했을 테지만 그것은 착각이다.

나는 검찰에서 전문가 증인으로 지정됐다는 통보를 받았다. 당연한 수순이었다. 사건도 평범해 보였다. 피고 측 변호사가 내가 아는 사람이었고 유난히 집요한 싸움꾼이라는 것도 알고 있었다. 사실 늙은 호랑이 같은 싸움꾼이었지만 이빨 빠진 호랑이는 아니었다. 그는 전문가 증인을 괴롭히는 것으로 유명했다. 그래도 별로 걱정하지는 않았다. 그 사건은 복잡할 게 없었으니 몇 시간 안에 법정에서 나올 거라고 생각했던 것이다.

법정 증언에 대해 검찰과 미리 의논을 했는데, 검찰에서는 피고 측 변호사가 그 105개의 멍자국 하나하나를 물고 늘어질 거라고 언질을 줬다. 나는 그런 마라톤 신문이 끝나면 배심원들이 왜 그 청년이 죽었는지 확실히 이해할 것이고, 피고 측에서는 더 이상 질문할 게 없을 것이고, 그러면 나는 증인석에서 나오면 된다고 생각했다.

나는 증인석에 서서 증인 선서를 했다. 부검 사진을 복사한 자료는 재판 관련자들에게 미리 나눠줬다. 요즘 사용하는 만화 형식의 이미지는 아니지만 그렇게 끔찍한 건 아니었다. 그리고 멍이 나타난 각 부위를 표시하여 번호를 매겨놓았다. 나는 이 사진 자료를 한참 전에 검찰에 보냈지만, 사진 자료가 관련된 경우 흔히 그렇듯 여러 번 혼선이 빚어졌다. 법원 직원들이 틀린 사진을 보여주며 허둥댔고, 판사와 배심원들이 각자 다른 사진을 갖고 있기도 했으며, 사진들이 여기저기 건네지기도 했다. 나는 엉망으로 진행되는 광경을 보고 헛웃음이 나오는 걸 겨우 참았다.

검찰 측 변호사가 105개의 멍자국에 대해 상세한 내용을 질문하는 동안 참관인들은 졸기 시작했다. 이 과정에서 나는 작은 실수를 두 번 했는데, 두 번 모두 검찰 측 변호사가 자연스럽게 바로잡아줬다. 첫 번째 실수는 등 오른쪽에 있던 부상 11번에 관한 것이었다.

> **나** … 이번에도 그 부상은 가슴 왼쪽 부상을 일으킨 무기와 크기가 비슷한, 뭉툭하고 긴 물건으로 생긴 겁니다.
>
> **변호사** 가슴이라고 하셨는데, 등을 말씀하시는 건가요?
>
> **나** 아, 맞습니다. 죄송합니다. 제가 방금 말씀드린 부상들은 등에서 가장 눈에 띄는 부상이었습니다.

정신 나간 실수였다. 그런데 어리석게도 한참 후에 또 실수를 했다.

> **나** … 그리고 부상 71은 가로와 세로가 각각 10센티, 3센티인 깊은 멍입니다.
>
> **변호사** 보고서에 의하면 번호가 붙은 그 부상 외에 다른 부상도 있지 않았나요?
>
> **나** 맞습니다. 가슴 부상과 마찬가지로 다리에서도 나란히 생긴 멍을 발견했습니다.

변호사　등 부상 말씀하시는 거지요?

나　아, 변호사님 말씀대로 등 부상이 맞습니다. 죄송합니다. 제가 등과 가슴을 헷갈렸네요. 등에는 나란히 난 멍 자국이 세 군데 이상이었고…

해당 범죄의 극악함에 비하면 그런 실수는 아주 사소하다고 볼 수 있었다. 가슴을 등이라고 잘못 말했지만 바로 정정했기 때문이다. 판사나 배심원, 검찰, 피고, 누구도 오해하지 않았을 것이다. 하지만 피고 측 변호사는 기회를 잡았다며 좋아하고 있었을 것이다.

판사가 피고 측에게 배심원 휴식 시간을 정해야 하므로 신문 예상 시간을 알려달라고 했다. 그러자 그 늙은 호랑이는 왠지 불길하게 새로운 자료가 생겼으니 지금 휴식 시간을 갖는 게 좋겠다고 답변했다.

20분의 휴식 시간이 주어졌다. 체스 대회였다면 작전을 짤 수도 있을 시간이었다. 새로 입수한 정보가 무엇일지 궁금했다. 내가 말한 내용이었을까? 나는 피고 측 변호사의 명성을 떠올렸고, 아니나 다를까 그는 재판을 재개한 지 몇 분 만에 본색을 드러냈다.

피고 측 변호사　박사님은 두 차례 등을 가슴이라고 잘못 말씀하셨죠?

이런. 그는 반대신문 초반부터 사소한 실수를 물고 늘어지며 나의 무능함을 배심원들에게 입증하려 했다. 그것은 앞으로 골치 아픈 일이 벌어질 거라는 징조였다.

나   네, 그랬죠.

변호사   그것은 자주 일어나는 실수인가요?

나   네, 이런 일에서는 자주 헷갈리는 부분입니다. 저는 보통 가슴 뒤쪽과 가슴 앞쪽으로 구분하거든요.

변호사   하지만 셰퍼드 박사님, 아까는 그렇게 말씀하시지 않았는데요.

나   네. 등이라고 해야 할 때 가슴이라고 잘못 말했죠.

변호사   상당히 큰 실수 아닌가요?

나   뭐, 실수인 건 맞습니다만, '상당히 큰' 실수인지는 모르겠군요.

변호사   그렇군요. 하지만 박사님이 좀 더 세심하게 말씀해주시면 더 정확하게 전달될 것 같습니다. 예를 들어, 금속 방망이의 무게 말인데요. (여기서는 살인 무기를 말한다.) 450그램 맞습니까?

나   제 기록에는 그렇게 되어 있습니다.

변호사   아, 물론 증거 승인을 위한 심리가 있겠지만, 그것은 421그램이었습니다. 무게가 큰 문제는 아니지만 박사님 증언의 정확성에 문제가 될 수도 있어서 말입니다.

그 말에 얼굴이 화끈거렸다. 가슴과 등을 헷갈린 것은 그냥 넘어갈 수 있었지만 살인 무기로 의심되는 도구의 무게를 잘못 쟀다는 것은 배심원들에게 허술한 사람으로 보일 여지를 주기 때문이었다. 하지만 더 생각할 겨를도 없이 피고 측 변호사는 전혀 다른 질문으로 넘어갔다.

변호사 만일 남성이 술을 어느 정도 마셨다면, 양에 따라 그리고 술이 잘 받는 체질인지에 따라 다르겠지만, 걸음걸이에 영향을 미칠 수 있습니까?

나 그렇습니다.

변호사 만일 그 사람이 신체적 구타에 의해 외상을 입었다면 더 안 좋은 영향을 미쳤겠지요?

나 그가 얼마나 맞았는지에 따라 다를 겁니다.

변호사 그런데 셰퍼드 박사님, 박사님은 피해자가 약 100번의 구타를 당했다고 하셨는데, 맞습니까?

나 (이제는 매우 신중하게) 그건 추정치입니다.

변호사 그렇다면 논리적으로 찬찬히 생각해볼까요. 박사님은 의사이고, 그 아파트의 9층을 살펴봤습니다. 거기서 싱황 설명을 들었고 피해자가 … 여기서 박사님이 제시한 증거를 그대로 말씀드리자면 … 105번을 맞았다고 했습니다. 그 친구가 이렇게 말합니다. '난 3층으로 걸어 내려갈래. 술은 마셨지만.' 거기에는 계단 74개와 층계참 8개 반이 있었습니다. 그렇다면 박사님은 이렇게 말씀하시겠습니까? '알았어, 임마. 죽 내려가. 1층에서 보자.'

그때 증인 선서를 하고 증언하는 상황이 아니었다면 나는 헛웃음을 터뜨렸을 것이다. 그 변호사가 술 취한 젊은 남창과 함께 아파트 9층에 있었다면 그를 '임마'라고 불렀겠는가? 하지만 그때 코앞에 닥친 문제는 그 변호사의 작전에 말려들지 않는 것이었다.

변호사는 나라면 한밤중에 술 취한 남창을 아래층으로 데리고 갈 건지, 데리고 간다면 왜, 어떻게 데리고 갈 건지 끝없는 질문을 던졌다. 그러다가 결국 폭발했는데 이상하게도 아버지가 떠올랐다.

변호사 질문과 답변을 소심하게 주고받을 게 아니라 단도직입적으로 말씀드려도 되겠습니까? 박사님은 피해자가 74개나 되는 계단 아래로 구르지 않았다는 걸 확실히 하고 싶은 거잖습니까. 아닙니까?

나 네. 그것도 중요한 사실입니다.

변호사 그렇군요. 그런데 박사님이 말씀하신 대로 그렇게 수없이 구타를 당했다면, 구를 수도 있지 않았을까요?

나 누구든 그런 상황에서는 굴렀을지도 모르지요.

변호사 감사합니다. 만일 카펫이 깔려있지 않은 계단을 굴렀다면, 다 쳤겠지요?

나 그렇겠지요. 제가 봤던 그 낮은 계단실로 굴렀다면 부상을 입었을 겁니다.

변호사 그렇죠!

맙소사. 그럼 그렇지. 당연히 피고 측은 105개의 부상이 사실상 피해자가 계단에서 굴러 떨어지면서 생긴 거라고 주장하고 싶었을 것이다. 그래서 이 사고는 금속 방망이를 이용한 살인이 아니라 피해자가 재수없이 계단에서 굴러서 죽은 사고라고 배심원들을 설득하려 했을 것이다. 하지만 그건 말도 안 되는 생각이었다.

그는 내게 계단실을 상세하게 설명해보라고 했다. 배심원들에게 이미 그 사진을 나눠줬는데도 말이다. 계단이 몇 개인지는 하도 여러 번 물어서 그 질문을 몇 번 받았는지도 잊어버렸다. 법정에 있던 사람들은 다들 그날 밤 74라는 숫자와 관련된 꿈을 꿨을 것이다. 그는 계단 74개를 굴렀다면 부상이 심각했을 거라고 끈질기게 주장했다. 나는 그의 말에 반박할 수 없었지만 피해자의 부상이, 적어도 치명적인 부상이, 계단을 구르면서 생긴 건 아니라는 주장을 견지했다.

그는 다시 부상 이야기로 돌아갔다. 하나씩 다시. 105개의 부상 전체를 일일이 짚으며 그 부상이 계단에서 떨어지면서 생긴 게 아니라는 것을 입증하라고 요구했다. 그리고 답변할 때마다 매번 이의를 제기했다.

이 반대신문을 받으면서 내가 깨달은 게 있었다. 피해자는 대부분의 유년기를 부랑자와 남창으로 살았고, 삶의 상당한 기간을 길거리에서 보냈다. 그리고 최근에 감옥에서 나왔다. 피고의 성장 배경도 아주 비슷했다. 만일 둘 중 하나가 이런 재판에 들어가는 정부의 지원금 중 일부라도 받았거나 다른 유형의 보호와 관심을 받았다면 그런 살인은 일어나지 않았을 것이다.

피고 측 변호사를 평가하자면, 어느 모로 보나 소외계층을 위해 그렇게 열심히 변호하는 것은 훌륭한 일이었다. 우연히 문 앞에 웅크리고 있는 의뢰인을 지나가게 됐다면, 많이 배운 그 변호사는 컵에 동전을 넣어주기는커녕 눈길도 주지 않았을 것이다. 그런데 그 청년이 살인 혐의로 재판을 받게 되자 사실관계를 법적으로 다루느라 진을 빼고 있었다. 그가 전문가 증인인 나를 모욕하지 않고 그 일을 했으면 얼마나 좋았을까. 다른 사건으로 만났다면 그와 나는 같은 편이었을 수도 있고, 그때는 나를 깎아내리는 게 아니라 내 경험과 실력을 칭송했을 것이다.

반대신문은 그날 오후 내내 계속됐고 다음날 오전까지도 끝나지 않았다. 그리고 오후까지도. 그리고 이어진 아침까지도. 이제 변호사는 그 부상들이 계단을 구르다 생긴 거라고 주장하는 데서 그치지 않고, 피해자 피부에 찍힌 금속 방망이의 교차된 빗금 자국이 사실은 면 티셔츠의 씨실과 날실 자국이라고까지 우겼다.

여러 번의 휴식 시간을 보낸 후, 나는 수세적 위치에서 몇 라운드를 더 버틸 준비를 하며 증인석으로 돌아가다 그를 봤다. 그는 발에 용수철이 달린 듯 가볍게 들어갔고 그의 눈은 가발 아래서 무섭게 빛나고 있었다. 그 호랑이가 이제 본격적으로 공격을 감행하려는 모양이었다.

변호사   제 생각엔 술에 취한 상태에서는 출혈이 일어날 가능성이 조금이라도 더 높을 것 같은데요?

나   오래된 알코올중독자라면 간이 손상되어 있어서 혈액의 응고를 지연시킬 수 있습니다. 하지만 이 피해자한테서는 그런 간 손상이 보이지 않았습니다. 따라서 알코올이 미친 영향은 경미했을 겁니다.

변호사   임상의학자로서 그것에 관해 조금이라도 아시는 게 있습니까?

나   아뇨.

변호사   그것에 대해 모르신다고요?

나   딱히 아는 건 없습니다.

변호사   딱히 아는 게 없다는 건 무슨 의미입니까? 알고는 있다는 말씀

인가요?

나   제 경험상, 술을 마셨을 때 술을 안 마신 사람보다 멍이 훨씬

더 잘 드는 사람을 모른다는 겁니다.

내 답변은 그 변호사가 듣고 싶어 한 말이 아니었다. 그의 주장은 알
코올이 피부의 미세한 혈관을 팽창시켰고 따라서 그 술 취한 피해자가
멍이 더 많이 들었다는 것이다. 나는 혈관이 팽창한다는 데는 동의했지
만, 그로 인해 멍이 더 많이 들었다는 데에는 동의하지 않았다.

그는 자신의 잘못된 논리로 나를 끌어들이려고 애를 썼다. 그 논리란
피해자가 멍투성이가 된 건 그냥 술 때문이라는 것이었다. 금속 방망이
로 맞은 사람이 그 피해자인지 나인지 헷갈릴 정도로 나는 진이 빠졌다.
하지만 꿋꿋하게 객관적 사실을 고수했다. 결국 변호사가 폭발했다.

변호사   박사님은 그것을 어디서 입수했습니까? 밤새 조사하신 겁니

까?

나   피부 외상에 대한 전임상의학pre-clinical medical 교재를 참고했

습니다.

변호사   제가 봐야 한다면 어떤 책을 추천하시겠습니까?

나   분자생물학 책을 참고하라고 권하겠지만 제목은 기억나지 않

습니다.

변호사   자주 참조하는 책이 있지 않습니까?

나	아마 기튼이 쓴 책이 도움이 될 겁니다. 현재 몇 판까지 나왔는지는 모르지만, 3판이나 4판일 겁니다. 혈액학 교재도 이 부분을 다룰 것 같군요.
변호사	혈액학 저자 중 기억나는 이름이 있습니까?
나	아뇨, 없습니다.
판사	셰퍼드 박사님, 변호인이 몇 쪽 정도 읽어야 하겠습니까?
나	그것까지는 저도 잘 모르겠습니다.
변호사	제가 잘 모르는 분야지만, 그래도 한번 살펴보도록 하죠.
판사	그리고 나중에 저한테도 보내주시죠.
변호사	네, 그러겠습니다.

이쯤 되니 변호사와 판사 둘 다 싫어졌고, 두 사람이 같은 법정변호사 사무실 출신이 아닐까, 그게 아니라면 적어도 같은 런던 클럽 회원이 아닐까 의심스러워졌다. 한번은 그 판사가 피고의 태도에 언짢은 기색을 보이자 그 변호사는 배심원이 없는 자리에서 피고와 이야기하게 해달라고 요청했다. 배심원, 언론사 기자, 방청객들과 함께 나도 줄지어 그 법정을 나갔다. 변호사와 판사가 이런 식으로 이야기하는 것은 법의 정신을 침해하는 행위다. 다시 들어왔을 때 웃는 사람은 변호사 한 명뿐이고 나머지는 모두 못마땅한 표정이 되어서 법정은 눈에 띄게 냉랭한 분위기로 바뀌게 마련이다. 하지만 그날 우리가 다시 들어왔을 때 변호사와 판사는 난롯가에 앉은 친구처럼 희희낙락하고 있었다.

피고 측은 친구를 구타하여 죽인 끔찍한 범행을 교묘하게 발뺌하기 위해, 피해자가 계단에서 굴러 떨어졌고("그 계단이 74개였다고 말씀드렸었나요?") 술 때문에 멍이 더 심해졌을 거라며 배심원들을 설득하려 했다. 그날 저녁 나는 몹시 흥분한 상태로 친구들에게 전화해서 멍자국에 대해 의논했고 그 교재를 찾아 병원 도서관을 뒤졌다.

다음날 우리는 다시 그 문제로 격돌했다. 살인 충동을 참기 위해 내가 할 수 있는 일은 그것밖에 없었다.

변호사 박사님께선 저와 판사님께 기튼이 쓴 교재 한 권을 소개하셨죠.

나 그랬죠.

변호사 지금 그 책을 갖고 계십니까?

나 지금 한 권 갖고 있습니다.

변호사 참고한 부분이 있습니까?

나 혈관 손상 후 몸에 일어나는 증상을 설명한 대목이 있어 표시해놨습니다.

변호사 표시된 게 그 책에 있습니까?

나 네. 이 판에서는 36장에 있습니다.

변호사 몇 번째 판인가요?

나 제8판입니다.

변호사 흠. 어제 박사님은 저희에게 제3판이나 4판이라고 하셨는데요.

나 최신판이 몇 판인지 잘 모르겠다고 말씀드린 것 같은데요.

변호사 그거 좀 볼 수 있을까요?

말은 그렇게 했지만 이미 봤을 것이다. 그는 자신의 주장을 입증하기 위해 혈소판과 혈전에 대해 끝도 없이 질문을 던졌다. 결국 배심원들이 꾸벅꾸벅 졸았고 판사가 나섰다.

판사   잠시 양해해주십시오. 셰퍼드 박사님께 묻고 싶은 건 이겁니다. 박사님이 언급하신 이 장 말인데요, 거기에 알코올이 실제로 멍을 더 잘 들게 한다는 설명이 있습니까?

나   이 책에는 그런 설명이 없습니다. 그리고 제가 참조한 다른 책에서도 비슷한 언급은 없었습니다. 그런 사례가 발견되지도 않았고요.

판사   알코올과 멍의 관계를 입증할 수 있었다면 그것이 그 책, 그 장에 씌어 있었을 거라 예상하십니까?

나   네, 판사님.

그것으로 끝난 게 아니었다. 그 변호사는 알코올이 모세혈관의 혈류를 증가시켜 멍들 가능성을 높여준다는 잘못된 주장을 다양한 방식으로 한 번도 아니고, 두 번도 아니고, 세 번이나 더 시도했다.

증인석에 선 지 꼬박 일주일이 지나서야 나는 그 자리에서 벗어날 수 있었다. 얼마나 후련하던지.

이 사건은 객관적 사건과 거기에서 이끌어낼 수 있는 결론이 별개로 존재한다는 것을 단적으로 보여준다. 이해 당사자가 법정에서 격렬하게 대치하는 상황에서 진실은 작지만 중요한 차이가 있는, 유연성 있는 상품으로 변질되었고, 그렇기 때문에 전문가 증인들은 객관적 사실을 이

러저러러하게 해석하라는 거센 압력을 받는 것이다. 변론(변호사가 주장을 펼치는 기술)에는 양심이 필요없다. 그리고 모든 법정변호사 실무 교육에서도 이길 법한 사건이 서툰 변론으로 질 수도 있고 질 것 같던 사건이 노회한 변론으로 이길 수도 있음을 인정한다. 전반적으로 정의는 수백 년 동안 이 사회를 지탱해온 개념을 기반으로 균형을 유지한다. 즉 특별한 교육을 받지 않은, 무작위로 선출된 12명의 시민이 그들이 들은 모든 증거를 바탕으로 판단을 내리는 것이다.

이 사건에서 판사는 살인 혐의에 대해 유죄 판결을 내렸기 때문에 피고는 수감되었다. 피고도 나처럼 여러 날 밤잠을 설쳤을까. 어쨌든 끝났다.

아니, 끝난 줄 알았다. 그의 의뢰인이 감옥에서 2년을 보낸 후에 그 변호사는 새로운 증거를 얻었다는 이유로 항소를 하려고 했다. 그 새로운 증거란 피해자의 알코올 섭취가 계단을 구르면서 멍드는 데 영향을 줬다는 자신의 주장에 대해 법원은 그것이 틀렸음을 입증하는 자료를 내놓지 못했다는 것이었다. 그리고 내가 능력 있는 법의관이 아님을 보여주는 몇 가지 근거를 목록으로 정리했다.

그쯤 되니 나는 재판을 받는 사람이 누구인지 헷갈렸다. 나인가, 유죄판결을 받은 그 살인범인가. 하지만 지원 병력을 소집할 시간은 있었다. 경력이 아주 오래된 한 혈액학자가 법정 진술 기록을 읽고 보고서를 써줬는데 결론은 다음과 같았다. "알코올을 섭취한 후 피부 모세혈관의 혈류는 피부출혈(멍)에 거의 아무런 영향도 주지 않는다. 이 대단한 분쟁은 변호인에 의해 상식이라는 미명하에 일어났지만, 피로 부푼 혈관이라는 상상의 이미지는 오해를 불러일으킨다."

상당히 오랜 시간을 기다린 후에야 피고 측이 요청한 사건심리가 이루어졌다. 그리고 곧바로 모든 게 끝났다. 법원에서 이른바 '새로운 증거'를 검토한 후 항소를 기각한 것이다.

나는 사회의 밑바닥 계층인 의뢰인을 대신해서 싸운 그 변호사의 끈질긴 태도가 존경스럽다. 혹시라도 내가 살인 혐의로 기소된다면 그를 변호사로 선임하고 싶을 정도다. 하지만 최전방에서 그의 공격을 받은 전문가 증인인 내가 보기에 그는 자신의 탁월한 능력을 의학적 사실을 왜곡하는 데만 활용했다.

그때부터 법정에서 험악한 상황을 만나면 나의 스승은 알렉산더 포프가 되었다. 오래 전 아버지가 내 사전에 공들여 써주신 시구는 내가 옳다고 확신하더라도 삼가는 태도로 말할 것이며, 내가 틀릴 가능성이 있을 때는 주저하지 말고 인정할 것이며, 나의 잘못을 되돌아보고 그것을 인정할 것이며, 다른 사람을 가르치거나 오류를 정정해줄 때는 그들의 감정을 생각하여 아량 있는 태도로 대할 것이며, 틀린 주장에 대해서는 예의라는 이름으로 동의하지 말 것이며, 적절한 지적은 순순히 받아들이라는 가르침이었다. 양편으로 갈리는 법정 시스템 때문에 공격성과 편협함, 진실을 외면하려는 태도를 자주 목격하지만, 그래도 나는 이 원칙들을 지키려 노력하고 있다.

29 정당방위, 누구의 말이 사실인가?

맨체스터의 하이드 지역만 생각하면 마음이 따뜻해진다. 내 어머니가 자란 곳이고, 외가 식구들과 친구들이 지금도 살고 있기 때문이다. 어릴 때 놀러 가면 행복한 곳이었고, 어머니가 묻힌 곳이기 때문에 내가 평생 다녀야 할 곳이기도 하다.

하이드 출신의 외할머니나 이모를 생각하면 왠지 기분이 좋아졌다. 그들은 내가 가끔 시신으로 만나는 외롭고 영양 부족인 노인들과 전혀 다른 분들이었다. 만날 때마다 나를 따뜻하게 안아주었고, 그들의 분주한 삶으로 그리고 반짝반짝한 광택이 나는 집으로 반갑게 맞아들였다. 그리고 지역 사회에서 누구나 알아보는 터줏대감들이기도 했다.

1998년에 나는 피고 측 변호사로부터 그 지역 출신의 노부인을 2차 부검해달라는 전화를 받았다. 캐슬린 그런디 부인은 나의 외가와 잘 아는 사이였고 이모의 학교 친구이기도 했다. 6월 24일에 숨을 거둔 그녀는 7월 1일에 나의 어머니가 묻힌 묘지에 묻혔다.

그런데 8월에 묘지에서 파내진 그녀는 테임사이드 종합병원의 안치소로 돌아왔고 나는 그녀의 시신을 바라보고 서 있었다.

그녀는 81살이었지만 보기 드물게 건강해 보였다. 고생한 흔적도 전혀 없었다. 그리고 그 연배에서는 드물게, 심지어 그 자식 세대에서도 드물게 동맥에 아테롬도 거의 없었다.

하지만 독물 조사에서 반전이 있었다. 몸에서 주삿바늘 자국은 못 찾았지만, 그녀는 상당량의 모르핀 또는 헤로인을 주입받았고 그로부터 몇 시간 후에 사망에 이르렀다는 결과가 나온 것이다. 그래서 나는 사인을 모르핀 과용으로 판정했다.

사실 그녀는 믿었던 가족 주치의의 손에 죽었고, 그녀의 죽음을 통해서 해럴드 쉽먼이라는 그 주치의가 연쇄살인범이라는 것이 밝혀졌다. 그는 환자들 사이에서 신망이 높았고 내가 그렇게 좋아하던 그 지역에서 관심과 존경을 받던 인물이었다. 많은 사람들이 그를 인근에서 가장 친근한 의사로 꼽았다. 그가 특히 노인들한테 사랑을 받은 이유는 방문 진료를 마다하지 않았기 때문이었다. 하이드의 한 병원에서 근무하다 1992년에 자기 병원을 차렸을 때 그곳은 입소문을 듣고 온 환자들로 문전성시를 이뤘다.

그랬던 해럴드 쉽먼이 의심을 받은 것은 캐슬린 그런디의 유서가 그에게 유리한 방향으로 바뀌고 며칠 후에 그녀가 갑자기 죽었기 때문이었다. 그런데 그가 작성한 사망확인서에는 그녀의 사인이 '노환'으로 되어 있었다.

즉시 다른 사망사건들에 대한 조사가 시작되었고, 묘지에서 시신을 파내는 일이 이어졌다. 나는 이런 시신 다섯 구를 부검했다. 캐슬린 다음에 본 73세의 노인은 관상동맥 질환과 폐기종이 있었지만 둘 다 경미한 수준이었다. 쉽먼은 그녀의 사망확인서에 폐렴이라고 적었지만 폐렴으로 죽었을 가능성은 없었다. 알고 보니 그녀도 모르핀 중독이었고, 다음에 부검한 시신도 마찬가지였다. 모두 똑같았다.

가족 주치의가 환자 여섯 명을 죽였다는 건 솔직히 믿기 힘든 일이었다. 나중에 나는 부검감정서에 이렇게 썼다.

모르핀의 출처가 어딘지를 밝히는 것이 가장 중요하고, 오염 가능성도 고려해야 한다. 사망 후 상당한 시간이 지나서 부검을 했고 그 사이 이들 시신에 여러 조치가 취해졌음을 감안할 때, 그동안 오염됐을 가능성을 적극 찾아서 제외해야 한다. … 매장할 때까지 방부처리액이나 관 제작용 목재, 관 장식물이 모르핀을 포함한 물질에 오염될 수 있는지 화학자에게 검사를 의뢰해볼 것을 제안하는 바이다. … 마지막으로 다른 시신들로부터 약물이 묻어온 건 아닌지(방부처리사, 장의사, 직원에 의해) 확인해봐야 한다.

물론 나는 다른 가능성도 일일이 조사해봐야 한다고 생각했다. 내가 쉽먼 측 법의관이었기 때문이 아니라(그렇다, 연쇄살인범도 방어권이 있다), 의사가 계획적으로 자신의 환자들을 죽였다는 걸 누구도 쉽게 수긍하지 못했기 때문이다. 쉽먼은 15명 이상의 환자를 죽인 혐의로 유죄판결을 받고 수감됐다. 하지만 몇 년 후 재닛 스미스 판사가 이끈 공개 조사에서 도저히 믿기지 않는 사실이 밝혀졌다. 그가 20년이 넘는 기간 동안 215명의 환자를 죽였고, 아직 사실관계를 확인할 수 없는 수백 건의 사망사건이 더 있다는 것이었다.

그는 이 결론에 대해 명확히 해명하지 않았다. 그의 손에 죽은 피해자들은 일반적으로 혼자 살았다. 항상 그런 건 아니지만 대체로 노령이었고, 항상 그런 건 아니지만 대체로 여성이었다. 쉽먼이 그런 행각을 벌인 이유를 실토하기를, 그리고 그가 사망선고를 내렸던 494명 중 그가 죽인 사람이 몇 명이었는지를 확인해주기를 바랐던 사람들은 몇 년 후인 2004년에 그가 감방에서 목을 매 자살하자 허탈감에 빠졌다.

하이드 지역의 시신들을 재부검한 후 그곳은 내게 다른 의미가 됐다. 외가의 따뜻함과 즐겁게 수다 떠는 노부인들로 기억되는 게 아니라, 믿고 의지하던 의사가 연쇄살인범이었던 지역으로 기억되는 것이다.

하이드 지역의 일을 마치고 런던으로 돌아왔을 때(일부만 밝혀진 쉽먼의 범행을 여전히 믿지 못한 채) 나는 또 다른 불쾌한 일을 겪었다. 이언 웨스트와 칼을 겨누게 된 것이다. 놀랍게도 그는 가이스 병원에서 은퇴한 상태였다. 절대 일을 그만두지 않겠다고 수십 년 동안 맹세하더니 그렇게 그냥 관둔 것이다. 소문에 의하면 이언은 몸이 좋지 않았다. 하지만 그가 런던의 살인 현장을 떠나 서식스에서 정원만 가꾸며 지낼 리는 없었다. 예상대로 그는 안치소나 법정에 자주 모습을 보였다. 그리고 내가 쉽먼에 관해 점차 드러나고 있던 진실을 예의주시하고 있던 중, 칼로 인한 어떤 살인사건에서 우리 둘은 적수로 만나게 됐다.

우리는 근본적으로 의견이 달랐다. 하지만 만나서 싸운 게 아니라 다른 결론을 내린 부검감정서에서 강한 표현을 써서 싸웠다. 그의 반박은 늘 그랬듯이 굉장히 단호했다. 나중에는 생각이 달라졌지만, 당시에는 그의 글이 예전보다 확고함이 덜하다는 느낌이 들었다.

그 사건에서 중요한 것은 피해자의 심장을 어떻게 찔렀는지에 대한 가해자의 설명이었다. 그런 설명은 대부분 거짓이고, 그때쯤에는 나도 칼을 쓴 가해자들의 해명 중 안 들어본 게 없을 정도였다. 가장 흔한 변명은 '그가 칼을 향해 덤벼들었다'는 것이다. 이 진술이 사실인지 거짓인지 입증하는 건 쉽지 않다. 그래서 다수의 목격자 증언을 모아 그 공격 상황을 재현해봐야 한다. 그런데 이번 사건에서는 목격자가 없었다.

부부가 언쟁을 벌이다 남편이 사망했기 때문에 우리가 얻을 수 있는 정보는 아내의 진술뿐이었다. 사실 수사를 맡은 경찰관이 그 여성을 신문하기 전에 내게 전화를 해서 조언을 구했다. 법의관에게 조언을 구하는 경우는 흔치 않지만, 그는 이 사건이 그녀의 진술에 좌우되리라는 것을 알았던 것이다.

나는 이렇게 말했다. "저한테 두루뭉술하게 설명하지 마시고, 그 여자의 진술을 명확하게 확보하세요. '그 사람이 그냥 저한테 달려들었어요!' 이런 말은 아무 도움도 안 됩니다. 당시 상황을 재현하면서 자세히 설명해달라고 하고, 누가 어느 위치에 있었는지, 칼을 어떤 식으로 쥐고 있었는지까지 물어보세요. 어느 쪽 손에 칼을 잡고 있었고 두 사람이 각자 어느 방향으로 움직였는지도요. 그렇게 하면 그 아내가 한 말을 제가 입증하거나 반증할 수 있을지도 모릅니다."

경찰관은 내가 시킨 대로 했지만, 사건은 여전히 수수께끼로 남아 있었다.

문제의 부부는 경제적으로 부유했고 큰 집도 잘 관리하고 있었지만 이혼을 앞두고 두 아들을 서로 데려가려고 험악하게 싸우고 있었다. 남편도 어떻게든 두 아들을 데리고 살 작정이었고, 아내도 아이들과 함께 살 집을 구해놓고 곧 이사할 예정이었다. 가정법원 심리를 며칠 앞두고 있던 당시, 네 가족은 아직 같은 집에서 살고 있었다.

남편이 죽던 날, 그는 직장에서 시간을 내고 나와 아이들과 외출을 하기로 했다. 아내는 그들에게 잘 다녀오라고 손을 흔들었다. 그런데 남편이 진입로에 차를 세우고 나오더니 그녀에게 따라오라는 손짓을 하며 집 안으로 들어갔다. 깜빡 잊고 안 가져간 게 있나보다 생각하며 그녀는 남편을 따라 안으로 들어갔다. 그러자 남편이 문을 닫고 자기가 두 아들을 데리고 살겠다고 했다.

아내의 말에 의하면 여기서 싸움이 시작됐다.

제가 그랬어요. "당신은 직장에 나가는데 어떻게 애들을 데리고 살겠다는 거야?"

그랬더니 그가 그러더군요. "직장 그만두고 돌보면 돼."

저는 "당신이 퍽이나 그러겠다" 하고 대꾸했죠.

남편은 그 말에 격분했다고 한다. 이를 악물고 턱을 좌우로 움직이는 것이 남편이 격분했다는 신호였다. 전에 자기를 폭행했을 때도 그랬다는 것이다. 하지만 그녀가 분명히 밝혔듯이 중산층으로 살고 있었음에도 그녀는 거친 환경에서 자라서 성깔이 있었고 약하게 보이면 더 당한다는 것을 어릴 때 이미 깨우친 터였다. 그래서 그때도 맞은 만큼 남편에게 갚아줬고 이번에도 맞서 싸울 준비를 했다.

다만 그녀는 두 사람이 거실에 있다가 왜 주방으로 갔는지는 설명하지 못했다.

어쩌다 보니 제가 주방 뒤쪽에 있었는데 그 사람이 제 배를 칠 것 같았어요. 그러다 정말 제 배를 치기 시작했고, 저는 배를 맞고 있는 줄 알았는데, 제가, 제가 내려다보니 녹색 손잡이가 보였어요. 저를 치고 있는 게 아니라 저를 찌르고 있던 거예요.

제가 그랬죠. "당신 뭐 하는 거야. 나를 죽일 셈이야!"

그랬더니 그걸, 그 칼을 제 배에서 뽑더니 제 목을 겨눴어요. 정말 제 목을 찌르려고 했다니까요. 목 혈관을 찔러서 죽이려고요….

그래서 제가 그랬죠. "오, 맙소사, 정말 나를 죽일 셈이구나. 여보, 애들을 생각해 봐… 제발 죽이지 마. 애들은 어떡해… 그래 당신이 애들 데려가… 애들 데리고 살아. 제발 죽이지만 말아 줘."

그 사람이 칼 같은 무기를 갖고 있다는 건 생각도 못했어요. 그런데 그 사람이 저를 발로 차기 시작했어요. 그러다 제 머리를 잡더니 바닥에 머리를 쿵쿵 찧었죠. 그래서 여기에 멍이 들고, 이빨도 부러졌어요. 제 머리를 계속 바닥에 찧더니 식탁 의자를 집어 들고 그걸로 저를 내리치더군요. 제가 죽기 전에는 끝나지 않겠다는 생각이 들었어요. 사실 저는 이미 반쯤 죽은 상태였어요. 피로 젖어 있었거든요. 마치, 마치 피로 샤워한 것처럼 온몸이 피칠갑이었어요.

그 사람은 한 마디도 안 했어요. 그냥 칼을 내 목 쪽으로 찌르려고만 해서 저는 그 칼을 빼앗아야 했어요. 그 사람이 제 여기를 잡고 목을 찌르고 있어서 저는, 오른손으로 칼 손잡이인지 칼날인지 잘 모르겠지만 칼을 잡으려고 했어요… 주위는 온통 피투성이였고요. 바닥이랑 벽까지.

그러다가 저, 저한테 이미 칼이 들려 있었어요. 오른손에요. 그래서 휘둘렀죠. 그 사람을 향해 몸을 던졌는지 칼을 휘둘렀는지는 잘 모르겠지만… 제가 미끄러지거나 바닥으로 쓰러질 때 칼 위에 웅크린 자세였을 거예요.

신문하던 경찰관이 거기서 그녀의 말을 끊고 정확히 어떤 일이 일어 났는지 두 번 이상 재현해보라고 했다. 그리고 그녀가 바닥에서 허공에 칼을 휘둘렀지만 피해자에게 칼이 어떻게 닿았는지는 설명하지 못한다는 것을 밝혀냈다. 사실 그녀는 주방에서 뛰쳐나갔기 때문에 자신이 남편을 죽였는지 확실히 알 수가 없었다. 그녀는 차고로 도망가 문을 잠근 다음 경찰에 전화를 했다. 어린 두 아들은 그 일이 벌어지는 내내 집 앞에 세워놓은 차 안에서 안전벨트를 한 채 카시트에 앉아 있었다.

그녀의 진술은 진실이었을까? 아니면 남편을 죽이고 나서 남편한테 공격받은 것처럼 자해를 한 걸까?

현장 사진을 보면 주방 벽에 핏자국이 튀었고 바닥은 핏자국이 더 심했다는 그녀의 주장대로였다. 의자들도 넘어져 있었다. 그곳에서 몸싸움이 있었다는 건 분명해 보였다.

남편의 몸에는 아래와 같은 부상이 있었다.

-가슴 위쪽에 심하지 않은 자상.

-왼쪽 아래 다리에 3cm 깊이의 상처

-오른쪽 손바닥에 약간 깊은 부상 2군데.

-심장 우심실 앞쪽 벽을 뚫고 심첨부에 그보다 작은 상처를 남긴 칼자국

남편은 급히 병원으로 옮겨져 대수술을 받았고 그래서 꿰맨 자리가 많았다. 수술은 성공하지 못했고, 생명을 앗아간 원인은 당연히 심장을 찌른 칼이었다.

겉으로 보면 남편의 부상은 아내에 비하면 그렇게 심하지 않은 것 같았다. 나는 아내를 만나거나 직접 검사하지는 않았고, 그녀의 부상 부위를 찍은 사진들을 보면서 정당방위를 주장하기 위해 일부러 만든 자해 부상이 없나 찾아봤다.

법의관들은 살인과 자살, 사고로 인한 부상과 고의로 만든 부상을 구분해야 하는데, 칼자국을 보면 가짜를 가려낼 수 있다. 언뜻 보면 칼자국은 너무 끔찍해서 보통 사람들은 자기 몸에 그런 짓을 하는 건 도저히 불가능하리라 생각할 것이다. 하지만 오랫동안 경험해보니 살인 혐의를 벗기 위해서 사람들이 못하는 짓은 없는 것 같다. 보통 자해는 최대한의 효과를 내기 위해 최소한의 힘을 이용한다. 그리고 당연히 본인의 손이 쉽게 닿을 수 있는 부위에 낸다. 자해로 불가능한 상처는 어떤 건지 알기 때문에 나는 무고한 사람들의 공격 혐의를 벗겨준다는 데 보람을 느끼기도 한다.

이 사건에서 아내가 입은 부상은 다음과 같았다.

-왼쪽 상완과 어깨, 목 왼쪽, 오른쪽 엉덩이, 왼쪽 엉덩이, 오른쪽 허벅지, 오른손의 멍
-목 앞쪽 왼편에 크게 벌어졌지만 깊지는 않은 상처
-같은 부위의 피부에 난 찰과상
-목 상처 옆에 찔린 상처
-쇄골 위의 자상
-왼쪽 팔꿈치의 자상
-오른쪽 가슴 아래에 수평으로 난 자상
-복부 양쪽에 짧은 칼자국
-오른쪽 허벅지에 찔린 상처
-오른손에 크게 벌어진 자상

-오른쪽 엄지손가락에 짧고 얕게 벤 자국

-왼손 피부가 칼날에 벗겨짐

-이가 부러짐

검찰은 이 사건으로 회의를 여러 번 했다. 그 여성의 시댁 식구들은 그녀가 기소되지 않을 수도 있다는 정보를 입수하고 격분해서 민사소송 이야기를 꺼냈다. 그리고 이언을 고용하여 그 아내가 경찰에서 한 진술과 그녀의 실제 상처를 비교해서 보고서를 써달라고 했다.

하이드에서 돌아왔을 때 내 책상에서 나를 기다리고 있던 것이 그 보고서였다. 내용을 읽어보니 으르렁거리는 것처럼 분위기가 불길했다.

둔기로 맞은 듯한 팔의 상처는 여러 차례의 구타로 생겼을 가능성이 있다. 손으로 잡았을 때 생기는 전형적인 형태가 아니다…

자신의 몸을 물건으로 치거나 꼬집는 방식 등으로 멍이 들게 할 수는 있으나, 이 사건의 경우 팔에 난 부상은 남편의 공격에 의한 것일 수 있다.

하지만 전반적인 패턴은 아내를 찌르려던 고인의 폭행으로 생겼을 법한 유형이 전혀 아니다. 피부는 인체에서 가장 질긴 조직 중 하나이고 칼끝이 일단 피부를 뚫으면 미는 힘이 그다지 강하지 않더라도 칼날은 쉽게 몸 깊숙이 들어간다. 그래서 대부분은 칼날이 그 길이만큼 다 들어간다. 이 여성의 몸에 보이는 상처는 모두 표면적이고 상당히 깊이 찔린 곳은 없다.

칼을 이용하여 자신의 목에 자해를 하는 경우는 찾아보기 힘들지만 고인이 칼로 아내의 목을 찔렀음을 시사하는 증거는 전혀 없다. 아내 주장대로 남편이 복부를 그렇게 찔렀다면 아내 목의 칼자국은 의도적으로 힘껏 찌

365

른 게 아니라 신중한 자해의 결과라는 것이 나의 확고한 소견이다.

이 여성이 허벅지에 강한 발길질을 당했다거나 머리를 힘껏 바닥에 부 딪치는 폭행을 당했다는 증거는 거의 찾지 못했지만, 주먹질이나 의자로 공 격을 당했을 수는 있다. 하지만 부상의 전반적인 패턴은 자해의 흔적과 일 치한다.

아내가 둔탁한 물건으로 공격을 받았다는 데는 나도 같은 의견이었 지만 칼자국이 자해의 흔적이라는 데에는 동의할 수 없었다.

이에 대해서 몇 가지 근거도 제시했다.

먼저, 그녀가 복부를 찔렸을 때 그녀는 그것을 칼에 베거나 찔린 느 낌이 아니라 주먹질처럼 묘사했다. 이것은 칼에 찔린 사람이 아주 흔하 게 착각하는 느낌이다. 오래 전부터 나는 칼에 찔린 피해자들이 칼에 찔 리는 느낌이 아니라 주먹으로 맞는 느낌이었다고 진술한 것을 여러 번 들었다. 이것은 객관적 사실이지만 그 아내가 이런 정보를 알았을 것 같 지는 않았다.

둘째, 비록 그녀가 자신의 목과 복부에 스스로 상처를 냈을 수는 있 지만, 팔꿈치 쪽이나 반대쪽 손등을 찌르는 경우는 매우 어렵고 극히 드 문 일이다.

셋째, 가장 중요한 것은 남편의 부상이었다. 남편 몸에서 발견한 네 군데의 자상 중 세 군데는 생명에 위험한 부위가 아니었다. 다리가 찔리 는 경우는 흔치 않은데 다리가 찔렸다는 것은 그 부상을 입을 때 아내가 바닥에 있거나 어떤 식으로든 낮은 위치에 있었다는 것을 암시한다. 심 장의 치명적인 자상은 고의로 찌른 것일 수도 있지만, 서로 칼을 잡으려는 난투극 상황이라면 분명 사고로 찔렸을 가능성도 있었다. 그리고 아내의 몸에 난 둔상을 보면 누구나 무시무시한 몸싸움이 있었음을 짐작할 것이다.

그래서 그 사건은 의심과 불일치가 아주 많긴 했지만 전문가 증인인 나로서는 남편의 목숨을 앗아간 자상이 의도적인 거라고 또는 아내의 몸에 난 상처가 자해라고 합리적 의심을 넘어설 정도로 자신 있게 주장할 수가 없었다. 유죄의 낮은 단계인 개연성에 기대더라도 나는 그녀의 상처가 자해가 아니라 남편의 손에 의한 거라고 생각했다.

검찰은 이 사건을 끌고 가봤자 공익에(혹은 국고에) 도움이 되지 않을 거라 판단하고 수사를 마무리했다. 검시관은 죽은 남편의 격분한 가족이 사인심문에 참석하리라는 것을 알고 있었기 때문에 경찰을 불렀다. 한편, 이언은 그 사건에 대한 소견을 내긴 했지만 직접 출석해서 증언하진 않았고, 나의 증언은 분노에 찬 고함소리와 수많은 비웃음 때문에 여러 번 중단되었다. 검시관은 그때마다 정숙을 요청했다.

검시관은 나의 의견을 받아들여 그 사망사건을 정당방위에 의한 사고로 판정했다. 판사가 판결문을 읽는 동안엔 숨소리도 안 들릴 정도로 조용했지만 마지막 판결이 선고되자 고함소리가 터져 나왔다.

나는 고함소리가 점점 커질 때 슬쩍 빠져나왔다. 내가 알기로 그 아내를 상대로 한 민사소송은 진행되지 않았다. 집에 도착하니 크리스는 외출 중이었고 애나는 물리책을 들여다보느라 딴 세상에 있는 것 같았다. 애나를 보니 젠을 닮은 듯했다. 그 살인사건에 대한 두꺼운 파일을 들고 들어가면서, 내가 저렇게 몰두해서 책을 본 적이 있었던가 궁금해졌다. 혹시 나도 크리스처럼 별난 유형일까.

"오늘은 뭐 하셨어요?" 애나가 물었다.

나는 검시관법원에서 일어난 일과 분개한 가족들 이야기를 해줬다. 내가 매일 하는 일에 대해 애나가 직접 물어본 것은 그때가 처음이었다.

"사진 좀 봐도 돼요?"

애나가 내 일에 대해 알고 있는 한 가지는 사진을 보는 건 금지라는 것이었다.

"사진이라면…"

"그 죽은 남편 사진이요."

애나는 그때 15살이었고 중등학교 졸업시험을 준비하고 있었다. 나는 고개를 저었다. "안치소 사진을 보기에는 네가 아직 어려."

"아니에요. 정말이에요. 보고 싶어요. 생물시간에 인체 그림 많이 봤어요."

"그 그림에는 칼자국이 없잖니."

"아빠, 저 정말 괜찮을 것 같아요."

어쩌면 괜찮을지도 모른다. 이제 내가 어떤 일을 하는지 아이들에게 감추는 걸 그만둘 때인지도 모른다. 어쩌면 내 서재에서 강의실이나 법원으로 갖고 가는(그것들을 모두 감추는 것은 거의 불가능했다) 표본들이나 식탁에서 하는 의학 관련 이야기, 그 모든 것들이 애나에게는 죽음이 그냥 별다른 게 없는 일상임을 깨닫게 해줬는지도 모른다.

"그럼 그 아내의 상처를 보여줄게. 그리고 네 기분이 어떤지 보자. 그 여자는 지금 멀쩡하게 살아 있으니까. 사진을 보고 그 여자가 자기 남편에게 뒤집어씌우려고 자해를 한 것 같은지 네 생각을 말해줘."

애나의 눈이 빛났다.

"내 생각에는 그러지 않았을 것 같고 검시관도 같은 생각인데, 이언 웨스트는 그 여자가 자해한 거라고 확신하고 있어."

애나는 의욕에 차서 고개를 끄덕였다.

"그리고 이건 절대, 절대 가족 외에 다른 사람들한테 얘기하면 안 돼." 내가 엄한 얼굴로 덧붙였다. 애나가 어이없다는 듯이 쳐다봤다.

"어휴, 그 정도는 저도 알아요."

우리는 30분 동안 이상한 연대감으로 그 부상에 대해 의견을 나눴다. 그 험악한 상처들이 애나는 아무렇지도 않은 것 같았다. 결국 하도 애원하는 바람에 남편의 사진, 그의 목숨을 끊은 심장의 칼자국 사진까지 보여줬다. 안치소에서 깨끗이 닦아놓았기 때문에 차마 못 볼 정도는 아니었다.

"죽은 사람도 별로 무섭지 않네요. 그냥 잠든 거 같아요."

"전혀 무섭지 않아. 하지만 내장이 다 드러난 사진을 보면 생각이 달라질걸?"

애나는 어깨를 으쓱했다.

"뭐, 그래도 저는 괜찮을 것 같아요."

처음으로, 애나가 자기 내면의 법의관을 발견했는지도 모른다는 생각이 들었다.

"너랑 크리스, 수의사가 되고 싶은 거 아니었니?"

"오빠는 그래요. 저도 그렇고요. 그런데 저는 의사가 되고 싶은 마음도 좀 있어요."

"흠, 나 같으면 병리학자는 안 할 것 같은데. 특히 법의관은."

애나가 놀라서 눈을 깜빡거렸다. 나도 그렇게 말해놓고 놀랐다.

"엄마 말로는 아빠가 아빠 일을 정말 좋아하신다던데요!"

"좋아하지. 하지만…" 하지만 뭐? 문득 법정에서 느끼는 굴욕감, 울분을 토하는 가족들, 슬픔에 잠긴 많은 얼굴들, 아무도 그 죽음을 의심하지 않았던, 하지만 지금은 무덤 속에서 억울해하고 있을 건강한 노부인들이 떠올랐다. 모두 내 딸과 무관하기를 바라는 일들이었다.

"아빠. 왜 그래요?" 애나는 놀란 목소리였다.

"애나, 지금 깨달은 건데, 내가 다시 비행 수업을 받아야 될 것 같다."

스티븐 로렌스 가족들이 그토록 열심히 싸우며 요구한 공개 조사가 드디어 20세기와 함께 결말을 향하고 있었다. 1999년 초에 윌리엄 맥퍼슨 경은 최종 보고서에서 이렇게 말했다. "우리는 이 조사의 직접적인 성과는 로렌스 부부의 정당한 이의 제기를 대중 앞에 엄중히 제시한 것이라고 본다. 또한 이 사건을 비롯한 많은 사건에서 경찰이 소수집단을 다루는 방식에 대한 피해자들의 불만과 비판을 공론화한 계기로 본다."

스티븐 로렌스의 사망사건에 대한 경찰 조사는 '명백하게 잘못된 것'으로 보고됐다. 대중이 '제도적 인종차별주의'라는 말을 처음 듣게 된 것도 그 보고서를 통해서였던 것 같다. 이 결과는 경찰에 대한 국민들의 인식을 크게 바꿔놓았다. 이제 경찰을 선한 시민들의 믿음직한 친구로만 보지 않게 된 것이다. 그리고 어쩌면 그 조사로 인해 소수민족 집단에 대한 경찰의 태도도 바뀌기 시작했는지도 모른다.

로렌스 가족들에게는 그것이 끝이 아니었다. 그들의 뒷이야기는 잘 알려져 있다. 그 후 13년 동안 그들의 이야기는 계속됐고 어쩌면 앞으로도 계속될 것이다. 적어도 이 사건 덕분에 2005년에 이중기소 법규가 개정되어, 새로운 증거가 발견되면 같은 범죄에 대해 재기소할 수 있는 길이 열렸다. 2011년에는 과학기술의 발달 덕분에 용의자의 옷에서 스티븐의 DNA가 발견되었고, 이는 용의자들을 다시 법정에 세울 수 있는 근거가 됐다. 내가 가장 최근에 법정에 선 것도 바로 이 사건 때문이었다. 2012년 개리 돕슨과 데이비드 노리스는 살인 혐의로 유죄 판결을 받고 각자 14년 정도의 징역형을 선고받았다. 스티븐을 죽인 살해범 중 세 명은 체포는 되지 않았지만 주요 용의자로서 여러 차례 이름이 공개됐다.

1990년대 말에는 세인트조지 대학병원에서의 생활이 이상할 정도로 안정적이었다. 또한 나의 삶이 전반적으로 고양되어 있었다. 그 이유는 내가 단독 비행을 할 수 있었기 때문이다. 맞다. 1월의 춥고 화창한 어느 날 나는 상공에 있었다. 하늘을 날며. 오로지 혼자서.

내 아래에, 내 위에, 사방에 공기밖에 없다는 것이 왜 고된 현실로부터의 해방감을 주는지 모르겠다. 그렇게 광활한 허공에 둘러싸인 것이, 허공을 누빌 수단을 갖고 있는 것이 왜 내 운명을 조종하는 듯한 환상을 주는지 모르겠다. 지상에 있는 어떤 것도 줄 수 없는 그런 환상 말이다. 작은 항공기의 조종석에 앉아 있으면 왜 머릿속의 복잡한 문제들이 싹 사라지는지도 모르겠다. 내가 아는 건 비행하는 게 미치도록 좋다는 것, 그리고 나는 동안엔 그 순간에만 집중한다는 것, 비행하고 있다는 것 외에는 아무 생각도 나지 않는다는 것이다.

나는 경찰청에서 지정한 금요일 오후 시간 외에도 비행할 수 있는 때가 오기를 고대했다. 올해 애나는 중등학교 졸업시험을 치를 것이고, 크리스는 대학입학시험을 치를 것이다. 그동안 우리 가정생활은, 그리고 직장생활도 어느 정도는 아이들을 중심으로 돌아갔었다. 다른 방식의 지원이 필요하긴 했지만 이제 항상 그들 옆에 있어주지 않아도 됐다. 그리고 몇 년만 있으면 그들은 집을 떠날 것이다. 확실하고도 두려운 일이었다. 젠과 나는 우리의 삶을 다시 생각해봐야 했다. 우리가 하고 있는 일도 언젠가는 그만두어야 한다는 것을 인정해야 했다.

우리가 맨섬에 시골집을 산 것도 그래서였다. 어느 휴가 때 우리는 그 집에 푹 빠져버렸다. 처가와 멀지 않았고 고칠 데가 많긴 했지만, 우리 둘 다 언젠가는 그 집에서 살고 싶었다. 그 '언젠가'는 아주 먼 것 같았지만 말이다.

1999년은 내가 드디어 담배를 끊은 해다. 새천년, 21세기를 정말 폐를 망가뜨리는 흐릿한 담배 연기와 함께 맞이할 것인가? 안 된다. 그러고 싶지 않았다. 매일 공장에서 생산되는 비싼 발암물질을 소비함으로써 몇 년 더 살 수 있는 기회를 차버리고 싶은가? 아니다. 그럴 수는 없었다. 여러 번 시도했다 실패하긴 했지만, 2000년이 코앞에 다가오니 왠지 이번에는 성공할 것 같았다. 4~5개월 정도 언짢은 기분을 니코틴 껌으로 버틴 후에, 그리고 껌을 너무 씹어서 햄스터 턱이 된 후에 나는 기분 좋은 전환점에 도달했다. 담배 없이도 살 수 있다는 것을, 담배 없이 새천년을 맞을 수 있다는 것을 문득 깨달은 것이다. 그 뒤로는 한 번도 담배를 피우지 않았다.

우리는 맨섬에서 새해를 맞았다.

"나 정말 여기서 살고 싶어." 젠이 말했다. "21세기에 내가 원하는 건 그거야."

"내가 금방 항공기 조종사 자격증을 딸 수 있을 것 같아. 그럼 여기 살면서도 아무데나 날아갈 수 있을 거야." 내가 말했다. 비행기를 타고 가면 어딜 가든 멋져 보이는 법이다. 하지만 급할 건 없었다. 나는 아직 쉰 살도 되지 않았고 맨섬은 은퇴하고 나서 살 곳이니까.

크리스는 1, 2년 후에 수의사 수련을 시작할 계획이었고, 애나는 대학입학시험을 준비하고 있었지만 여전히 수의사와 의사 사이에서 고민하고 있었다.

"아빠, 제가 부검하는 데 가보면 결정하는 데 도움이 될 것 같아요." 어느 날 애나가 말했다.

나는 반사적으로 안 된다고 했다.

애나는 너무 어리고 너무 경험이 없었다. 아기 같은 볼에 초롱초롱한 눈빛의 애나에게 안치소의 추악한 현실을 보여줄 수는 없었다. 당연한 일이었다.

"오빠는 갔잖아요! 그때 오빠는 16살도 안 됐다고요!"

"크리스는 어느 직원이 생각 없이 부검실을 지나가게 한 거야. 보고 와서도 기분이 안 좋다고 했어."

"저는 달라요. 저는 마음의 준비가 됐으니까요. 아빠가 그 과정을 설명해주면 되잖아요, 네?"

안 돼.

"의대 면접 때 저만의 경험을 이야기하면 얼마나 깊은 인상을 남기겠어요. 저 말고 부검을 직접 본 지원자가 어디 있겠냐고요."

안 돼.

하지만 결국 나는 애나를 데리고 안치소에 가게 됐다. 단 그 대상은 자살이나 살인 피해자가 아니라 돌연사한 사람이어야 했다. 시신을 내려다보면서 나는 애나를 흘낏 봤다. 뇌출혈, 꽉 막힌 관상동맥, 간경변으로 고등어 무늬처럼 얼룩덜룩한 간을 설명할 때는 집중하느라 이마를 찡그리고 있었다.

"의대를 가더라도 법의관이 될 필요는 없어." 집에 오는 동안 다시 일깨워줬다. "네 엄마랑 피부과에 대해 얘기해보렴."

"해봤어요. 그냥 저한테 병리학이 더 맞을까 궁금했던 거예요. 정말이에요."

우리 셰퍼드가의 다음 세대가 성인이 되어 사회에 나간다고 생각하니 기분이 이상했다. 그것은 지난 세대가 늙어가고 있다는 뜻이기도 했다. 이것을 확실히 의식하게 된 것은 2001년 어느 여름날, 이언 웨스트의 장례식에 참석할 때였다. 그는 57살밖에 안 됐는데 폐암으로 죽었다. 흡연으로 생긴 암이라는 건 의심할 여지가 없었다. 최근까지 나도 공유하던 습관이었다.

우리는 모두 몇 달 전부터 그가 살 날이 얼마 남지 않았다는 것을 알고 있었다. 하지만 막상 소식을 들었을 때는 실감이 나지 않았다. 얼마 전에는 웨스트민스터 검시관법원에서 증언하러 온 그를 봤었다. 아무도 저돌적인 그를 말리지 못했다. 어쩌면 이언은 그것이 증인 선서를 하고 법정을 좌지우지할 마지막 자리라는 것을 알았을 것이다. 아래층에 있는 사무실에서 나는 그의 나이를 꼽아보고, 그가 얼마나 허약해졌던가를 돌이켜봤다. 벽이 오크 목재로 된 법정에 들어선 그는 아주 천천히 계단을 올랐지만 아무도 섣불리 부축해주겠다고 나서지 못했다. 그러던 그가 증인석에서 일어나 증인 선서를 할 때는 완전히 딴사람이었다. 나이든 이언 웨스트는 사라지지 않았다. 여전히 좌중을 압도하고 있었다. 여전히 건재했다.

그가 떠나고 나서야 나는 뼈저리게 느꼈다. 나의 멘토이자 스승, 나의 적이자 라이벌이었던 그는 내 친구이기도 했다는 것을. 그의 연구실과 술집에서 벌였던 기나긴 회의, 뜻밖의 자상함, 오랜 기간의 동료로서 티내지 않지만 서로 느끼는 친근함, 그것은 분명 우정이었다. 이제 그 친구는 그 자리에 없고 앞으로 영원히 만날 수 없다. 이언이 거의 은퇴자로 살고 있을 때, 그리고 병마에 시달릴 때 자주 찾아가서 말동무가 되어주지 않은 게 후회스러웠다.

이언의 죽음만으로는 부족했는지 그만큼 슬픈 일이 또 있었다. 같은 날 젠의 아버지, 그 존경스럽던 오스틴이 애통해하는 가족들을 남기고 맨섬에서 숨을 거둔 것이다.

죽음의 경고를 한 번이 아니라 두 번이나 받은 셈이다. 사람들은 법의관들이 항상 죽음을 대하기 때문에 인간의 유한함을 늘 의식하고 있을 거라 생각할지도 모르겠다. 하지만 그렇지 않다. 우리도 가까운 이들의 죽음을 겪고 나서야 죽기 전에 꼭 하려던 일들을 실천에 옮긴다. 젠과 나에게는 맨섬에서 사는 것도 인생 계획 중 하나였다. 그런데 이제는 나중이 아니라 되도록 일찍 그 일을 실천해야 하지 않을까 하는 생각이 들었다. 혼자되신 장모님도 우리가 필요하실 것 같았다. 맨섬에서 살고 싶다면 언제까지 미룰 것인지를 심각하게 고민해봐야 할 때였다.

2001년은 또한 마쉬오네스호 참사의 최종 보고서가 나온 해이기도 하다. 클라크 판사는 그 사고에 대한 공식 조사뿐 아니라, 사망자와 유족들의 대우에 대한 (조사 방식이 다소 유연하고 일반적으로 덜 '깐깐한' 것으로 알려진) 비공식 조사까지 책임졌다. 공식 조사 후에는 템스강의 안전장치와 인명 보호 시스템 개정을 위한 권고안이 제시되었다. 그리고 비공식조사에서 클라크 판사는 마쉬오네스호 피해자 가족들이 인간적으로, 제도적으로 부당한 대우를 받았다는 점을 분명히 했다. 그의 보고서에 의하면 사고 수습과 신원 확인 절차는 엉망이었다. 휴가 중이었던 핵심 인물과 그들의 대리자들, 여러 직급의 경찰관들, 검시관과 지문 채취 담당자들, 검시관 보조관들, 안치소 직원들과 장의사들 사이에서 진행된 작업들이 모두 뒤죽박죽이었다.

그 조사는 내 인생의 한 장을 마무리 지었다는 의미도 있었다. 당시에 일어난 실수들이 우리 법의관들과 무관하다는 것이 드디어 밝혀졌기 때문이다. 그 참사가 일어나고 11년이 지나서야 나는 신원 확인 과정의 문제, 특히 없어진 손들이 촉발한 분노에서 자유로워졌다. 분개한 이들의 전화, 언론의 멸시 등 잊을 만하면 겪어야 했던 기나긴 수난이 하루아침에 끝난 것이다.

그 비공식 조사 보고서에서 더 광범위하게 다룬 내용은 유족들에 대한 대우와 참사 희생자들의 신원 확인에 대한 여러 권고사항이었다. 나도 1990년대부터 이 문제에 대해 생각하던 참이었다. 대형 재난이 터진다면 런던의 법의관들과 전반적인 위기대응팀이 과연 잘 대처할 수 있을지 우려스러웠다. 재난의 성격이 변하고 있었기 때문이다.

2001년 무렵에는 대중교통 시스템과 도시가 과거보다 훨씬 안전해졌다. 가장 큰 위험은 테러 공격이었다. 1970년대와 80년대, 그리고 90년대에 들어와서도 아일랜드공화국군의 폭탄테러는 영국인들의 의식에 남아 있었다. 다른 나라의 도시에서도 비슷한 일이 일어났다. 1993년에는 뉴욕 세계무역센터에서 폭탄이 폭발하여 6명이 죽고 100명 이상이 부상을 입었다. 1995년에는 도쿄 지하철에 광신도들이 사린가스를 살포했다.

런던 서부를 담당한 검시관 앨리슨 톰슨도 나처럼 자연재해나 그 외의 대형 재난에 대한 당국의 대책(정확히 말하면 무대책)에 대해 우려하고 있었다. 그녀는 세인트조지 대학의 법의관들이 일하는 풀럼 안치소를 책임지고 있었지만, 더 중요한 곳은 히스로 공항이었다. 런던에서 대형 사고가 터지면 히스로 공항의 특수 격납고에 시신을 옮기는 것이 기존의 양해 사항이었다. 그래서 우리는 그곳에 직접 가봤다. 가서 보니 거대한 창고 같은 그곳은 활주로의 눈을 치우는 제설 차량과 보조 장비들로 가득 차 있었다.

그보다 더 부적절한 장소가 있었을까. 지저분하고 기름투성이고 중장비로 가득 차 있는 건 차치하더라도, 접근성이 나쁘고 세면대도 작은 것 하나뿐이었다. 우리는 경찰청을 비롯한 응급 구조팀, 현지 당국자들, 지원 단체들에 연락해서 대형 사고에 대한 런던시의 계획을 재검토하자고 제안했다. 정부의 재난 대응 능력을 우려하는 사람들은 우리뿐만이 아니었는지 모두가 적극 참여하겠다고 나섰다.

응급 상황이 무엇인지는 모두 알고 있었다. 런던 북부의 검시관이었던 데이비드 폴 박사는 다음과 같이 단순명쾌하게 정리했다. "제가 생각하는 응급 상황은 우리 안치소에서 받을 수 있는 인원보다 시신이 한 구라도 더 많은 상황입니다." 우리는 히스로 경찰서에서 정기적으로 모였다. 맨 먼저 한 일은 어떤 유형의 응급 사태가 벌어질 것인지를 예측하는 것이었다. 테이블에 둘러앉은 우리는 독감이 유행하거나 시내에서 대형 항공기가 추락하거나 테러 공격이 일어나면 어떻게 대응할 것인지를 의논했다. 시나리오가 아무리 터무니없어 보여도 현실은 항상 예상을 벗어나기 때문에 전반적인 것에서 구체적인 것까지 모두 대비해 놔야 했다.

정말 우리 생각이 맞았다. 그날 크리스는 수의학을 공부하기 위해 막 집을 떠나려던 참이었다. 그런데 곧 북부행 기차를 타야 하는 크리스가 전화를 했다.

"아빠, 저 애나랑 같이 텔레비전을 보고 있는데…"

"어떤 거?"

"국제 응급 구호 단체에서 연락 오지 않았어요?"

얼른 텔레비전을 켰다. 아메리칸 항공 11편이 세계무역센터 북부 타워에 부딪치는 영상이 나오고 있었다. 처음에는 우리가 의논하던 대형 사고 같았다. 하지만 곧이어 유나이티드 항공 175편이 남쪽 타워로 돌진했다. 그동안 테러 공격과 시내에서의 항공기 사고 모두 우리 시나리오에 들어 있기는 했지만, 그 두 가지가 그렇게 가공할 방식으로 동시에 일어날 줄은 상상도 못했다.

그러다 도저히 믿기지 않게 전 세계인이 지켜보는 가운데 쌍둥이빌딩이 실제로 붕괴하기 시작했다. 처음에는 남쪽 타워가, 그 다음에 북쪽 타워가. 테러범들은 우리가 여태 상상했던 재난의 성격과 규모를 훨씬 악랄한 수준으로 높여놓았다.

나도 그 영화 같은 습격 장면을 보고 공포에 질렸고 현실감이 느껴지지 않았다. 내가 그 참사의 사후처리 작업에 투입될 수도 있다는 건 전혀 생각지도 못했다. 미국의 응급팀이 부상자들을 구하고 사망자들의 신원 확인을 하는 어마어마한 노동에 시달리겠구나 하는 생각뿐이었다. 거기에 영국인들이 가서 무슨 일을 하겠는가? 그런데 앨리슨 톰슨이 전화를 했다.

런던 서부의 검시관으로서 앨리슨은 히스로 공항으로 송환되는 영국인 시신을 받아 그들의 사인을 밝혀야 했다. 해외에서 사망한 영국인은 영국에서 사인심문을 받아야 하기 때문이다. 이것은 1982년에 사우디아라비아의 지저분한 환경에서 죽은 젊은 간호사의 아버지가 공식적인 사인 조사를 거부한 이후 생겨난 법이다. 그 뒤로도 법의 개정은 수십 년 동안 계속됐다.

앨리슨은 10여 년 전 민간기가 폭발 테러로 스코틀랜드 로커비에서 추락했을 때 사고 처리 과정이 굉장히 미흡했음을 잘 알고 있었다. 시신을 수습하다가, 특히 신원 확인을 하다 혼선이 빚어졌던 것이다. 그런 대형 사고에서 '몇 번'의 실수는 너무나 많은 가족들을 불안과 고통 속에 빠뜨린다.

영국인 사망자들의 수습 준비에 대한 앨리슨의 우려 때문에 경찰과 대형 재난 응급 구조팀뿐 아니라 고위직 관리자들을 포함한 대응팀이 신속하게 꾸려졌다.

해결해야 할 문제가 많았다. 우리가 뉴욕 사고 대책 본부에 어떤 지원을 할 것인가? 영국인 사망자를 어떻게 송환할 것인가? 사망자를 영국으로 옮겨와서 자체적으로 부검을 할 것인가? 사망자의 시신을 검사한다고 하면 가족들은 받아들일 것인가? 아니면 부검과 신원 확인 절차를 모두 뉴욕 검시관실에 일임해야 하는가? 시신을 송환해 오면 그들의 거주지로 보내질 수 있는데, 어떤 경우에 현지 검시관이 개별적으로 사인심문을 해야 하는가? 사인심문은 몇 달 혹은 몇 년이 걸릴 수도 있으며, 분명 사고사에서 살인, 또는 불법 살인까지 서로 다른 판결이 나올 수도 있었다.

우리는 먼저 뉴욕 검시관실의 현황을 알아보기로 했다. 그래야 영국의 공식 대응책을 결정하고 적절한 지원을 제안할 수 있을 터였다.

그리고 의논 결과를 비상대책 회의실에 있던 토니 블레어 총리에게 직접 보고했다. 그들은 우리의 의견을 먼저 물었고, 결국 9월 20일(내가 49살이 되던 날)에 내가 뉴욕 검시관실에 가서 상황을 파악하기로 했다. 마침 내가 아는 이본 밀레스키가 그곳에서 일하고 있어서 도착하자마자 만나기로 했다. 그녀는 목소리가 피곤해보이고 정서적으로 피폐해 있는 것 같았지만 늘 그랬듯이 반가워했다.

내가 도착한 시간이 한밤중인 것을 감안하더라도 뉴욕은 이상하게 조용했다. 두 건물이 무너진 지 9일째 되는 날이었는데, 그때의 먼지와 냄새가 여전히 대기 중에 부유하고 있었다. 도로와 터널도 폐쇄되어 교통이 막혀 있었지만 아무도 경적을 울리지 않았다. 택시 기사에게 내가 묵을 호텔을 말해줬더니 그는 똑같은 이름의 호텔이 네 군데가 넘는다고 했다. 그래서 우리는 조용한 거리를 달리며 일일이 확인했다. 마침내 그 호텔을 찾아냈는데, 로비에 영국 경찰들이 여럿 모여 있었고 그중 몇명은 아는 사람이었기 때문이다. 그들은 나를 따뜻하게 맞아주며 한 잔 하겠느냐고 물었다. 하지만 사양했다. 검시관실에서 이본을 만나려면 바로 택시를 잡아타야 했기 때문이다.

새벽 2시 반에 도착해서 본 광경은 잊을 수가 없다. 건물 자체는 볼품없는 1960년대 콘크리트 진지 같았지만, 그건 내 관심사가 아니었다. 그곳을 둘러싼 거리와 주차장은 벽으로 가려져 철저히 엄폐된 상태였다. 24시간 시신이 들어오고 있었기 때문이다. 보안대를 통과하고 나서 나는 투광조명이 설치된 임시 휴게소로 안내되었다. 천막을 세워 만든 카페로, 그곳에서 일하는 사람들이 커피를 마시고 도넛을 먹으면서 잠시 쉬는 공간이었다. 그 너머에는 거대한 냉장 트레일러가 30대 이상 있었고 근처에는 천막이 쳐진 주차장이 있었는데, 슬프게도 꽃과 성조기가 입구를 지키고 있었다. 성조기는 미국을, 꽃이 담긴 함은 미국 국민을 상징했다.

나는 코로 숨을 들이마셨다. 그 냄새였다. 그곳 트레일러에 시신이 가득 차 있는 게 분명했다.

그 한밤중에도 때때로 영구차가 시신이 든 가방을 싣고 와서 안치실 입구로 천천히 후진했다. 사고 현장의 수색대원들은 주야 교대로 일하고 있었고, 법의관들도 마찬가지였다. 이본은 밤 근무를 지원했다. 그리고 낮 근무도. 잠은 시간 나는 대로 틈틈이 자는 수밖에 없었다.

그렇게 기이하고 어지러운 환경에서 버티려면 초인적인 회복력이 있어야 한다. 구조 작업에 나섰던 사람들이나 안치소에서 일했던 많은 사람들은 그런 회복력이 없었고, 그래서 엄청난 트라우마에 시달렸다. 어떤 사람은 버텼고, 어떤 사람은 전쟁 신경증에 걸린 표정이 되어 집으로 보내졌다.

주야 근무조가 있었기 때문에 공식적인 검사와 신원 확인 절차가 바로바로 진행됐다. 어떤 시신 가방에는 경찰이나 소방대원이 있었다. 위험을 무릅쓰고 구조 작업에 나섰다가 목숨을 잃은 사람들이었다. 이들 구조팀 희생자들은 색깔로 구분하여 그들이 뉴욕 검시관실로 들어올 때는 예를 갖춰 맞아들였다.

시신 가방 안에는 몸 전체가, 아니 대부분 몸 전체가 들어 있었다. 신체의 일부가 작은 상자에 담겨오기도 했다. 재난 현장에서는 구조대원이 예를 들어 손가락 하나를 발견했다면 그것이 어느 몸통에 속할지 거의 확실해 보이더라도 따로 분류하여 고유 번호를 붙여야 한다. 그것이 기본 원칙이다. 항공기가 돌진한 이런 참사에서는 충돌과 붕괴로 인한 어마어마한 힘 때문에 인간의 몸이 분리되기 쉽다. 그러므로 그냥 위치나 옷으로 가늠해서 몸을 원래대로 복원시키는 건 불가능하다. 대부분의 사망자는, 어쩌면 거의 모든 사망자는 신원 확인을 할 때 DNA에 의존해야 했을 것이다. 그리고 나중에, 때로는 한참 후에 이 기적 같은 과학기술에 의해 팔다리나 다른 부분, 조직들이 최대한 인체에 가까운 형상으로 복원될 것이다. 대형참사에서의 신원 확인은 과학적인 작업뿐 아니라 행정적인 작업도 상상하기 힘들 정도로 복잡하다. 9·11 테러가 모든 면에서 최악인 이유가 여기에 있다.

시신이 도착하면 접수실에서 인수하여 예비 검사를 했다. 그런 다음 바로 정식 검사팀 중 한 군데로 보내졌다. 각 팀의 구성원은 경찰, 법의관, 사진사, 방사선학자, 그리고 보조 인력이었고, 부검은 몸 전체 또는 일부를 대상으로 일반적인 방식으로 진행했다. 시신과 관련한 내용은 상세하게 기록되었고 이 기록에는 옷 조각, 장신구나 신용카드 같은 개인 소지품을 비롯한 여러 특징들, 그리고 시신이 발견된 정확한 지점도 포함됐다. 그런 다음 신중하게 번호를 붙이고, 그 시신이나 신체의 일부는 고유번호가 붙은 트레일러 안의, 고유번호가 붙은 선반에 하나씩 보존되었다.

시신은 최대한 존엄하게 다루어졌고, 트레일러는 깨끗하고 질서정연하게 유지되었다. 이번 참사의 가장 중요한 문제를 해결한 것이 트레일러였다. 트레일러에 보관하면 신원 확인을 할 때까지 별다른 과정이 필요하지 않았기 때문이다. 절차가 끝나면 그들은 가족에게 인계됐다. 미국인들이 일을 처리하는 방식은 체계적이고 정중해서 감탄스러웠다.

그곳에서는 다들 맡은 일을 열심히 하고 있어서 나는 되도록 나서지 않았다. 다음 날 의료 총책임자인 찰스 허쉬를 만나기 위해 그곳을 다시 찾았을 때도 마찬가지였다. 60대 중반의 그는 몸집이 작고 마른 체형으로서 당시 머리를 꿰매고 갈비뼈에 금이 간 상태였다. 그런 몸으로 이 엄청난 작업을 지휘하고 있는 걸 보니 분명 압박감을 느끼고 있었을 것이다. 그는 세계무역센터의 첫 번째 건물이 무너지기 직전에 그곳에 도착한 초기 구조팀의 일원이었다. 그런데 그는 어떻게 작은 부상만 입고 그곳에서 빠져나왔을까? 함께 있던 사람은 건물 파편을 맞고 쓰러져 중환자실에 있는데 말이다.

트레일러는 빠른 속도로 채워지고 있었다. 이윽고 사망자 2,753명과 총 7만 개 정도의 신체 일부가 그곳에 보관 중이라는 발표가 나왔다. 그 외의 많은 희생자들은 초기의 폭발 때문에 혹은 건물이 무너지면서 가루가 돼버렸다. 전체를 하나의 거대한 무덤으로 만드는 것이 훨씬 쉬웠겠지만, 당연히 유족들은 사랑하는 사람들이 항공기 납치범들과 함께 묻힌다는 걸 용납할 수 없었을 것이다.

세계무역센터의 모든 잔해는 허드슨강 하구의 스태튼아일랜드에 있는, 공교롭게도 프레쉬킬스Fresh Kills라는 이름의 매립지로 옮겨졌다. 잔해는 인류학자와 의사, FBI, 경찰의 지휘 아래 숙련된 팀들이 한 번도 아닌 두 번씩 체를 치듯 정밀하게 분류했다. 그런 다음에 거의 3천 명의 희생자를 DNA 분석으로 확인하는 머나먼 여정이 시작되었다. 인체의 아주 작은 조직이나 개인 소지품도 일일이 주인을 찾아야 했다.

이 작업은 사실 몇 년 동안 진행되었다. 2013년까지도 신원 확인 작업이 진행되고 있었고, 2015년이 되어서야 1,637명의 신원이 밝혀졌다. 이는 추정 사망자 수의 60퍼센트에 불과하다. 나머지는 먼지가 되었다. 어차피 모든 시신은 결국 먼지가 되지만 말이다. 그들은 프레쉬킬스를 세계에서 몇 손가락 안에 꼽히는 큰 도시 공원으로 만들겠다는 계획을 세웠다.

잔해 분류 작업에 참여했던 한 인류학자 친구는 참사 현장에서 일한 많은 사람들처럼 트라우마에 시달렸다. 몇 달 동안 인체 조직과 뼈를 찾는 작업을 한 그녀는 비행공포증이 생겼다. 영국행 비행기에 오르기 전 몸 곳곳에, 팔다리에까지 자기 이름을 써넣을 정도였다. 비행기가 추락해서 팔다리가 절단되는 경우를 대비한 것이다. 사실 그녀가 현업에 복귀하기까지는 많은 세월이 걸렸다.

짧은 출장이 끝나갈 무렵 나는 맨해튼에 있는 평범한 건물로 안내되었다. 뉴욕 주재 영국영사관이었다. 영국에서 건너온 내무부 팀이 나를 기다리고 있었다. 당시 우리는 영국인 사망자도 많다는 것은 알고 있었지만 정확한 인원은 몰랐다.

그중 한 명이 고압적인 자세로 물었다. "그런데, 우리 영국인들 시신은 어떻게 본국으로 송환해야 됩니까?"

그들이 생각하는 방식은 무엇인지 물어보자 다른 사람(정치인이었다)이 제안했다. 공항에서 군인들의 호위 아래 영국 국기로 감싼 장의차들을 일렬로 이동시켜 관을 비행기에 신자는 것이었다.

나는 고개를 저었다. 거의 이틀 동안 눈을 붙이지 못한 데다 충격과 피로에 시달리는 중이었다. 현장에서 볼 때 국기로 감싼 장의차는 극적인 효과를 노리고 그럴듯한 사진을 건지려는, 정치적 의도가 다분한 홍보 행위였다. 나는 가슴속에서 위험한 것이, 정말 무서운 것이, 내버려두면 격분으로 터져 나올 것 같은 뭔가가 부글거리는 것을 느꼈다. 나는 격분은커녕 절대 화를 내지 않는 사람이다. 하지만 그때는 달랐다.

"관이요? 관이라고 했습니까? 이 사람들 대부분은 가루가 됐습니다. 모르시겠어요? 관이 아니라 성냥갑에 넣어 보내야 할 정도라고요!"

그들이 나를 노려봤다. 대화는 거기서 끝나다시피 했다. 그들은 내게 수고했다며 그만 가보라고 했다.

나는 보고서에서 미국의 재난 대응 방식을 칭송하며, 영국만의 방식을 따로 만들 게 아니라 그들 방식을 그대로 도입해도 좋을 것 같다고 했다. 최종 집계된 영국인 사망자는 67명이었고, 검시관법원 한 군데서 경험 많고 유능한 검시관이 사망자 전원의 사인을 판결했다. 미국 경찰관 한 명만 증언을 위해 영국으로 날아왔다. 사인은 모두 동일했다. 불법살인.

4년 후 런던도 이슬람교도의 공격을 받았다. 2005년 7월 7일에 테러범들이 설치한 폭탄 네 개가 터지면서 52명이 숨지고 700명 이상이 다친 것이다. 그중 세 개는 런던 지하철에서, 나머지 한 개는 버스에서 터졌다. 1990년대부터 앨리슨 톰슨과 내가 의기투합해서 여러 전문가들과 함께 마련한 대형참사 대응 계획이(그때는 여러 기구가 참여하고 있었다) 승인되기 불과 며칠 전이었다.

나는 그때 런던에 있지 않았지만 도와달라는 요청을 받고 바로 날아갔다. 사건이 터진 지 48시간도 되지 않아 세워진 임시 안치소에서 곧바로 일을 시작했다. 런던 명예포병중대 운동장에 천막으로 세운 그 안치소에 모든 시신이 모였다. 우리가 세운 전반적인 계획은 문제없이 제 기능을 발휘했다. 나는 무거운 마음으로 맡은 일을 수행했다. 어쩌면 마음 깊은 곳에서는 우리가 재난 계획은 세웠지만 실천하는 일은 면제받을지도 모른다는 희망을 품었는지도 모른다. 얼마나 비이성적이고 순진한 바람이었던가.

그 사태를 책임진 검시관들은 부검을 둘러싸고 아쉬움이 남았을 것이다. 마쉬오네스 희생자 유족들은 우리가 실시한 정식 부검에 대해 맹렬히 비난했었다. 그 사고로 죽은 게 명백한데 부검까지 할 필요가 어디 있느냐고 하면서 말이다. 그 결과 2005년 폭발사고 때는 정식 부검을 실시하지 말라는 지시가 내려왔다. 우리가 할 일은 오직 신원 확인뿐이었다. 시신을 여는 건 순전히 쓸개와 맹장을 찾기 위해서였다. 그것들만 제거하면 신원 확인이 훨씬 쉬워지기 때문이다.

그 후 이례적으로 긴급구조대가 부상자들을 빨리 구해내지 못했다며 비난을 받았다. 대원들은 원칙상 그들이 위험에 처할 수 있는 곳에는 들어가지 않는다. 그리고 그 테러 사건 때는 폭탄이 더 있을 수도 있었기 때문에 폭발 지점에 접근하기 전에 대기하라는 지시를 받았다. 그런데 그런 지체 때문에 수많은 사망자가 나왔다는 비난이 이어진 것이다. 어떤 유족 측 변호사들은 긴급구조대를 상대로 보상액을 청구하려고까지 했다. 정식 부검을 실시하지 않았기 때문에 우리 법의관들은 신원 확인 결과를 요구하는 유족들로부터, 검시관은 법적으로 문제 삼는 변호사들로부터 시달림을 받았다.

이 사건에서 나는 확실히 배운 게 있었다. 몇 년 후, 데릭 버드라는 택시운전사가 컴브리아에서 연쇄살인을 자행했을 때 내가 그 사건을 맡게 됐다. 20년도 더 전에 헝거포드에서 마이클 라이언이 일으킨 참사와 너무도 유사한 사건이었다. 어떤 사람들은 사망자들의 사인이 분명하니 정식 부검은 하지 말라고 압박했다. 하지만 2005년의 지하철 테러를 잊지 않았던 나는 그런 요구에 물러서지 않았다. 모든 시신은 먼저 MRI 스캔을 해서 총알이 박힌 위치를 잡아냈고, 부검도 모두 정식으로 실시했다. 긴급구조대가 늦었다는 비난은 전혀 없었다.

31 변화의 먹구름

오사마 빈 라덴과 두 번째 악연이 맺어진 때는 9 · 11 사태 후 1년이 지나서였다. 인도네시아의 아름다운 휴양지 발리에 빈 라덴이 이끄는 이슬람 근본주의자들이 폭발물 2개를 설치했고 그것이 터져 200명이 죽은 것이다. 희생자들은 대부분 휴가를 즐기러 온 서양인들이었고 대다수가 30살 미만이었다.

이번에도 나는 연락을 받고 몇 시간 만에 비행기에 올랐다. 내 옆에는 몸집이 건장한 남자들이 앉았다. 왠지 특수부대원들 같았다. 그들도 나와 같은 이유로 발리로 가는 것 같았지만 내릴 때까지 아무 얘기도 나누지 않았다. 나는 그들이 나를 관광객이나 기자로 봤을 거라 생각했다. 덴파사르 공항에 내렸는데 나를 마중 나온 사람이 없었다. 짐 찾는 곳에 서 있는데 내 사정을 눈치챈 그들이 처음으로 말을 걸었다.

"태워드릴까요, 박사님?"

"어떻게 저를 알아보셨습니까?"

"그냥 보고 법의관이라고 짐작했습니다."

"어떻게요?"

"뭐, 우선 영화를 보고 웃질 않으시더군요."

그것이 남들이 보는 법의관의 인상이었다. 침울해 보이고, 죽음만 생각하고, 뚱한 표정으로 시신을 다루는 사람. 어쨌든 태워줘서 고마웠다.

호텔에서 내가 처음 만난 사람은 앨리슨 톰슨 검시관이었다. 우연히 홍콩에 있다가 바로 넘어왔다고 했다. 이번에도 영국인 시신들을 히스로 공항으로 들여와 그녀가 후속 조치를 진두지휘해야 했기 때문이다. 우리는 서로 반갑게 인사를 나누고, 새벽이긴 했지만 시신들이 이송되고 있는 병원으로 출발했다.

런던을 떠나기 전에 나는 영국인의 시각에서 부검 과정을 지켜보기만 하면 된다는 말을 들었다. 하지만 안치소로 들어가자, 학술대회에서 만났던 법의관들(대부분 오스트레일리아에서 왔지만 네덜란드와 독일에서도 왔다)이 나를 알아보고는 가운, 앞치마, 고무장갑, 메스를 건네줬다. "딕, 같이 해요."

영국대사관에서는 놀랍게도 영국인 희생자들을 모두 찾아놓은 상태였다. 그뿐 아니라 그 지역에서 몇 개 안 되는 냉장 컨테이너 한 대를 유지할 연료도 마련해놓았다. 모든 재난 현장에서 그래왔듯이 우리 법의관들은 국적에 상관없이 부검이라는 컨베이어 벨트에서 시신이 도착하는 대로 작업을 함께 했다.

문제는 무더운 그 나라에서 시신을 보관할 시설이 부족하다는 것이었다. 슈퍼마켓에서 사온 얼음주머니로 덮인 채 그늘에 누워 있던 시신들의 광경과 냄새는 평생 잊지 못할 것이다. 얼음을 가득 실은 트럭을 얼마나 애타게 기다렸던가. 시신들은 빠른 속도로 부패하고 있었다. 신체 일부가 절단된 시신이 많아서 이번에도 신원 확인은 일종의 퍼즐 맞추기가 되었다. 훈련받지 않은 구조대원들이 한 자리에서 발견한 것은 모조리 하나의 가방에 넣어오는 바람에 일이 더 힘들어졌다. 손 하나만 발견된 경우가 있었는데 천만다행으로 결혼반지를 끼고 있었고 안쪽에는 주인의 이름이 새겨져 있었다. 조그맣고 애절한 그 물건은 비극적인 퍼즐판에 들어갈 작은 조각이었다.

발리라는 천국 같은 섬에 끌린 희생자들은 대부분 젊고 아름다웠다. 알카에다 계열의 극단주의자들이 심어놓은 것으로 추정되는 그 폭탄 두 개가 연달아 터졌을 때, 그들은 술집이나 나이트클럽에서 즐겁게 놀고 있었다.

발표에 의하면 총 사망자는 202명, 부상자는 200명 이상이었고, 영국인 희생자는 28명이었다. 견디기 힘든 충격과 체력의 한계, 트라우마로 기억되는 사건이었다. 이 잔혹 행위를 잊지 않기 위해 세운 기념관을 찾아 런던, 퍼스, 웨스턴오스트레일리아를 다녀왔지만, 굳이 그곳에 가지 않더라도 부패해가던 시신, 얼음, 악취, 물이 졸졸 나오던 단 하나의 수도꼭지, 그리고 모든 사람이 뼈저리게 느꼈던 테러리즘의 무익함은 잊을 수가 없다. 아직도 나는 그날의 정신적 타격을 극복하지 못한 것 같다.

그 무렵 법의병리학의 세계에는 변화가 몰려오고 있었고, 심슨 교수 때와는 달리 우리의 지위가 불확실해지고 있었다. 우리는 의과대학에서 병리학 강의를 하고 월급을 받았었다. 그런데 이제 의대에서(처음에는 한두 군데서 나중에는 거의 모든 대학에서) 법의병리학을 지원하거나 가르치는 것을 중단했다. 그들이 내세우는 주된 이유는 법의학 연구 성과가 없고 유명 학술지에 연구논문이 실리지 않는다는 것이었다. 하지만 우수대학의 기준에 맞추기에는 부검하느라, 그리고 검시관과 법원의 요구에 응하느라 우리가 너무나 바빴다. 연구 실적 평가의 시대가 도래했는데 법의관들은 그들의 기준에 미치지 못했던 것이다.

훌륭한 법의병리학 전통이 있던 의과대학들도 점차 그 학과를 폐쇄했고, 가이스 병원에 구축된 이언 웨스트의 왕국도 그가 죽고 나서 얼마 지나지 않아 사라졌다. 세인트조지 대학은 조금 더 버텼지만, 내가 구축한 그 학과도 곧 공식적으로 지원 중단이 결정됐다.

우리는 사실상 민영화된 것이다. 그때부터는 무료로 법의학 서비스를 해주는 게 아니라, 대학에서 특강을 할 때만 강의료를 받고, 부검을 하게 되면 경찰이나 검시관, 또는 피고 측 변호사에게 부검 비용을 청구해야 했다.

그렇게 되면 보수는 없지만 꼭 필요한 일들을 계속하기가 힘들어질 터였다. 예를 들면 안전한 제압법을 가르치거나 재난 대응책을 세우는 것처럼 봉사의 일환으로 해오던 공익적인 업무가 거기에 속했다. 그 그룹에 참여했던 이들은 모두 경찰청이나 다른 조직으로부터 임금을 받았지만 이제 대학의 지원을 못 받게 된 나는 난감했다.

정기적인 수입뿐 아니라 강의도, 학생도 없어졌다. 런던 외 지역에서 특수한 집단을 상대로 가끔 강연을 할 뿐이었다. 강의를 할 때마다 강의실이 꽉 찼기 때문에 나는 의대생들이 법의학에 얼마나 관심이 많은지 잘 알고 있었다. 전공에 관계없이 의대에서는 법의학의 기초를 주요 과목으로 가르쳐야 한다. 수상한 상황을 포착할 수 있어야 필요할 때 전문가나 경찰에게 연락을 할 수 있기 때문이다. 하지만 수업시간표에서는 '진짜' 의학들이 경쟁하듯 빽빽하게 들어차 있어서 이제 법의병리학은 몇 안 되는 특수대학원에서나 접할 수 있는 학문이 되었다.

나는 훗날 FPS로 불리게 된 '법의병리학협회Forensic Pathology Services'

라는 조직을 설립했다. 런던과 영국 남동부의 법의관들이 병리학의 민영화라는 '멋진 신세계'에서 활동하도록 지원하기 위해서였다. 그런데 조직의 계획과 운영 방식을 한창 고민하다가 문득 내가 과연 그 조직의 일원이 되고 싶은 건가 하는 회의가 들었다.

그해 가을 나는 무거운 마음으로 애나를 대학으로 떠나보내고 왔다. 애나는 결국 의대에 진학하기로 했다. 그래서 두 아이는 모두 잉글랜드 북부 쪽으로 떠나버렸다. 물론 그들은 우리의 도움이 필요했지만 다른 종류의 도움이었다. 우리 집은 넓고 텅 비어 고요했다. 그래서 우리가 맨섬에서 보내는 시간이 점점 더 많아졌던 걸까? 우리가 섬에 사놓은 집은 아이들이 있는 곳과 더 가까웠으니 말이다. 세인트조지 대학에서 내가 맡은 강의가 줄어들면서 꼭 런던에 있을 필요가 없어져서 그랬는지도 모르겠다. 아니면 그 집이 너무 좋아서, 그리고 혼자되신 장모님을 더 보살피고 싶어서였는지도 모른다(그렇다고 해서 그분이 적극적인 친목 활동을 그만뒀다는 뜻은 아니다). 혹은 그때쯤에는 우리도 그 활발한 인간관계의 일원이 되어 있어서 더 자주 갔는지도 모른다.

그것도 아니면… 런던에서의 삶에 지쳐서였을까? 사실 금요일 오후에 비행을 하고 와서도 회복하지 못할 정도로 나는 지쳐 있었다. 법원에서 하는 증언은 모두 싸움으로 인한 멍 정도의 시시한 것들이었고, 때로는 그 일을 하고 싶은 의욕이 안 났다. 이제 경찰이 범죄 현장으로 불러도, 거기서 새로운 시신을 대면해도 흥미가 일지 않았다. 그들이 내 견해를 묻기 위해 전화하리라는 기대는 이미 버렸다. 앞으로 법의관들은 서로 시신을 맡으려 입찰을 할 것이고, 심지어 비용을 낮추는 경쟁까지 할 것 같았다. 법의병리학은 일종의 사회적 서비스였지만, 이제는 지적인 열의가 넘치던 세계, 논쟁하고 연구하고 사회적 변화를 추동하던 분야가 아니었다.

젠도 자기 분야에 회의를 느낀 상황이었다. 늦은 나이에 의사가 됐다는 건 대단한 성취였지만 일반의가 되면서 그녀는 자신이 진짜 원하는 건 그게 아니었음을 깨달았다. 그녀는 그전부터 늘 맨섬으로 이사하여 거기서 자신의 전공인 피부과를 개업하고 싶다고 했다.

그것들 말고 우리를 그 섬으로 데려간 건 무엇이었을까? 우리가 나이 들어간다는 인식? 장인어른과 장모님처럼 삶을 즐기고픈 열망? 우리끼리 지내는 시간이 많으면 오랫동안 잊고 살았던 애정 어린 대화가 다시 시작될 거라는 희망?

어쩌면 나는 (그리고 젠도) 중년의 위기라는 것을 겪고 있었는지도 모른다. 어떤 법의관도 인간의 몸에서 찾아낼 수 없는, 현미경으로도 찾아낼 수 없는 그런 증상 말이다.『심슨 법의학』(내가 이 책 3판을 보고 반해서 이 일을 시작했다는 것을 기억할 독자들이 있을지 모르겠다) 12판을 써달라는 요청을 받았을 때, 나는 그 제안이 분에 넘치는 영광으로 느껴졌다. 어쩌면 그 제안을 수락한 건 핑계이기도 했다. 어쨌든 나는 법의병리학협회의 산파였지만 그곳을 떠나게 됐다. 그리고 젠과 함께 런던도 아주 떠났다. 우리는 깔끔하게 다듬은 울타리와 잔디밭이 딸린 집을 포기하고 리버풀 인근 섬에 있는, 바닷바람을 맞는 아름다운 시골집을 얻었다. 동료들을 비롯한 다른 사람들은 내가 정신이 나갔다고 생각했을 것이다.

하지만 난 무척 행복했고 시골집을 고치느라 바쁘기도 했다. 우리는 끝없이 펼쳐진 하늘 아래 바람 부는 황무지를 몇 마일이고 걸었다. 맑은

날은 바다 건너 북아일랜드의 몬 산맥이 바닷물 속으로 죽 이어지는 풍경까지 볼 수 있었다. 밖에서 강풍이 휘파람을 부는 소리를 들으며 난롯가에 앉아 있기도 했고, 깊은 바다에서 파도가 멋지게 솟아오르는 광경을 마냥 바라보기도 했다. 그동안에는 부검을 단 한 건도 하지 않았다.

그리고 그곳 사람들과도 즐겁게 어울렸다. 그전까지는 일에 빠져 살았지만 이제는 친구들이 생겼다. 우리가 그들 대부분보다 훨씬 젊었지만 그것은 별 문제가 아니었다. 우리는 장모님이 만들어놓은 친목 무리에 은근슬쩍 들어가기만 하면 됐다. 장모님은 예전보다 나이가 들긴 했지만 여전히 모든 파티에 참석했고, 방마다 옷장에 고급 여성복이 꽉꽉 차 있었다. 가스불 위에서는 뭔가가 맛있는 냄새를 풍기며 보글거렸고, 진토닉은 항상 준비되어 있었다. 장모님은 늘 자신을 우러러보는 지인들에게 둘러싸여 있었다. 우리도 그들과 함께 어울려서 즐거웠고, 공동체의 일원이라는 게 좋았다. 크리스와 애나도 자주 찾아왔다.

나로서는 부검할 일은 없었지만 재밌는 일은 많았다. 우선 법의병리학에 대한 교재를 집필하고 있었다. 그리고 소형 항공기를 몰고 본토로 날아가 영국 법의병리학위원회에 참석하기도 했다. 또한 내무부와 법의관들 사이의 계약 조건, 그리고 법의관 업무의 민영화 관련 세부 사항을 협의하고 있었다. 그 외에 복잡한 사건들에 대한 질문도 받았고, 정부조직에서 인간적인 제압 방식을 고안하고 교육하는 일로 바쁘기도 했다.

물론 법의학 분야에서 일어나는 흥미로운 발전들은 예의주시하고 있었다. 경찰에서 레이첼 니켈 살해사건을 재조사한다는 것도 알고 있었다. 결국 콜린 스태그가 범인이 아닐 수도 있다는 주장을 받아들인 것이다. DNA 검사의 발전으로 인해 그녀를 죽인 범인으로 로버트 내퍼를 체포하기까지는 재조사를 시작한 시점부터 다시 6년의 시간이 필요했다. 사만다 비셋을 형언하기 힘들 정도로 잔혹하게 살해한 로버트 내퍼는 이미 평생 수감 명령을 받고 브로드무어 정신병원에 격리되어 있었다. 나는 사만다 비셋의 절단된 신체를 2차 부검하면서 그녀의 살해범이 레이첼 니켈의 살해범과 비슷하다고 수사관에게 말했던 일이 떠올랐다. 그때 그냥 지나가는 말로 할 게 아니라 좀 더 적극적으로 밀어붙였다면 얼마나 좋았을까.

두 아들을 죽인 혐의로 유죄 판결을 받았던 샐리 클라크 사건에서도 중요한 정세 변화가 있었다. 그녀는 두 번째 항소를 계획 중인 것 같았다. 20년 넘게 수감되어 있었지만, 새로운 병리학적 증거가 나왔기 때문이다.

그 증거란 둘째 아들의 혈액과 조직 샘플 실험 결과였는데, 전에는 담당 법의관이 그 증거를 내놓지 않았었다. 일부 전문가들은(전부는 아니다) 이 증거가 둘째 아들이 박테리아(포도상구균) 감염으로 자연사했을 가능성을 보여준다고 했다.

항소법원이 할 일은 당시 재판 때 배심원들이 이 정보를 알았다면 그것이 유죄판결을 내리는 데 영향을 줬을지를 가리는 것이었다. 세 명의 판사는 그 정보가 영향을 줬을 것이고 그래서 유죄판결은 부당하다고 판단했다.

2003년에 샐리 클라크는 감옥에서 풀려났다. 하지만 알코올중독으로 삶이 엉망이 된 그녀는 4년 후에 죽었다.

한 집에서 두 아이가 자연사할 확률은 7300만 분의 1이라고 별난 통계치를 제시했던 로이 메도 경은 공공연히 신뢰를 잃었다. 그의 증언으로 불리한 입장에 처해 영아살해로 징역형을 받은 어머니들이 항소를 했던 것이다. 그의 계산법은 통계학자들의 반박을 받았고, 그는 영국 의사협의회에서 퇴출까지 당했다. 그는 나중에, 훨씬 나중에, 퇴출을 취하해달라는 항소를 해서 이겼지만, 그때는 나이가 70이 넘은 때였다. 법정에서 반대신문의 압박을 받으며 즉석에서 한 계산 때문에 눈부신 경력이 슬프게 막을 내린 사례다.

샐리 클라크의 두 아이를 검사했던 법의관은 그중 한 명에 대해 사인을 바꾸고 검사 결과도 숨긴 것이 드러나 의사협의회로부터 심각한 직권남용이라는 판결을 받았다. 18개월의 정직 처분을 받은 그는 그동안 내무부에서 의뢰하는 부검을 맡을 수 없었다.

데이비드 사우스올은 직접적인 관련자는 아니지만 샐리 클라크의 두 아들 사건에 대해 꾸준히 의견을 표명했던 인물이었다. 하지만 샐리 클라크의 석방은 그의 관점에 역풍으로 작용했고 영아 보호를 우선시해야 한다는 전반적인 사회 분위기에도 찬물을 끼었었다. 그는 전반적인 영아사망률, 특히 SIDS가 의학적으로나 도덕적으로 복잡한 문제임을 알려줬는데, 의심받던 부모들과 그들에게 공감하는 사람들은(부당하게 비난받았다고 주장하는 사람들은 쉽게 공감을 얻는다) 분노 집단을 형성했다.

그 집단은 의사협의회에 사우스올 교수에 대한 불만을 제기했다. 의사협의회는 그들의 불만을 의료분쟁위원회에 의뢰했고, 그 위원회는 사우스올 교수에게 개업 부적격 판정을 내려 의사협의회에서 탈퇴시켰다. 항소법원에서 이 판결을 번복하기까지 그는 여러 해를 기다려야 했다. 의사협의회에서 내린 단죄는 여파가 컸지만 그의 혐의가 완전히 벗겨진 후에도 그것을 보도하는 언론은 거의 없었다.

샐리 클라크 사건은 어쩌면 SIDS와 우리 법의관들의 관계를 단적으로 보여주는 사례인지도 모른다. 사고방식의 유행은 과학의 세계에서는 설 곳이 없어야 하지만, 실상은 분명히 존재한다. 10년 전에 샐리는 누가 봐도 두 아들을 잃은 비극의 주인공이었다. 첫째 아들이 죽었을 무렵에는 SIDS가 예전만큼은 아니지만 아직도 사인으로 자주 판정 나던 때였다. 하지만 둘째 아들이 죽었을 때는 그에 관한 인식이 발전해서 국내 법의관들은 누구든 그 사건의 배경을 살피려고 했다. 그래서 둘째 아이가 죽은 건 그 아기가 마구 흔들렸기 때문이라는 소견이 나왔고, 이는 당시 흔들린아이증후군이 화제가 된 환경을 반영한다. 전반적으로 볼 때 그 사건으로 인해 우리는 아기가 갑자기 죽으면 대체로 그 어머니를 수상쩍게 생각하게 됐다. 그러다 샐리 클라크의 항소가 성공한 것은 그런 의심을 재고해봐야 한다는 사회 분위기를 반영한 건지도 모른다.

사실 담당 법의관이 분명 기록과 공개에서 실수를 하긴 했지만, 의학적 증거는 극히 복잡하고 논란의 여지가 있다. 수많은 전문가들이 법정에 모이면 두 아이의 죽음과 관련해서 거의 모든 점에 관해 서로의 의견에 이의를 제기할 것이다. 샐리 클라크 사건에서도 진실이 무엇인지는 명쾌하지 않고 유동적이었다. 하지만 법원은 정직함과 진실을 원하면서도 지극히 복잡한 의학적 문제를 선별적으로 취해서 판결했다.

그 비극적인 클라크 사건으로부터 상처받지 않은 사람은 없었다. 법의관들로서는 우리가 얼마나 막중한 책임을 지고 있는지를 무섭게 깨닫게 해준 사건이었다.

맨섬에서의 삶을 많이 사랑하기는 했지만, 몇 년이 지나자 매일 메스로 자르고 찌르던 부검실이 그리워졌다. 안치소와 범죄 현장에서의 동료애, 손발이 척척 맞던 팀워크를 다시 느껴보고 싶었다. 인간의 잔혹함을 보여주는 증거에 치를 떨면서도 그 일을 처리하던 놀라운 인간애는 잊을 수가 없었다.

위원회 일이 그런 허전함을 어느 정도 메워주긴 했다. 특히 나는 경찰을 비롯한 집행 인력을 위해 지침서를 작성하고 있어서 더 보람이 있었다. 그들은 크랙 코카인의 사용자가 늘어남에 따라 전에 없던 난관에 직면해 있었다. 이 마약을 사용한 사람들은 비정상적인 정신 상태에서 힘이 황소처럼 세지기 때문에 두 배로 위험해지는 것이다. 일반 시민을 안전하게 보호하려면, 이렇게 거칠고 위험한 사람을 죽이지 않고 제압하는 법을 알아야 한다. 물론 이런 문제를 해결하는 것은 바람직하고 좋은 일이지만, 부검실에서 해결하는 문제와는 성격이 달랐다. 어느새 나는 부검실이나 범죄 현장, 법원과 무관한 분야에서 일하는 기분이었다.

2004년 당시 나는 대중의 관심을 끌던 흥미로운 사건의 공개 조사를 유심히 지켜보고 있었다. 7년 전 내가 살던 곳에서 멀리 떨어진 도시에서 일어난 사건이었다.

1997년 8월 31일, 일요일에 그 사건이 터졌을 때 나는 내무부에 등록된 법의관이 아니었다. 그 사건이 배당된 사람은 세인트조지 대학병원의 동료였던 롭 챕먼이었다. 그날 새벽 다이애나 왕세자비와 도디 알파예드가 파리의 한 터널에서 교통사고로 사망했다. 도디 알파예드는 현장에서, 다이애나 비는 수술 직후 병원에서 숨을 거뒀다. 두 사람의 시신은 당일 노솔트 공군비행장에 도착해 런던 서부 담당 검시관 존 버트에게 인계됐다. 그는 마침 왕실 담당 검시관이기도 했다. 그날 저녁 롭은 고위 경찰 간부들, 증거 수집 담당관, 범죄 현장 책임자, 검시관, 경찰청 소속 사진사, 안치소 직원들, 일반인들의 접근을 막는 경찰관들이 둘러싼 가운데 풀럼에서 부검을 실시했다. 두 사람 모두 사고 때 입은 부상으로 사망했다는 결론이 났다.

하지만 두 사람의 죽음을 둘러싼 의문은 좀처럼 사라지지 않았다. 유모론이 걷잡을 수 없이 퍼지는 것을 막기 위해 정부에서는 2004년에 재조사를 시작했다. 훗날 런던 경찰청장으로 임명되었다가 귀족 작위까지 받은 스티븐스 경의 지휘하에 시작된 그 조사는 그들이 교통사고가 아닌 다른 원인으로 사망했는지를 판단하는 것이 목표였다. 새로 임명된 왕실 담당 검시관 마이클 버제스는 나를 이 조사의 법의관으로 임명해 달라고 요청했다. 물론 두 시신은 오래 전에 매장되었기 때문에 내가 할 일은 1997년에 작성된 증거 기록을 검토하는 것이었다.

사고의 원인을 둘러싸고 수많은 추측이 난무했지만, 나는 도디와 다이애나가 리츠 호텔 뒷문으로 나가 호텔 소유 메르세데스에 올라탔고, 그 차를 운전한 앙리 폴이 파파라치들의 추격을 피해 파리 시내를 달렸으며, 그들이 탄 차가 시속 100킬로미터가 넘는 속도로 알마 터널의 열세 번째 콘크리트 교각을 들이받았다는 사실에는 의문의 여지가 없다고 생각한다.

그런 충돌로 인해 차가 급정거하면, 안전벨트가 잡아주지 않는 한 차에 탄 사람의 몸은 차와 함께 멈추는 게 아니라 진행 방향으로 계속 나아간다. 그래서 앞유리나 계기판이나 앞에 앉은 사람의 몸에 충돌한다. 뒷좌석에 앉았던 다이애나와 도디는 안전벨트를 매지 않았다.

운전자도 매지 않았다. 그는 운전대에 부딪쳤고 그의 부상에도 그렇게 나타났다. 하지만 거의 동시에 뒤에 앉았던 도디의 몸이 그를 덮쳤다. 도디는 몸집이 큰데다 시속 100킬로미터의 속도로 움직이고 있었다. 그 결과 도디의 에어백 역할을 한 앙리 폴은 즉사했다. 도디도 그 자리에서 사망했다.

다이애나는 약간 운이 좋았다. 알파예드의 경호원인 트레버 리스존스가 운전석 옆, 그녀의 앞자리에 앉아 있었기 때문이다. 안전벨트는 움직임을 제한하기 때문에 경호원들은 보통 안전벨트를 매지 않는다. 그런데 리스존스는 앙리 폴이 운전하는 모습을 보고 놀랐기 때문인지 아니면 충돌할 것 같았기 때문인지 마지막 순간에는 안전벨트를 매고 있었다. 안전벨트는 몸을 누르고 있는 동안 서서히 풀리도록 설계되어 있다. 그래서 다이애나의 몸이 뒤에서 앞으로 날아오는 순간 그의 몸은 벨트에 의해 고정되어 있으면서도 부분적으로는 에어백에 눌렸다. 다이애나는 도디보다 훨씬 가벼웠고 리스 존스의 벨트가 약간 풀린 것도 충격의 세기를 줄여줬을 것이다. 이것은 다이애나가 받을 충격을 조금 약화시켰고 그래서 다이애나의 부상은 도디보다 가벼웠다. 뼈가 몇 군데 부러지고 가슴에 작은 부상만 입은 정도였다.

도디 알파예드와 앙리 폴이 죽은 건 확실했기 때문에 응급요원들은 도착했을 때 바로 부상자들을 보살폈다. 다이애나는 당시에 말을 할 수 있었다고 알려졌는데, 응급요원들은 그녀가 다이애나라는 걸 몰랐다. 트레버 리스존스는 자신의 몸이 앞으로 쏠리면서 다친 데다 뒤에서 날아온 다이애나와도 충돌했기 때문에 부상이 훨씬 심각했다. 그래서 응급요원들은 그를 먼저 차에서 끌어냈다. 그를 완전히 끌어낼 때까지 다이애나는 앞좌석 뒤에 꽉 끼어 있을 수밖에 없었다.

　생명이 위태로웠던 리스존스는 첫 번째 구급차에 태워 보내졌고, 이어서 다이애나도 병원 응급실로 보내졌다. 문제는 그녀의 폐정맥이 조금 찢어진 것을 아무도 몰랐다는 것이다. 해부학적으로 볼 때 이 부분은 가슴 중심 깊은 곳에 있어서 잘 보이지 않는다. 물론 정맥은 동맥과 달리 압력이 높지 않기 때문에 혈류의 속도가 느리다. 너무 느려서 출혈을 발견하기가 굉장히 어렵고, 발견했을 때도 복구하기가 힘들다.

　응급요원들이 도착했을 때 그녀는 부상은 입었지만 안정돼 보였다. 특히 대화를 할 수 있는 상태였다. 하지만 모두가 리스존스에게 집중하는 동안 정맥에서 나온 피는 천천히 흉곽으로 스며들었다. 구급차 안에서 그녀는 서서히 의식을 잃어갔다. 심장마비를 일으키자 그녀를 소생시키기 위해 모든 수단이 강구되었고, 병원에 도착한 후에는 수술에 들어갔다. 수술 중에 의료진은 정맥의 출혈을 발견하고 그것을 치료하려 했지만 안타깝게도 너무 늦었다. 그녀가 사고 직후에 의식이 있었던 것은 주요 장기의 정맥이 찢어졌을 때 흔히 나타나는 증상이다. 내 평생 그런 부상은 본 적이 없을 정도로 다이애나의 정맥 부상은 정말 특이한 경우였다. 상처는 정말 작았지만 위치가 치명적이었던 것이다.

그녀의 죽음은 우리가 '만약에'라고 가정하며 안타까워하는 전형적인 사례다. 만약 그녀가 약간만 다른 각도로 앞좌석에 충돌했다면. 만약 자동차 속도가 시속 15킬로미터만 느렸더라면. 만약 그녀가 즉시 구급차에 태워 보내졌다면. 하지만 다이애나의 경우 가장 중요한 '만약에'는 그녀 자신이 할 수 있는 일이었다. 만약에 그녀가 안전벨트만 맸더라면, 그래서 좌석에 고정되어 있었더라면 분명 이틀 후에는 눈두덩에 멍이 든 채로, 아니면 갈비뼈 골절로 숨쉬기를 다소 힘들어하며, 그리고 팔에 깁스를 한 채 대중 앞에 나타날 수 있었을 텐데 말이다.

내가 보기에 그녀의 사인은 논란의 여지가 없다. 하지만 폐정맥의 그 작고 치명적인 부상 외에 여러 요인들이 얽혀 있었고, 그중 일부는 수많은 음모론이 싹트는 것이 당연할 정도로 불투명한 게 사실이다.

음모론을 주장하는 사람들, 특히 도디의 아버지 모하메드 알파에드는 그 사고가 절대 우연이 아니고 계획된 것이라고 생각한다. 가장 많은 사람들이 믿는 주장은 다이애나가 임신을 발표하여 영국 왕실의 명예를 실추시킬까 봐 그 커플이 죽음을 당했다는 것이다. 내가 그녀를 부검하진 않았기 때문에 임신에 대해 단정적으로 말할 수는 없다. 이 문제에 대해서 롭 챔먼은 신문을 받고 반대신문도 받았는데, 그는 임신의 징후가 없었다고 답변했다. 임신이 되면 2주 후에 아니면 3주 후에는 확실히 신체의 변화를 포착할 수 있다. 심지어 본인이 임신 사실을 알기도 전에 말이다.

어떤 사람들은 내게 롭이 압박을 받아 거짓말을 할 수도 있지 않느냐고 물었다. 나의 대답은 '절대 아니다'이다. 그는 평생 지녀온 뿌리 깊은 가치관을 버리지 못하는 사람이고, 부검에서 얻은 진실을 숨기지 않을 사람이다(그 점에서는 나도 마찬가지다).

하지만 다이애나의 임신을 주장하는 음모론은 완전히 가라앉지 않았다. 그날 밤 그 차가 충돌한 이유도 여러 가지 제시되었는데, 그런 주장들은 사건을 둘러싼 여러 이례적인 일로 인해 더욱 확산됐다.

먼저 현장에는 다른 차, 즉 흰색 피아트 우노가 있었는데, 리츠 호텔의 메르세데스가 교각을 치기 전에 메르세데스가 이 차와 충돌한 것 같다는 주장이 있었다. 하지만 프랑스와 다른 유럽 국가를 샅샅이 훑었는데도 차도 운전자도 발견되지 않았다. 따라서 실제로 그런 일이 있었는지는 아무도 모른다.

그 다음에 그 차를 운전했던 앙리 폴과 관련해서 이상한 일이 있다. 그의 혈액 샘플에 의하면 그는 술에 취해 있었다. 하지만 이것은 그의 가족들 그리고 사고 직전에 그와 함께 있던 사람들이 극구 부인했다. 다른 사람의 혈액을 폴의 혈액과 바꿔치기 했다는 주장도 있었다. 그의 샘플에서 어린이들의 장내세균을 치료하는 약 성분이 검출됐기 때문이다. 폴은 그런 세균이 없었고 어린이도 아니다. 그 약은 코카인 성분의 흔적을 없애주는 데도 널리 사용되지만 폴은 코카인을 전혀 하지 않았다는 것, 적어도 그날 밤이나 그 며칠 전까지는 하지 않았다는 게 분명히 밝혀졌다. 또 한 가지, 치사량은 아니지만 폴의 혈액에서 일산화탄소 수치가 이상하게 높게 나왔다. 그런데 그 이유에 관해서는 아무도 납득할 만한 설명을 하지 못했다.

다이애나의 시신을 방부처리한 것도 이상하다. 프랑스의 장의사가 병원에 와서 방부처리를 했는데 누가 그를 불렀고 왜 불렀는지는 아무도 제대로 설명하지 않았다. 파리의 법의관이 지시하지 않았다는 건 확실하다. 납득할 만한 이유는 왕실 사람들에게는 보통 사후에 방부처리를 한다는 것인데, 두 사람의 시신은 즉시 영국으로 후송되었고, 롭은 그들을 사후 24시간 내에 부검했기 때문에 프랑스에서 다이애나의 시신에 보존액을 주입할 필요가 없었다. 그러나 방부처리를 함으로써 그들은 모든 약물 조사를 무효로 만들었다. 이런 조치를 수상하게 보는 사람들도 있지만, 다이애나와 도디는 둘 다 운전을 하지 않았기 때문에 그들에 대한 약물 조사가 무슨 소용이 있는지 모르겠다.

지난한 외교적 신경전을 거쳐 그리고 수많은 질문으로 무장한 채, 수사팀과 나는 파리로 건너갔다. 프랑스 당국자들은 우리를 별로 반기지 않았고, 심지어 적극 협조해주지도 않았다. 하지만 우리는 사고 현장에 가봤고 사고 차도 직접 살펴봤다. 다른 전문가들은 폴의 혈액 샘플에서 일산화탄소 수치가 높게 나온 이유를 찾으려 했고, 즉시 에어백도 조사했다. 하지만 나는 안치소로 가서 담당 법의관을 만났다.

사고 당일 당직에 걸린 운 없는 법의관은 도미니크 르콩트 교수였다. 그녀는 앙리 폴을 부검했고 영어가 유창했다. 그런데 내가 부검에 대해 이야기하다 기록상의 실수로 앙리 폴의 혈액 샘플이 다른 사람 샘플과 바뀌었을 가능성은 없느냐고 묻자, 그때부터 굳이 통역을 통해서만 대답하려 했다. 그리고 가끔 옆에 앉아 있던 변호사에게 조언을 구했다.

내가 그녀의 처지를 충분히 이해하고 연민을 느꼈다는 것을 그녀도 알아줬으면 좋으련만. 대도시의 안치소에서 토요일 저녁에 늘 만나는 일은 터무니없는 교통사고, 운 없는 취객들, 범죄나 싸움으로 인한 피해자들이다. 파리에서는 법의관들이 이런 사건을 토요일에 처리하지 않고 일요일 아침에 한다. 그런데 집에서 자고 있던 르콩트 교수는 느닷없이 불려나왔고 엄청난 압박 아래 부검을 해야 하는 처지가 된 것이었다. 세계에서 가장 자주 언론에 등장하는 유명인이 차 사고로 죽었고 그녀의 운전사와 애인이 안치소에 도착해 있었다. 밖에서는 가족들과 정부 인사, 세계의 언론들이 그녀에게 사인을 발표하라고 아우성치고 있었다.

유명인의 죽음에 직면했을 때는 일단 멈춰야 한다. 그리고 '모든 것을 천천히 진행하라. 모든 절차를 정확하게, 엄격한 순서를 따라서 실행하라'는 규칙을 따르는 것이 좋다. 왜냐하면 유명인들의 죽음에 대해서는, 법의관의 행동 하나 하나가 오랫동안 공공연히 그리고 은밀하게 의문의 대상이 되기 때문이다.

사건이 진행되는 동안에는 당장 그 일을 제대로 처리해야 한다는 압박을 받는다. 평소의 절반밖에 안 되는 시간에 그리고 평소에 얻는 정보의 절반만 주어진 상태에서 말이다.

복잡한 의학적 질문에 즉석에서 간단하게 대답해줬다고 하자. 내가 힘든 경험을 통해 배운 것은 그런 경우에 당신에게 고맙다고 말하는 사람은 한 명도 없다는 것이다. 단 한 명도 없다. 유일하게 듣는 말은 비판이다. 하지 말아야 할 일을 했다거나, 더 흔하게는 해야 할 일을 하지 않았다는 것이다.

안타깝게도 법의관들은 이런 상황에서 그들에게 가해지는 극심한 압력에 굴복한다. 그래서 서두르고, 생략하고, '뻔해 보이는 것들'은 그대로 받아들인다. 또한 순서대로 일을 진행하지 않고 평소와 달리 닥치는 대로 행동한다. 르콩트 교수가 부검을 급하게 진행했다는 말이 아니다. 나는 그녀가 일을 잘했다고 생각한다. 그리고 내가 나중에 몇 가지 실수를 찾아내기는 했지만 그녀를 탓할 생각은 없다. 그리고 영국 법의관이 찾아가 부검 절차를 얼마나 잘 따랐는지를 끈질기게 물었을 때 방어적으로 나온 것도 충분히 이해한다. 그 질문이란 것도 7년 전에 자다가 느닷없이 불려나가 특히 어렵게 진행한 작업에 관한 것이었으니 말이다.

스티븐스 경이 지휘한 조사에는 400만 파운드가 쓰였고, 마침내 그 결과는 2006년에 900쪽의 보고서로 정리됐다. 거기에 적힌 핵심 내용은 다음과 같다. "우리의 결론은 다음과 같다. 현재 입수할 수 있는 모든 증거로 판단하건대, 그 차에 승차한 사람 중 누군가를 살해하려는 음모는 없었다. 그것은 비극적인 사고였다."

음모론을 믿는 사람들 중 그 보고서 때문에 생각을 바꾼 사람은 거의 없었을 것이다. 특히 모하메드 알파예드가 그랬다. 2007년에는 여론의 압박 때문에 정식 사인심문이 발표되었다. 나는 전문가 증인으로 불려갔고 이번에는 프랑스에 그들이 가진 파일을 더 내놓으라는 요구도 일어났다. 나는 앙리 폴의 완전한 부검감정서는 봤었지만, 9월 하순에 사인심문이 시작될 즈음 프랑스에서는 결국 앙리 폴의 부검 사진까지 공개했다.

1997년에 경찰청 소속 사진사들은 디지털 카메라가 아니라 필름카메라를 사용했었다. 그러면 필름에 찍힌 숫자가 인화된 사진의 뒷면에 찍혀서 부검실에서 찍은 사진들을 순서대로 정리할 수가 있었다. 검사를 시작하면서 처음 찍은 사진에서 폴은 분명히 엎드려 있는 자세였다. 병리학에서는 현미경 슬라이드를 볼 때 전체를 보라고 가르친다. 한쪽 모서리에서 미세한 암 조각이 발견될 가능성이 있기 때문이다. 똑같은 규칙을 사진에도 적용한다. 일단 안 봐도 뻔한 것은 무시하고 배경을 보라는 것이다. 그래서 나는 폴 사진의 배경을 봤다. 그랬더니 빈 유리병들이 일렬로 늘어서 있는 것이 보였다. 부검대 옆, 시신 뒤쪽에 있는 싱크대 위에서 그의 혈액 샘플을 기다리고 있었던 것이다.

르콩트 교수의 보고서에서는 폴의 목 뒤쪽 굉장히 넓은 범위에서 출혈이 있었다고 적혀 있었다. 아마 도디의 몸과 부딪친 충격 때문이었을 것이다. 이상할 것은 전혀 없었다. 그런데 시간순으로 이어진 사진에는 혈액이 채워진 병들이 더 늘어나는 것이 무척 이상했다. 몸을 뒤집어 반듯이 눕힌 다음 가슴과 복부를 열어야 하는데 그 전에 병은 거의 다 차 있었다.

그것은 중요한 의미가 없을 수도 있다. 문제는 르콩트 교수가 보고서에 그 혈액 샘플들은 목이 아니라 심장에서 채취했다고 기록했다는 것이다.

물론 그녀는 혹시 몰라서 목에서 샘플을 채취했었는지도 모른다. 그러고 나서 몸을 바로 눕힌 다음 심장에서 혈액을 채취할 수 있음을 알고 그것을 버렸는지도 모른다(심장에서 혈액을 채취하는 것도 괜찮지만, 사실 대퇴골이 가장 좋다). 그것은 좋은 습관이다. 그녀가 자신이 취한 조치를 기록했다면 말이다.

어쩌면 그녀는 목에서 채취한 샘플을 심장에서 채취한 것으로 잘못 기록했는지도 모른다. 혈액 샘플을 어디서 채취했는지는 그다지 중요하지 않다. 하지만 어느 부위에서 채취했는지는 밝혀야 한다. 샘플을 채취한 부위는 독물학자들이 결과를 해석하는 데 굉장히 큰 영향을 주고, 만일 사실과 다르게 기록되었다면 정확성이 상당히 떨어질 수 있기 때문이다.

이를 태만이나 기록상의 실수 정도로 생각할 수도 있겠지만, 이런 사건에서는 아주 작은 일도 중요하다. 샘플을 채취한 부위, 샘플 병에 부착한 라벨, 그리고 전달 과정의 보안에 대해 더 많은 의구심을 불러일으킬 수 있기 때문이다. 어쨌든 그 사진은 그 샘플들이 폴의 것이 아니라는 의심을 부채질했다. 남은 혈액 샘플로 실험해본 결과 그게 앙리 폴의 혈액이라는 것은 입증됐지만 그것으로 문제가 사라진 건 아니었다. 잃어버린 샘플, 엎질러진 샘플, 다른 실험실과 나눈 샘플도 있었기 때문에 강한 의구심을 가진 사람들에게는 충분한 여지를 준 것이다.

사인심문에서 내가 제시한 증거가 중요하다 해도 그 중요성을 판단하는 주체는 배심원들이었다. 특별 검시관으로 임명된 스캇 베이커 판사가 주재한 그 중대한 사건에서는 검시관을 대변하는 변호사가 세 명, 모하메드 알파예드의 변호사 세 명, 파리 리츠 호텔 측 변호사 두 명, 그리고 앙리 폴 가족의 변호사도 두 명이었다. 거기에 런던 경찰청 변호사가 세 명, 비밀정보부와 외무부 변호사 두 명도 있었다. 그뿐 아니라 다이애나의 아들들과 그녀의 언니들도 따로 변호사를 선임했다.

물론 어떤 시점에서는 기자들이 더 많았지만, 대부분은 기자와 방청객을 합한 것보다 변호사들의 수가 훨씬 많았다.

이번에도 맨 먼저 검시관 변호사가 목격자들을 상대로 질문을 던졌다. 그리고 대부분 상대편에서 한 번 이상 반대신문이 있었다. 그날 밤이후 몇 달 동안 일어난 아주 작은 세부 사항들이 모두 검토 대상이 됐다. 내가 기여한 부분은 작았지만, 결과에는 아주 중요한 영향을 미쳤을 것이다. 나는 그 사건에 대해 전반적으로 어떤 인상을 받았느냐는 질문을 받았다. 내가 내린 결론을 물은 것이다. 간단했다. 음주운전과 과속운

전이 결합된 교통사고였다.

배심원의 최종평결에 놀란 사람은 한 명도 없었고 대다수가 그 평결에 만족했다.

　　뒤쫓던 차량들과 메르세데스의 비이성적 안전불감증에 의한 불법살인. 이 충돌 사고는 메르세데스의 과속과 운전 방식, 뒤쫓던 차량들의 과속과 운전 방식, 알코올을 과다 섭취한 메르세데스 운전자의 판단 장애가 직간접적인 영향을 미쳤다.

나는 르콩트 교수가 나의 우호적인 태도에 그렇게 적대적으로 대하지 않고 조금 더 자세히 발언을 해줬더라면 좋았을 텐데 하는 아쉬움이 있다. 병리학적인 면에서 볼 때 그녀의 침묵은 명확함을 약화시켰기 때문이다. 그렇다고 해서 음모론이 신빙성이 있다는 뜻은 아니다. 나는 그 허망한 사고가 벌어진 날 부검실에서 이루어진 작업이 한 여성을 위험천만한 방식으로 죽이고 증거를 인멸하려는 큰 계획의 일부라는 주장을 믿지 않는다. 그저 압박감을 견디며 일하던 르콩트 교수가 작은 실수를 했을 뿐이다. 수많은 음모론자들이 자신의 주장을 뒷받침할 먹이를 찾는 상황이 아니었다면 별로 중요하지도 않을 그런 실수였다. 나는 배심원들의 평결에 100퍼센트 동의한다.

33 역경을 겪은 자만이 삶을 음미할 줄 안다

2006년. 토니 블레어가 여전히 총리였고, 여름에 폭염이 지나갔으며, 〈CSI〉는 전세계적으로 가장 인기 있는 텔레비전 프로그램으로 선정됐다. 크리스는 곧 정식 수의사가 될 예정이었고, 애나는 의대 과정을 반쯤 이수한 상태였다. 맨섬에서는 다행히 『심슨 법의학』 12판 집필을 끝내고 출판까지 됐다. 물론 뿌듯하긴 했지만 책을 마치고 나니 이젠 정말 끝이구나 하는 생각에 약간 허무감이 밀려왔다. 나는 그 책의 3판을 읽으면서 법의관으로서의 삶을 시작했었다. 12판의 집필이 끝난 것은 내 경력이 끝나가고 있다는 신호였을까?

나는 여전히 일이 많았다. 위원회에 참여하여 복잡한 사건에 관해 내 의견을 전하고 공개 조사에서 증언하는 일도 계속했다. 하지만 그전까지 내가 익숙하게 살아왔던, 신원미상과 사인 불명의 시신을 중심으로 돌아가던 분주한 삶과는 거리가 멀었다.

개들을 데리고 언덕에 올라 바다를 바라보고 있을 때면 가끔 권태감이 들었다. 그게 뭐였을까? 평생 내가 거의 겪어보지 못한 그 기분을 깨닫기까지는 오랜 시간이 걸렸다. 그것은 지루함이었다. 아니면 외로움이었을까? 나는 그때까지 외로움이 뭔지도 거의 모르고 살았었는데.

시끌벅적한 모임이 끝나고 둘만 남게 되면 젠과 나는 서로 할 말이 없었다. 아이들이 다 자랐기 때문에 아이들 문제로 의논할 일도 없었고,

집수리가 다 끝났기 때문에 그것에 대해 할 얘기도 없었다. 젠은 양을 몇 마리 사더니 그것들을 키우는 법을 배우기 시작했다. 나도 양에 대해 관심을 가져보려고 노력했지만 잘 되지 않았다. 바다를 바라보는 우리 집이 무척 좋긴 했지만 언제부턴가 너무 적막하게 느껴졌다. 심지어 창문을 두드리고 지붕을 때리는 시끄러운 폭풍우가 집을 활기 있게 해줘서 반갑기까지 했다.

우리가 맨섬으로 이사했을 때 우리 둘은 그곳에서 시간제로 일할 계획이었다. 나는 부검실에서 그리고 젠은 당연히 피부과에서 말이다. 하지만 맨섬 의료계의 관행 때문에 우리에게는 기회가 주어지지 않았다. 결국 젠은 본토에 있는 피부과에서 한 달에 일주일씩 근무하게 되었고, 나는 2006년에 리버풀에서 주말에만 대리로 일하는 자리를 제안받고 받아들였다.

어쩌면 나는 런던의 직장에서 너무 지친 나머지 절름거리며 맨섬으로 떠났는지도 모른다. 그곳의 정치에, 행정적인 책임에, 이제는 각개전투에 들어간 병리학 세계의 복잡한 인간관계에 지쳐서 말이다. 그제야 내가 무엇을 그리워했는지를 깨달았다. 내 삶에서 핵심이 되는 것, 즉 죽은 사람들과 그들이 품은 수수께끼를 그리워했던 것이다. 다시 수술복 차림으로 부검실에 들어가 날카로운 PM40을 손에 쥐니 내가 첫 부검을 앞두고 느꼈던 직업적인 흥분이 다시 살아났다. 리버풀에서 처음 부검한 대상은 칼에 찔린 채 쓰레기 투하 장치에서 발견된 냄새 나는 취객이었다. 이제 나는 경찰이 부르면 현장에 나가는 일을 다시 시작했고, 그 때문에 한 달에 한 번 주말에 호텔에 묵었다. 연속해서 살인 현장에 불려가기도 했고, 실망스럽게도 아무 일도 일어나지 않은 때도 있었다.

현장을 떠나 있었던 기간은 고작 2년인데 많은 변화가 느껴졌다. 법의병리학이 새로운 시대를 맞았던 것이다. 하지만 그렇게 극적인 변화들은 아니었고, 런던에서 처음 포착했던 발전의 연장선상이라 할 수 있었다.

시신은 그때도 그랬고 지금도 변하고 있다. 우선 전반적으로 지방이 급속히 늘었다. 사망자가 노숙자였거나 암으로 죽었거나 너무 늙었거나 너무 가난한 경우가 아니라면 내가 그 일을 시작했던 1980년대의 체형은 거의 없었다. 그 시대의 자료 사진을 보면 표준 체형이 얼마나 말랐는지 깜짝 놀란다.

시신이 달라 보이는 이유는 예전에 비해 장식이 훨씬 많아졌기 때문이기도 하다. 한때 문신은 불량배나 선원들이 하던 것이었지만 이제는 부검할 시신의 대다수가 피어싱이나 문신을 하고 있었다. 또한 예전에는 자해가 거의 알려지지 않았지만 이제는 시신에 자해의 흔적이 어찌나 많은지 기겁할 정도였다. 칼로 베거나 뭔가에 찢긴 오래된 자국은 특히 젊은이들에게 많았다. 그것은 그들의 삶에 대해 그리고 변하고 있는 사회에 대해서 말해주지만 그들의 죽음에 대해서는 아무것도 말해주지 않았다. 사망원인은 보통 그 자해 흔적과 직접적인 연관이 없었기 때문이다.

1980년대에 법의관들에게는 에이즈 바이러스와 간염이 널리 알려진 위험 요소였고, 지금도 마찬가지다. 하지만 맨섬에 살다 다시 현장으로 돌아올 무렵에는 안치소에서 일하는 사람들에게 가장 만연한 위험은 결핵이었다. 내가 알기로도 몇몇 병리학자와 안치소 직원들이 안치소에서 결핵에 감염됐다. 결핵은 일반인들이 짐작하는 것보다 훨씬 더 널리 퍼져 있었다. 전염성 높은 결핵을 의사들이 간단히 폐렴으로 잘못 진단하는 바람에 법의관들이 위험한 처지에 있었다는 것을 우리도 전혀 몰랐다.

부검감정서도 바뀌었다. 내가 시작할 때는 3쪽 정도가 보통이었다. 하지만 복귀해보니 내가 쓴 보고서가 10쪽도 안 된다며 지적을 받았다. 이제 감정서는 인체의 작용을 장황하게 설명하는 것이 정석이 되어 있었다.

1990년대에는 DNA가 법의학 작업에 중요한 기여를 하기 시작했고, 범죄 해결에서 과학수사기법forensic science이 곧 법의병리학forensic pathology을 따라잡았다. 내가 법의학계를 떠나기 전에는 경찰이 범죄 현장에서는 장갑을 끼라고 요청하는 정도였다. 그런데 복귀해보니 이제는 장화와 마스크, 장갑, 거기에 후드 달린 흰색 방진복까지 착용해야 했다. DNA 분석은 너무나 정확해서 우리가 숨을 쉬거나 말을 할 때 날리는 타액까지도 포착하기 때문이다. 정장 차림의 법의관과 수사관이 현장을 돌아다니면서 사건에 대해 의논하던 풍경은 이제 옛날 얘기가 된 것이다. 흰색 방진복은 입기도 번거롭고 편하지도 않았으며, 세계의 언론이 우리를 찍고 있는데 그 앞에서 입기에도 늘 창피했다. 하지만 현장 조사를 끝내고 증거물 수집 봉투에 벗어버리는 건 너무 좋았다. 그렇다. 그 방진복도 이제는 증거품으로 보관해야 하는 것이다.

한편, 오랫동안 법정에 선 내가 보기에는 예전에 비해 사건 기소를 위한 준비는 상당히 허술해졌다. 이제 변호사들과 함께 하는 사건검토 회의는 과거의 유물이 되었다. 전화도 없었다. 경찰에서도 검찰에서도, 심지어 변호사한테서도. 운이 좋으면 증인석에 들어서기 전에 변호사와

10분 정도 통화하는 게 고작이었다. 변호사들은 대부분 그들의 질문에 내가 무슨 대답을 할지 전혀 모르는 채 법정에 왔다. 또한 배심원들에게 내가 누구인지 그리고 그 문제에 대해 논할 자격을 갖추는 데 왜 그렇게 오랜 시간이 걸렸는지를 설명할 기회도 주지 않았다. 그냥 이렇게 재촉할 뿐이었다. "셰퍼드 박사님, 자격을 갖춘 의사로서 그 시신에서 박사님이 찾아낸 사실들을 말씀해주십시오."

내가 런던을 떠날 즈음에는 목소리 크고 허세 많은 변호사의 시대도 끝나가고 있었다. 그 남창 청년의 멍 곳곳에 대해 나를 그렇게나 괴롭혔던 그런 변호사들은 거의 찾아볼 수 없었다. 아마도 경제적 이유 때문이겠지만, 검찰은 수임료가 훨씬 비싼 변호사들 대신 수습 변호사를 쓰는 것 같았다. 물론 필요 이상 호령하지 않는 경험 많은 변호사들도 아직 건재했고 그들은 거의 항상 피고 측을 대변했다.

이제 판사들은 경험이 얼마나 많건 '경험'보다는 '증거'에 근거해서 증언하는 전문가들을 훨씬 중요시했다. 그들은 내가 중요한 질문에 답변을 하고 있는데도 퉁명스럽게 중단시키곤 했다. "셰퍼드 박사님, 그냥 예, 아니오로 답변해주십시오." 변호사의 질문에 길고 자세하게 답변할 때면 자주 그런 대우를 받았다.

내가 런던을 떠날 때 잉글랜드와 웨일즈 지방에 도입된, 사실상 자영업 구조를 기반으로 한 법의병리학은 그 분야의 연구 풍토를 망쳐버렸다. 우리 법의관들은 이제 대학에서 연구하거나 가르치는 일을 하지 않는다. 이제는 의대 과목에서 법의학이 아예 사라졌다. 인체조직청에서 연구 목적으로 조직 샘플(아무리 사소하더라도)을 채취하기 위해서는 사망자 가족의 허락을 받아야 한다는 지침을 내린 것이다. 우리로서는 이런 의문이 생기는 게 당연하다. "그럼 우리가 법정에서 하는 증언이 어떻게 '증거를 기반'으로 한 게 되겠습니까?"

살인과 자살과 사고는 항상 생기게 마련이지만, 이제 양로원에서 일어나는 과실과 '안전조치 미비'로 인한 사망도 점점 늘어났다. 거기에는 당연히 약물과용으로 인한 사망이 큰 부분을 차지했다. 그리고 부끄럽게도 구금 시설에서 일어난 사망사건은 훨씬 더 많았다. 2017년 3월 기준으로 1년 동안 316명이 사망했고 그중 97건이 자살이었다는 것은 영국 교도소의 실상에 대해 많은 것을 시사한다. 같은 해 교도소에서는 4만 건 이상의 자해, 2만 6천 건 이상의 폭행이 벌어졌다. 게다가 해가 갈수록 이 수치는 급속도로 증가하고 있다.

내가 현장으로 복귀해서 알아차린 변화 중 가장 충격적인 것은 사망사건을 조사하는 데 법의관들을 잘 부르지 않는다는 것이었다. 의심스러운 일이 있어도 사인심문을 시작하는 데 드는 비용과 행정절차 때문에 일부 검시관들이 그냥 넘어가는 것 같았다. 만일 자연사일 '가능성'이 있고 의사가 그 서류에 흔쾌히 서명을 해주면 많은 검시관들은 철저한 조사 없이 그것을 받아들였다. 쓸쓸하게도 법의관에게 표준 요금을 내야 하는 사정(사실 몇천 파운드에 달한다) 때문에 경찰에서는 많은 사망사건을, 특히 회계 연도가 끝나갈 즈음에 일어난 사망사건들을 별로 수상한 점이 없다고 보고 내무부에 등록된 40여 명의 법의관이 아닌 현지 병리학자들에게 맡기는 것이다.

문명사회라면 비용이 얼마나 들든 사망의 진짜 원인을 알아내야 한다는 데 대부분이 동의할 것이다. 스티븐 로렌스의 사망을 둘러싼 재판, 사인심문, 그리고 공개 조사에 든 비용을 생각해보면 애초에 일을 제대

416

로 처리하는 것이 비교할 수 없이 더 바람직하고 비교할 수 없이 더 경제적이라는 것을 알 수 있다.

관행이 조금 변하고 지역도 리버풀로 바뀌었지만, 나는 부검 현장으로 복귀하게 돼서 기뻤다. 때로는 의료기관이나 다른 전문가 집단의 초청을 받아 본토에서 강연을 하기도 했는데, 그 일도 즐거웠다. 이런 강연이 끝나고 나면 사람들이 내게 질문을 하러 왔다. 어느 날 런던에서 강연을 마친 후 한 소아과 법의관과 내 일에 대해 담소를 나누게 됐다. 소아과 법의관은 아동의 신체적, 성적 학대 사건도 조사할 수 있는데, 사실 그녀의 전문분야가 그것이었다. 사망사건이 아니라 생존자 보호를 전문으로 다루는 것이다. 그녀는 멍에 대해 몇 가지 질문을 했고, 얘기를 나누던 우리는 그 주제에 관해 꼭 공동 논문을 쓰자고 했다. 나는 어린아이의 사망이 자연사인지를 조사하고, 그녀는 죽은 아이의 형제들이 위험한 상황인지를 조사하므로 두 분야가 겹치는 부분이 있었던 것이다. 그 후 내가 본토에 오가는 동안 우리는 몇 번 만나서 논문 집필에 대해 의논했다.

한편, 맨섬의 우리 집은 점점 더 적막해졌다. 젠은 양을 키웠고, 나는 논문을 썼다.

어느 날 젠이 말했다. "우리 결혼생활에 대해 얘기 좀 해."

내가 대답했다 "어떤 결혼생활? 그런 게 있기나 해?"

대화는 그것으로 끝이었다. 2월 어느 날 밤의 일이다. 요란한 싸움도 눈물도 없었다. 대화도 거의 없었다. 하지만 고통은 컸다. 30년의 세월이었으니.

그 기간에 비하면 결혼이 무위로 돌아가는 건 얼마나 빨랐던가. 모든 일에는 정해진 기한이 있는 것 같다. 인간의 몸이 노화되게 만들어진 것처럼 인간관계도 노화를 피할 수 없는 건지도 모른다. 우리 결혼생활에서는 아무것도 남지 않은 것 같았지만, 결혼생활에 대해 말하거나 생각할 때면 우리는 어김없이 고통과 분노에 휩싸였다. 과거가 있었고, 두 아이가 있었고, 공동의 재산이 있었다. 당연히 이것들에 대해 의논해야 했고 그럴 때마다 두 사람 모두 견디기 힘든 심적 괴로움을 겪었다. 독설이 나올 때도 많았다. 하지만 소리칠 일이 끝나고 상처가 아물 때쯤에는 둘이 공통점이 너무 없어서 헤어지는 게 서로의 삶에 더 바람직하다는 데 동의했다.

젠이 이혼 신청을 했고 그 절차는 1년 안에 완전히 마무리되었다.

그 기간에는 논문에 관해 의논하던 그 소아과 법의관 린다와 훗날 결혼은커녕 사랑에 빠지리라는 것도 몰랐다. 하지만 그 점에 관해 나의 결백함을 젠에게 납득시키는 것은 도저히 불가능했다. 남달리 따뜻하고 공감 능력과 지성을 갖춘 사람과 시간을 보낸 건 사실이지만, 내 쪽에서 미래의 계획은 전혀 생각한 바가 없었다. 그것은 린다도 마찬가지였다. 그녀는 세 딸이 아주 어렸을 때 남편과 사별했고, 다른 사람과 몇 년째 교제 중이었기 때문이다. 하지만 어쩌다보니 그녀의 교제와 나의 결혼생활은 둘 다 분노와 함께 엉망으로 끝나버렸다.

나와 이혼하기로 결심했음에도 불구하고 젠은 몹시 괴로워했다. 우리의 결별은 두 아이에게도 상당한 충격이었다. 아이들도 내가 린다를 만나 제 엄마를 버린 것으로 오해하는 것 같았다. 이제는 곧 정식 의사가 될 애나는 젠이 굉장히 힘들어하고 자신도 분노에 불타던 시기에, 나 같은 법의관은 절대 되지 않겠다고 선언했다.

다행히 젠은 다른 남자를 만나 행복을 찾았고, 나도 2008년에 린다 와 결혼하여 내 가족이 늘었다. 바쁘고 나이든 부모로서 다시 10대들의 세계로 돌아온 것이다. 아무리 사랑하고 반가운 새 가족이지만, 두 가정 의 구성원들 한 명 한 명과의 관계는 몇 년에 걸쳐 천천히 쌓아가야 했 다. 나는 우리가 이 변화에 잘 적응하여 굳건하고 사랑으로 연결된 확대 가족이 되었다고 믿고 싶다.

그때부터 나는 잉글랜드 북부의 법의관으로 일하고 있다. 이곳에서 의 삶은 풍요롭고 다채로웠다. 지적 자극을 주는 직업, 사랑이 넘치는 따뜻한 집, 즐거운 휴가, 탐사 여행, 비행, 다섯 명의 자식, 그리고 두 명 의 손자가 내 삶을 이루고 있었다.

아들 크리스는 말을 전문으로 보는 수의사가 되었다. 그리고 이제는 자연 풍경이 더 넓은, 어쩌면 마음의 풍경도 훨씬 넓은 해외에서 산다. 어쨌든 그는 박봉에서 확실히 벗어났고 어두컴컴한 새벽에 출근하는 일에서도 벗어났다. 그리고 어떤 점에서는 내 뒤를 따르고 있다. 비행을 배우고 있는 것이다.

애나는 결국 조직병리과 의사가 됐다. 그리고 부검과 법의학에 관심 이 많아 오래 전에 내가 함께 일한 검시관들과 협업하기도 한다. 우리는 가끔 사건에 대해 이야기를 나눈다. 나는 '신식' 테스트에 대해 애나의 의견을 듣고, 애나는 사망사건과 관련하여 내 의견을 듣는다. 결혼하면 서 성을 바꿨기 때문에 애나가 성취한 업적을 내 이름과 연관 짓는 사람 은 없다. 게다가 누가 봐도 자신의 능력으로 살아가기 때문에 그 아이가 내 덕을 봤다고 생각하는 사람은 없을 것이다. 애나는 요즘 법의학계의 관행 속에서 키스 심슨 같은 법의관이 되는 건 아무 문제가 없다고 생각한다. 그녀가 사용하는 장비는 예전에 비해 훨씬 정밀하고 발전되어 있다. 그래서 내가 보기엔 더 재미가 없을 것 같은데 그녀는 생각이 다르다. 그녀는 심슨 시대에 끝없이 펼쳐진 상상력의 세계를 전혀 몰랐기 때문일 것이다.

나는 죽음에 대해 잘 알았기 때문에 삶에서 만나는 작은 기쁨들이 얼마나 소중한지도 알았고 그것을 기쁜 마음으로 누렸다. 빨갛고 노란 나뭇잎의 카펫을 신나게 뛰어다니고 내 얼굴의 주름살을 무척이나 신기한 듯 만져보는 사랑스러운 아이, 빗방울이 창문을 때리는 동안 벽난로에서 타오르는 장작불, 집에 돌아오면 반갑다며 뛰어드는 개, 내 손을 부드럽게 감싸는 다른 손. 나는 그런 기쁨을 마음껏 음미한다. 역경을 겪어본 사람만이 진정으로 기쁨을 향유할 수 있다. 그리고 역경은 누구나 겪을 수밖에 없는 것이다.

어느 날 아침, 전화벨이 울려서 받아보니 성난 목소리가 튀어나왔다.

"이 쓰레기 글 읽어봤어요? 네?"

가끔 함께 일하는 소아과 법의관 엘리였다. 그녀가 말하는 쓰레기 글이 뭐냐고? 우리는 18개월 전에 노아라는 아기를 함께 부검했고, 사인이 SIDS라는 감정서를 제출했다. 받은 편지함을 보니 이 사건과 관련된 메일이 와 있었다.

엘리가 따지는 말투로 계속 불평을 늘어놨다.

"우리가 어떻게 입술 상처와 늑골후부의 골절을 놓칠 수가 있겠어요? 어떻게요? 입술은 소생술할 때 생긴 상처잖아요. 그렇지 않으면 제가 나오미 캠벨이게요! 우리 둘 다 시신을 봤지만 늑골후부 골절이 안 보였고 그 방사선 전문가도 같은 의견이었어요. 그런데 이 사람은 어떻게 사진만 보고 그것들이 질식으로 인한 부상과 오래된 골절이라는 거예요? 말 좀 해봐요, 딕!"

죽은 노아의 부모는 그 후 다시 아기를 낳았다. 그런데 사회복지과에서는 이전의 SIDS 판결이 의심스러우니 새로 태어난 아기를 보호하려면 그 부모한테서 아기를 데려와야 한다고 보는 것 같았다. 그래서 가정법원에 그 아기의 보호 신청서를 제출했다. 얼마 전에 가정법원은 아기 노아의 부검감정서, 우리의 기록 내용, 그리고 부검 사진 사본을 요청했다. 아무래도 이 모든 자료를 가정법원 소속의 다른 법의관이 검토하고 있는 것 같았다. 그 이메일을 클릭했다. 과연, 그 법의관의 소견 내용이었다.

"엘리, 그 사람은 우리가 뭔가를 놓쳤다고 말한 게 아니라…"

"그렇게 말한 거예요!"

"사진 좀 보고 다시 전화할게요."

속이 울렁거렸다. 정말 학대받다가 살해된 아기였는데도 내가 그 증거를 놓친 걸까? SIDS로 잘못 판정해서 그 부모의 혐의를 벗겨주고 그 후에 낳은 자식들을 위험에 빠뜨린 걸까? 게다가 18개월 후에 다른 법의관이 사진만 봐도 금방 알 수 있을 만큼 그 증거가 분명했던 걸까?

나는 그 부검 파일을 찾아봤다. 그 후로 여러 사건을 맡았을 정도로 오래된 사건이었다. 그 사건을 맡던 날을 떠올려봤다.

그날 경찰로부터 안치소로 와달라는 전화를 받았었다. 아침에 노아가 죽어 있는 것을 아기의 어머니가 발견했다는 것이다. 대기실에 항상 놓여 있는 어항 옆에서 엘리가 나를 기다리고 있었다. 영아의 사망원인이 수상할 때는 규정상 법의관과 소아과 의사가 같이 부검을 한다. 엘리는 함께 일하기 좋은 의사였다. 위트 있고 현명했다. 그리고 자신이 내린 결론을 100퍼센트 확신했는데 그것은 내가 남몰래 부러워하는 성향이었다.

당시의 기록 파일을 훑어봤다. 아기 엄마는 아기에게 저녁 8시에 젖병을 물렸고, 아이가 코를 훌쩍여서 해열진통제인 파라세타몰도 먹였다. 아기는 잠이 들었지만 밤중에 두 번 깼다. 처음에는 새벽 2시였고 아기 아빠가 아기를 안아 흔들면서 재웠다. 두 번째는 새벽 5시였는데 새벽 근무라 어차피 일어나야 했던 아기 아빠가 아기를 달래서 재웠다. 그리고 아이 엄마는 깨우지 않은 채 6시에 집에서 나왔다. 그런데 7시에 아기 엄마가 아기가 죽은 걸 알게 된 것이다. 그녀는 소리를 지르며 거리로 뛰쳐나왔다. 이웃사람이 〈이스트엔터스〉라는 드라마에서 소생술을 본 적이 있어서 아기를 살려보려고 시도했다. 그러다가 구급요원들이 와서 아이를 넘겨받았지만 살리지 못했다.

그 집을 찍은 사진들은 어린 아기를 키우는 집답게 어질러져 있었다. 마음씨 좋은 할머니가 아르고스에서 사온 커다란 플라스틱 장난감들이 자리를 차지하고 있어서 가구는 거의 없었다. 냉장고에는 배달용 종이팩에 남은 음식과 우유밖에 없었다. 위층 침실은 부부침대와 아기침대가 자리를 거의 차지하고 있었고 나머지 공간에는 아기 옷가지가 쌓여 있었다.

법의관으로서 가장 먼저 우리 눈에 띈 것은 방안의 온도였다. 사진을 보니 아래층의 보일러 온도계가 30도를 가리키고 있었고 침실 라디에이터도 최고 온도에 맞춰져 있었다. 경찰도 그 집이 몹시 더웠다고 얘기했었다. 당연히 체온이 너무 높은 아기와 SIDS는 깊은 관련이 있다.

부검을 끝내고 얼마 후에 여러 가지 수상한 점과 거짓 진술이 드러났다. 이웃의 이슬람교도들은 자기네 쓰레기통에 빈 술병이 가득 찬 것을 보고 깜짝 놀랐다고 경찰에 신고했다. 나중에 노아의 부모는 그것을 자기들이 버렸다고 실토했다. 아기가 처음 깼다고 한 시간에 그 아버지의 혈중알코올 농도는 운전 제한 농도의 2.5배에 달하는 0.2%로 추정됐다. 그리고 부부 모두 대마초를 피우고 있었다는 것도 드러났다.

그 아버지는 오래 전 싸움을 벌여 중상해죄 판결을 받은 적이 있었지만 가정폭력 전과는 없었다. 아기 노아는 오래된 어깨 부상이 있었지만, 이것은 난산 중에 흔히 일어나는 부상일 수도 있었다. 경찰은 이 부부가 심히 의심스러웠지만 분명한 증거는 댈 수 없었다. 그들이 옥상에서 소규모로 대마초를 키우고 있었음을 적발했는데도 말이다. 아기 엄마는 노아가 한 시간 전에 죽었다고 했지만, 구급요원들은 몇 시간 전에 죽었을 거라고 강력히 주장했다. 하지만 100% 확신하지는 못했다. 아기 노아의 몸에 난 모든 흔적들은 이웃사람이 서툴게 소생술을 하다가, 그 후로는 구급요원들이 오랫동안 다시 시도하다 생긴 것으로 볼 수도 있었다.

엘리와 나는 사망원인에 대해 의견을 일치시켜야 했다. 소아과 법의관으로서 그녀가 부검감정서를 쓰고 나는 수정할 곳이 있으면 수정한 다음에 서명을 하면 됐다.

엘리는 자기 의견이 분명했다.

"딕, 이건 SIDS예요, SIDS."

"하지만 정확하지 않은 게 많은데요. 저는 사인불상으로 쓰는 게 나을 것 같습니다만."

"아, 왜 그러세요. 대마초 좀 길렀다고 해서 그 부부를 난처하게 몰아가는 건 좀 심하잖아요. 술 좋아하는 것도요. 그 사람들은 절대 인사불성인 중독자들이 아니에요. 남편은 정규직 일자리가 있고 그 아기도 보살핌을 잘 받아 건강했어요. 건강가정방문사가 오기로 한 날에도 항상 아기를 보여줬고 백신도 잘 맞혔잖아요. 다른 가족들도 이 사람들을 열심히 도와주고 있고요. 아이 이모할머니랑 이모가요. 그냥 열심히 살려는 젊고 가난한 부부한테 사인불상이라는 굴레는 씌우지 말자고요."

그렇게 해서 SIDS로 결정된 거였다.

문제는 이제 와서 다른 법의관이 그 부검 사진을 보고 그게 아니라고 판단했다는 것이다.

나는 모니터에 사진들을 띄웠다. 아기의 입술이 보였다. 내 기억보다 더 붉었고 그 위에 있는 흔적들이 더 두드러졌지만 붓거나 멍든 곳은 없었다. 그것들은 소생 시도를 하면서 생긴 상처였다. 다음에는 아기의 갈비뼈를 보여주는 흉부 안쪽 사진들을 봤다. 정말 몇 군데가 하얗게 보였다. 오래 전에 골절이 있었음을 보여주는 건지도 몰랐다. 아니면 사진사가 터트린 플래시 불빛이 반사된 걸까?

나는 엘리에게 전화를 했다. "사진에서는 입술이 실제보다 더 붉고 흔적도 더 두드러지게 보여요. 그리고 정말 갈비뼈 뒤쪽 몇 군데가 하얗게 보이는데요…" 그녀가 뭐라고 소리치는 게 들려서 얼른 말을 마쳤다. "우리는 그게 아니었다는 걸 알잖아요. 자세히 보면 장기의 다른 부분 색깔도 이상하고 여기 저기 플래시 불빛이 반사된 것 같아요. 카메라 때문이에요."

"누가 찍은 거예요?" 그녀가 소리쳤다. "누가 이런 거지같은 사진을 찍은 거냐고요!"

나는 범죄 현장 조사관이 그 카메라를 들고 다소 쭈뼛거리며 나서던 모습이 떠올랐다. 그날이 그가 '정식으로' 일을 시작한 날이었을까? 그는 선배에게 몇 차례 조언을 구했고, 보조 플래시가 작동을 안 해서 결국 카메라에 장착된 플래시를 썼다.

나머지 사진들을 살펴보니 화질이 너무 안 좋아서 아기 노아의 흰색 턱받이가 또렷한 파란색으로 보일 정도였다. 왜 이걸 진작에 못 알아봤

425

을까?

"엘리, 걱정할 거 없어요." 내가 말했다. "플래시로 인한 기술적 문제일 거예요. 그리고 그 이미지를 낮은 화질로 저장해서 더 안 좋게 보이는 거예요."

"걱정하는 게 아녜요." 그녀가 차갑게 말했다. "너무 너무 화가 난 거예요. 이 법의관은 현장도 안 보고 부검도 안 했으면서 우리 탓을 하는 거잖아요. 가족 대신 시신을 봤던 다른 법의관들은 우리 의견에 동의했어요. 그런데 어떻게 감히 이 사람이 우리한테…"

"그거야… 그런데, 그 파일 끝까지 읽어봤어요?"

"안 읽었어요!"

"그거야 그 아기의 부모들에 대해 이제야 모든 게 밝혀졌기 때문이겠죠. 전에는 몰랐던 사실들이요. 그래서 상황이 다르게 보이는 거예요. 우리는 그 사람들을 옥상에서 대마초를 조금 기르면서 어떻게든 살아보려고 애쓰는 젊은 부부로 봤지만… 지금 보니 그 아버지는 이미 다른 여자와의 사이에 아이가 있었더군요. 저 남쪽 지방에요. 4년 전에. 그리고 그 아기도 죽었다더군요. 사인은 SIDS로 나왔고요."

이번에는 엘리도 말문이 막힌 것 같았다.

내가 말했다. "아기의 아버지가 전에 헤로인 중독자였고 최근까지 메타돈-methadone* 처방전을 갖고 있었다는 것도 불리하게 작용할 거예요. 진작 우리한테 말해줬으면 좋았을 텐데."

"아, 계속 그렇게 하세요. 중독에서 벗어나려고 발버둥치는 사람을 계속 희생양으로 삼으시라고요. 아기가 죽었을 때도 그 사람이 메타돈

---

* 마약성 진통제로서 아편 중독 환자들이 약물 중독에서 벗어나게 하는 데 처방하기도 한다.

을 복용하고 있었나요?"

"아녜요."

"거 봐요."

"그 사람이 지금 아내를 만나 아기를 가졌을 때는 정신 차리려고 노력을 많이 하고 있었어요. 경찰이 신문한 내용을 보니 그렇더라고요."

"그렇다니까요. 게다가 우리가 헤로인 중독에서 벗어나려는 사람들한테서 모두 아기를 빼앗으면 어떤 지역에서는 아기가 한 명도 안 남을걸요?"

"엘리. 우리가 법원에서 그 사진에 문제가 있다는 것, 그 아기가 오래된 골절이 없었다는 것, 그리고 방사선 전문가도 우리 의견과 같다는 걸 설명해야 될 것 같아요. 그래야 끝이 날 거예요."

"그렇게 간단하게 끝날까요. 우리가 애초에 SIDS로 보고서를 냈기 때문에 그런 설명은 들으려고도 않을걸요. 다음에 태어난 아이를 빼앗아가는 게 그 사람들 목표일 거예요. 아기 노아가 살해됐다고 믿는 게 분명해요."

"법원이 브리핑을 받는 건 진실을 알기 위해서예요. 자기들이 듣고 싶은 걸 들으려는 게 아니라."

웃음소린지 코웃음인지 모를 소리가 크게 나더니 전화가 끊어졌다.

나는 정말 법정 사건이 걱정되지 않았다. 어떻게 된 건지 궁금할 뿐이었다. 가정법원은 지금까지 내 보고서만 봤기 때문에 다른 사람들에게 하듯이 나에게도 사건 내역을 공개하지 않았다. 그곳은 언론이나 대중에게 절대 공개하지 않는 사적이고 민감한 문제들을 다루기 때문에 특별한 용건이 없으면 아무도 들어가지 못한다. 죽은 이의 가까운 친척도, 심지어 가족도 마찬가지다.

엘리는 밖에서 나를 기다리고 있었다. 긴장한 얼굴이었다.

"안에 사람들이 얼마나 많은지 진짜 혼자 보기 아깝네요."

"그럴 수가 있나요? 변호사나 증인 외에는 아무도 입장할 수 없을 텐데요."

"변호사가 셀 수도 없어요. 애 엄마 측에서 사무 변호사, 수습 변호사, 법정 변호사를 모두 선임했어요. 애 아빠도 마찬가지고요. 사회복지과에서도, 새로 태어난 아기까지요! 태어난 지 석 달도 안 됐는데 변호사가 셋이라고요! 그것만으로도 일단 12명인데 경찰들도 많잖아요. 형사사건에 법률구조 지원금이 줄어드니까 변호사들이 독수리 떼처럼 가정법원으로 몰려드나 봐요. 여기서는 사건을 해결하는 데 몇 주나 걸리니까요!"

나는 그녀가 분명 과장하고 있는 거라고 생각했다.

"판사는 한 명만 있어서 다행이군요." 내가 말했다. "배심원단도 없고요."

법정에 들어서고 보니 그곳은 정말 변호사들로 북적였다. 엄격히 말해 재판을 받는 사람은 없었기 때문에 피고석은 비어 있었다. 아기를 부부한테서 빼앗아야 되는지 혹은 다른 방법으로 보호조치를 강구해야 하는지를 판사 한 명이 판단해야 했다. 고려해야 할 요소는 많았다. 하지만 개연성으로 판단할 때 부모 중 한 명이 아기 노아에게 부상을 입혔거나 살해했는지가 가장 중요한 문제였다. 재판이 아니라 '진실'이 무엇인지를 알아내기 위해 조사만 하는 자리였다. 하지만 각자 입장이 다른 의뢰인들을 대신하여 변호사들이 신문을 하고, 반대신문을 하며 싸우는 자리이기도 했다. 그날을 생각하면, 그리스의 극작가 아이스킬로스가 말했듯이 '전쟁의 첫 번째 희생양은 진실'인 것 같다.

나는 엘리가 증언하는 동안 법정에 앉아 있는 게 허용됐고, 그래서 노아의 부모를 볼 수 있었다. 그들은 따로 앉아서 서로 쳐다보지도 않았다. 둘 사이에 아이가 새로 생겼지만 같이 살지 않는 것 같았다. 당연히 그들 변호사들은 이제 서로 비난 경쟁을 할 것이다. 아기 엄마는 분개해 있었다. 과체중인 데다 얼굴도 부은 것 같은 그녀는 꼼짝도 않고 앉아 있었다. 그리고 주변에만 들릴 정도로 잡음 같은 소리를 냈다. 자기 변호사 귀에 대고 욕을 하는가 하면 가끔은 조용한 법정에서 고함을 치기도 했다. 매우 마른 아기 아빠는 법정 일 때문에 뭔가 중요한 일을 못하고 있는 것처럼 코를 훌쩍이며 안절부절못하고 있었다. 궁지에 빠진 모습이었다. 그들이 정말 아기 노아를 죽였다면 그들은 동정받을 여지가 없었다. 하지만 죽이지 않았다면… 아기를 사랑하는 법을 배우려 했던, 사랑받지 못한 가련한 사람들이 될 것이다.

증인석에서 엘리는 침착함을 잃었다. 변호사들이 돌아가며 SIDS 소견을 낸 그녀의 능력에 의문을 제기하자 나는 점점 불안해졌다. 그들이 엘리를 몰아붙이면 무슨 일이 일어날지 훤히 보였기 때문이다.

내가 선서를 하기가 무섭게 첫 번째 변호사가 지적부터 했다. 아기가 실제로 입고 있던, 상하의가 연결된 파란색 옷에 그려진 토끼가 초록색이 아니었느냐는 것이다. 짜증나게도 엘리는 부검감정서에서 토끼 색깔을 파란색으로 적었고 나도 확인할 때 그것을 놓치고 말았다. 또한 엘리는 날짜에서 월과 일을 반대로 쓰는 작은 실수를 저질렀는데, 그것도 내가 잡아내지 못했다. 대수롭지 않은 실수지만 본격적으로 싸우기 전에 내 업무 능력에 흠집을 내서 자신감을 죽이기에는 좋은 트집거리였다. 물론 본격적으로 싸울 문제는 아기의 입술 상처와 늑골후부에서 발견된, 그들이 골절이라 주장하는 부상이었다.

"셰퍼드 박사님, 아기의 늑골후부에 골절이 치유된 흔적이 있습니다. 그건 아기가 짧은 생애 동안 학대를 겪었다는 강력한 증거라는 데 동의하십니까?"

"치유된 골절이 있었다면 학대받았을 가능성이 있다는 데 동의합니다."

"그 골절을 보셨습니까?"

"모든 갈비뼈를 주도면밀하게 검사했습니다…"

나는 사진의 해상도가 낮았고 우리가 실제로 봤던 것과도 다르다는 점을 지적했다. 하지만 이 말은 무시됐다.

"사진에서는 늑골후부가 이전에 골절됐다는 것이 보입니다. 그런데 왜 그걸 안 보인다고 하십니까?"

입술 상처에 대해서도 똑같은 공격이 이어졌다.

"저 사진들을 보십시오, 셰퍼드 박사님! 상처가 있다는 건 명백하잖습니까!"

나는 이미지가 저장되고 전송되고 저화질 프린터로 인화되는 방식 때문에 사진만 믿어서는 안 된다고 설명했다. 하지만 내 말은 전혀 먹히지 않았다. 그들이 보고 싶은 것만 보고 있었기 때문이다. 자신들의 말을 받아들이지 않는다면 장님이거나 멍청하다는 식이었다. 아니면 둘 다거나. 나와 엘리의 병리학 분야 경력을 합하면 70년인데, 그들은 질식당할 때 생긴 상처를 소생시킬 때 생긴 상처로 둔갑시키기 위해 우리가 고의로 혼란을 줬다고 주장했다.

힘겨운 줄다리기는 오후까지 이어졌고, 그 시간은 중앙형사재판소를 포함한 여러 법원의 증인석에서 보낸 시간을 모두 합한 것만큼이나 괴로웠다. 아니, 어떻게 보면 더 괴로웠다. 적대적인 변호사 한 명만 있는 게 아니라 각자의 당사자들을 대변하는 수많은 변호사가 사방에서 나를 공격했기 때문이다. 나는 우리가 틀렸을 가능성이 있다는 것은 인정하면서도 경험 많은 두 법의관이 그렇게 선명한 학대의 증거를 놓쳤을 가능성은 아주 희박하다며 꿋꿋하게 내 의견을 고수했다.

"셰퍼드 박사님, 혹시 골법의관이십니까?"

"아닙니다."

"그런데 박사님은 아기의 갈비뼈에 대해 우려하셨죠? 앞쪽의 명백한 골절 말입니다."

"그 골절은 어떻게 해석하느냐에 따라 달라질 거라고 생각했습니다. 하지만 비전문가인 이웃사람이 행한 거친 소생술은…"

"우려를 하셨지만 골법의관의 전문적인 소견을 들을 정도로 우려하진 않으셨군요?"

"골법의관이라 해도 더 이상 밝힐 게 없다고 생각했습니다. 저희도 부러진 갈비뼈를 본 적이 있고, 그래서…"

"그래서 전문가 못지않게 잘 안다고 생각하셨다는 건가요?"

"방사선 전문가는 뒤쪽 갈비뼈에는 골절이 없다고 했습니다. 앞쪽에 있던 골절은 쉽게 알아봤습니다. 저는 골법의관이 검사했더라도 새로운 정보는 없었을 거라고 생각한 겁니다."

"그건 너무 오만하신 거 아닌가요, 셰퍼드 박사님?"

"제가 오만하다고 생각하지는 않습니다. 그렇게 보였다면 유감입니다."

알렉산더 포프의 시구가 문득 떠올랐다. 아버지가 방금 내 머릿속에 집어넣은 것처럼.

그대는 지난 허물에서 배우고 하루하루 나아지라

"박사님은 사인으로 판단한 SIDS 소견이 틀렸을 가능성을 인정하십니까?"

"이런 경우에 사인을 판정하는 것은 굉장히 어렵고, 그 경계가 아주 미묘합니다. 저희가 보고서를 쓸 당시의 증거로는 SIDS가 우세했습니다. 아기의 가정환경에 관한 정보를 빠짐없이 받았다면 저희는 '사인 불상'이라는 소견을 냈을 겁니다."

그날 오후에 가정법원에서 나는 직업적 공격뿐 아니라 사적인 공격까지 받고 당혹스러웠다. 그런데 당혹스러운 일이 또 있었다. 서면을 통한 공격이 이어진 것이다. 몇 주 후에 받은 편지를 통해 알게 된 것은 그동안 노아의 부모들이 노아를 어떻게 방치했는지를 증언한 목격자들이 계속 나타났다는 것이다. 아기 엄마는 알코올중독자였고 아빠는 상습적인 마약남용자라는 것이 밝혀졌다. 아기 엄마의 언니와 이모가 자주 들러 아기를 돌봐줬는데, 그로 인해 건강가정방문사나 다른 사람들은 아기 엄마가 육아를 잘하고 있다고 판단했던 것이다. 판사에 의하면 아기가 건강했던 것도, 병원 예약이나 백신 접종을 빠뜨리지 않은 것도 그 두 사람 덕분이었다.

판사는 아기 노아가 방치됐다는 것, 그리고 부검을 맡은 두 법의관이 그런 명확한 학대의 증거를 놓쳤는데도 자신들의 무능력을 인정하지 않은 것이 충격이라고 했다. 사진을 보면 누구나 알 수 있는 그 증거를 말이다. 그는 그 법의관들이 아직도 SIDS가 사망원인이라고 생각하는 것 같다고 했다. 하지만 사진의 화질이 불량했다는 건 전혀 언급하지 않았다. 처음 부검할 당시 아이 부모의 상태에 대해 우리가 받은 정보가 부족했다는 것도 언급하지 않았다. 그뿐 아니라 아기 가족에 대해 나중에 밝혀진 정보를 우리에게 알려주지 않은 사실도 무시했다.

그는 개연성으로 볼 때(이것이 그가 적용해야 하는 기준이었다) 아기 아버지가 아기를 죽인 거라는 결론을 내렸다. 아기가 죽은 날 밤 상당량의 술과 어느 정도의 대마초가 소비되었다는 것, 그리고 아기가 울었을 때 그가 아기에게 가봤다는 것이 반대신문을 통해 드러났기 때문이다. 판사는 아기 아빠가 아기의 가슴을 눌러서, 어쩌면 얼굴을 눌러서 질식시키고 그때 갈비뼈도 부러졌을 거라고 추측했다. 그리고 전에도 그런 일이 있었다는 증거가 아기의 늑골후부에 남아 있다고 했다. 그날 아기 엄마는 남편에게 아기 울음 좀 그치게 하라고 했을 것이고, 그가 아기를 거칠게 대한다는 것을 알고 있었지만 모른 척했을 것이다. 그러므로 그 부모의 손에는 어떤 아기도 맡겨두면 안 된다는 것, 새로 태어난 그들의 아기는 다른 집에 입양을 시켜야 한다는 것이 그의 결론이었다.

아기 노아의 부모가 그 판결을 받고 어떤 심경이었을지 상상이 안 됐다. 나는 너무 충격을 받은 나머지 호흡하기도 힘들었던 것 같다. 내무부 소속 법의관에 대한 판사의 그런 혹평은 상당한 파장을 일으킬 수밖에 없었다. 나는 60살이라는 나이가 되었고 평생을 정의를 위해 의료계에서 열심히 일해왔다. 그런 내가 정의와 공정함이 결핍된 사람으로 평가될 위험에 처한 것이다.

그날 밤 나는 잠을 이루지 못했다. 숨도 제대로 쉴 수 없었다. 나는 내무부 소속 법의관이기 때문에 판사한테서 그런 비난이 나온 이상 조사를 받아야 했고 그 비판적인 서한을 내무부에 보내야 했다. 내무부는 나를 조사하려고 할까? 나를 의사협의회로 보낼까? 의사협의회는 심각한 직권남용을 했다고 판단되면 의료행위를 할 수 있는 자격을 박탈할 수도 있다.

이런 부당함을 생각하니 침대에 누워 있을 수가 없었다. 허술한 사진에 근거해서 내 판단이 틀렸다고 비난하다니. 입술 상처와 늑골후부에서 발견된 아문 골절은 오래된 학대의 증거일 수도 있었다. 하지만 입술과 늑골 앞부분의 부상은 소생술 때문이었고 늑골 뒷부분도 금간 곳이 없었다. 나도 확신했고, 엘리도 확신했고, 방사선 전문가도 확신했다. 우리는 보고서에서, 늑골 앞부분의 부상은 아마 소생술을 행할 때 생겼겠지만 가해의 흔적일 가능성도 배제할 수는 없다고 했다. 하지만 어쨌든 사인은 SIDS라고 판단했다.

정말, 정말로 이번 일로 내가 의료행위 금지 처분을 받을까? 마침내 잠이 들긴 했지만 법정과 아기들이 기괴하게 뒤섞인 어지러운 꿈을 꿨다. 다음날 밤에도 복잡한 생각으로 뒤척였다. 굳이 법정 사건에 대해 생각하지 않아도 그것은 나의 행동 하나 하나에 나타났다. 위장에서는 공포감이, 머리에서는 위기감이 나를 괴롭혔다. 그날 오후 책상 앞에 앉아 끊임없는 불안감에 저항하던 나는 그 싸움을 그만뒀다. 그 증상이 일어나려고 했기 때문이다. 최근 헝거포드 상공을 날다가 처음 겪었고 파리 테러 사건이 벌어진 후 재발한 증상이었다. 주먹을 꽉 쥐고 초인적인 의지를 발휘하면 컴컴한 구렁텅이에서 멀어질 수 있다는 것을 터득했지만 이제는 그 구렁텅이가 눈앞에서 입을 벌리고 있었다.

나는 눈을 감았다. 그것들이 나를 기다리고 있었다. 높이 쌓인 시신들, 뜨거운 기온에 부패하면서 나는 악취, 폭탄이 터질 때, 배가 가라앉을 때 춤추고 있던 젊은 사람들, 손이 없어진 사람들, 관에서 다시 꺼내진 어린이들, 인간의 잔혹함을 무력한 몸으로 증언하는 너무나 작은 아기 시신들, 불에 탄 시신들, 익사한 시신들, 기차 사고로 몸이 절단된 시신들, 깊이를 헤아릴 수 없는 인간의 참혹한 고통.

다시 고개를 들었다. 눈을 깜박였다. 서재를 둘러봤다. 컴퓨터, 책상, 그림, 파일, 개들. 모든 게 정상이었다. 뇌전증 발작처럼 느닷없고 충격적인 그 증상은 단시간의 지옥 체험 같았다.

어쨌든 나는 다시 현실로 돌아왔다. 그래서 내 일에 집중하려고 했다. 그 일이란 아기 노아 사건과 관련하여 판사가 나에 관해 내린 평가를 내무부에 보고하는 것이었다.

얼마 후에 내무부에서 답장이 왔다. 한 경찰관이 나에 대해 보고를 해서 그들도 이미 알고 있었다. 그런데 내게 알려주지도 않은 것이었다. 그들은 관련 파일을 의사협의회에 보내기로 했다면서 나한테 변호사를 선임하는 게 좋을 것 같다고 했다.

나는 당연히 그렇게 했다. 변호사는 나를 안심시키려 했지만 안심이 되지 않았다. 밤에는 섬뜩한 꿈에 시달렸고 낮에는 사무실에서 깨어 있으면서도 악몽과 싸웠다.

마침내 편지가 도착했다. 떨리는 손으로 그것을 열었다. 나는 그 일을 없던 일로 하기로 했고, 그래서 이제는 아무 문제가 없다는 내용이 들어 있기를 바랐다.

하지만 그 편지는 의사협의회에서 그 사건을 조사하고 있다는 내용이었다. 아기 노아의 사망원인을 SIDS로 판정한 것 때문에 내 능력에 문제가 제기된 것이다.

순간 모든 감정이 얼어붙었다. 내가 공황발작이 아니라고 했던 그 모든 증상들이, 이제는 정확히 공황발작이었다고 인정할 수밖에 없었다.

이 일에 종사한 이후 나는 항상 사건을 검토하는 사람이었다. 그런데 이제 내가 사건이 되어 검토를 받는 입장이 됐다. 의사협의회는 사실상 법원이나 마찬가지여서 조사하는 속도도 그들 편의에 맞추고 조사 과정도 비밀에 부친다. 검토가 끝나는 데 얼마나 걸릴지 전혀 알려주지 않고 그 외의 정보도 주지 않으며 오직 지시만 한다. 하지만 지시받은 사람은 정해진 기한 안에 곧바로 응답해야 한다.

나는 의사협의회가 은밀하게 나의 동료들과 검시관, 경찰관 등과 접촉해서 나에 대해 그리고 나의 능력에 대해 의견을 수집한다는 것을 알고 있었다. 내 문제를 위원회로 보낼 것인지, 그렇다면 언제 보낼 것인지에 대해서는 소식이 없었다. 보내기로 했다면 나한테 연락이 올 터였다.

위원회란 의료분쟁위원회를 가리키는데, 의사협의회로부터 독립된 이 조직은 의사협의회에서 보낸 사건을 처리한다. 그들은 증인 선서를 시키고 증언을 듣고, 변호사의 신문과 반대신문을 진행하며, 해당 의사가 의료행위를 할 자격이 있는지 여부를 판단하여 의사협의회에 통보하기 때문에 사실상 법원과 비슷한 위상이라고 할 수 있다.

이 모든 것은 가정법원에 소속된 다른 법의관 때문이었다. 그는 내가 실수를 했고 명백한 부상을 놓침으로써 아기 노아의 사망원인에 대해 자신과 다른 판단을 내렸다고 본 것이다. 병리학은 객관적 사실과 경험, 그리고 판단력의 조합이다. 하지만 의료분쟁위원회에서는 이것을 무시한 채, 내가 아기의 사인을 잘못 판단했고 그래서 다른 형제들을 위태롭게 했다고 판단할 수도 있었다. 그것을 근거로 '자격정지'를 명할 수도 있었다. 그것은 의사로서 의료행위를 할 수 없다는 뜻이었다.

의사협의회 조사가 시작되면서 나는 수시로 공황발작을 일으켰다. 심장이 정지하거나 심장이 찢기는 이미지가 연달아 내 머릿속을 장악했다.

나는 이 증상을 객관적으로 대하며 초연해지려고 노력했다. 이런 기습적인 발작이 처음 시작된 건 헝거포드 상공을 날고 있을 때였다. 그것들은 정확히 왜 시작됐고, 왜 멈췄을까? 이 공포스럽고 강렬한 증상이 재발한 것은 당연히 의사협의회 조사 때문일 것이다. 절대 실수를 저지르지 않았던 내가 공식적으로 조사를 받게 되면서 숨어 있던 두려움이 터져 나온 걸까? 이제 이 증상들은 내 통제력을 벗어난 걸까?

알 수 없었다. 내 머릿속에 잠재돼 있던 이미지들이 예기치 않은 순간에 수시로 총공격을 퍼부었다. 린다의 술에 얼음을 넣는 순간 나는 어느새 발리로 가 있었다. 거기에는 녹고 있는 얼음주머니 아래서 젊은이들의 시신이 썩고 있었다. 내 사무실에 쌓여 있는 파일에는 손도 델 수 없었다. 그 파일 안에는 무서운 사진들이 도사리고 있었기 때문이다. 내 머릿속에 있는 너무나 많은 이미지들도 감당할 수가 없었다. 두려움 때문에 옴짝달싹할 수가 없었고 내 안의 공포심은 조금도 사그라지지 않았다. 죽음의 악취도 늘 나를 감싸고 있었다.

기습적인 발작으로 인해 나는 잠과 즐거움을 빼앗겼고, 고문당하듯 걱정과 자기불신에 시달렸다. 휴식을 취할 수 없게 되자 책도 읽을 수 없었다. 어떤 책을 골라야 할지도 몰랐고 그것을 펼칠 수도 없었다. 어떤 결정도 내릴 수가 없었다. 차를 마실까? 그것도 알 수 없었다. 아침에 침대에서 일어나야 할지 말아야 할지, 옷을 입어야 할지 말아야 할지도 결정할 수가 없었다. 미래? 그것은 존재하지도 않았다. 내가 안다고 생각했던 것 또는 소중하게 생각했던 모든 것들이 갑자기 아무런 의미가 없어졌다. 하루 중 대부분을 나는 눈을 감지 않기 위해 안간힘을 썼다. 눈을 감는 순간 머리 위에서 맴돌고 있던 이미지들이 내 정신을 낚아채 공격했기 때문이었다.

어느 뜨거운 여름날 아침 나는 토막 나서 썩어가는 시신들의 영상에 쫓기고 있었다. 창자가 있었다. 스펀지 같은 간도 있었다. 뛰지 않는 심장도 있었다. 결혼반지가 끼워진 손도 있었다. 나는 그 반지를 빼야 했다. 그 안에 새겨진 이름을 봐야 주인을 찾을 수 있었기 때문이다. 코를 찌르는 듯한 악취 때문에 숨을 쉴 수가 없었다.

이렇게 사느니 죽는 게 나을 것 같았다.

하지만 어떻게 죽어야 한단 말인가.

철로에 몸을 던지는 건 신속하지만 이기적인 방법이다. 기차로 뛰어든 사람들은 기관사들을 트라우마와 끝나지 않을 악몽에 시달리게 하고, 자신의 가족을 영원한 고통에 빠뜨리기 때문이다. 목을 매는 건 실패할 수도 있고 죽기까지 오래 걸릴 수도 있다. 총을 사용하는 것이 좋겠지만 어디서 구한단 말인가? 내 차를 몰고 절벽에서 떨어지는 것이 깔끔한 방법 같았다. 하지만 적당한 절벽을 찾아내야 할 뿐 아니라 기어를 제때 바꾸지 못해 절벽길을 오르내리다 차가 먼저 고장날 것 같았다.

나는 무엇을 해야 할지, 무슨 말을 해야 할지 몰라서 쩔쩔맸다. 내게는 머릿속 세상만 보였기 때문이다. 아무도 살고 싶지 않을 세상이었다. 내가 무슨 행동을 할 때마다 린다는 깜짝 놀랐다. 그러다 어느 날 나는 순순히 응급실로 따라갔고 거기서는 나를 심리치료과로 보냈다. 정신이 멀쩡하고 지각 있는 중견 법의관 리처드 셰퍼드 박사가 몸을 떨며 앉아 있었다. 심리치료사는 부드러운 어조로 머릿속 이미지를 설명해달라고 했다. 나는 설명하려고 했지만 한 마디도 입에서 나오지 않았다.

진단하기 어려운 병은 아니었다. 이 책을 읽고 있는 독자들은 이미 외상후스트레스장애(PTSD)라는 진단을 내렸으리라. 나만 알아차리지 못한 것 같았다.

그 증상은 내가 부검한 2만 3천 구의 시신 중 어느 특정 시신에 의해 발병한 것이 아니다. 그 모든 시신에 의해 발병한 것도 아니다. 내가 개입했던 특정 재난에 의해 발병한 것도 아니고 그 모든 재난에 의해 벌어진 것도 아니다. 그것은 한 인간이 다른 인간에게 행한 비인간성을 다른 구성원들(법원, 가족, 일반 대중, 사회) 대신 처음으로 목격한 평생의 경험에 의해 발병한 것이다.

이 진단을 받고 나는 2016년 여름 동안 휴직을 하게 되었다.

두 가지 치료법은 상담과 약물치료였다.

그리고 이 책을 쓰는 것.

가을에는 부검실로 돌아갈 예정이었지만 과연 다시 일을 할 수 있을지는 미지수였다. 어떻게 다시 동맥을 작은 조각으로 잘라낼 수 있을지, 어떻게 다시 두개골에서 뇌를 들어낼 수 있을지, 혹은 얼굴 안쪽을 들여다볼 수 있을지 알 수 없었다. 만약 또 다른 대형 사고가 일어나 시신이 넘쳐난다 해도 부검실에 다시 서지 못할 것 같았다. 법의관으로서 나의 미래가 그려지지 않았다.

그러다 어떤 변화가 찾아왔다. 처음에는 사소한 변화였다. 내가 말을 하기 시작한 것이다. 오래 전에 젠과 내가 클래펌의 한 상담실에서 나란히 앉아 있던 때가 떠올랐다. 머릿속에서는 많은 생각이 떠다녔지만 내 입은 대부분 굳게 닫혀 있었다. 이번에는 공감 능력이 뛰어난 전문가와 함께 조용한 방에 있으면서 생각들이 머릿속에서 헤매 다니게(처음에는 아주 잠깐만) 내버려두었다. 그러다가 그에게 내가 처한 상황을 이야기했다. 그것은 내 생각을 밖으로 꺼내놓는 위험한 게임이었다. 그 생각들을 단단히 움켜쥐고 있지 않으면 어디로 흘러갈지 아무도 몰랐기 때문이다. 하지만 나는 아주 천천히, 한 주 한 주 내 생각을 내 의지대로 털어놓았다. 그리고 지옥에 다녀온 것 같은 체험을 얘기한 다음에는 그 횟수가 줄어든다는 것을 알게 됐다. 아주 조금씩.

어느 날, 처음으로 내가 나아지는 기미를 느꼈다. 의사협의회에서는 여전히 소식이 없었고, 나는 여름이 어떻게 지나갔는지, 가을이 어떻게 왔는지도 모르고 있었다. 하지만 헝거포드 상공을 지날 때 공황발작이 갑자기 시작됐듯이 고통스러운 불안감도 돌연 사라졌다. 금방이라도 내 머리로 굴러 떨어질 것 같던 거대한 바위가 멈춘 것이다. 걸을 수 없을 정도로, 그리고 아무 생각도 할 수 없을 정도로 나를 내리누르던 두려움이 방사능구름처럼 위로 솟구쳐 가볍게 흩어졌다.

그리고 그 자리에는 예전에 느끼던 즐거운 삶의 풍경(환영일지도 모르지만)이 들어섰다. 그것이 지속되지 않으리라는 것, 그리고 그것은 정상적인 삶이 일시적으로 떠오른 것뿐이라는 것을 알고 있었지만 우선은 그것으로 족했다. 나는 그런 순간을 붙잡고 싶었고, 비행기를 타고 날고 싶었고, 이륙의 흥분을 느껴보고 싶었고, 속세의 초라한 일상에서 날아오르고 싶었다. 당연한 일이지만 여름에 공황발작이 나타난 후 나는 항공기 조종사 자격증을 일시적으로라도 반납해야 했다.

어느 날 나는 연락도 없이 린다의 사무실에 들렀다. 그녀는 책상에서 약간 찡그린 얼굴로 법원에 곧 제출해야 할 아동학대 사건을 검토하고 있었다.

"우리 산책 좀 해!" 내가 소리쳤다. 소리가 너무 컸나 보다. 린다는 어리둥절해서 나를 보더니 즉시 타이핑을 멈췄다.

우리는 늙은 개와 어린 강아지를 차에 태웠다. 가을의 태양이 여름보다 훨씬 더 강렬하게 타오르는 것 같았다. 눈부신 시골 풍경은 태어나서 처음 본 것처럼 감탄스러웠다. 나무로 가득한 숲에 도달하니 황금빛으로 물든 나뭇잎들이 흔들리고 있어 마치 수많은 전등이 반짝이는 것 같았다. 강아지가 신나서 짖으며 빙빙 돌았고, 나이든 개도 천천히 뒤쫓아 다녔다. 파티에 가기 위해 화려하게 차려입은 사람처럼 세상이 온통 아름다웠다. 여름 내내 자연은 찬란한 의상을 뽐내고 있었지만 나는 그것을 알아보지 못하고 칭송하지도 못하는 결례를 범하고 말았다.

린다가 말했다. "당신 오늘 좀…"

"나아 보인다고?"

그녀가 고개를 끄덕였다. 그녀의 표정이 알 수 없는 규칙에 의해 세포 하나하나가 살짝 위치만 바꾼 듯 아주 미세하게 변했다. 미소를 짓진 않았지만 그녀는 이제 행복해 보였다. 나의 병은 그것을 지켜보는 이들에게도 얼마나 많은 고통을 주었던가.

나는 언덕의 풍경을, 나뭇잎과 개들과 린다를, 이 세상의 아름다움을 모두 흡수하고 싶었다. 사람들이 맥주를 들이키듯 그 모두를 들이마시고 싶었다. 머지않아 어둠이 다시 나를 감싸리라는 것이 분명했기 때문이다. 서글프게도 외상후스트레스장애는 완전한 치유가 불가능하다. 다만 병들지 않은 세상의 모습을 잠깐 보는 경험이(두 시간 혹은 세 시간 정도만 지속되는) 그런 시간을 더 열망하게 하고, 그 시간을 늘리는 에너지를 줄 뿐이다. 다음에 경험할 정상적인 삶은 조금 더 오래 지속될 것이다. 그리고 언젠가는 하루 온종일 지속될 것이다. 마치 퍼즐이 맞춰지듯, 색깔과 아름다움이 있는 세상이 다시 나타나 나를 둘러쌀 것이다.

물론 퇴보의 순간도 자주 있었다(그리고 지금도 있다). 린다는 술을 마실 때면 항상 직접 얼음을 넣는다. 내 변호사가 의사협의회의 조사에 관해 무슨 소식이라도 전해주면, 혹은 아무 소식이 없다고 말하더라도, 나는 그녀가 밀어뜨려 쓰러진 것처럼 온종일 아무것도 할 수가 없었다. 사무실에는 여전히 내가 감당하기 힘든, 그래서 내가 보면 안 되는 파일들이 있었다. 1년 혹은 2년 동안 쓰다 말다를 반복하다 결국은 한쪽으로 치워놓았던 이 책의 원고에도 다시 펴보기 싫은 장이 있었다. 하지만 여름이 지나면서 나는 이 상황을 끝내고 싶었다. 내가 평생 몸담아온 법의병리학이 대중으로부터 괴리되어 유령처럼 창백하고 실체 없는 비밀로 남겨지기를 원치 않았다. 문명사회에서 문명인들이 알아야 할 일들을 알려주는 것은 우리 모두를 더 건강하게 만들기 때문이다.

　그러던 어느 날 전화벨이 울렸다. 내 변호사였다. 그녀는 아직 편지를 받지는 않았지만 그쪽에서 보냈다는 소식은 들었다고 했다. 나를 조사했던 그 사건이 없던 일이 됐다는 것이다. 갑자기. 그것이 시작됐을 때처럼 협의도 없이 설명도 없이. 분쟁위원회 근처에도 가지 않고 말이다.

　샴페인을 터뜨릴 일이라고는 말 못하겠다. 그 일 때문에 너무나 길고 고통스러운 시간을 견뎌야 했기 때문이다. 하지만 무거운 짐은 사라졌다. 누군가 내 렌즈의 초점을 조정해준 것처럼 돌연 세상이 더 맑고 선명하게 보였다. 몇 분 동안 나는 얼떨떨했다. 어쨌든 의사협의회의 조사를 받은 경험은 내 마음 속에 깊은 균열로 남아 절대 사라지지 않을 것이다.

　린다에게 희소식을 전하자 그녀의 얼굴에 안도감과 행복감이 떠올랐다. 처음에 나는 그녀의 기쁨을 나눠서 느꼈고 얼마 후에야 나 자신의 기쁨을 조금 느낀 것 같다. 억울한 혐의라는 강타를 맞았지만, 오랜 법의관 생활이 그것으로 끝나진 않게 됐다. 내가 원하기만 하면 나는 계속 일할 수 있었다.

　다시 복귀한다 생각하니 두려움이 밀려왔다. 출근 날짜에 동의하긴 했지만 그날이 다가오면서 나는 도저히 해낼 수 없을 것 같은 기분이 들었다. 심리치료사는 내가 나쁜 기억들에 대처하는 법을 배웠다는 것을 상기시켰다. 그 말은 맞았다. 나는 그 기억들을 물리쳤다가 내가 원할 때 불러와 서랍 속에 넣어두는 법을 배웠다. 그것들은 영원히 사라지지 않을 것이다. 하지만 내가 다룰 수는 있었다. 맞다. 이제 부검실에 들어갈 준비가 됐다.

복귀 첫날 안치소로 들어가면서 그곳 냄새가 감지될 때, 그리고 내 뒤에서 문이 닫힐 때 한순간 걸음이 멈춰졌다.

나는 그대로 서 있었다.

앞으로 나아갈 수가 없었다. 뒤로 돌아갈 수도 없었다. 도저히 들어갈 용기가 안 났고 거기에서 도망칠 수도 없었다. 나는 머릿속이 뿌예진 상태로 오도가도 못하고 있었다. 그때 수사관이 도착했다.

"안녕하세요, 박사님. 다시 만나니 반갑네요. 잘 계셨죠?"

이제 돌아설 수도 없었다. 하지만 계속 나아갈 필요는 없었다. 바로 그 자리에서 인사를 하고 이야기를 나눴기 때문이다.

그 수사관은 내가 호감을 갖고 있던 사람이었다. 그가 말했다. "오늘 박사님이 맡은 사건은 정말 이상합니다. 어떤 판단을 내리실지 궁금하네요."

아주 이상한 사건이라고? 그 말이 내 의욕을 북돋우는 힘이 된 것 같았다. 5분 후에 나는 소파에 앉아 한 손에는 차를 다른 한 손에는 비스킷을 들고 있었다.

수사관이 자신의 메모를 훑어봤다.

"사망자는 50대 여성이고, 잔뜩 취해 있었습니다. 솔직히 말해 골치 아픈 성격이었죠. 이분 사위가 딸을 버리고 집을 나갔는데 그전에 장모에게 빌린 돈을 안 갚았답니다. 그래서 어느 날 술 좀 마시고 찾아가서 따진 거죠. 고함을 치고 욕도 하면서요. 사위 말로는 자기가 좋게 타일러서 집 밖으로 내보냈는데, 장모가 너무 취해서 넘어졌다는 겁니다. 여

444

자분은 사위가 밀쳤다고 하고요. 누구 말이 맞는지 모르지만, 어쨌든 여자분은 땅바닥에 쓰러졌습니다."

전혀 이상한 사건 같지가 않았다. 내가 몸담은 세계에서는 허구한 날 일어나는 일이다.

"그런데 사위가 밀친 건가요?" 내가 물었다.

"저희는 그렇게 보고 있습니다. 처음에 그 사위의 여자친구는 밀치지 않았다고 했지만요… 문제는 그 여자친구가 유일한 목격자라는 겁니다."

그런데 뭐가 이상하다는 건지.

시신들이 실려 와서 냉장시설에 들어가고 나올 때마다 쩽그랑 하는 소리가 들렸다. 수많은 대형 사고, 수많은 시신들을 연상시키는 소리였다. 나는 침을 삼켰다. 그리고 수사관에게 집중하려고 애썼다.

"박사님, 그런데 만일 그 사위가 장모를 밀었다면 그것 때문에 죽었을까요?"

"넘어지고 나서 얼마 후에 죽었는데요?"

"며칠 지나서요. 바닥에 쓰러졌는데 일어나지를 못했답니다. 그래서 사위가 구급차를 불러 병원에 갔는데, 거기에서는 골반에 금이 간 거라 특별히 해줄 게 없다며 계속 진통제를 처방한 거죠. 보통 그렇게 한다더군요. 그런데 문제는, 그 여자분이 응급실 직원들에게 소리를 지르고 욕을 하는 바람에 그들이 신속하게 조치를…"

이제 의료과실 사건으로 확산되는 건가? 나는 차를 한 모금 마셨다. 이제 사건에 흥미가 생기기 시작했다.

"여자분은 딸 집으로 가서 지냈는데 거기서 딸은 어머니가 좋아하는 술을 계속 췄다고 합니다. 그러다 극심한 통증이 왔는데 아무리 술을 많이 마시고 진통제를 먹어도 나아지지가 않았답니다. 결국 며칠 후에 딸이 구급차를 불렀죠. 이번에는 다른 병원이었어요. 그 병원에서는 골반에 금 간 곳이 한 군데가 아니라 다섯 군데라면서 입원해야 한다고 했답니다. 하지만 숨이 차서 헐떡이니까 정형외과 팀에서는 천식이 너무 심하다며 병실로 올려보내기로 한 거죠."

"의료팀에서도 동의한 건가요? 어리석기는. 그러면 그 여자분은 천식에 알코올중독에 골반 골절이 심한 환자가 된 거네요?"

"사실은 뇌전증도 있었던 것 같습니다만…" 그가 의료 기록을 넘겨주고 말을 이어가는 동안 나는 기록을 들여다봤다. 골다공증. 천식. 알코올중독. 뇌전증…

"아, 당뇨도 있었네요." 내가 말했다.

"이 여자분은 금방 죽어도 이상할 게 없는 상태였네요." 옆에 있던 경찰관이 말했다. "그야말로 걸어 다니는 종합병원 아닙니까."

"하지만 그렇다고 해서 자연사했다고 할 순 없지." 수사관이 얼른 말했다.

"맞습니다." 내가 말했다. "그 후에는 어떻게 됐습니까?"

"병실로 옮긴 후에도 발작하듯이 계속 기침을 해서 천식과 흉부감염 치료를 받았습니다. 기침이 안 그쳐서 그러다 혼절할 것 같았답니다. 닷새쯤 후에 다시 지독한 기침 발작을 했고요. 그때는 회복하지 못하고 죽었습니다."

"병원에서는 뭘 했죠?"

"물론 소생술은 했고요. 그들은 그게… 어… 폐… 폐…"

446

"폐색전증이요? 골반 골절이 있었고 침대에 며칠 동안 누워 있었으니, 그 진단이 맞을 겁니다."

"그렇게 나와 있습니다. 어쨌든 소생술을 하고 나서는 어…"

"혈전을 녹였겠죠."

그건 유감이었다. 분명 그렇게 해야 했지만 그걸로 환자를 살리지 못했고 부검에도 도움이 되지 않기 때문이다. 내가 볼 수 있는 혈전이 남아 있었더라도 이제는 다 녹아버렸을 것이다.

"저희는 그 여자분이 회복되면 중상해죄로 사위를 고소하는 문제를 의논하려고 했습니다. 그래서 병원에 전화해서 여자분에게 신문을 해도 되겠느냐고 물어봤는데 간호사가 그러는 겁니다. '아, 말씀드린다는 걸 깜빡했네요. 그분 돌아가셨어요.' 그래서 느닷없이 이 사건이 중상해죄가 아니라 과실치사가 된 겁니다."

나는 차를 다 마셨다. 이제야 이상한 사건이라는 게 납득됐다. 방금 가능성 있는 사인 다섯 가지를 들었지만 그 외에 다른 원인이 있을지도 몰랐다. 그녀의 시신만이 자신이 죽은 이유를 우리에게 말해줄 것이다. 그리고 그 시신이 지금 우리를 기다리고 있었다. 내가 일어섰다. 빨리 이 수수께끼를 풀고 싶었다.

"자, 그분을 만나러 갈까요."

부검실로 가는 도중에 내가 수사관에게 말했다. "이건 제가 나설 일은 아니지만, 사위가 그 여자분을 밀었다는 증거는 별로 없는 거네요. 여자분이 술이 취했다면 사위 집에 가는 길에 넘어져서 다쳤을 수도 있으니까요."

"저희가 사위 여자친구도 신문했습니다. 둘이 헤어졌더군요. 그런데

447

이제 진술을 바꿨습니다. 그 사위가 장모를 밀었고, 그것도 세게 밀었다
는 겁니다."

"흠, 진술 내용을 180도 바꾸는 증인 말을 배심원들이 믿어줄까요."

"그리고 그 여자분이 사위 집에 도착하기 5분 전의 모습을 담은
CCTV 영상도 있는데, 그때는 걷는 데 아무 문제가 없었습니다. 그래서
기소하는 데 박사님의 증언이 꼭 필요합니다."

나는 증거를 찾을 것이다. 하지만 피고가 현재 과실치사 혐의를 받고
있고 징역형에 처해질 수도 있음을 명심해야 한다. 그러므로 경찰에 진
술하기 전에 내가 분명히 옳다는 것을 확신해야 한다.

그 여성은 56살이었지만 96살처럼 보였다.

"나이가 56살 맞습니까?" 내가 물었다.

수사관이 고개를 끄덕였다.

나는 그녀의 부어오른 몸을 일단 육안으로 검사했다. 알코올중독자
들한테서 흔히 발견되듯 그녀도 여기 저기 찰과상과 흉터가 있었다. 그
것들을 일일이 재고 그 상처를 기록해야 했다. 사진사에게도 사진을 여
러 장 찍도록 지시했다.

"카메라 해상도는 어느 정도로 맞춰놨나요?" 내가 물었다.

그가 의외의 질문이라는 듯이 나를 쳐다봤다.

"가장 낮은 해상도로 맞춰놨는데요."

나는 궁금한 마음에 물었다. "왜 그러죠? 최대한 고화질로 찍는 게
좋을 텐데요."

"맞습니다. 하지만 경찰서 컴퓨터가 대용량 파일을 감당하지 못하거
든요. 그러니 낮은 해상도로 쓸 수밖에요."

그는 그에 대한 해결책이 뭔지 얘기하지 않았고, 그의 말투에서도 별불만이 느껴지지 않았다. 그의 입장에서는 컴퓨터 시스템이 허술하기 때문에 낮은 해상도로 찍는 게 합리적인 결론이었다. 자신이 찍은 사진들이 수백 명을 유죄로 만들 수도 있는데, 그리고 내 경력을 물거품으로 만들 뻔했는데 그는 신경도 쓰지 않는 듯했다. 한숨만 나왔다. 내가 뭘 어떻게 하겠는가.

이제 절개를 시작해야 했다. 나는 손에 PM40을 들고 시신 오른편에 섰다. 나체의 시신 옆에 마지막으로 선 이후 까마득한 세월이 흐른 느낌이었다. 나는 정말 이 일을 하고 싶은 걸까? 내 머릿속의 섬뜩한 사진첩에 나쁜 기억을 더해도 괜찮을까? 아무런 경고도 없이 불시에 펼쳐지는 그 사진첩에 말이다.

나는 나만의 방식으로 복강부터 시작하여 천천히 시신을 열었다. 나만의 방식이라고 한 이유는 내가 개발한 방식이기 때문이다. 그것을 셰퍼드 절개법이라고 하자. 정중선을 죽 자르는 게 아니라, 갈비뼈 아래쪽을 따라 절개하고 그 다음에 복부 양쪽을 절개하는 것이다. 그러면 상자의 뚜껑을 여는 것처럼 복벽 근육을 아래쪽으로 젖힐 수 있다. 깔끔하고 효과적이다. 골절된 골반 주변의 근육과 조직에 혈액이 넓게 고여 있었다.

"일이 잘 풀릴 것 같은데요!" 수사관이 반색했다.

"출혈이 있었던 건 분명하네요." 내가 피를 빼내며 말했다. 그리고 흉곽과 복강 안에 있는 장기들을 들여다보았다. "최근에 일어난 건 아니고요."

장기를 들여다보고 들어 올리고 찔러보는 동안, 그녀 삶의 여정이 내

449

앞에 펼쳐졌다.

"그게 간인가요?" 복부 위쪽의 작은 회색빛 장기를 가리키며 경찰관
이 물었다. 그에게도 그것이 병에 찌든 것처럼 보였나보다. "꼭 죽은 앵
무새 같네요."

"박사님, 그건 보존액에 담글 필요도 없겠는데요? 벌써 절여 놓은 것
같아요." 다른 경찰관이 말했다.

수사관은 고개를 저었다. "박사님, 설마 간 때문에 이 여자분이 죽은
건 아니겠죠?"

"그냥 봐도 심각해 보이지만, 현미경으로 관찰해봐야 정확히 판단할
수 있습니다. 폐도 안 좋아 보이네요. 폐기종이 심해요."

그 여성은 차가 많이 다니는 대로변에 살았거나, 공기가 탁한 공장에
서 일했거나, 아니면 골초였을 것이다. 폐가 회색빛이었고 군데군데 검
은색도 있었다. 그리고 크게 파인 구멍도 많았다.

"천식 때문에 죽었다는 말도 듣고 싶지 않습니다." 수사관이 무거운
표정으로 말했다. "그리고 심장에도 문제가 있었다고 하면, 저는 울고
싶을 겁니다."

"이렇게 운이 없으니 분명 심장에도 문제가 있었을 겁니다. 제대로
보려면 심장도 가져가봐야겠군요."

"박사님, 자연사라고 하지 마십시오. 저는 정말 그 자를 체포하고 싶
습니다. 이 여자분은 56살밖에 안 됐는데 이렇게 늙어 보이고 허약한 거
보세요. 이런 노인을 그 덩치 큰 놈이 밀어서 골반이 다섯 군데나 부러
지고 그래서 죽은 거 아닙니까. 이런 놈을 그냥 두면 안 됩니다."

"골반 골절이 다섯 군데나 있는데도 첫 번째 병원에서 파라세타몰

만 처방하고 내보냈으니 가족들이 그 병원에 소송을 제기할 수도 있어요. 나중에 딸네 집에서 넘어져 나머지 네 군데가 금 갔다면 모를까…"

"딸은 아무 말 않고 있지만, 저희가 첫 번째 병원에서 찍은 엑스레이를 가져올 생각입니다." 수사관이 뭔가를 적으며 말했다. "하지만 병원을 상대로 한 소송에는 관심 없습니다. 애초에 그 작자가 밀었기 때문에 이 여자분이 골절을 당한 거니까요."

"그건 그렇고, 어떻게 골반 골절로 죽을 수가 있죠?" 다른 경찰관이 물었다.

"골반 골절로 시작된 간접적인 사인은 폐색전증일 겁니다. 여러 날 병원 침대에 누워 있었으니 다리에 쉽게 혈전이 생겼을 것이고 그 혈전이 폐로 가는 혈관으로 올라간 겁니다. 그런데 병원에서 의식을 회복시키는 과정에서 혈전 용해제를 처방했기 때문에 그걸 찾을 수는 없을 겁니다."

"아이고. 증거가 있어야 되는데." 수사관이 말했다.

"골절로 인해 흔히 일어나는 또 다른 사인은 지방색전증이라는 겁니다. 이 증상이 정확히 어떻게 일어나는지는 아직 밝혀지지 않았습니다. 골절 부위의 골수에서 나온 지방이 손상된 혈관을 따라가다가 폐까지 가는지도 모르지요. 일단 거기 도달한 지방은 폐를 지나 심장, 신장, 뇌까지 가기도 하고… 그러다 사망으로 이어지는 겁니다. 골절에서 사망까지 일주일이 걸리는 건 흔치 않거든요."

"아하!" 수사관의 얼굴이 밝아졌다. "사인이 그거라면 언제 확실히 알 수 있습니까?"

"그 여자분도 어느 정도는 지방색전이 생겼을 겁니다. 골절당한 사람들이 많이 그러거든요. 정도의 문제죠… 제가 알아봐야 할 것은 여자분에게 그게 얼마나 있느냐는 겁니다. 그것을 사인으로 판단하려면 그런 지방덩어리가 충분히 많아야 합니다."

"언제 알아낼 수 있습니까, 박사님?"

"일주일쯤 걸립니다. 하지만 그 전에 독물학 전문가가 분석을 끝내야 합니다."

수사관이 나를 쳐다봤다. "이상한 사건이라고 제가 말씀드렸죠?"

나는 씩 웃었다. "네, 이상한 사건 맞네요."

그날은 그 사건에 대해 곰곰이 생각했다. 하지만 다음날은 아니었다. 항공기 조종사 자격증을 돌려받았고 그래서 비행을 하고 있었기 때문이다. 나 혼자서, 탄성이 절로 나오는 영국의 시골 풍경을 내려다보며 광활한 창공을 날았다. 저 멀리 깊고 검푸른 바다가 보였다. 비행기가 솟아올랐고 나도 솟아올랐다. 잡념이 싹 사라지고 내 머릿속은 하늘처럼, 바다처럼 말끔해졌다.

일주일쯤 후에 나는 다른 부검 건으로 그 수사관을 다시 만났다. 또 하나의 이상한 사건이었다.

술집에서 나온 한 남자가 나중에 강에서 죽은 채 발견된 것이다. 그의 가족들은 누군가가 그를 공격해서 강에 빠뜨린 거라고 확신했다.

"어떻게 됐습니까?" 수사관이 부검대 맞은편에서 물었다. "술 취해서 떠밀려 죽은 그 여자분은 사인이 나왔습니까?"

나는 강에서 발견한 남자를 눈으로 훑어보고 있었다. 짐작 가는 데가 있었다.

"그 사건, 굉장히 복잡해서 골치가 아픕니다. 폐와 뇌에 지방색전이 상당히 많이 있었지만, 그것 때문에 사망했다고는 100퍼센트 장담할 수가 없겠더군요."

그가 끙 하며 앓는 소리를 냈다.

"그래서 출혈을 동반한 골반 골절과 지방색전을 사인으로 제출할 예정입니다. 사인과 관련된 질병으로 간경변이나 당뇨 같은 것들도 같이 적어야겠죠."

그가 나를 빤히 바라봤다.

"역시! 골절이었군요!"

"뭐, 제가 제출하는 건 제 의견일 뿐입니다. 다른 사람들은 달리 생각할 수도 있을 테니, 결국 기소 여부는 검찰에서 결정하겠죠. 제 생각엔 기소를 해야 할 것 같습니다만. 그런데 요즘 검찰이 하는 걸 보면…" 나는 이해할 수 없다는 듯 눈알을 굴렸다. "물론 그 혐의가 합리적 의심을 능가할 만큼 명확한지는 마지막에 배심원들이 결정하겠지만요."

"일단 기소를 해야 결정을 하죠. 감사합니다, 박사님. 덕분에 그 사위 놈을 과실치사로 체포할 수 있게 됐네요!"

"검찰에서는 재판에서 이길 자신이 있어야 그 사위를 체포하라고 할 텐데요. 현재로서는 그쪽에서도 확신을 못하고 있습니다."

"뭣 때문에요?"

"골반 골절이 주요 원인이라고 제가 확실히 말해주기를 바라고 있습니다."

그가 눈을 갸름하게 뜨고 나를 쳐다봤다.

"그렇게 해주실 수 있습니까?"

나는 물에 빠졌던 남자의 시신 너머로 그를 바라봤다.

"제 양심이 허락하는 한 할 건 다 했습니다."

"하지만…"

"제가 생각하는 사인은 다 밝혔습니다. 그 여자분은 골반 골절 합병
증으로 죽었지만, 그 전에 이미 몇 가지 만성질환으로 몸이 병든 상태였
어요. 경관님도 피해자들을 보면 발견했을 당시 그대로 받아들이죠? 검
찰청 담당자들한테 제 부검감정서를 이해하지 못하겠다면, 아마 이해하
지 못했을 텐데, 그렇다면 제가 알아낸 사항과 그 근거들을 설명할 테니
회의를 소집하자고 요청했습니다. 그런데 그쪽에서는 딱 잘라 거절했습
니다. 그런 상황에서 제가 뭘 더 할 수 있겠습니까?!"

"박사님……."

"저는 지금까지 공정하게 일을 처리했습니다. 그게 제가 할 일이니
까요. 공정하게 하는 것."

이런 말을 들으면 수사관들은 법의관에게 분노할 수 있다. 그래서 나
는 앞에 있는 시신에 집중했다. 이 남자가 죽은 건 방뇨 때문인 것 같다
는 생각이 들었다. 술 취한 사람은 걸을 때 불안정하게 비틀거린다. 평
소에는 그게 별 문제가 되지 않으며 소변을 누더라도 마찬가지다. 화장
실은 좀 지저분해지겠지만 말이다. 하지만 취한 사람이 집으로 가다가
강이나 호수에서 방뇨를 하려고 걸음을 멈추면 비틀거림이 문제가 될
수 있다. 그리고 조금 심하게 비틀거리면 돌연 불상사가 겹치기도 한다.
비틀거리다 차가운 물에 빠질 수 있는 것이다.

나는 남자의 몸에 그 가족들이 주장하는 폭행의 흔적이 있는지 찬찬
히 살폈다. 심하지 않은 멍이 몇 개, 그리고 강에서 생긴 듯한 찢어진 상

처도 몇 군데 있었다. 그런데 중요한 사항이 있었다. 지퍼가 열려 있고 음경이 노출되어 있었던 것이다. 골반을 살펴보니 방광이 꽉 차 있을 것 같았다. 그리고 입과 코에서 나온 게거품이 많았다. 이것은 익사했을 때 나타나는 전형적인 증상이다. 그러므로 그 남자는 물에 들어갈 때는 살아 있었지만 그러다가… 나는 너무 집중하느라 화가 나 있을 수사관은 완전히 잊고 있었다.

"박사님…?"

나는 고개를 들고 눈을 껌뻑였다.

"정말 존경스럽습니다."

나는 영문을 몰라 눈을 더 껌뻑였다. 수사관한테서 그런 말을 듣기는 처음이었다.

"박사님은 수십 년 동안, 대부분의 사람들이 생각하기도 싫어하는 일을 해오셨잖습니까. 그런데 아직도 열정을 잃지 않으셨네요. 보면 압니다. 이 멍청한 남자는 아마 오줌을 싸다가 넘어져서 죽은 것 같고, 그 50대 여자는 가망 없는 알코올중독자라서 어차피 저승길이 멀지 않았는데, 그래도 박사님은 그런 사람들을 걱정하시는군요. 죽은 사람이 누구든 공정하게 대하시면서요."

우리 뒤에서는 이동침대에서 시신이 옮겨질 때마다 쩽그랑 쩽그랑 하는 소리가 들려왔고, 부드러운 조명과 파스텔 색조로 꾸며진 유족 대기실에서는 누군가의 흐느낌 소리가 들려왔다. 우리 주위에서는 경찰관 몇 명이 내 손에 들린 메스를 지켜보며 둘러서 있었다. 나는 앞에 놓인 시신을 내려다봤다. 과체중에 대머리였고, 핏기 없는 손가락은 오므려진 채였다. 피부가 몇 군데 벗겨졌고, 부패가 막 시작된 그 남자는 무엇

455

보다도 몹시 불운했던 한 인간이었다.

　나는 그 말에 농담을 섞어 가볍게 대꾸하려고 했다. 40년을 해왔지만 나는 아직도 수수께끼 푸는 일을 사랑한다고. 하지만 말이 나오지 않았다. 그의 말이 옳다는 것을 알고 있었기 때문이다. 나는 그들을 소중히 다뤘다. 그리고 지금도 마찬가지다.

감사의 말

나는 법의학이란 게 있다는 것을 안 순간부터 그것에 매료되었고 그 일을 평생 해왔다. 그것은 대단한 행운이다. 하지만 쏜살처럼 지나간 지난 40여 년을 돌아보니 가족과 친구들, 그리고 동료들이 얼마나 큰 도움이 됐는지 알 것 같다. 그들을 모두 기억하고 있지만 여기서 거론하기에는 너무 많으니 몇 분에게만 감사의 인사를 드리고 싶다. 루퍼스 크롬턴 박사님과 빌 로버트슨 박사님은 법의병리학을 연구하도록 세인트조지 의대에 특별히 내 자리를 마련해주셨고 앞으로 어떤 삶을 살아야 할지도 보여주셨다.

폴 냅맨, 존 버튼, 데이비드 폴, 앨리슨 톰슨, 마이클 버제스를 비롯하여 함께 일했던 검시관들은 충격에 빠진 수많은 유족들에게 어떻게 연민과 친근함을 보여줘야 하는지를 가르쳐주었다.

가이스 병원의 동료들, 이언 웨스트 박사, 베스나 듀로빅 박사, 이안 힐 박사, 그리고 세인트조지 대학의 법의학과에서 함께 일하던 로버트 챕먼 박사, 마거릿 스타크 박사, 데비 로저스 박사, 지칠 줄 모르던 리아넌 레인, 늘 쾌활하던 케이시 페일러에게도 고마운 마음을 전한다.

전 세계의 안치소에서 일하는 직원들도 잊을 수 없다. 그들은 음지에서 일하기에 칭찬받을 기회가 거의 없지만 그들의 솜씨는 마술처럼 감쪽같다. 그들은 늘 내게 애정 어린 지원을 아끼지 않았고, 차 대접도 훌륭했다! 나는 영국뿐 아니라 외국의 여러 법원에서도 일을 했는데, 법원 직원들은 항상 공손했고 무엇이든 도와주려 했다. 특히 영국 중앙형사재판소의 직원들을 언급하고 싶다. 그들 중 몇 명과는 내가 증언석에 서기를 기다리다 친한 사이가 됐다. 그들의 미소는 늘 내게 힘을 줬고, 특히 호전적인 변호사들로부터 심하게 공격받고 난 후에는 그들의 위로가 항상 고마웠다. 함께 일했던 수많은 경찰관들, 특히 스티브 길리엄에게도 감사의 인사를 전한다. 그는 멋진 동료였고 초반부터 직업적으로 함께 성장했다. 그는 또한 나에게 비행을 가르쳐주며 신세계를 보여줬다. 함께 일했던 변호사들과 판사들도 나에게 즐거운 기억을 남겼다. 물론 나의 가족도 빼놓을 수 없다. 먼저 젠은 내가 경력을 쌓는 동안 성실히 뒷바라지를 해줬고, 남다른 의지로 이전에는 엄두도 내지 못했던 의사가 되었다. 아들 크리스와 딸 애나, 그리고 손자손녀 오스틴과 아이오나도 정말 대견하다. 그리고 나의 자랑스러운 아내 린다. 내 삶의 베이스캠프인 그녀는 내가 현실에 발 딛게 해줬고 우리 정원을 사랑하게 해줬다. 그녀의 사랑과 뒷받침이 없었으면 지옥 같던 시절을 극복하지 못했을 것이다. 그녀를 따라온 '선물' 레이첼과 새라, 그리고 리디아도 나의 기쁨이다. 나를 나이 들지 못하게 하고 늘 겸손하게 하는 나의 가족 모두에게 고맙다고 말하고 싶다.

지금 여러분이 손에 들고 있는 책이 무사히 나오기까지 마크 루카스와 롤랜드 화이트 그리고 그의 우수한 팀원들이 지극정성으로 애써주었다. 마이클 조셉 팀에 있는 에리얼 패키어는 특히 고생이 많았다. 그들 모두에게 진심으로 감사드린다.

마지막으로 내가 지금 키우는 잭러셀테리어인 아치와 버티 그리고 이전에 키웠던 나의 영원한 동반자이자 개인 트레이너로서 정말 인내심 많았던 친구들에게도 고마운 마음을 전하고 싶다.

옮긴이의 말

이 책의 저자 리처드 셰퍼드는 30년 동안 2만 3천 여 구의 시신을 부검했다. 그러던 중 2016년 외상후스트레스장애(PTSD) 진단을 받았다. 분명 2만 건이 넘는 시신을 부검한다는 건 보통 일은 아닐 것이다. 게다가 그 시신 중에는 죽은 지 몇 달, 혹은 몇 년 된 것들도 있고 큰 사고로 형체를 알아보지 못하는 것들도 있었다. 일반 사람들로서는 상상하기 힘든 일이다. 지은이가 겪은 그 병은 어느 특정 사건으로 인해 발병한 게 아니라 30년 동안 인간이 인간에게 저지른 악행을 목격하며 느낀 감정을 꾹꾹 억눌러온 결과였다. 수상한 죽음의 비밀을 찾기 위해 부검을 하는 것도 힘든 일이지만, 지은이는 법원에서 증언을 할 때 상대측 변호사들의 모욕적인 공격을 견뎌내는 것이 더 큰 고역이었던 듯하다. 하지만 그는 30년이나 그 일을 계속했다. 그 고단한 일을 견디게 해준 것은 무엇이었을까. 영국 《가디언》지와의 인터뷰에서 그는 자신이 사회를 위해 선한 일을 하고 있다는 굳은 믿음 때문에 버틸 수 있었다고 했다. 그런 믿음이 자살충동도 이겨내고 정상적인 삶을 되찾게 해준 것이다.

지은이에 비하면 너무나 사소한 일을 하고 있는 나로서는 그의 심경을 겨우 짐작만 할 수 있을 뿐이다. 하지만 사람은 누구나 자신의 그릇 크기대로 사회에 기여할 수 있다고 본다. 반드시 기여할 필요는 없겠지만, 기왕이면 사회를 좋은 쪽으로 발전시키려는 세력에 걸림돌이 되지 않는 것, 기왕이면 조금이라도 힘을 보태는 것, 그것이 시민 1인분의 의무라는 생각이 든다.

2019년 가을
한진영

함께 읽으면 좋은 갈라파고스의 책들

『지식의 역사』
과거, 현재, 그리고 미래의 모든 지식을 찾아
찰스 밴 도렌 지음 | 박중서 옮김 | 924쪽 | 35,000원
• 한국간행물윤리위원회 선정도서 | 한국경제, 매일경제, 교보문고 선정 2010년 올해의 책

문명이 시작된 순간부터 오늘날까지 인간이 생각하고, 발명하고, 창조하고, 고민하고, 완성한 모든 것의 요약으로, 세상의 모든 지식을 담은 책. 인류의 모든 위대한 발견은 물론이거니와, 그것을 탄생시킨 역사적 상황과 각 시대의 세심한 풍경, 다가올 미래 지식의 전망까지도 충실히 담아낸 찰스 밴 도렌의 역작.

『물질문명과 자본주의 읽기』
자본주의라는 이름의 히드라 이야기
페르낭 브로델 지음 | 김홍식 옮김 | 204쪽 | 12,000원

역사학의 거장 브로델이 우리가 미처 알지 못했던 자본주의의 맨얼굴과 밑동을 파헤친 역작. 그는 자본주의가 이윤을 따라 변화무쌍하게 움직이는 카멜레온과 히드라 같은 존재임을 밝혀냄으로써, 우리에게 현대 자본주의의 역사를 이해하고 미래를 가늠해볼 수 있는 넓은 지평과 혜안을 제공했다. 이 책은 그가 심혈을 기울인 '장기지속으로서의 자본주의' 연구의 결정판이었던 『물질문명과 자본주의』의 길잡이판으로 그의 방대한 연구를 간결하고 수월하게 읽게 해준다.

『현대 중동의 탄생』
데이비드 프롬킨 지음 | 이순호 옮김 | 984쪽 | 43,000원

미국 비평가협회상과 퓰리처상 최종선발작에 빛나는 이 책은 분쟁으로 얼룩진 중동의 그늘, 그 기원을 찾아가는 현대의 고전이다. 종교, 이데올로기, 민족주의, 왕조 간 투쟁이 끊이지 않는 고질적인 분쟁지역이 된 중동이 어떻게 형성되었는지를 명쾌하게 제시해준다. 이 책은 중동을 총체적으로 이해하게 해주는 중동 문제의 바이블로 현대 중동 문제를 이해하기 위한 필독서다.

『푸코, 바르트, 레비스트로스, 라캉 쉽게 읽기』
교양인을 위한 구조주의 강의
우치다 타츠루 지음 | 이경덕 옮김 | 224쪽 | 12,000원

구조주의란 무엇인가에서 출발해 구조주의의 기원과 역사, 그 내용을 추적하고, 구조주의의 대표적 인물들을 한자리에 불러 모아 그들 사상의 핵심을 한눈에 들어오도록 정리한 구조주의에 관한 해설서. 어려운 이론을 쉽게 풀어 쓰는 데 일가견이 있는 저자의 재능이 십분 발휘된 책으로, 구조주의를 공부하는 사람이나 구조주의에 대해 알고 싶었던 일반 대중 모두 쉽고 재미있게 읽을 수 있는 최고의 구조주의 개론서이다.

닥터 셰퍼드, 죽은 자들의 의사

헝거포드 대학살에서 다이애나 비 사망사건과 9·11까지, 영국 최고의 법의학자가 말하는 삶과 죽음

1판 1쇄 인쇄 2019년 11월 13일
1판 2쇄 발행 2020년 4월 15일

지은이 리처드 셰퍼드 | 옮긴이 한진영
편집 백진희 김지하 | 표지 디자인 진다솜

펴낸이 임병삼 | 펴낸곳 갈라파고스
등록 2002년 10월 29일 제2003-000147호
주소 03938 서울시 마포구 월드컵로 196 대명비첸시티오피스텔 801호
전화 02-3142-3797 | 전송 02-3142-2408
전자우편 books.galapagos@gmail.com
ISBN 979-11-87038-52-8 (03300)

이 도서의 국립중앙도서관 출판예정도서목록(CIP)은 서지정보유통지원시스템 홈페이지(http://seoji.nl.go.kr)와 국가자료종합목록시스템(http://www.nl.go.kr/kolisnet)에서 이용하실 수 있습니다. (CIP제어번호 : CIP2019044517)

갈라파고스 자연과 인간, 인간과 인간의 공존을 희망하며, 함께 읽으면 좋은 책들을 만듭니다.